SV

David Miller

FREMDE IN UNSERER MITTE

Politische Philosophie der Einwanderung

Aus dem Englischen von Frank Lachmann

Suhrkamp

Titel der Originalausgabe:
Strangers in Our Midst. The Political Philosophy of Immigration
First Edition was originally published in English in 2016 by
Harvard University Press.
Erstmals erschienen 2016 bei Harvard University Press.

Copyright © 2016 by the President and Fellows of Harvard College

Bibliografische Information der Deutschen Nationalbibliothek
Die Deutsche Nationalbibliothek verzeichnet diese Publikation
in der Deutschen Nationalbibliografie;
detaillierte bibliografische Daten sind im Internet
über http://dnb.d-nb.de abrufbar.

Erste Auflage 2017
© Suhrkamp Verlag Berlin 2017
Alle Rechte vorbehalten, insbesondere das der Übersetzung,
des öffentlichen Vortrags sowie der Übertragung durch Rundfunk und Fernsehen,
auch einzelner Teile.
Kein Teil des Werkes darf in irgendeiner Form (durch Fotografie, Mikrofilm oder
andere Verfahren) ohne schriftliche Genehmigung des Verlages reproduziert
oder unter Verwendung elektronischer Systeme verarbeitet,
vervielfältigt oder verbreitet werden.
Satz: Satz-Offizin Hümmer, Waldbüttelbrunn
Druck: Pustet, Regensburg
Printed in Germany
ISBN 978-3-518-58711-9

Für Margaret, in Liebe

Inhalt

Eins
Einleitung

Dies ist ein Buch über Einwanderung – darüber, wie wir über sie nachdenken und wie wir mit ihr umgehen sollten. Sollten wir Immigranten dazu ermuntern, in unsere Gesellschaften zu kommen, oder versuchen, sie fernzuhalten? Wenn wir einige von ihnen aufnehmen, andere aber abweisen, wie sollten wir dann darüber entscheiden, welche von ihnen wir aufnehmen? Oder hat ohnehin jeder prinzipiell ein Menschenrecht darauf, ins Land zu kommen? Was dürfen wir von den Immigranten verlangen, wenn sie einmal da sind? Sollte man von ihnen erwarten, dass sie sich assimilieren, oder dürfen sie mit Recht verlangen, dass wir Raum für die anderen Kulturen schaffen, die sie mit sich bringen? Und so weiter.

Viele stellen heute diese Fragen. Einwanderung ist zu einem heißen politischen Thema geworden, besonders in den westlichen liberalen Demokratien, in denen die Bürger oft das Gefühl haben, sie hätten keinen Einfluss mehr auf die Wanderungsbewegungen, die sich über die Grenzen der Staaten hinweg ereignen, in denen sie leben. Zudem ist sie ein hochgradig kontroverses Thema. Die Öffentlichkeit ist im Allgemeinen über die Folgen der Einwanderung besorgt und viel eher einer Senkung statt einer Erhöhung der Zahl der Neuankömmlinge zugeneigt. Allerdings bestehen diesbezüglich erhebliche Unterschiede zwischen den einzelnen Nationen. In den europäischen Gesellschaften gibt es große Mehrheiten für eine verringerte Einwanderung. So kam eine Ende 2013 in Großbritannien durchgeführte Meinungsumfrage zu dem Ergebnis, dass 80 Prozent der Befragten die Nettozuwanderungsrate als zu hoch empfanden, dass 85 Prozent Einwanderung als zu große Belastung für die öffentlichen Dienstleistungen wie

Schulen, Krankenhäuser oder das Wohnungswesen betrachteten und dass 64 Prozent der Meinung waren, die Zuwanderung des vergangenen Jahrzehnts habe der britischen Gesellschaft insgesamt nicht gutgetan.[1] Sogar das seit langer Zeit etablierte Prinzip der Bewegungsfreiheit *innerhalb* Europas gerät zunehmend unter Druck. Eine 2014 in der Schweiz durchgeführte Volksabstimmung hatte zum Ergebnis, dass sich eine knappe Mehrheit der Stimmberechtigten für eine numerische Deckelung aller Arten von Einwanderung, auch aus Ländern der Europäischen Union, aussprach.[2] Die öffentliche Meinung in den USA ist zwischen Zuwanderungsbefürwortern und -gegnern dagegen eher zweigeteilt. Im Jahre 2013 wollten 40 Prozent die Einwanderung auf dem bisherigen Stand halten, 35 Prozent wollten einen Rückgang und 23 Prozent ihre Zunahme – allerdings hat sich die Zahl derer, die weniger Einwanderer haben wollen, im letzten Jahrzehnt insgesamt immer zwischen 40 und 50 Prozent bewegt.[3]

Kritiker werden die Aussagekraft solcher Zahlen in Zweifel ziehen und anführen, dass die Menschen sowohl über die Zahl der ankommenden Einwanderer als auch über die Folgen der Einwanderung schlecht informiert sind. Was die Öffentlichkeit gern außer Acht lässt, ist besonders der wirtschaftliche Nutzen, den die Einwanderer mit sich bringen, sowie ihre Bereitschaft, wichtige Arbeitsplätze (wie etwa in der Landwirtschaft oder in der Altenpflege) zu besetzen, die nur wenige Einheimische anzunehmen bereit sind. Diese Kritiker werden außerdem darauf hinweisen, dass Einwanderer zu Sündenböcken für alle möglichen gesellschaftlichen Probleme wie etwa Wohnungsknappheit und schlechte Schulen gemacht werden, die wenig bis nichts mit der Einwanderung als solcher zu tun haben. Zudem stoßen wir häufig auf die Ansicht, dass eine einwanderungskritische Haltung sich letztlich aus Vorurteilen oder schlichtem Rassismus speise.

Die öffentliche Debatte über Einwanderung trägt also zwar wesentlich zur Erhitzung der Gemüter, aber kaum zur Erhellung der Lage bei. Einige Beobachter aus dem akademischen Bereich sind der Meinung, dass die Aufmerksamkeit, die der Einwanderung im Augenblick gewidmet wird, übertrieben sei. Es wird behauptet, Einwanderung sei einfach ein notwendiger Bestandteil des viel umfassenderen Prozesses der Globalisierung. Wir leben in einer Welt, die durch stetig anschwellende Kapital-, Güter-, Dienstleistungs- und Kommunikationsströme über nationale Grenzen hinweg gekennzeichnet ist – Ströme, deren Auswirkungen im Allgemeinen vorteilhaft sind. Wenn aber alles andere im Fluss ist, werden sich auch die Menschen bewegen. Und in der Tat müssen sie sich sogar bewegen, weil die anderen Bestandteile der Globalisierung nicht wirksam werden können, solange sie es nicht tun. Arbeitskräfte müssen sich zu den Büros und Fabriken begeben, wo ihre Fähigkeiten benötigt werden, Studierende zu den Universitäten, an denen Spitzenforschung betrieben wird, Unterhaltungskünstler an die Orte, an denen ihr Publikum auf sie wartet, und so weiter. Manche mögen nur vorübergehend ihren Aufenthaltsort wechseln, andere werden sich zum Bleiben entschließen. Die Frage, der wir uns widmen sollten, ist demnach nicht so sehr die, wie die Einwanderung durch eine Begrenzung der Zuzugszahlen kontrolliert werden könnte, sondern die, wie wir sie möglichst reibungslos und effizient gestalten können.

Eine andere skeptische Position besagt, dass es in der Geschichte immer wieder zu Bevölkerungsbewegungen gekommen ist und die weit überwiegende Zahl der Menschen nach wie vor in den Ländern leben, in denen sie geboren wurden, auch wenn die Zahlen der Auswanderer in den letzten Jahrzehnten größer geworden sein sollten. 2013 gab es 231 Millionen Migranten weltweit, was etwa drei Prozent der Weltbevölkerung entsprach.[4] Diese Zahl verschleiert zugegebenermaßen einige große Unterschiede – so besteht, um ein Extrembeispiel zu nennen, die Bevölkerung des Emirats Katar zu bis zu 70 Prozent aus Einwanderern, die 94 Prozent der Erwerbstätigen ausmachen[5] –, aber in den meisten Gesellschaften stellen Einwanderer nur einen kleinen Bruchteil der Gesamtbevölkerung dar. Warum also die ganze Aufregung?

Das Problem dabei, die Angelegenheit auf diese Weise herunterzuspielen, besteht darin, dass dieses Vorgehen auf einer Momentaufnahme der gegenwärtigen Situation fußt, also von Umständen ausgeht, in denen Migration meist ziemlich streng re-

11

guliert ist, und nicht berücksichtigt, was in Zukunft geschehen könnte, falls diese Regulierungen entschärft oder gänzlich aufgehoben werden sollten. Die Dynamiken der Einwanderung sind recht komplex. Eine neuere Studie von Paul Collier deutet darauf hin, dass, weil Migranten von denjenigen Orten angezogen werden, an denen sie sich einer Gemeinschaft früherer Einwanderer anschließen können, die ähnliche kulturelle oder nationale Hintergründe aufweisen wie sie, die Größe der Diaspora sowie die Geschwindigkeit, mit der sie sich in die Aufnahmegesellschaft integriert, wichtige Faktoren darstellen.[6] Vergrößert sich nämlich die (nichtassimilierte) Diaspora, dann steigt ihre Anziehungskraft und die Einwanderungsrate wird dazu tendieren, sich unbegrenzt zu erhöhen, wenn es keine wirksamen Kontrollen gibt. Dieses Szenario geht natürlich davon aus, dass sich möglicherweise sehr viele Menschen dazu entschließen würden, in eine der entwickelten liberalen Demokratien zu kommen, wenn sie die Chance dazu hätten. Diese Annahme ist allerdings plausibel, angesichts der schieren Größe der ökonomischen Kluft zwischen den reichen und den armen Ländern sowie der Jahrzehnte, die es (mindestens) dauern wird, um sie signifikant zu verringern – und das selbst dann, wenn die Weltwirtschaftsordnung reformiert und arme Länder Strategien zur Wachstumsförderung erfolgreich implementieren würden. Befragungen von Gallup kommen zum Beispiel zu dem Ergebnis, dass 38 Prozent der Bewohner des subsaharischen Afrikas und 21 Prozent der Bewohner des Mittleren Ostens und Nordafrikas gerne dauerhaft auswandern würden.[7] Wollen wir also eine Diskussion über Einwanderung führen, bei der alle politischen Optionen auf dem Tisch liegen (inklusive »völlig offener Grenzen« als einer Extremposition), dann müssen wir dabei auch die Möglichkeit mit in Betracht ziehen, dass die Einwanderungsströme um ein Vielfaches größer sein könnten, als wir es zurzeit beobachten.

An dieser Stelle lohnt es sich, uns etwas genauer zu vergegenwärtigen, warum Einwanderung bereits in einem recht geringen Umfang die Aufnahmegesellschaften vor Probleme stellen kann. Für die Wählerinnen und Wähler ist sie eines der wichtigsten politischen Themen, die ihnen Sorgen bereiten, und skrupellose Politiker können durch das Versprechen auf eine immer schärfere Regulierung der Aufnahmepolitik, besonders, was illegale Einwanderung angeht, und der verschiedenen Sozialleistungsansprüche von Einwanderern massive Unterstützung gewinnen. Ein Teil dieser Reaktion wird zweifellos einfach nur Vorurteile und eine Sündenbockmentalität zum Ausdruck bringen; um allerdings ein vollständigeres Bild von den Schwierigkeiten zu bekommen, vor die die Einwanderung uns stellt, ist es sinnvoll, einen kurzen Abstecher in die Geschichte zu machen, wo wir uns ansehen können, wie sich das Verhältnis von liberalen Staaten und Migranten über die letzten paar Jahrhunderte hinweg gewandelt hat. Wir werden unsere eigene missliche Lage besser verstehen können, wenn wir sie mit früheren Zeiten vergleichen, in denen die Einwanderung, wenn auch nicht gerade aktiv gefördert, so doch zumindest mit relativer Gleichgültigkeit angesehen wurde.

Wenn wir fragen, wie die Bürgerinnen und Bürger der liberalen Staaten in der Mitte des neunzehnten Jahrhunderts generell zur Einwanderung standen, dann lautet die Antwort, dass Staaten zwar als Inhaber eines uneingeschränkten Rechts auf Aufnahme oder Zurückweisung von Einwanderern betrachtet wurden, das man als eine Facette ihrer Souveränität ansah, es in Wirklichkeit aber oft zu unregulierten Migrationsbewegungen kam. Die Regulierung der Einwanderung wurde erst dann zu einem Thema, wenn die Zahl der Neuankömmlinge sehr groß wurde oder diese aus wirtschaftlichen, moralischen oder rassischen Gründen (oder Kombinationen daraus) als unerwünscht galten. In den Vereinigten Staaten wurden die ersten bedeutenden Einwanderungsbeschränkungen auf Bundesebene daher im Jahr 1882 erlassen, und zwar angesichts der chinesischen Einwanderer, von denen man befürchtete, die chinesischen Männer könnten mit den Einheimischen in Konkurrenz um Arbeitsplätze treten und die Frauen sich prostituieren.[8] Der 1906 in Großbritannien erlassene Aliens Act richtete sich hauptsächlich gegen jüdische Auswanderer aus Osteuropa, zielte aber auch auf chinesische Seeleute ab.[9] In beiden Fällen bedienten sich die Befürworter der Einwanderungskontrolle einer Rhetorik, die die laxen Sitten der vermeintlich minderwertigen Rassen anprangerte. Das heißt: Einwanderer waren akzeptabel – oder, wie im Fall der Vereinigten Staaten, sogar willkommen –, solange sie von einer Art waren, die weder für die Moralvorstellungen noch für die ökonomischen Interessen der angestammten Bürger eine Bedrohung darstellte. Und man erwartete von ihnen, dass sie sich um sich selbst würden kümmern können. Der Staat übernahm keinerlei Verantwortung für die Versorgung der Einwanderer, die üblicherweise auf der untersten gesellschaftlichen Stufe um ihr Überleben kämpften. Die generelle Haltung der Aufnahmegesellschaft den Neuankömmlingen gegenüber brachte der chartistische Journalist Joshua Harney Anfang des neunzehnten Jahrhunderts anschaulich so auf den Punkt: »Dem Exilierten steht es frei, an unseren Küsten anzulanden, und auch, unter unserem trüben Himmel zu verhungern.«[10]

Eine weitere Implikation der Souveränitätsrechte des Staates war, dass dieser den Einreisewilligen alle möglichen Bedingungen auferlegen konnte, solange sich diese nicht zu einem brutalen Umgang mit ihnen auswuchsen. Der liberale Philosoph Henry Sidgwick konkretisierte die Rechte des Staates im Zuge einer recht knappen Diskussion der Einwanderungsfrage in seinem erstmals 1891 erschienenen Werk *Elements of Politics*.[11] Er sah es als gegeben an, dass Staaten das Recht darauf hätten, zu entscheiden, ob sie überhaupt Einwanderer aufnehmen wollten – mit der einzigen Einschränkung, dass dies nicht für Staaten gelte, deren Grenzen große unbewohnte Gebiete umfassten –, und deshalb auch das Recht darauf haben müssten, über die Aufnahmebedingungen zu entscheiden:

Ein Staat muss klarerweise das Recht dazu haben, Fremde nach seinen eigenen Regeln aufzunehmen, ihren Zutritt an beliebige Bedingungen zu knüpfen oder Gebühren für ihre Durchreise zu erheben sowie sie allen möglichen rechtlichen Restriktionen oder Beschränkungen zu unterwerfen, die ihm angebracht erscheinen. Allerdings sollte er ihnen, nachdem er sie einmal eingelassen hat, nicht plötzlich und ohne Vorwarnung eine andere, harschere Behandlung angedeihen lassen; da er sie aber legitimerweise auch gänzlich ausschließen darf, muss er das Recht haben, mit ihnen ganz nach eigenem Gutdünken zu verfahren, nachdem er ihnen dies angekündigt und ihnen ausreichend Zeit gegeben hat, sich zu entfernen.[12]

Sidgwick war auch der Auffassung, dass Staaten gute Gründe dafür hätten, bei der Auswahl derer, die sie aufnehmen, selektiv vorzugehen, weil sich »die Aufgabe des Staates, die moralische und intellektuelle Kultur zu fördern, durch den fortgesetzten Zustrom fremder Einwanderer mit ihren verschiedenen Sitten und Gebräuchen sowie religiösen Traditionen als hoffnungslos schwierig erweisen könnte«.[13] Seine Schlussfolgerung lautete, dass, solange die Einwanderungspolitik aus der nationalstaatlichen Binnenperspektive des Aufnahmestaates betrachtet wird, es für diesen moralisch vertretbar sei, die wirtschaftlichen Interessen, die er an der Aufnahme besonders qualifizierter Einwanderer haben könnte, gegen die mögliche Bedrohung aufzuwiegen, die sie für »den inneren Zusammenhalt einer Nation« und die Aufrechterhaltung »eines angemessen hohen Niveaus des zivilisierten Lebens unter seinen Mitgliedern« darstellen könnten. Es bestand also, mit anderen Worten, keine Verpflichtung dazu, die Interessen der Einwanderer selbst zu berücksichtigen.[14]

Ich habe Sidgwick hier als Repräsentanten einer liberalen Haltung zur Einwanderung angeführt, wie sie sich ungefähr zu dem Zeitpunkt gestaltet hat, als Masseneinwanderung in Nordamerika und Europa zu einem politischen Thema wurde, um damit hervorzuheben, wie sich unser Denken in den etwa hundert Jahren, seit er dies schrieb, verändert hat. Einige dieser Veränderungen haben zu einer Stärkung der Ansprüche potentieller Einwanderer beigetragen, während andere diese eher zurückgedrängt haben. So sind wir zuerst zu Zeugen der Entstehung einer internationalen Menschenrechtskultur geworden, die Staaten eine viel weiter reichende Verantwortung in ihrem Umgang mit Einwanderern auferlegt, als es sich ein Philosoph zu Sidgwicks Zeiten je hätte vorstellen können. Heute werden Staaten als dazu verpflichtet angesehen, jene Menschen aufzunehmen, deren fundamentale Rechte an ihrem gegenwärtigen Aufenthaltsort bedroht sind – vor allem Flüchtlinge. Und selbst im Falle derer, die nicht unter die besonderen Schutzbestimmungen für Flüchtlinge fallen, sind die Staaten durch internationales Recht in den Verfahren eingeschränkt, die sie zur Auswahl von möglichen Einwanderern sowie bei der Rückführung derjenigen, die zwar gekommen sind, aber die erforderlichen Kriterien nicht erfüllen, anwenden dürfen. Natürlich wird diesen rechtlichen Vorgaben in der Praxis nicht immer Genüge getan, aber dennoch sehen sich die Staaten dazu genötigt, es entweder zu verschleiern oder offensiv zu rechtfertigen, wenn sie mit ihrem Vorgehen gegen internationale Menschenrechtsvereinbarungen verstoßen, da diese eben für alle Menschen unabhängig von ihrer Nationalität gelten und damit auch für zureisende Migranten.

Zweitens profitieren die Einwanderer, die Aufnahme in liberalen Staaten finden, auch von der heutzutage viel größeren Toleranz Lebensweisen gegenüber, die vom gesellschaftlichen Durchschnitt abweichen; tatsächlich können sie einen positiven Nutzen aus dem Rückhalt ziehen, die multikulturalistische Politiken minoritären kulturellen Praktiken angedeihen lassen. Anders formuliert: Der Druck, sich an die Mehrheitsgesellschaft zu assimilieren, der ein Jahrhundert zuvor noch ziemlich groß war – jedenfalls für jene Einwanderer, die aus den Ghettos herauskommen wollten, die man ihnen ursprünglich zugewiesen hatte –, ist von gesellschaftlichen Normen abgelöst worden, die diverse kulturelle Blumen zum Blühen ermuntern und Behinderungen der Chancengleichheit für Angehörige von Minderheitenkulturen aus dem Weg schaffen möchten. In den heutigen liberalen Demokratien ist keine Idee so wirkmächtig wie die der Chancengleichheit. Wenn sich also der Staat einerseits dazu entschließt, kulturelle oder freizeitbezogene Aktivitäten zu fördern, dann muss er dies auf faire und gerechte Weise tun (bezuschusst er also beispielsweise Streichorchester, dann sollte er auch Steelbands und Mariachi-Ensembles fördern). Auf der anderen Seite sollen individuelle Berufschancen und Möglichkeiten zum beruflichen Aufstieg nicht vom kulturellen Hintergrund einer Person beeinflusst werden. Daher haben wir heute Antidiskriminierungsgesetze, ein Schulsystem, das entweder streng säkular ausgerichtet ist oder konfessionsgebundene Schulen für die Angehörigen von religiösen Minderheiten zulässt, und vieles mehr. All diese Veränderungen machen es Einwanderern leichter, in ihrer neuen Heimat zu leben, ohne ihre ererbte Kultur aufgeben zu müssen, oder sorgen sogar dafür, dass sie dazu ermutigt werden, ihre Kultur als Bestandteil eines multikulturellen Potpourris zu zelebrieren.

Andere, ebenso große Veränderungen in der politischen Kultur erschweren dafür die Lage der Einwanderer und vor allem die der Neuankömmlinge. Die erste davon ist die Bedeutung, die heute der Staatsangehörigkeit beigemessen wird. Die Menschen identifizieren sich zumeist politisch mit nationalen Gemeinschaften, die sich über die Generationen hinweg in die Vergangenheit und in die Zukunft erstrecken, und die Mitgliedschaft darin wird als eine lebenslange angesehen; sie beginnt mit dem Zeitpunkt der Geburt und endet erst mit dem Tod. Wie nun sollen neu eintreffende Einwanderer damit umgehen? Soll man sie als Beitrittskandidaten betrachten, die sich in einem angemessenen Zeitraum zu integrieren haben und danach genauso behandelt werden müssen wie die angestammten Staatsbürger? Oder sollte man sie als temporär Assoziierte ansehen, als Einwohner, die sich nur kurz im Land aufhalten und etwas Geld ansparen wollen, bevor sie wieder in ihre Heimat zurückkehren, oder als verzweifelte Menschen, die einen Zufluchtsort suchen, während ihre eigenen Länder vom Bürgerkrieg zerrissen werden? Für Gesellschaften, die ihren eigenen liberaldemokratischen Grundsätzen treu bleiben wollen, ist es untragbar, dass es innerhalb ihrer Grenzen eine Klasse von Menschen geben sollte, die dauerhaft einen zweitrangigen Status innehaben. All jenen Einwanderern, die zum Verbleib im Land bestimmt sind, muss daher die Chance auf einen legalen Aufenthaltsstatus und schließlich auch auf volle staatsbürgerliche Rechte gegeben werden, während die anderen zum Gehen ermutigt werden sollten, sobald es für sie günstig und sicher ist, dies zu tun. Der Staat kann nicht einfach eine Laisserfaire-Haltung einnehmen, wie er es möglicherweise noch vor hundertfünfzig Jahren hätte tun können. Mit Blick auf diejenigen, die sich auf dem Weg zur Erlangung der Staatsbürgerschaft befinden, hegt er außerdem ein vitales Interesse an ihrer politischen Bildung. Eine Bürgerin zu sein hat nicht nur etwas damit zu tun, über ein Bündel von Rechten wie das auf anwaltliche Vertretung bei Gericht oder das Wahlrecht zu verfügen, so wichtig sie auch sind. Damit gehen auch Pflichten und Normen einher, die definieren, wie Bürgerinnen sich verhalten sollten. So sollte ein Bürger zum Beispiel dazu bereit sein, mit der Polizei zu kooperieren, wenn es um die Einhaltung von Recht und Gesetz und die Verfolgung von Straftätern geht. In einer Demokratie gehört auch die Anerkennung von Mehrheitsentscheidungen als bindend dazu, sofern sie durch die richtigen Verfahren zustande gekommen sind, und zwar so lange, bis sie wieder aufgehoben werden. Wenn man ein Bürger wird, muss man also auch solche Pflichten akzeptieren und sich zu den entsprechenden Normen bekennen. Mehr noch, um als Bürger zu fungieren, muss man sich auch an das politische System anpassen, an dem man nun teilhat. Und um diese Rolle adäquat auszufüllen, muss man dessen Institutionen respektieren und zumindest einige der Überzeugungen anerkennen, die diesen zugrunde liegen.

Wie weit genau aber die neue Bürgerin bei ihrer Identifikation mit ihrem angenommenen Staat gehen muss, ist ebenso Gegenstand von Auseinandersetzungen wie die Art der ihr abverlangten Identifikation. Soll sie strikt politisch sein, im Sinne einer Anerkennung der Autorität eines Korpus von Regeln und Prinzipien wie denen, die in der Verfassung eines Staates aufgeführt sind? Oder erfordert sie eine umfassendere Identifikation mit der Nation, der der Einwanderer beigetreten ist, wozu die Achtung und Anerkennung nationaler Symbole, das Sprechen der Landessprache, die Akzeptanz einer Variante der »nationalen Erzählung« sowie die Anerkennung der herausragenden Stellung gehören wird, die einige kulturelle Eigenarten im nationalen Bewusstsein einnehmen, darunter möglicherweise auch eine bestimmte Religion? Dies sind Fragen, auf die wir im Verlauf des Buches zurückkommen werden. In der Praxis ist die Auffassung sehr verbreitet, dass Einwanderer zumindest dringend dazu angehalten werden sollten, eine Identität anzunehmen, die über eine im engen Sinne politische Identität hinausgeht. Ein Anzeichen dafür ist die wachsende Beliebtheit von Einbürgerungstests, die von den Bewerbern Kenntnisse der Geschichte und Kultur des Landes verlangen, in das sie gekommen sind. Natürlich können diese Tests per se die Einwanderer nicht dazu bringen, dieser Gesellschaft gegenüber irgendeine bestimmte Einstellung einzunehmen. Aber abgesehen davon, dass sie sie mit einigen praktischen Details darüber vertraut machen, wie die Gesellschaft funktioniert, besteht ihr eigentlicher Zweck darin, ihnen zu signalisieren, dass von ihnen eine kulturelle wie auch eine wirtschaftliche und soziale Integration erwartet wird.

Bei Einwanderern, deren kulturelles Erbe aus nichtliberalen Gesellschaften stammt, kann diese Erwartungshaltung innere Konflikte hervorrufen. Die politische Kultur der Aufnahmegesellschaft anzunehmen kann für sie bedeuten, einige ihrer tiefsten Überzeugungen aufgeben zu müssen. Die Reaktionen auf diese Herausforderung können sehr unterschiedlich ausfallen und von dem einen Extrem eines übertriebenen patriotischen Bekenntnisses zur neuen Gesellschaft bis zu dem anderen ihrer Ablehnung und der Entfremdung von ihr reichen. Das Problem wird möglicherweise noch drängender, wenn die Aufnahmegesellschaft an Konflikten in den Herkunftsregionen der Einwanderer beteiligt ist, wie es seit der Zeit des Irakkriegs mit Einwanderern aus dem Nahen Osten der Fall ist. Die Neuankömmlinge könnten sich unter solchen Umständen dazu genötigt fühlen, die Politik des Staates zu unterstützen, um nicht als illoyal oder gar als Bedrohung angesehen zu werden. Dass so etwas vorkommen könnte, mag vielleicht seltsam anmuten, weil sich Demokratien ja zum Recht auf freie Meinungsäußerung und zu einer offenen und kritischen Erörterung der Regierungspolitik bekennen sollten; diese Grundsätze gehen allerdings von der stillschweigenden Annahme aus, dass alle an der Diskussion Beteiligten sich mit der politischen Gemeinschaft identifizieren, deren Wohlergehen ihnen zudem am Herzen liegt. Einwanderer können nicht darauf vertrauen, dass diese Unterstellung auch in ihrem Fall gemacht wird. Für sie ist eine Kritik an der Regierung folglich mit Risiken behaftet, denen sich Einheimische nicht ausgesetzt sehen.

Der Punkt ist also, dass der Eintritt in eine nationale Gesellschaft für die Bürger in spe sowohl mit bestimmten Kosten als auch mit einem entsprechenden Nutzen verbunden ist. Wie ich angemerkt habe, blieben Einwanderer in früheren Zeiten sich selbst überlassen, solange sie kein illegales oder abweichendes Verhalten an den Tag legten. Was sie von ihrer neuen Gesellschaft hielten und ihr gegenüber empfanden, war nicht sonderlich von Interesse. Der demokratische Staat von heute kann keine derart passive Perspektive einnehmen; er will und muss von den Einwanderern verlangen, dass sie gute und aufrechte Bürger werden. Und dazu, dieses Ziel zu erreichen, könnte es auch gehören, sie darin zu bestärken oder es ihnen sogar abzuverlangen, dass sie einen Teil des kulturellen Erbes ablegen, das sie mit sich führen. Wie allerdings jenes Gleichgewicht zwischen der Bejahung eines kulturellen Pluralismus und der Sicherstellung eines Kernbestands an Überzeugungen, die praktisch alle teilen, genau hergestellt werden soll, ist eines der Hauptprobleme, denen Staaten mit großen Einwanderergemeinden gegenüberstehen. Im Fortgang dieses Buches werden wir uns einige der Knackpunkte genauer ansehen, an denen Multikulturalismus und staatsbürgerschaftliche Identität miteinander in Konflikt geraten.

Weil die meisten Demokratien der Gegenwart auch Wohlfahrtsstaaten sind (ganz gleich, ob sie diese Bezeichnung auf sich selbst anwenden oder nicht), die sich einer Politik der sozialen Gerechtigkeit verschrieben haben, ergibt sich noch ein zweiter Problemkreis. Einerseits versuchen sie, Chancengleichheit herzustellen, andererseits stellen sie aber auch Einkommensbeihilfen und eine Reihe sozialer Leistungen bereit, die alle Bürger mit den notwendigen Mitteln für ein Leben in Würde versorgen sollen. Zu den Nutznießern dieser Politik zählen auch Einwanderer; allerdings wird von ihnen auch verlangt, ihren Beitrag zu leisten, damit diese Politik funktionieren kann. Abermals kann diese Forderung eine Befolgung gesellschaftlicher Normen umfassen – zum

Beispiel der, dass dem männlichen und dem weiblichen Nachwuchs die gleichen Bildungs- und Beschäftigungschancen eingeräumt werden –, die den kulturellen oder religiösen Überzeugungen mancher Einwanderer entgegenstehen mögen. Soziale Gerechtigkeit wird zudem normalerweise so verstanden, dass sie ein lebenslanges System der sozialen Kooperation umfasst, in dem die meisten Menschen zu bestimmten Zeiten ihres Lebens Nettozahler (qua Besteuerung) und zu bestimmten anderen Zeiten, nämlich etwa dann, wenn sie krank werden oder das Rentenalter erreichen, Nettoempfänger sind. Einwanderer treten üblicherweise inmitten ihres Lebens in dieses System ein, was die Frage aufwirft, ob sie sofort Anspruch auf die volle Bandbreite wohlfahrtsstaatlicher Leistungen erhalten oder sich ihre Mitgliedschaft in ihm erst durch eine Phase, in der sie Nettozahler sind, verdienen sollten. Das verbreitete Ressentiment Einwanderern gegenüber scheint oft von der tatsachenunabhängigen Wahrnehmung gespeist zu sein, dass sie ins Land kommen, um Leistungen in Anspruch zu nehmen, ohne zuvor einen angemessenen eigenen Beitrag geleistet zu haben.[15] Auch dieses Problem wäre zu jenen früheren Zeiten nicht aufgetaucht, als der Staat seinen Bürgern kaum mehr als eine Grundsicherung bot. Heute müssen Einwanderer nicht nur als prospektive Staatsbürger, sondern auch als Mitglieder eines komplizierten Systems zur Ressourcenverteilung aufgenommen werden, das darauf basiert, dass seine Mitglieder sich den Prinzipien der Mitwirkung (etwa durch echte Bemühungen darum, eine Arbeit zu finden) und Gleichheit (zum Beispiel durch die Sicherstellung, dass Arbeitsstellen an die qualifiziertesten Bewerber ohne Ansehen von Geschlecht, ethnischer Zugehörigkeit oder Religion vergeben werden) verschrieben haben.

Mein Punkt lautet an dieser Stelle nicht, dass Einwanderer unfähig oder unwillig dazu wären, Mitglieder dieses Systems zu werden; es gibt keinen Grund dafür, so etwas anzunehmen. Vielmehr lautet er, dass der aufnehmende Staat aktiv Vorkehrungen dafür treffen muss, Neuankömmlinge zu integrieren, wenn das System nicht durch den Eindruck geschwächt werden soll, sie würden nichts zu ihm beitragen. Umverteilende Wohlfahrtsstaaten sind auf das Vertrauen der Bürger untereinander angewiesen, dass jeder von ihnen sich unter den Bedingungen dieses Systems fair verhält, ehrlich seine Steuern bezahlt und sich keine Vorteile erschleicht, die ihm nicht zustehen. Unglücklicherweise gibt es Belege dafür, dass dann, wenn Gesellschaften ethnisch oder kulturell vielfältiger werden, das Maß an Vertrauen tendenziell abnimmt;[16] und dies macht es wiederum schwieriger, Unterstützung für Maßnahmen zu gewinnen, die in der Praxis einer Gruppe mehr nützen könnten als anderen, selbst wenn dies nicht in ihrer Absicht liegt.[17] Im Ergebnis stehen wir möglicherweise einem Zielkonflikt zwischen mehr Einwanderung und der Schaffung oder Bewahrung eines starken Wohlfahrtsstaates gegenüber, vorausgesetzt, Letzterer ist eines unserer Ziele. Die Belege dafür sind nicht immer leicht zu deuten. In den vergangenen Jahrzehnten ist eine relativ große Einwanderung in die entwickelten Demokratien in einer Phase erfolgt, in der das Niveau der Sozialausgaben aus davon unabhängigen Gründen angestiegen ist, so dass die Frage nicht die ist, ob Einwanderung die Wohlfahrtsausgaben in absoluten Zahlen gesenkt hat, sondern die, ob sie ihren Anstieg verlangsamt hat. Eine Analyse der Sozialausgaben in achtzehn OECD-Ländern kam zu folgendem Ergebnis:

> Die internationale Migration scheint für die Größe des Wohlfahrtsstaates von Bedeutung zu sein. Obwohl kein Wohlfahrtsstaat angesichts der sich beschleunigenden internationalen Bevölkerungswanderung tatsächlich geschrumpft ist, ist seine Wachstumsrate geringer, je offener eine Gesellschaft der Einwanderung gegenübersteht. Die typische Industriegesellschaft dürfte für Sozialleistungen um die 16 oder 17 Prozent mehr als heute ausgeben, wenn sie ihren Anteil von im Ausland geborenen Menschen auf dem Niveau von 1970 gehalten hätte.[18]

Die Belege, auf die hier Bezug genommen wird, geben Auskunft über die Gegebenheiten in der Vergangenheit. Sie schließen nicht aus, dass Gegenmaßnahmen ergriffen werden können, um den dämpfenden Effekt der Einwanderung auf staatliche Wohlfahrtsausgaben zu verhindern. Ich möchte hier nur herausstreichen, dass es ein Problem gibt, das wir klar benennen müssen, wenn eine bedeutende Anzahl von Einwanderern in einen etablierten Wohlfahrtsstaat hineinkommt, vor allem, wenn kulturelle Unterschiede ein bestimmtes Misstrauen zwischen Einheimischen und Neuankömmlingen stiften. Vorhin habe ich Belege für weitverbreitete Ängste vor Einwanderung sowie die Ansichten von Kritikern wiedergegeben, die argumentieren, diese Ängste seien unbegründet. Ich wollte damit zum Ausdruck bringen, dass es einen Streit auszutragen gilt, ganz gleich, welche Seite sich am Ende als im Besitz der besseren Argumente befindlich erweist. Es ist eine echte Frage, wie die Einwanderung sich auf die Aufnahmegesellschaften auswirkt, wo das Gleichgewicht von Kosten und Nutzen liegt und auch wie die Kosten und der Nutzen für die Einwanderer in die Gleichung einfließen sollen. Sollen sie gleich gewichtet werden oder ist es legitim, die Waage zugunsten der existierenden Mitglieder der politischen Gemeinschaft ausschlagen zu lassen?

Dies sind schwierige Fragen (wären sie es nicht, dann bräuchte es dieses Buch nicht). In öffentlichen Foren wird die Einwanderungsdebatte oft in einem recht engen ökonomischen Sinne geführt. Die an dieser Debatte Beteiligten versuchen, den Nettoeffekt der Einwanderung auf das Bruttoinlandsprodukt (BIP) der Aufnahmegesellschaft abzuschätzen. Normalerweise erweist sich dieser als positiv, aber gering. Es scheint jedoch auch wichtig zu sein, die Auswirkungen der Einwanderung auf die relative Verteilung des Volkseinkommens zwischen verschiedenen Gruppen in der Gesellschaft zu untersuchen, und hier spricht einiges dafür, dass Einwanderung zu verschärfter Ungleichheit führt, indem sie bei den Geringqualifizierten durch die größere Konkurrenz um deren Arbeitsplätze für sinkende Einkommen sorgt.[19] Dieses Ergebnis hängt natürlich von der Verteilung der Fähigkeiten innerhalb der Einwandererkohorte ab; eine etwas optimistischere Position besagt, dass dort, wo Einwanderer auf Basis ihrer Qualifikationen ausgewählt werden, wie es in vielen OECD-Ländern der Fall ist, der wesentliche Effekt der Einwanderung aufgrund der Komplementarität von hoch- und geringqualifizierten Arbeitskräften in einer leichten Erhöhung der Löhne für ungelernte Arbeitnehmer bestehen wird.[20] Wo die Ökonomen uneins sind, sollten nicht die politischen Philosophen entscheiden. Alle in der Debatte vertretenen Ansichten kommen darin überein, dass die Auswirkungen auf das Lohnniveau relativ gering sind. Darüber hinaus müssen wir selbst dann, wenn wir unsere Aufmerksamkeit allein auf die ökonomischen Folgen der Einwanderung richten, doch auch die Folgen für die Herkunftsgesellschaften bedenken, wo ihre Auswirkungen im Guten wie im Schlechten möglicherweise größer sind. Besteht die Gefahr, dass ein Braindrain den Gesellschaften, aus denen hochqualifizierte Personen abwandern, in der Folge ernsthaften Schaden zufügt? Und wenn ja, welches Gewicht sollten wir dieser Auswirkung dann beimessen? Diese letzte Frage führt uns unmittelbar über die Ökonomie hinaus und in die politische Philosophie hinein. Die von ihr aufgeworfenen Fragen sind nämlich zuallererst die, ob Staaten dazu verpflichtet sind, die Interessen aller Menschen gleichzubehandeln, wenn sie über ihre Politik befinden, oder ob es ihnen legitimerweise offensteht, die Interessen ihrer eigenen Bürger höher zu gewichten. Und sollten sie tatsächlich dazu berechtigt sein, sich primär um ihre eigenen Bürger zu kümmern, an welcher Stelle stößt diese Parteilichkeit dann an ihre Grenzen? Welche Lasten dürfen sie, wenn überhaupt, Außenseitern auferlegen, und was müssen sie aktiv unternehmen, um Nichtstaatsbürgern zu helfen, wenn deren Menschenrechte bedroht sind? Auf diese sehr grundsätzlichen Fragen müssen Antworten gefunden werden, bevor wir damit anfangen können, eine kohärente Perspektive auf die Ansprüche von Einwanderern zu entwerfen, und deshalb wird das zweite Kapitel dieses Buches sie in Angriff zu nehmen versuchen.

Auch die Ökonomen selbst mögen vielleicht einräumen, dass die zentralen Fragen der Einwanderung nicht im engeren Sinne wirtschaftlicher Art sind.[21] Eine weitere disziplinäre Gruppe, die ein großes Interesse an ihnen hegt, bilden die Rechtstheoretiker und speziell die Menschenrechtsanwälte. Auf den ersten Blick ruft die Einwanderungspolitik, wie sie gegenwärtig betrieben wird, nämlich ernsthafte menschenrechtliche Bedenken hervor. Denken wir nur an die physischen Maßnahmen, die manche Staaten unternehmen, um Einwanderer am illegalen Betreten ihres Staatsgebiets zu hindern, beispielsweise die Praxis der Entsendung von Patrouillenbooten, die Flüchtlingsschiffe abfangen sollen, bevor sie die Küste erreichen – obwohl diese Schiffe häufig seeuntüchtig sind. Oder an die Art und Weise, in der Staaten versuchen, Flüchtlinge an der Einreichung eines Asylantrags zu hindern, indem sie Fluggesellschaften und andere Transportunternehmen davon abhalten, sie an die Grenzen zu befördern, wo sie dies tun könnten. Oder denken wir schließlich an die Lage derjenigen, die illegal einreisen und dann in Ermangelung des Schutzes, den Staaten üblicherweise bieten, zur Annahme von Arbeiten unter sehr unsicheren Bedingungen gezwungen sind. In den USA ergaben Recherchen von Associated Press, dass mexikanische Arbeiter in den südlichen und westlichen Bundesstaaten viermal so oft bei der Arbeit ums Leben kommen wie einheimische.[22] In Großbritannien erinnern wir uns noch an die 23 ausgebeuteten chinesischen Arbeiter, die beim Muschelsammeln in Morecambe Bay von der Flut überrascht wurden und ertrunken sind.[23] Blicken wir also allein aus menschenrechtlicher Perspektive auf die Einwanderung, dann gelangen wir sehr wahrscheinlich zu der Schlussfolgerung, dass die Staaten nicht nur mehr Migranten aufnehmen, sondern sich auch viel ernsthafter als im Moment um den Schutz ihrer Menschenrechte kümmern sollten. Die Sorge um die Menschenrechte muss vielleicht nicht bedeuten, dass man alle Grenzkontrollen abschafft, aber bedeutet sie möglicherweise eine merkliche Annäherung an dasjenige Ende des Spektrums, an dem offene Grenzen stehen?

Die menschenrechtliche Betrachtungsweise der Einwanderung leistet, genauso wie die ökonomische, einen bedeutenden Beitrag zu unserem Verständnis der Gesamtsituation, und ich werde in den späteren Kapiteln des Buches genauer auf die menschenrechtlichen Fragen eingehen, die von der Aufnahme von Flüchtlingen, von selektiven Einwanderungspolitiken, von Maßnahmen zur temporären Migration und so weiter aufgeworfen werden. Trotzdem bleibt diese Perspektive beschränkt, insofern sie die anderen Werte nicht berücksichtigt, die in den Diskussionen über Einwanderung mit Recht eine zentrale Rolle spielen. Dabei handelt es sich häufig um kollektive Werte, die mit der grundsätzlichen Gestalt und dem Charakter der Gesellschaft zu tun haben, in die die Einwanderer einreisen wollen – wie zum Beispiel mit der Größe der Gesamtbevölkerung, der Sprache oder den Sprachen, die ihre Bewohner sprechen, oder mit ihrer tradierten nationalen Kultur. Diese Dinge sind für die angestammten Bürger oft von größter Bedeutung.[24] Zwar wird es in Bezug auf sie kaum jemals zu einem allumfassenden Konsens kommen, aber es kann sich in demokratischen Gesellschaften durch den freien Meinungsaustausch in den Medien und in politischen Foren eben doch eine kollektive Präferenz herausbilden. Die Menschen möchten das Gefühl haben, dass sie die zukünftige Gestalt ihrer Gesellschaft mitbestimmen können. Sie haben ein Interesse an politischer Selbstbestimmung, wozu auch die Fähigkeit zu der Entscheidung darüber gehört, wie viele Einwanderer kommen dürfen, welche von ihnen ausgewählt werden sollten, wenn diese Anzahl überschritten wird, und was von denen, die aufgenommen werden, zu Recht erwartet werden kann. Eine Thematisierung der Einwanderung unter menschenrechtlichen Gesichtspunkten kann solchen kollektiven Werten nicht gerecht werden. Eine Menschenrechtsanwältin kann zwar argumentieren, dass diese Rechte stets Vorrang haben und daher jede akzeptable Einwanderungspolitik die Menschenrechte potentieller Einwanderer wahren muss, ganz gleich, was die demokratische Mehrheit davon halten mag. Wie wir allerdings noch sehen werden, ist die Sache nicht so einfach. Erneut befinden wir uns auf dem Gebiet der politischen Philosophie – und dieses Mal sehen wir uns an, wie, wenn überhaupt, die Demokratie innerhalb des Staates mit den Menschenrechten derer, die sich außerhalb seiner Grenzen befinden, in Einklang gebracht werden kann.

Um uns ein klares Bild von der Einwanderungsproblematik zu machen, müssen wir also mit einigen grundlegenden Fragen der politischen Philosophie beginnen, sie dabei allerdings aus einem neuen Blickwinkel betrachten. Ein solcher Perspektivenwechsel ist notwendig, da sich die politische Philosophie etwa seit Hobbes zum größten Teil mit den internen Beziehungen zwischen dem Staat und seinen Bürgern befasst hat. All die Fragen, die wir normalerweise stellen – unter anderem: Wie kommt die staatliche Autorität zustande? Welche Rechte haben die Bürger gegenüber dem Staat? Sollte die Regierung demokratisch oder oligarchisch verfasst sein? Was verlangt die soziale Gerechtigkeit? –, basieren auf der Annahme, dass wir bereits wissen, wer der politischen Gemeinschaft zuzurechnen ist. Alle sind der Autorität des Staates gleichermaßen unterworfen, selbst wenn sie (wie im Falle der Frauen) in der Geschichte von der vollen Staatsbürgerschaft ausgeschlossen waren. Entlang dieser reichen Tradition staatszentrierter politischer Philosophie zog auch noch ein schmalerer Strom der internationalen politischen Theorie dahin, der sich mit der Entwicklung von Prinzipien zur Regulierung des Verhaltens von Staaten untereinander befasst hat und der mittlerweile zu einer wahren Sturzflut angeschwollen ist, mit Arbeiten zum Kosmopolitismus, zur globalen Gerechtigkeit und zu verwandten Themenstellungen, die aus den Druckmaschinen nur so herauspurzeln. Allerdings ist keiner der beiden Theorietraditionen der Umgang mit dem speziellen Thema Einwanderung leichtgefallen. Der Gegenstand selbst taucht in den klassischen Texten der politischen Philosophie kaum jemals auf. So erfährt er beispielsweise weder in John Stuart Mills ausführlicher Studie zur Regierungsgewalt, den *Betrachtungen über die repräsentative Regierung*, noch in Hegels ebenso umfangreichen *Grundlinien der Philosophie des Rechts* irgendeine Erwähnung. Wir müssen bis ans Ende des neunzehnten Jahrhunderts weitergehen, bis wir auf einen Philosophen wie Sidgwick stoßen, der dem Thema Einwanderung eine kurze Passage in einem langen Buch widmet und dabei, wie gesehen, argumentiert, dass Staaten Migranten nahezu vollständig nach eigenem Belieben aufnehmen oder zurückweisen und die Bedingungen ihrer Aufnahme diktieren können.

Manchmal wird behauptet, dass Kant eine Ausnahme von dieser Regel darstellen würde, da er in seinem Essay *Zum ewigen Frieden* aus dem Jahre 1795 vom Prinzip des »Weltbürgerrechts«

spricht, welches verlange, diejenigen, die das Territorium eines anderen Staates betreten, aufzunehmen, ohne sie feindselig zu behandeln.[25] Dieses Erfordernis bezeichnete Kant als »Besuchsrecht«, und einige Kommentatoren haben diese Idee herangezogen, um auf ihrer Grundlage ein Plädoyer für offene Grenzen zu halten.[26] Kant selbst zufolge hat dieses Recht nur einen eingeschränkten Anwendungsbereich: Im Wesentlichen läuft es auf die Freiheit hinaus, Beziehungen zu den Bewohnern eines Landes aufnehmen zu können, vornehmlich zu kommerziellen Zwecken, und darüber hinaus sind diese Bewohner auch dazu berechtigt, den Fremden abzuweisen, »wenn es ohne seinen Untergang geschehen kann«.[27] Es ist ausdrücklich *kein* Recht darauf, sich niederzulassen, was nach Kant einen besonderen Vertrag mit den Einheimischen erfordern würde. Kant nimmt daher kein allgemeines Recht auf Immigration an, obgleich er durchaus von der Vorstellung eines gemeinsamen Besitzes der Erde Gebrauch macht, um das Gastrecht zu begründen.[28]

Wenn wir einen Sprung in die jüngere Vergangenheit machen, stellen wir fest, dass John Rawls in *Eine Theorie der Gerechtigkeit*, dem einflussreichsten Werk der politischen Philosophie des späten zwanzigsten Jahrhunderts, der Einwanderungsproblematik gänzlich aus dem Weg geht, indem er annimmt, dass die darin verteidigten Gerechtigkeitsprinzipien auf eine Gesellschaft anzuwenden seien, deren Mitglieder bereits feststehen.[29] Wie er es später formuliert hat, sollte sich seine Theorie auf eine »wohlgeordnete Gesellschaft« beziehen, die als »eine fortdauernde Gesellschaft, eine selbstgenügsame Vereinigung von Menschen, die, wie ein Nationalstaat, ein zusammenhängendes Territorium kontrolliert«, vorzustellen sei, als »ein geschlossenes System; es gibt keine wichtigen Beziehungen zu anderen Gesellschaften, und niemand tritt von außen bei, denn alle werden in sie hineingeboren und verbringen ihr ganzes Leben in ihr«.[30] Und auch als er sich in seiner Spätschrift *Das Recht der Völker* den Grundsätzen zuwandte, die das zwischenstaatliche Handeln regulieren sollen, ließ er die Einwanderungsfrage beiseite und argumentierte, dass die Ursachen, die in der heutigen Welt Einwanderung im großen

Maßstab hervorbrächten, in einer Welt, die den von ihm dargelegten Prinzipien folgte, nicht mehr existieren würden: »Das Problem der Immigration wird demnach nicht einfach offen gelassen, sondern als ernstes Problem durch eine realistische Utopie aufgelöst.«[31] Rawls' Zurückhaltung bei diesem Thema ist recht einfach zu verstehen. Seine gesamte politische Philosophie war auf die Idee eines Gesellschaftsvertrags zwischen Menschen ausgerichtet, die zu ihrem gegenseitigen Nutzen miteinander kooperieren, einander als Gleiche behandeln und nach Prinzipien streben, auf deren Einhaltung sie sich alle einigen können. Einwanderer passen nicht in dieses Bild, da sich gleich die erste Frage stellt, ob ihnen überhaupt angeboten werden sollte, in diesen Gesellschaftsvertrag einzutreten. Es gibt keine selbstverständliche Art und Weise, die Prinzipien, die innerhalb »ein[es] System[s] der Zusammenarbeit, das dem Wohl seiner Teilnehmer dienen soll«,[32] anzuwenden sind, auch auf diejenigen auszudehnen, die ihm noch nicht angehören.

Rawls schrieb vom Standpunkt der staatszentrierten Tradition der politischen Philosophie aus. Man könnte nun annehmen, dass diejenigen, die heute aus dieser Tradition ausscheren, um eine globale Perspektive einzunehmen, die Einwanderungsfrage als besser handhabbar ansehen würden, da eigentlich zu erwarten wäre, dass sie die Unterscheidung zwischen denen innerhalb und denen außerhalb des Staates für grundsätzlich moralisch irrelevant halten. Die *spezifische* Beziehung zwischen Einwanderern und Aufnahmestaat zu begreifen kann jedoch auch ihnen schwerfallen. Der Einwanderer ist nämlich nicht bloß ein Außenseiter. Jemand, der aktiv versucht, nach Großbritannien oder in die Vereinigten Staaten zu gelangen, ist nicht in der gleichen Position wie jemand, der beispielsweise in Bangladesch lebt und bestenfalls von einer allgemeinen gemeinsamen Verantwortung aller Bürger reicher Staaten profitiert, ihm Hilfe zu leisten. Durch seine Ankunft an der Grenze oder gar ihren illegalen Übertritt wird der Migrant aber vom Wohlwollen des Aufnahmestaates abhängig. Was als Nächstes mit ihm geschehen wird, wird in sehr hohem Maße von der Entscheidung des Staates abhängen – nämlich seinem Aufnahmebegehren stattzugeben oder es zurückzuweisen und ihn in letzterem Fall an seinen Herkunftsort zurückzubringen oder an ein Drittland zu überstellen. Da er sich in dieser Hinsicht der staatlichen Macht ausgeliefert hat, verfügt er auch über moralische Ansprüche gegen den Staat, die seine Cousine, die in Bangladesch geblieben ist, nicht hat. (Diese These wird im Fortgang des Buches noch zu begründen sein.) Obwohl von einer kosmopolitischen politischen Philosophie also eigentlich zu erwarten wäre, dass sie zu Befunden kommt, die die Ansprüche aller (gegenwärtigen und künftigen) Migranten untermauern, könnte sie dennoch zu den spezifischen Fällen jener, die sich aktiv um Einwanderung bemühen, nur wenig zu sagen haben.

Dieser Punkt kann anhand von Joseph Carens' Buch *The Ethics of Immigration*, der ausführlichsten Behandlung, die die Einwanderungsfrage aus kosmopolitischer Sicht bis heute erfahren hat, verdeutlicht werden.[33] Carens hat viel Wichtiges und Aufschlussreiches über die Behandlung zu sagen, die die Staaten den Einwanderern schulden, in die sie eingereist sind; um dies zu tun, klammert er seinen Kosmopolitismus allerdings für den Großteil seines Buches ein und nimmt an, dass Staaten dazu berechtigt seien, ihre Grenzen zu kontrollieren, diejenigen auszuwählen, die einreisen dürfen, und die bevorzugte Behandlung ihrer eigenen Staatsbürger zu verstärken. In den abschließenden Kapiteln wechselt er die Perspektive und plädiert für offene Grenzen auf kosmopolitischer Grundlage. Carens macht es sehr deutlich, warum er sich für diesen Ansatz entschieden hat: Um in einer Welt, in der die Staaten ihre Grenzen faktisch recht streng kontrollieren, überhaupt etwas Relevantes zur öffentlichen Politik sagen zu können, muss man, so Carens, innerhalb eines staatszentrierten Bezugsrahmens operieren. Trotzdem stoßen wir hier möglicherweise auf eine schwerwiegende Inkonsistenz.[34] Hegt man nämlich tatsächlich kosmopolitische Grundüberzeugungen, dann wird es einem schwerfallen, die Begründungen ernst zu nehmen, die normalerweise zur Unterstützung von Maßnahmen wie verpflichtenden Einbürgerungstests für Einwanderer oder den ihnen abverlangten Loyalitätsbekundungen gegenüber dem Land, in das sie gekommen sind, angeführt werden. Man kann zwar untersuchen, wie schwierig diese Anforderungen sind, und auf dieser Grundlage über ihre Angemessenheit befinden, letztendlich wird man aber all solche Praktiken für ungerechtfertigt halten. Man stelle sich jemanden vor, der grundsätzlich gegen die Ehe eingestellt ist und den man um Hilfe bei den Hochzeitsvorbereitungen eines Freundes bittet. Es wird schwierig werden, hier Vorschläge zu machen, die nicht in irgendeiner Weise von dem Gedanken gefärbt sind, dass das Ganze ein Fehler ist. Im besten Fall wird der gegebene Rat auf eine Art Schadensbegrenzung hinauslaufen.

In Kapitel 2 diskutiere ich den Kosmopolitismus im Allgemeinen als einen der Hintergründe der Einwanderungsdebatte. Hier möchte ich einfach nur darauf hinweisen, warum dieser selbst dann für das Nachdenken über Einwanderung weniger hilfreich als vermutet sein könnte, wenn man von den allgemeinen Argumenten zu seinen Gunsten überzeugt ist – jedenfalls dann, wenn dieses Nachdenken nicht nur um die Frage »Sollten die Grenzen offen oder geschlossen sein?« kreist, sondern ein viel breiteres Spektrum von Problemen wie das der Auswahl von Einwanderern, die Behandlung von Flüchtlingen, die Integrationspolitik und so weiter umfasst. Über kosmopolitische Ansätze nachzudenken ist allerdings durchaus eine gute Möglichkeit, sich auf die Frage zu konzentrieren, was wir in der Einwanderungsdebatte als gegeben und was als veränderlich ansehen sollten. Wie realistisch oder idealistisch sollten wir sein? Sollten wir beispielsweise eine aus einzelnen Staaten bestehende Welt überhaupt als selbstverständlich annehmen? Oder unterstellen, dass die globalen Ungleichheiten in etwa so groß bleiben werden, wie sie heute sind? Wie könnte sich die gegenwärtige internationale Ordnung sonst noch verändern?

Das Argument dafür, hier eine gute Portion Realismus an den Tag zu legen, lautet einfach, dass die Einwanderungs*problematik* in einer Welt, die bedeutend anders eingerichtet wäre als die unsere, entweder gänzlich verschwinden würde oder zumindest wesentlich weniger dringlich wäre. Nehmen wir an, es gäbe keine einzelnen Staaten, sondern nur Verwaltungsbezirke, die einer wie auch immer gearteten Weltregierung unterstünden. In diesem Fall gäbe es keine Einwanderung in dem Sinne, wie wir sie verstehen. Menschen würden sich immer noch von Bezirk zu Bezirk bewegen, so wie sie es heute in einem Bundesstaat von Region zu Region tun, und vielleicht wäre es auch nötig, Richtlinien zu haben, die diese Wanderungsbewegungen dämpfen oder verstärken würden, aber niemand würde kraft seiner Migration eine fundamentale Änderung seines Status erfahren. Oder nehmen wir an, dass zwar die einzelnen Staaten die primäre Quelle politischer Autorität bleiben, die Welt allerdings insofern »verteilungsgerecht« wäre, als die Lebensbedingungen – bürgerliche und politische Rechte sowie der materielle Lebensstandard – überall mehr oder minder gleich wären.[35] Unter diesen Umständen gäbe es zwar immer noch Wanderungsbewegungen zwischen Staaten, wenn Menschen bestimmte Gründe dafür hätten, lieber in dem einen als in dem anderen zu leben, aber (1) wäre ihr Umfang in einer solchen Welt aller Voraussicht nach geringer als in unserer von schreiender wirtschaftlicher Ungleichheit verunstalteten Welt, und (2) wären solche Bewegungen von multilateraler und weithin reziproker Art, weil es keinen universellen Grund (von Klima und landschaftlicher Schönheit einmal abgesehen) dafür gäbe, den Aufenthalt in einem Staat dem in einem anderen vorzuziehen. In einer absolut gerechten Welt gäbe es keine Flüchtlinge und niemanden, der aus bitterster Armut zu entkommen versuchte. In dieser hypothetischen Welt gäbe es daher all jene Faktoren gar nicht, die Einwanderung für uns überhaupt erst zu so einer kontroversen Angelegenheit machen. Deshalb könnte man die Einwanderungsfrage dadurch »lösen«, dass man fordert, die Welt müsse sozusagen entstaatlicht werden oder sei nach den Maßstäben distributiver Gerechtigkeit zu organisieren, doch wie sehr würde dies zur praktischen Erhellung unserer jetzigen Problemlage beitragen?[36]

Der von mir verfolgte Ansatz wird auch noch in einem anderen Sinne realistisch sein. Diesen kann ich so erläutern, dass ich sage, dass dieses Buch eines zur politischen Philosophie und nicht zur Ethik sein wird. Es fragt nach den Institutionen und Strategien, die wir im Umgang mit der Einwanderung anstreben sollten, und ist nicht darum bemüht, einzelnen Menschen zu sagen, wie sie sich verhalten sollen. Um die Bedeutung dieses Punkts zu verstehen, können wir uns noch einmal die Belege für die Auswirkungen von Einwanderung und ethnischer Vielfalt auf die Unterstützung des Wohlfahrtsstaates vergegenwärtigen, auf die wir uns bereits früher in diesem Kapitel bezogen haben. Diese werden gemeinhin im Sinne eines sich verringernden Maßes an Vertrauen erklärt: Die Menschen vertrauen jenen, die sie als »anders« wahrnehmen, tendenziell weniger und sind deshalb auch weniger dazu bereit, soziale Dienste zu unterstützen, von denen sie annehmen, dass sie von diesen Gruppen in Anspruch genommen werden. Wie sollten wir mit diesen Belegen umgehen? Eine Möglichkeit wäre es, zu sagen, dass sie Vorurteile zum Ausdruck bringen. Die Leute unterstellen denen, die aus fremden Ländern kommen oder sich in ungewohnter Weise kleiden, etwas Negatives, und diese Unterstellung ist ungerechtfertigt. Es gibt keinen Grund zu der Annahme, dass Menschen, die anders aussehen und sich etwas anders benehmen als wir, deshalb weniger vertrauenswürdig wären. Wir sollten vielmehr alle Menschen gleichbehandeln, solange wir keine spezifischen Hinweise darauf haben, dass sie gegen die Vereinbarungen des Gesellschaftsvertrags verstoßen werden. Alle Schwierigkeiten, vor die die Einwanderung das Fortbestehen des Wohlfahrtsstaates gegenwärtig stellen mag, können daher durch die Verkündung einer Norm gelöst werden, der die Leute folgen sollen, einer, die aus moralischen Grundprinzipien hervorgeht. Dies verdeutlicht, was ich als eine ethische Herangehensweise an das Phänomen der Einwanderung bezeichne. Im Gegensatz dazu legt eine politische Herangehensweise ihr Hauptaugenmerk auf die Evidenzen über Einwanderung, gegenseitiges Vertrauen und die Unterstützung für den Wohlfahrtsstaat. Sie erkennt an, dass es sich um ein reales Problem handelt, welches durch eine politische Initiative oder einen institutionellen Wandel gemeinschaftlich gelöst werden muss. Diese Lösung kann verschiedene Formen annehmen: Sie kann eine Verringerung der Einwanderungszahlen, Einschnitte bei den Sozialleistungen oder die Suche nach praktischen Methoden zur Vergrößerung des zwischenmenschlichen Vertrauens in kulturell vielfältigen Gesellschaften umfassen. Um diesen Punkt zu verdeutlichen: Sich für die dritte Möglichkeit auszusprechen kann nicht einfach bedeuten, dass man den Leuten sagt, dass sie Fremden gegenüber weniger vorurteilsbeladen und stärker vertrauensselig sein sollen. Vielmehr kann es bedeuten, wohnungs- oder bildungspolitische Maßnahmen mit dem Ziel zu ergreifen, dass Menschen mit unterschiedlichen kulturellen Wurzeln, Einwanderer eingeschlossen, auf alltäglicher Ebene in engeren Kontakt zueinander treten können. Es ist eine separate empirische Frage, mit welcher Wahrscheinlichkeit solche Maßnahmen von Erfolg gekrönt sein werden. Die Einwanderung durch die Linse der politischen Philosophie zu betrachten heißt auch, die Frage zu stellen, wie unsere kollektiv befürworteten Prinzipien und Werte im Lichte der besten verfügbaren Erkenntnisse im Einklang miteinander umgesetzt werden können, inklusive solcher Erkenntnisse darüber, wie weit es möglich ist, individuelles Verhalten und die diesem zugrunde liegenden Überzeugungen und Einstellungen zu verändern.

Der Titel meines Buches spiegelt diesen Ansatz in bestimmter Weise wider.[37] Manche Leser fanden ihn provozierend. Warum sollte man Einwanderer als »Fremde« bezeichnen und warum ein kollektives »Wir« postulieren, in deren Mitte sie verortet werden? Ich denke hingegen, dass er widerspiegelt, wie Einwanderung in sesshaften Gesellschaften, deren Mitglieder zum größten Teil das Gefühl haben, sie und ihre Vorfahren seien an einem Ort fest verwurzelt, zumindest auf den ersten Blick betrachtet wird.[38] Die Einzelnen werden auf die Anwesenheit eines Fremden auf viele verschiedene Weisen reagieren, zum Beispiel so, dass sie der Möglichkeit, eine neue Lebensweise kennen- und verstehen zu lernen, gegenüber aufgeschlossen sind; andere werden beunruhigt sein und eher negativ reagieren. In jedem Fall wird es zu einem gewissen Aufbrechen eingespielter kultureller Muster kommen: durch neue Essgewohnheiten, neue Bekleidungsformen, neue Sprachen, neue religiöse Praktiken und neue Weisen, den öffentlichen Raum zu besetzen. Die Herausforderungen, vor denen wir damit stehen, müssen sich in der Art und Weise wiederfinden, in der wir über grenzüberschreitende Freizügigkeit nachdenken. Wie ich in diesem Kapitel behauptet habe, ist Einwanderung nicht nur eine Sache der Abwägung von ökonomischen Gewinnen und Verlusten oder der Wahrung der Menschenrechte. Sie wirft auch schwierige Fragen darüber auf, wie wir uns selbst als Mitglieder politischer Gemeinschaften mit ihren langen Geschichten und ihrem kulturellen Reichtum begreifen. Dies zu sagen heißt allerdings schon, eine Position in der laufenden Debatte über die Grundlagen der politischen Moral zu beziehen, die Kapitel 2 zu erkunden versucht.

Zwei
Kosmopolitismus, landsmännische Parteilichkeit und Menschenrechte

Wenn man sich auf einem internationalen Flughafen der Passkontrolle nähert, dann wird man, wie jede erfahrene Reisende weiß, sehr wahrscheinlich auf zwei Warteschlangen treffen: Die eine ist kurz und bewegt sich rasch vorwärts, die andere ist viel länger und oft unerträglich langsam. Die kürzere ist für heimkehrende Staatsbürger vorgesehen, die nur zeigen müssen, dass ihr Gesicht mit dem Foto in einem gültigen Reisepass zusammenpasst, um die Kontrolle passieren zu dürfen; die längere ist für alle anderen, nämlich für diejenigen, deren Anspruch auf Einreise in das Land durch die eine oder andere Kategorisierung (als Touristin, Asylsuchende, vorübergehend Beschäftigte etc.) und durch das Vorzeigen von Visa und anderen relevanten Dokumenten gerechtfertigt werden muss, wobei sie unfreundliche Fragen von Einreisebeamten beantworten und vermutlich noch unangenehmere Kontrollen über sich ergehen lassen müssen. Hier werden wir Zeugen davon, wie der Staat sein Recht darauf ausübt, zwischen Menschen zu differenzieren; während wir uns pflichtgemäß in die richtige Schlange einreihen, nehmen wir es als gegeben hin, dass Staatsbeamte Menschen einfach deshalb sehr unterschiedlich behandeln dürfen, weil manche von ihnen Bürger des Landes sind und andere nicht. Die Langeweile des Wartens in der Ausländerschlange ist allerdings nur ein Anzeichen für die viel umfassendere Praxis, dass Staaten ihren eigenen Mitgliedern eine viel bessere Behandlung als Fremden angedeihen lassen, und das nicht nur, wenn sie durch die Passkontrolle gehen, sondern auch dadurch, dass sie ihnen eine Fülle von Rechten und Chancen zuteilwerden lassen, die Außenstehenden vorenthalten werden. Auch dies nehmen wir normalerweise als gegeben hin. Wie aber kann es gerechtfertigt werden? Wir können über die spezielle Problematik der Einwanderung nicht gründlich genug nachdenken, wenn wir nicht wissen, wie wir uns zu der umfassenderen Problematik verhalten, die in diesem Kapitel thematisiert werden soll und die lautet, ob und in welchem Maße Staaten darin gerechtfertigt sind, etwas an den Tag zu legen, was ich fortan »landsmännische Parteilichkeit« nennen werde – also die eigenen Bürgerinnen und Bürger gegenüber Außenstehenden zu bevorzugen.

Wir müssen diese ziemlich grundsätzliche Frage stellen, weil wir ohne ihre Beantwortung keine Möglichkeit haben, die Ansprüche zu beurteilen, die jemand, der einwandern möchte, dem Staat gegenüber haben könnte, dem er beitreten möchte. Stellen wir uns eine Person vor, die sich um Einreise in ein Land bemüht, weil sie darin einige Vorteile erblickt: eine neue Arbeitsstelle, ein angenehmeres Klima, ein anderes Spektrum an kulturellen Möglichkeiten. Erhält sie Zutritt, dann bekommt sie Zugriff auf ökonomische Chancen, die sie anderswo nicht hätte, und typischerweise auch auf diverse wohlfahrtsstaatliche Leistungen wie die Bereitstellung einer Unterkunft und die Gesundheitsversorgung; später dann kann sie sich um die volle Staatsbürgerschaft bewerben. Das heißt also, dass ihre Interessen von der Entscheidung, sie aufzunehmen oder ihren Zuzug abzulehnen, erheblich beeinträchtigt werden. Aber wie viel Gewicht sollte der Aufnahmestaat diesen Interessen beimessen? Ist er eine Demokratie, dann wird er davon ausgehen, dass er den Interessen all seiner Bürger die gleiche Berücksichtigung widerfahren lassen sollte. Muss er aber im Falle der Einwanderin ebenso verfahren oder ist es ihm erlaubt, deren Ansprüche zurückzustutzen, weil sie ja noch keine Staatsangehörige ist? Dürfte er ihre Ansprüche auch vollständig übergehen und seine Entscheidung über ihre Aufnahme einfach davon abhängig machen, inwiefern es den *bereits existierenden* Staatsangehörigen nützen oder schaden könnte, ihr den Zuzug zu erlauben? Und wie steht es zudem um die Folgen, die die Auswanderung für diejenigen Länder haben wird, aus denen die Einwanderer kommen; welche Bedeutung sollte diesen beigelegt wer-

38

den, sofern sie überhaupt von Belang sind? Im Kapitel 1 habe ich mich auf das Problem des »Braindrain« bezogen – also auf die Möglichkeit, dass Migration manchen armen Ländern derjenigen gut ausgebildeten Kräfte berauben könnte, die sie brauchen, um sich wirtschaftlich zu entwickeln oder ihr Gesundheitssystem personell ausreichend zu besetzen. Doch warum sollte das die Staaten interessieren, die von der Migration profitieren? Erneut können wir diese Frage nur dann beantworten, wenn wir eine Position im Hinblick auf die generelle Thematik sozialer und globaler Gerechtigkeit bezogen haben, also zu der Frage, was politische Gemeinschaften ihren Angehörigen und denen, die keine sind, schulden.

In diesem Kapitel werde ich daher eine Auffassung von landsmännischer Parteilichkeit sowie von den externen Pflichten der Staaten formulieren, die den Hintergrund für die in den folgenden Kapiteln stattfindende Erörterung der Einwanderungsfrage bilden soll. Einige der Argumente, die ich hier präsentiere, sind andernorts ausführlicher dargelegt worden; an dieser Stelle versuche ich, die zentralen Ideen auf relativ konzise Weise zusammenzuführen.[1]

Wie wir gerade gesehen haben, agieren Staaten routinemäßig auf Grundlage der Annahme, dass sie ein Anrecht darauf hätten, ihre eigenen Bürger auf sehr andere Weise zu behandeln als Ausländer. Viele politische Philosophen stehen der damit zum Ausdruck kommenden Parteilichkeit zugunsten der eigenen Landsleute allerdings skeptisch gegenüber. Solche Kritiker bezeichnen sich selbst häufig als Kosmopoliten und berufen sich bei ihrem Eintreten für offene Grenzen denn auch auf kosmopolitische Prinzipien, wie es zum Beispiel bei Joseph Carens der Fall ist, auf den ich bereits im ersten Kapitel zu sprechen gekommen bin. Genau zu sagen, was es eigentlich bedeutet, ein Kosmopolit zu sein, ist jedoch schwierig. In der Tat sind manche der Meinung, der Ausdruck sei derart amorph, dass er heute keine sinnvolle Kennzeichnungsfunktion in Debatten über globale Gerechtigkeit mehr ausüben könne.[2] Ein Ursprung der Verwirrung besteht darin, dass »Kosmopolitismus« sowohl eine Identität als auch eine politische Prämisse und einen moralischen Standpunkt bezeichnen kann, und Letzterer ist es, der uns an dieser Stelle beschäftigen wird. Im ersten Fall ist ein Kosmopolit jemand, der behauptet, keine Bindungen an bestimmte Orte oder Kulturen zu haben, sondern sich vielmehr als frei dazu erklärt, vom Besten auszuwählen, was die ihm zugängliche Welt für ihn bereithält.[3] Seine Identität ist einfach die eines Menschen unter anderen Menschen. Der politische Kosmopolitismus dagegen kann verschiedene Gestalten annehmen. Eine davon ist der Glaube an und das Eintreten für eine Weltregierung, also die Idee, dass die höchste politische Autorität bei einer einzigen Instanz liegen sollte, die alle Menschen repräsentiert, obgleich unterhalb dieser Ebene durchaus noch viele nachgeordnete Formen regionaler und nationaler Regierung existieren können. Eine andere ist die Überzeugung, dass die Menschen in Ausübung ihrer politischen Aktivitäten sich selbst als »Weltbürger« begreifen sollten, welche für eine gerechte Sache ganz unabhängig davon eintreten, an welchem Ort sich die Ziele befinden mögen, auf die sie sich mit ihnen richten. Wirbt man also dafür, die Welt von der Folter zu befreien, dann sollte man diejenigen Fälle, die in dem Land vorkommen, dessen Staatsbürgerschaft man besitzt, nicht stärker gewichten als die, die im Rest der Welt geschehen – es sei denn, dass man zufälligerweise dadurch effektiver tätig sein kann, dass man sich dem widmet, was vor Ort geschieht.

Der politische Kosmopolitismus geht häufig mit der dritten Konzeption, dem moralischen Kosmopolitismus, einher, obgleich beide durchaus voneinander verschieden sind. Der moralische Kosmopolitismus kann ganz einfach als die Überzeugung vom gleichen Wert aller menschlichen Wesen verstanden werden.[4] Dieses Axiom zieht allerdings für sich genommen nichts besonders Konkretes nach sich, einmal abgesehen davon, dass es natürlich nicht hinnehmbar ist, wenn Menschen einfach aufgrund einiger ihrer (moralisch irrelevanten) Eigenschaften wie ihres Geschlechts oder ihrer Hautfarbe unterschiedlich geachtet und behandelt werden. Und da Diskriminierungen solcher Art häufig gewohnheitsmäßig praktiziert worden sind, ist es keinesfalls trivial, sich für den moralischen Kosmopolitismus auszusprechen. Doch wie weit trägt dieser uns genau? Der stärksten Interpretation zufolge besagt er, dass die grundlegenden Pflichten, die wir unseren Mitmenschen gegenüber haben, stets die gleichen sind, ganz unabhängig von der Beziehung, in der wir zu ihnen stehen. Was wir konkret für sie tun müssen, kann unterschiedlich sein: Der eine benötigt vielleicht meine Hilfe und der andere nicht. Abgesehen aber von solchen individuellen Ansprüchen, die aus Bedürfnissen, Vorlieben und so weiter erwachsen, muss ich sie auf genau die gleiche Weise behandeln. Jede Form von Parteilichkeit, wozu natürlich auch eine besondere Sorge um die eigenen Landsleute gehört, verstößt dieser Lesart zufolge gegen den kosmopolitischen Grundsatz des gleichen moralischen Werts. Somit stellt dieser Grundsatz etablierte staatliche Praktiken wie etwa die, mit der das Kapitel begonnen hat (das Anstehen an der Passkontrolle), unmittelbar infrage, in denen Menschen allein aufgrund ihrer Nationalität unterschiedlich behandelt werden.

Wie plausibel ist ein starker Kosmopolitismus? Das Problem besteht darin, dass er offensichtlich nicht nur die Parteinahme für die eigenen Landsleute ausschließt, sondern jegliche Form einer besonderen Aufmerksamkeit überhaupt, die wir etwa unseren Familien, Freunden und Kollegen gegenüber an den Tag legen. Wenn die Anerkennung des gleichen Werts aller Menschen es ausschließt, dass wir den uns Nahestehenden irgendeine Art von Bevorzugung widerfahren lassen, dann müsste sich unser alltägliches Verhalten radikal verändern, und nur wenige sind bereit gewesen, diese Konsequenz anzunehmen, da sie anscheinend bedeutet, dass wir vieles von dem aufgeben müssten, was unserem Leben einen Wert verleiht. Zu unseren Beziehungen zu Familie und Freunden gehört es auch, dass wir deren Wünschen und Bedürfnissen einen besonderen Stellenwert bei unserer Entscheidung darüber einräumen, wie wir unsere Zeit und unsere Mittel nutzen wollen. Können wir dies tun und dabei trotzdem weiterhin Kosmopoliten sein?

Wir könnten die starke Fassung des Kosmopolitismus zugunsten einer wesentlich schwächeren Variante aufgeben. Diese würde erstens besagen, dass wir stets mitbedenken müssen, wie sich unser Handeln auf diejenigen auswirken wird, die dessen Folgen tragen müssen, und zwar unabhängig davon, wer sie sind oder ob sie in irgendeiner Verbindung zu uns stehen; und zweitens, dass dann, wenn es zwischen Menschen keine relevanten Unterschiede gibt, wir sie auch gleichermaßen berücksichtigen sollten. Die Position des schwachen Kosmopolitismus kann anhand eines einfachen Beispiels verdeutlicht werden.[5] Nehmen wir an, ich befinde mich in einer abgelegenen Gegend auf einer Wanderung und treffe dabei auf jemanden, der in ernsthaften Schwierigkeiten steckt: Die Person ist dehydriert und ich habe Wasser, das ich abgeben könnte. Praktisch jeder würde zugeben, dass ich dann einen Grund dazu habe, ihr zu helfen, einfach weil sie ein menschliches Wesen ist, das Hilfe braucht. Mich einfach umzudrehen und zu sagen, dass ihre Situation mich nichts angeht, wäre unmoralisch. Es mag zwar noch weiter zu diskutieren sein, wie weit genau ich in der Erfüllung meiner Pflicht gehen muss, aber der zentrale Punkt ist der, dass ich ihr eine gewisse Berücksichtigung schuldig bin; ich kann sie nicht einfach ignorieren. Das ist der erste Teil des schwachen kosmopolitischen Prinzips. Zur Verdeutlichung des zweiten nehmen wir nun an, dass ich zwei Reisenden in Not begegne, die sich beide in schlechter Verfassung befinden. Ich darf nun meine gesamte Aufmerksamkeit nicht allein auf eine von beiden richten, etwa aus einer Laune heraus oder weil mir der Anblick der einen besser gefällt als der der anderen. Ich muss beide gleichermaßen berücksichtigen (was heißen kann, aber nicht heißen muss, dass ich sie auf die exakt gleiche Weise behandle, zum Beispiel dann, wenn eine von beiden verletzt ist und die andere nicht). All dies gilt völlig unabhängig von der Identität der betreffenden Personen – ich könnte etwa in einer weit entfernten Weltgegend wandern und mit den Fremden, denen ich begegne, nichts außer mein Menschsein selbst gemeinsam haben.

Ich habe den schwachen Kosmopolitismus durch eine Bezugnahme auf die moralischen Pflichten einer Einzelperson erläutert; dieses Prinzip kann allerdings auf dieselbe Weise auch auf die Handlungen eines Staates angewandt werden, in welchem Fall es schlicht verlangt, dass die Staaten die Auswirkungen ihres Tuns auf diejenigen, die sich außerhalb ihrer Grenzen aufhalten, mitberücksichtigen. Sie können diese Auswirkungen nicht einfach völlig außer Acht lassen, wenn die davon Betroffenen nicht ihre eigenen Staatsbürger sind. Wenn also die Verbrennung fossiler Energieträger eine globale Erwärmung verursacht, was wiederum bestimmte Weltgegenden schlechter bewohnbar macht, dann kann dieser Befund von den nationalstaatlichen Entscheidungsträgern nicht als irrelevant abgetan werden. Allerdings sagt uns der schwache Kosmopolitismus für sich genommen nichts darüber, wie viel Gewicht den Interessen der verschiedenen Gruppen beigelegt werden sollte, die von der Politik eines Staates betroffen sein können, abgesehen davon, dass *irgendein* Grund dafür genannt werden muss, wenn ihnen eine ungleiche Gewichtung widerfahren soll. Er ist deshalb mit einer deutlichen Parteinahme für die Interessen der eigenen Landsleute kompatibel.

Der Kosmopolitismus als moralische Position scheint damit seiner Natur nach mehrdeutig zu sein. In seiner starken Form klammert er bereitwillig jede Art der Bevorzugung der eigenen Landsleute aus, doch indem er auf die gleiche Weise auch andere Formen der Parteilichkeit ausschließt, die integrale Bestandteile eines lebenswerten menschlichen Lebens sind, wird es schwer, ihn zu akzeptieren. In seiner schwachen Form sinkt er dagegen zu einem allgemeinen Humanitarismus herab, der abgesehen von verabscheuungswürdigen Ideologien, die manche menschliche Leben als wertlos erachten, eigentlich überhaupt nichts ausschließt. Die interessante Frage lautet, ob wir hier eine mittlere Position ausmachen können, die zwar eine begründete Zurückweisung des starken Kosmopolitismus erlaubt, aber zugleich auch mehr über unsere Pflichten gegenüber den Menschen außerhalb unserer eigenen Gemeinschaft zu sagen hat als das, was der schwache Kosmopolitismus dazu anzubieten hat. Um diese zu beantworten, müssen wir uns genauer ansehen, wie die Beziehungen zwischen Menschen besondere Pflichten generieren und welche Beziehungen aus dieser Perspektive betrachtet wichtig sind.

Es gibt eine Weise des Nachdenkens über diese Frage, die von Vertretern des starken Kosmopolitismus regelmäßig ins Feld geführt wird, um dem Vorwurf zu entgehen, dass ihre Position sogar eine besondere Berücksichtigung von Familien und Freunden ausschließt. Damit kommt die Idee einer moralischen Arbeitsteilung ins Spiel. Es ist, so lautet die These, mit dem Prinzip der moralischen Gleichheit vereinbar, denen, die einem nahestehen, eine besondere Berücksichtigung angedeihen zu lassen, *sofern* die Menschen anderenorts dasselbe tun, so dass letztlich jeder der jeweiligen Verantwortung eines anderen untersteht, sich um ihn zu kümmern. Ich widme meinen eigenen Kindern besondere Aufmerksamkeit und du den deinen; mein Staat kümmert sich um das Wohlergehen seiner Bürger und deiner tut das Gleiche. Das übergreifende Ziel der gleichen Behandlung wird am besten dadurch erfüllt, dass man jedem Akteur eine bestimmte Menge von Verantwortlichkeiten zuweist, die, wie es der Zufall will, genau diejenigen sind, die zu übernehmen uns unsere natürlichen Empfindungen in all diesen Fällen ohnehin schon nahelegen.[6]

Diese Idee einer moralischen Arbeitsteilung scheint zunächst eine interessante Möglichkeit dazu zu sein, dass wir unsere moralischen Energien auf die uns Nahestehenden konzentrieren und gleichzeitig unsere Achtung für die Menschen schlechthin unter Beweis stellen können. Allerdings ist sie mit zwei Problemen konfrontiert. Erstens scheint sie die Art und Weise, auf die wir unsere besonderen Verantwortlichkeiten tatsächlich verstehen, nicht wirklich abzubilden. Die Verbundenheit, die wir unseren Familien und Freunden gegenüber verspüren, ist bedingungslos – was nicht bedeutet, dass sie keine Grenzen kennen würde, sondern dass sie nicht davon abhängig ist, dass anderen Menschen die gleiche Verbundenheit entgegengebracht wird. Natürlich hoffen wir, dass sie ihnen entgegengebracht wird: Wir sind der Hoffnung, dass jedes Kind mindestens genauso viel Fürsorge erhält wie die, die wir unseren eigenen Kindern angedeihen lassen. Wie wir unsere eigene Verantwortung verstehen, hängt aber nicht davon ab, ob dies tatsächlich der Fall ist. Soll uns der arbeitsteilige Ansatz also zeigen, dass wir als gute Kosmopoliten agieren und gleichzeitig den uns nahestehenden Personen besondere Aufmerksamkeit entgegenbringen können, dann muss er sozusagen hinter unseren Rücken treten und seinen Blick auf die kombinierten Folgen unserer Handlungen statt auf die Absichten und Motive richten, aus denen sie hervorgegangen sind.[7] Zweitens ist es jedoch sehr zweifelhaft, ob er überhaupt funktionsfähig gemacht werden kann. Denn wenn das Ziel der Nachweis ist, dass eine besondere Aufmerksamkeit mit dem starken Kosmopolitismus kompatibel sein kann, dann müssen wir uns eine Welt vorstellen, in der jede Person die gleiche Möglichkeit dazu hat, von *irgendjemandem* auf spezielle Weise behandelt zu werden. Dies ist in der wirklichen Welt aber klarerweise nicht der Fall, ob wir an intime Beziehungen oder an politische Gemeinschaften denken. Manche Glückliche haben viele Freunde, die ihnen Hilfe anbieten können, wenn sie in Not geraten sind; andere haben dagegen nur wenige oder überhaupt keine Freunde. Manche leben in Staaten, die dazu in der Lage sind, allen eine breite Vielfalt von Lebenschancen anbieten zu können, während andere wesentlich weniger begünstigt sind. Die Schlussfolgerung muss deshalb lauten, dass der arbeitsteilige Ansatz nur dann mit dem (starken) Kosmopolitismus vereinbar ist, wenn wir unterstellen, dass wir bereits jetzt eine hypothetische Welt bewohnen, die eine viel größere materielle Gleichheit aufweist als die unsrige. In der Welt, in der wir leben, kann man kosmopolitischen Verantwortlichkeiten, die verlangen, dass den Menschen überall eine gleiche Behandlung zuteilwerden soll, nicht dadurch nachkommen, dass man seine Aufmerksamkeit auf diejenigen konzentriert, die einem nahestehen, seien es Familien oder die eigenen Landsleute.

Für einen Gegenentwurf zur kosmopolitischen Arbeitsteilung sollten wir mit der Idee assoziativer Pflichten beginnen – also solcher, die wir einfach kraft der Beziehungen haben, in denen wir zu anderen Menschen stehen, und nicht als Bestandteil irgendeines universellen Plans – und ermitteln, wie sie entstehen und wo ihre moralischen Grenzen liegen.[8] Wenn wir noch einmal mit dem Beispiel der persönlichen Beziehungen ansetzen, so erweisen sich zwei Faktoren als bedeutsam. Zum einen verfügen diese Beziehungen über einen intrinsischen Wert: Indem wir uns in ihnen befinden, sind unsere Leben einfach besser. Zum Zweiten könnten diese Beziehungen gar nicht in ihrer gegebenen Form vorliegen, wenn sie nicht so verstanden würden, dass sie bestimmte Pflichten entstehen lassen: Wenn ich nicht der Meinung wäre, dass ich meinem Freund mehr schuldig bin als einer flüchtigen Bekanntschaft, dann wäre meine Beziehung zu dieser Person in Wahrheit nicht freundschaftlicher, sondern anderer Art. Ich nehme an, dass diese beiden Thesen recht unkontrovers sein dürften.

Wesentlich unklarer ist es dagegen, wie sie Anwendung auf Beziehungen finden können, die von größerer Reichweite sind, und dabei speziell auf denjenigen Beziehungstypus, der zwischen den Angehörigen eines Nationalstaates vorliegt. Können assoziative Pflichten auch in diesem Fall entstehen?

Eine Hauptschwierigkeit bei der Beantwortung dieser Frage ist, dass die zwischen Landsleuten bestehende Beziehung multidimensional ist, und es ist nicht eindeutig, welche dieser Dimensionen für die Erzeugung besonderer Pflichten ausschlaggebend sind. Wir können hier mindestens drei generelle Ebenen unterscheiden. Erstens sind die Gesellschaftsmitglieder in einen integrativen Kooperationszusammenhang einbezogen, durch den sie einander alle Annehmlichkeiten des Lebens bereitstellen, und dies vor allem durch eine Aufteilung der anstehenden Aufgaben. Es gibt ein ökonomisches System, das Waren und Dienstleistungen bereitstellt, und Nebensysteme, die die Menschen gegen verschiedene Risiken absichern, wozu auch das gehört, zur produktiven Wirtschaft nicht mehr beitragen und von ihr auf reziproke Weise profitieren zu können. Im Prinzip dient das System zu jedermanns Vorteil: Es ermöglicht uns einen wesentlich höheren Lebensstandard als den, den wir in Ermangelung einer solchen Kooperation erreichen könnten. Zweitens beziehen sich die Gesellschaftsmitglieder als Staatsbürger aufeinander, die an einem komplexen politisch-rechtlichen System partizipieren, das ihnen zwar einerseits die Beachtung einer Vielzahl von Gesetzen abverlangt, ihnen andererseits aber auch eine ganze Reihe von Rechtsansprüchen gewährt, zu denen auch ein Recht auf politische Teilhabe gehört, welches es ihnen gestattet, das System als ganzes gemeinschaftlich zu kontrollieren und zu gestalten. Und drittens beziehen sie sich auch als Angehörige derselben Nation aufeinander, als Menschen also, die ein in etwa vergleichbares Konvolut kultureller Werte und ein Gefühl der Zugehörigkeit zu einem bestimmten Ort miteinander teilen. Sie sehen sich selbst als eine distinkte Gemeinschaft von Menschen mit historischen Wurzeln, die als solche unter anderen Gemeinschaften besteht.[9]

Eine Frage, die kurz beantwortet werden muss, ist die, ob die dritte Ebene tatsächlich ein notwendiges Komplement zu den anderen beiden darstellt. Anders gefragt, muss ein moderner Staat auch ein Nationalstaat sein, dessen Angehörige sowohl eine kulturelle Identität gemeinsam haben als auch in ökonomischer Hinsicht miteinander kooperieren und sich als gleiche Bürger zusammenschließen? Aber lassen wir dies für den Moment beiseite und fragen wir uns, was diese Form des Zusammenschlusses intrinsisch wertvoll macht. Erstens befähigt sie die Menschen zu einer Koexistenz unter Gesichtspunkten der Gerechtigkeit. Indem sie Prinzipien zur Regulierung von Eigentums- und Beschäftigungsverhältnissen, zur Besteuerung, dem Zugang zu Bildung und Gesundheitsversorgung und so weiter festlegen, können sie sicherstellen, dass Kosten und Nutzen der ökonomischen Kooperation auf gerechte Weise unter ihnen aufgeteilt werden. Zweitens versetzt sie die Menschen in die Lage, ein bestimmtes Maß an Kontrolle über die zukünftige Entwicklung ihres Zusammenschlusses auszuüben: Sie können darüber entscheiden, worin seine Prioritäten bestehen sollen, ob also zum Beispiel natürliche Ressourcen ausgebeutet oder geschützt werden oder finanzielle Mittel in die Förderung des Sports oder der Kunst fließen sollen. Jede Person für sich genommen übt natürlich nur einen winzigen Anteil dieser Kontrolle aus, doch selbst diejenigen ohne politisches Amt wissen, dass sie, indem sie sich zusammentun, die Entwicklungsrichtung ihres Zusammenschlusses dadurch verändern können, dass sie die eine Regierung abberufen und eine andere einsetzen. Kurz gesagt, sie können – im Rahmen der praktischen Möglichkeiten –

sowohl zu Verteilungsgerechtigkeit als auch zu kollektiver Freiheit gelangen.[10]

Diese Werte sind hinreichend dafür, assoziative Pflichten zu begründen, nämlich die, bestehende Gesetze und Politiken zu achten, während man sich durch die Teilnahme an Wahlen und anderen Maßnahmen aktiv daran beteiligt, sie zu verändern, sollten sie hinter die Standards der Gerechtigkeit zurückfallen, und ganz allgemein die, die Grundlagen des Zusammenschlusses zu respektieren. Es dürfte klar sein, dass ohne die Anerkennung und Erfüllung dieser Pflichten die von mir beschriebenen Charakteristika des modernen Staates nicht gewahrt bleiben können. Sie können als Reziprozitätspflichten beschrieben werden: Jeder Staatsbürger ist gegenüber den anderen dazu verpflichtet, die unter ihnen herrschende Gerechtigkeit zu schützen, solange er zu Recht erwarten kann, dass auch die anderen ihrerseits ihren Pflichten nachkommen.

Welchen Unterschied macht es, wenn wir zu diesem Bild noch eine nationale Identität hinzufügen? Führt sie eine weitere Quelle von Werten in diese Beziehung ein? Ich bin der Meinung, dass sie dies tut, obwohl nicht alle von denen, die die Idee von zwischen den Bürgern bestehenden assoziativen Pflichten verteidigen, dem zustimmen werden – sie sehen eine gemeinsame Nationalität vielmehr einfach als weithin zu beobachtendes psychologisches Faktum ohne moralische Bedeutung an.[11] Mit der nationalen Identität geht eine Art der Solidarität einher, die fehlt, wenn man nur auf ökonomische und politische Beziehungen blickt. Die Menschen fühlen sich emotional miteinander verbunden, weil sie diese Identität teilen. Sie spüren, dass sie zusammengehören und Verantwortungen füreinander haben, die sich nicht einfach aus den existierenden Institutionen und Praktiken ergeben. Ihr Zusammenschluss wird dadurch noch enger, dass sich die politische Gemeinschaft als die Zeiten überdauernd, ja oft sogar bis in die Antike zurückreichend versteht. Das bedeutet auch, dass die von ihr begründeten Pflichten sich in die Zukunft und in die Vergangenheit erstrecken – sie können aus der Vergangenheit ererbt sein und nachfolgenden Generationen geschuldet werden. Keine Nation ist wie die andere; jede umfasst dank der verschiedenen Gruppen, die an ihrer langen Geschichte mitgewirkt haben, eine einzigartige Mischung oder Zusammensetzung von Kulturen. Außerdem verknüpft die nationale Identität die Gemeinschaft mit einer bestimmten geographischen Heimat, deren Besonderheiten häufig auf wichtige Weise zu dieser Identität selbst beitragen, seien es bestimmte Landschaften, historisch bedeutsame Bauwerke oder Orte, an denen sich Schlüsselszenen der nationalen Geschichte abgespielt haben. Wo Bürger über eine gemeinsame nationale Identität verfügen, da führt ihr Zusammenschluss deshalb auch dazu, dass sie erklären können, warum sie zusammengehören und ihre Rolle als Staatsbürger gerade an diesem Ort wahrzunehmen gedenken.

Der Unterschied, den die nationale Identität macht, wird ersichtlich, wenn wir der Absicht begegnen, den Staat durch Sezession aufzuspalten. Wären die Beziehungen innerhalb des Staates nur solche der ökonomischen Kooperation und der Staatsbürgerschaft, dann gäbe es keinen offenkundigen Grund, sich einer solchen Aufspaltung entgegenzustellen. Diese Beziehungen würden sich in den entstehenden Teilgebieten dann in entsprechend geringerem Umfang neu gestalten (es könnte Effizienzgründe geben, die für oder gegen die Spaltung sprechen, aber es gibt keine prinzipiellen Gründe dafür, ihr zu widerstehen, da die mit der ökonomischen Kooperation und der Staatsbürgerschaft verbundenen Werte ja in jedem Fall erhalten blieben). Sind die Menschen aber auch als Angehörige einer gemeinsamen Nation aufeinander bezogen, dann werden sie Widerstand gegen eine solche Spaltung leisten, weil sie die nationale Selbstbestimmung als wertvoll erachten: Sie wollen eine Einheit bilden, die ihr eigenes Schicksal so weit wie möglich selbst im Griff hat.[12] Darüber hinaus verfügt ein Staat, der zugleich ein Nationalstaat ist, kraft der Identifikation seiner Angehörigen miteinander auch über einen eher kommunitaristischen Charakter, was es einfacher macht, politische Maßnahmen zugunsten der Schlechtergestellten und dabei vor allem jener, die nur zu einem kleinen oder gar keinem Beitrag zur produktiven Wirtschaft in der Lage sind, durchzuführen. Dies ist zugegebenermaßen nicht so einfach mit harten empirischen Fakten zu belegen.[13] Und trotzdem sieht es so aus, dass jene Staaten, deren Bürger bisher am ehesten dazu bereit waren, egalitäre Formen sozialer Gerechtigkeit anzustreben, gerade diejenigen sind, in denen die nationale Identität am stärksten ausgeprägt ist.

Der Wert der nationalen Identität ist stärker umstritten als der der Staatsbürgerschaft. Seine Kritiker führen diverse Anklagepunkte gegen ihn ins Feld. Einer lautet, dass, während Bürgerinnen an einem Ort keinen bestimmten Grund für die Behauptung haben, dass ihr Zusammenschluss anderen Bürgerkollektiven überlegen sei, die nationale Identität eher zu Thesen über nationale Über- und Unterlegenheit und damit indirekt auch zu Versuchen der Unterwerfung oder sogar Einverleibung rivalisierender Nationen führe. Solche Folgen scheinen sich nicht zwangsläufig zu ergeben; viele Nationen pflegen eine friedliche und freundliche Koexistenz mit ihren Nachbarn. Trotzdem ist die Geschichte des Nationalismus von finsteren Episoden ersterer Art durchzogen. Ein zweiter und damit zusammenhängender Grund ist, dass die territoriale Dimension der Nationalität einerseits zwar eine Quelle der Stärke ist, zum anderen aber auch zu einer des Konflikts werden kann, sobald es zu Auseinandersetzungen darüber kommt, wo die Grenzen der nationalstaatlichen Heimat zu ziehen sind. Und schließlich wird oft argumentiert, dass nationale Identitäten in einem wichtigen Sinne fiktiv sind, weil sie auf der Erschaffung eines singulären Narrativs fußen, das erklärt, was es bedeutet, zu dieser oder jener Nation zu gehören – also eine nationale Geschichte erzählt –, und das mindestens hochgradig selektiv ist und im schlimmsten Fall in deutlichem Kontrast zu den historischen Tatsachen steht. Und, so wird gesagt, dieser mythologisch aufgeladene Charakter beweist, dass nationale Identitäten nur einen geringen oder gar keinen intrinsischen Wert besitzen, selbst dann nicht, wenn sie sich als instrumentell wertvoll dafür erwiesen haben, die sie teilenden Bürger zu einer effizienteren Zusammenarbeit zu befähigen und zu einem verstärkten Eintreten für soziale Gerechtigkeit anzustiften.

In der Auseinandersetzung um den Wert nationaler Identität

interessant

können also auf beiden Seiten Gründe für die jeweilige Position vorgebracht werden. Aber gegeben, dass die Bürger lebensfähiger Staaten in der real existierenden Welt überall solche Identitäten zu besitzen scheinen, warum spielt es dann überhaupt noch eine Rolle, ob wir deren Wert anerkennen oder nicht? Einen Unterschied macht es im Besonderen, wenn wir über die Einwanderungsproblematik nachdenken. Da Einwanderer sich typischerweise nicht schon im nationalen Sinne mit der politischen Gemeinschaft identifizieren, der sie beitreten, muss dies unser Nachdenken sowohl über ihre Aufnahme als auch über ihre Integration beeinflussen. Inwieweit ist es ein legitimes Ziel der öffentlichen Politik, die nationale Identität der bereits vorhandenen Bürger zu bewahren und zu stärken, und wie sehr muss sich diese Identität wandeln, um den kulturellen Werten der ankommenden Migranten entgegenzukommen? Diese Frage ist nur dann von Bedeutung, wenn wir davon ausgehen, *dass* nationale Identität etwas Schützenswertes darstellt. Müssten wir hingegen annehmen, dass ökonomische Kooperation und Staatsbürgerschaft zusammengenommen dafür ausreichend wären, einen funktionierenden Staat zu konstituieren, dann könnten Identitätsfragen als im Grunde persönliche Angelegenheiten außer Acht gelassen werden, die die Diskussion nicht beeinflussen sollten. Von Bedeutung wäre dann nur, dass sich die Einwanderer ökonomisch und politisch mit den bereits vorhandenen Angehörigen der Gemeinschaft verbinden können und dass die öffentliche Politik ein Neutralitätsgebot befolgt, sobald es um kulturelle Fragen geht.

Ich kehre später noch einmal zu diesem Punkt zurück. Für den Moment können wir erst einmal festhalten, dass assoziative Pflichten gegenüber den eigenen Landsleuten auf verschiedene Weisen begründet werden können, je nachdem, welche Aspekte der zwischen ihnen bestehenden Beziehungen betont werden sollen. Mittlerweile gibt es eine recht umfassende Literatur in der politischen Philosophie, die sich der Reichweite der Verteilungsgerechtigkeit widmet und deren Beiträgerinnen und Beiträger jene besonderen Eigenschaften der Beziehungen zwischen den Bürgern ausfindig zu machen versuchen, kraft deren sie einander Gerechtigkeitspflichten schulden, welchen sie Menschen anderenorts nicht schuldig sind.[14] Dabei könnte sehr wohl herauskommen, dass die ganze Idee der Bestimmung einer solchen singulären Eigenschaft in die falsche Richtung gegangen ist und ein besserer Ansatz den multidimensionalen Charakter der in Rede stehenden Beziehungen anerkennen würde, ja sogar, dass soziale Gerechtigkeit deshalb so komplex ist – also mehr als ein Prinzip umfasst –, gerade weil sie in Beziehungen gegründet ist, die ebenfalls komplexer Art sind.[15] Da das Wesen der sozialen Gerechtigkeit an dieser Stelle aber nicht unser Thema ist, müssen wir uns mit dieser Literatur hier auch nicht weiter beschäftigen. Wichtiger ist es, den Grenzen assoziativer Pflichten nachzugehen, ganz unabhängig davon, woraus genau sich diese Pflichten ergeben. Ihr Vorliegen als freischwebende moralische Pflichten negiert den starken Kosmopolitismus und macht insbesondere deutlich, dass uns die Gerechtigkeit erlaubt, weniger für Einwanderungswillige zu tun als das, was wir den Bürgern schuldig sind. Weniger heißt aber nicht nichts. Wenn wir also von der schwach kosmopolitischen Prämisse über den gleichen Wert aller menschlichen Wesen ausgehen, welche grenzüberschreitenden Pflichten ergeben sich dann? Was müssen die Bürger für diejenigen tun, die nicht ihre Landsleute sind?

Diese internationalen Pflichten gliedern sich in zwei Kategorien: Pflichten gegenüber Individuen und Pflichten gegenüber anderen politischen Gemeinschaften. Die Pflichten der zweiten Kategorie können grob als solche der Fairness beschrieben werden. Staaten interagieren auf vielfältige Weisen miteinander, manchmal, um Vorteile zu erzielen, die sie durch eigenständiges Handeln nicht erreichen könnten, und in anderen Fällen, um die Kosten zu teilen, die bei der Lösung globaler Probleme wie dem Klimawandel anfallen. Wirken sie auf so eine Weise zusammen, dann verlangt es die Gerechtigkeit von ihnen, Kosten und Nutzen fair aufzuteilen. Wie sollen Handelsgewinne geteilt werden? Wie viel Wirtschaftswachstum muss jeder Staat opfern, um die Erderwärmung zu verhindern? Dies sind wichtige Fragen, die sich ganz unabhängig davon stellen, ob man sich der starken kosmopolitischen Haltung, die ich zu Beginn dieses Kapitels skizziert habe, anschließt oder nicht. Für unsere gegenwärtigen Zwecke sind sie allerdings weniger wichtig als die Pflichten, die Staaten gegenüber den individuellen Nichtstaatsbürgern haben, und diese sind zunächst am ehesten als Pflichten zur Achtung der Menschenrechte zu verstehen.[16]

Zu sagen, dass Staaten in ihrem nach außen gerichteten Handeln zur Achtung der Menschenrechte von Außenstehenden verpflichtet sind, ist eine Feststellung, die auf weitgehende Zustimmung stoßen wird. Ihre Menschenrechte zu respektieren ist eine einfache Möglichkeit zur Anerkennung des gleichen moralischen Werts aller menschlichen Wesen. Allerdings könnte es dann zu Meinungsverschiedenheiten kommen, wenn wir danach fragen, wie Menschenrechte zu bestimmen seien und was genau es bedeutet, sie zu achten. Wir können nicht davon ausgehen, dass es eine abschließende Auflistung von Menschenrechten gibt, die nur darauf wartet, dass wir sie konsultieren. Natürlich gibt es so bedeutsame Dokumente wie die Allgemeine Erklärung der Menschenrechte, die 1948 von den Vereinten Nationen ratifiziert wurde, oder den Internationalen Pakt über wirtschaftliche, soziale und kulturelle Rechte.[17] Diese sind zwar für unser Verständnis von Menschenrechten relevant, aber nicht ausschlaggebend, und das nicht zuletzt deshalb, weil die in diesen Dokumenten formell verkündeten Rechte einer umfangreichen Auslegung bedürfen. Zudem ist die Feststellung wichtig, dass das Ziel dieser Dokumente in erster Linie die Festlegung von Standards war, die alle Staaten im Inneren erfüllen sollten; dass die Menschenrechte eine so wichtige Rolle in der Außenpolitik zu spielen begonnen haben, ist ein Ereignis jüngeren Datums, und möglicherweise ist dafür ein etwas anderes Verständnis dieser Rechte erforderlich.

Um zu verstehen, wie Menschenrechte begründet werden können, können wir mit der Beobachtung anfangen, dass es Bedürfnisse gibt, die für die Menschen überall erfüllt sein müssen, wenn sie zu einem menschenwürdigen Leben fähig sein sollen.[18] Es ist keine Schande, dass die konkreten Formen, die diese Bedürfnisse annehmen können, von einem Ort zum anderen verschieden sein können. Eines davon ist etwa das nach angemessener Kleidung, was allerdings in dem einen Teil der Welt einen Pelzmantel und in einem anderen ein Baumwollhemd meinen kann. Das zugrunde liegende Bedürfnis ist in beiden Fällen dasselbe. Ein bedeutsamerer Kontrast besteht zwischen den notwendigen Bedingungen für ein menschenwürdiges Leben an jedem Ort und denen für eines in einer bestimmten Gesellschaft mit ihren jeweiligen Vorstellungen und Konventionen. Dieser erlaubt uns eine Unterscheidung von Menschenrechten im engeren Sinne und solchen, die eher als gesellschaftliche oder staatsbürgerliche Rechte bezeichnet werden sollten. Menschenrechte sind jene Rechte, die die Menschen haben müssen, wenn sie die gesicherte Möglichkeit dazu haben sollen, ihre Grundbedürfnisse zu befriedigen; staatsbürgerliche Rechte hingegen stellen die Bedingungen her, unter denen eine Person in vollem Umfang am sozialen und politischen Leben der Gesellschaft teilnehmen kann, der sie angehört. Letztere Rechte bauen zwar auf ersteren auf und erweitern sie, aber wir müssen dennoch beide auseinanderhalten, weil Menschenrechte potentiell *internationale* Pflichten begründen, während staatsbürgerliche Rechte dies nicht tun. Letztere für alle Menschen in einer bestimmten Gesellschaft sicherzustellen ist Aufgabe der Innenpolitik; andere Länder dürfen diesen Prozess nicht behindern und müssen ansonsten aus ihm herausgehalten werden. Wo aber die Menschenrechte bedroht sind, kann es ein Fehler des einen Staates erforderlich machen, dass der andere etwas unternimmt, also zum Beispiel seine Hilfe anbietet oder sogar unmittelbaren Einfluss zu nehmen versucht, um diese Rechte zu verteidigen. Wir werden gleich noch einmal auf die Frage zurückkommen, wie diese Verpflichtung zugewiesen werden sollte.

Es liegt vielleicht nicht auf der Hand, dass wir jene »Bedingungen für ein menschenwürdiges Leben an jedem Ort« respektive das, was ich menschliche Grundbedürfnisse nennen werde, wirklich bestimmen können. Ich gehe davon aus, dass wir es deshalb können, weil es so etwas wie eine menschliche Lebensform gibt, von der wir erkennen können, dass sie sich als roter Faden durch all die verschiedenen menschlichen Kulturen in Gegenwart und

Vergangenheit zieht.[19] Unterhalb dieser Verschiedenheit spielen sich nämlich Aktivitäten und Praktiken ab, die überall auftreten, solange sie nicht bewusst unterdrückt werden oder die materiellen Mittel zu ihrem Vollzug nicht verfügbar sind. Menschen sind produktiv tätig, sie spielen, gründen Familien, machen Musik, nehmen an religiösen Handlungen teil und so weiter, und damit sie dies tun können, müssen bestimmte Vorbedingungen erfüllt sein. Wir können menschliche Bedürfnisse daher als Bedürfnisse definieren, die erfüllt sein müssen, wenn Menschen in der Lage sein sollen, ein Leben in zumindest minimaler Würde zu führen und sich, wenn sie wollen, an den eben aufgelisteten Aktivitäten zu beteiligen, die die menschliche Lebensform ausmachen. Dementsprechend sind Menschenrechte dann jene Rechte, deren Besitz es den Menschen erlaubt, diese Bedürfnisse zu erfüllen, was sie gegen diverse potentielle Bedrohungen schützt, gleichgültig, ob diese von den Naturgewalten, anderen Menschen oder dem Staat selbst ausgehen.

Was konkret sollte in die Liste der Menschenrechte aufgenommen werden, wenn wir sie in dieser Form als in den menschlichen Grundbedürfnissen gegründet erachten? Ganz allgemein werden sie in vier Kategorien fallen. Erstens wird es Rechte geben, deren Zweck es ist, sicherzustellen, dass Menschen über die materiellen Mittel verfügen, um ein Leben in minimaler Würde zu führen; hierzu gehören etwa die Rechte auf Nahrung, Wohnen und medizinische Versorgung. Zweitens wird es Rechte auf spezifische Arten von Freiheit geben, wie etwa das auf Freiheit der Rede und freie Berufswahl, die ihnen eine Teilnahme an den zentralen menschlichen Aktivitäten gemäß ihren eigenen Vorlieben und Fähigkeiten erlauben. Drittens wird es Rechte geben, die Menschen zur Aufnahme von sozialen Beziehungen zu anderen befähigen, so zum Beispiel das Recht auf freie Versammlung und das auf Heirat und Familiengründung. Und viertens wird es noch weitere Rechte geben, die zwar nicht ganz so unmittelbar menschlichen Bedürfnissen korrespondieren, deren Zweck aber in der Sicherstellung der Möglichkeit zur Inanspruchnahme der Rechte aus den ersten drei Kategorien durch deren Ausstattung mit Rechtsgarantien besteht. Das Recht auf Gleichheit vor dem Gesetz, auf ein faires Verfahren vor Gericht und auf politische Partizipation gehören hierher; ohne sie wären die Menschen Formen der politischen Unterdrückung gegenüber schutzlos, die ihre fundamentaleren Rechte in Gefahr bringen würden.

Es muss noch viel mehr gesagt werden, um die knappe Schilderung der Menschenrechte weiter auszuführen, die ich in den vorangegangenen Absätzen dargelegt habe. Der wichtigste Punkt ist, dass der Zweck der Menschenrechte in der Identifikation einer Schwelle besteht, die nicht überschritten werden darf, und nicht in der Beschreibung eines gesellschaftlichen Ideals. Vieles von dem, wonach die Menschen streben, geht weit über den Bereich der Grundrechte hinaus; eine Gesellschaft, die diese Rechte zwar schützen, aber nichts darüber Hinausgehendes für ihre Mitglieder tun würde, wäre ein trister und uninteressanter Ort. Warum also die Schwelle so niedrig ansetzen? In Wirklichkeit ist sie gar nicht so niedrig, wenn sie an die Umstände angelegt wird, unter denen Millionen von Menschen heutzutage leben; und nicht nur diejenigen, die ihr Leben unter repressiven Regimes fristen müssen, sondern auch die, die in materieller Armut leben, mit unzureichender Ernährung und medizinischer Versorgung, erleiden Verletzungen ihrer Menschenrechte. Der zentrale Punkt aber ist, dass Menschenrechte so verstanden und definiert werden sollten, dass sie Pflichten ihrem Inhaber gegenüber erzeugen können, und dies sogar aufseiten derjenigen, die bisher noch in keiner Beziehung zu ihm standen. Erinnern wir uns daran, dass ich über den gesamten Verlauf dieses Kapitels hinweg die von mir so genannte schwache kosmopolitische Prämisse voraussetze, der zufolge wir allen Menschen die gleiche Berücksichtigung widerfahren lassen sollen, was in erster Linie bedeutet, dass wir bei unseren Entscheidungen darüber, wie wir handeln sollen, deren Interessen nicht einfach ignorieren können. Aber so wichtig diese Prämisse auch ist, sie bedeutet im Allgemeinen doch nicht, dass wir ihnen gegenüber *Pflichten* haben, vor allem keine Gerechtigkeitspflichten, zu deren Erfüllung wir durch Dritte prinzipiell gezwungen werden könnten. Wenn wir von all den konkreten Beziehungen abstrahieren, die wir zu anderen Menschen unterhalten, dann entstehen solche Pflichten nur dann, wenn deren Ansprüche an uns dringlich werden – wenn also ihre Nichterfüllung aller Voraussicht nach zu erheblichem Schaden führen wird.[20] Menschenrechte sind in dem von mir vorgeschlagenen Verständnis in diesem Sinne dringliche Ansprüche, und zwar genau deshalb, weil sie zur Befriedigung von Bedürfnissen dienen, die alle Menschen unabhängig von ihren kulturellen oder gesellschaftlichen Hintergründen gemeinsam haben. Sie sind keine Luxusgüter, sondern formen ein moralisches Fundament. Um diese Rolle spielen zu können, müssen sie minimalistisch verstanden werden, also so, dass sie die Bedingungen für ein menschliches Leben in Würde bereitstellen, mehr aber auch nicht.

Welche Verpflichtungen haben wir, als Einzelne und in kollektiver Hinsicht, mit Blick auf die Menschenrechte anderer? Über diese Frage gehen die philosophischen Auffassungen auseinander. Auf der einen Seite stehen jene, die darauf beharren, dass die fraglichen Verpflichtungen einfach als negative Pflichten verstanden werden sollten, also als Pflichten dazu, nicht durch aktive Einmischung gegen die Menschenrechte anderer zu verstoßen. Ich verletze eine negative Pflicht, wenn ich andere angreife (ich verstoße gegen das Recht auf körperliche Unversehrtheit), sie von der Ausübung ihres Glaubens abhalte (womit ich das Recht auf Religionsfreiheit verletze) oder ihre überlebenswichtigen Trinkwasserressourcen verseuche (wodurch ich ihr Recht auf Subsistenz verletze). Dieser Ansicht zufolge habe ich keine Verpflichtung dazu, Menschen mit den Ressourcen auszustatten, die sie zur Ausübung ihrer Rechte benötigen – natürlich stünde mir dies frei, doch deren aktive Bereitstellung wird nicht von mir verlangt. Umgekehrt sind andere Philosophen der Auffassung, dass (je nach Situation) die von den Menschenrechten ausgehenden Pflichten positiv, negativ oder beides zusammen sein können. Sie argumentieren, dass etwas Perverses in der Behauptung steckt, dass ich, während ich einen Mitmenschen durch die Zerstörung seines Brunnens nicht um sein Wasser bringen darf, dennoch nicht dazu verpflichtet bin, diesen Brunnen überhaupt mit auszuheben, wenn er noch gegraben werden muss und sein Wasser benötigt wird – da das gleiche Recht auf Subsistenz in beiden Fällen eine Rolle spielt.

Das Hauptargument, das zugunsten des exklusiven Verständnisses von Menschenrechten als negativen Pflichten angeführt wird, lautet, dass ihnen wie Rechten anderer Art auch eindeutige Verpflichtungen entsprechen müssen, welche ganz bestimmten Akteuren zugewiesen werden, und dass negative Pflichten diese Bedingung erfüllen, weil ihnen ausnahmslos jeder unterliegt und das, was sie verlangen, einfach darin besteht, sich nicht in die Inanspruchnahme und Ausübung der Rechte anderer einzumischen.[21] Diese Pflichten können, bildlich gesprochen, dadurch erfüllt werden, dass jeder zuhause sitzt und die anderen in Ruhe lässt. Geht es aber um positive Pflichten, so ist deren Inhaberschaft weitaus weniger eindeutig: Wer hat dort, wo Menschenrechte aufgrund unzureichender Mittel nicht eingehalten werden, die entsprechenden Verpflichtungen inne, und wie viel muss dafür getan werden, dass sie erfüllt werden? Wessen Brunnen bin ich zu graben verpflichtet und wie viele weitere im Anschluss?

Es gibt Fälle, in denen die Verpflichtung zum Schutz eines Menschenrechts direkt an eine bestimmte Person fällt, doch viel öfter obliegt eine solche Verantwortung Kollektiven, speziell Staaten. Und die erste Verpflichtung eines jeden Staates ist es, die Menschenrechte seiner eigenen Bürger zu schützen und umzusetzen. Ein Staat, der dies nicht leistet, obwohl er über die dafür nötigen Ressourcen verfügt, ist insofern ein illegitimer Staat. Hier bestehen also keine Unklarheiten darüber, wer Inhaber der den Menschenrechten korrespondierenden sowohl negativen als auch positiven Pflichten ist. Was aber, wenn ein Staat diese Rechte im Inneren nicht schützen kann oder will? Die Verantwortung fällt dann all jenen Akteuren zu, die die Fähigkeit haben, dies zu tun, in erster Linie anderen Staaten. Dieser Verantwortung zu genügen kann, je nach Situation, auf verschiedene Weisen geschehen. Vielleicht erfordert sie es, materielle Hilfe zu schicken, etwa in Situationen, in denen die Menschenrechte vom Hunger bedroht sind; sie kann aber auch die Ausübung von Druck oder die Verhängung von Sanktionen gegen Staaten erforderlich machen, deren Maßnahmen die Rechte ihrer Bürger verletzen. In Extremfällen mag sie auch humanitäre Interventionen und eine Absetzung der bisherigen Regierung verlangen, und schließlich auch, dass diejenigen, deren Rechte in Gefahr sind, die Erlaubnis zur grenzüberschreitenden Abwanderung hin zu einem sicheren Ort erhalten. All diese Maßnahmen werden wahrscheinlich erhebliche Kosten mit sich bringen. So stellt sich dann die Frage, welcher Staat oder welche Staaten um ihre Umsetzung gebeten werden sollen. Wir gehen von der Annahme aus, dass jeder dazu fähige Staat an der Verantwortung zum Schutz der Menschenrechte teilhat. Doch wie kann diese in konkrete Verpflichtungen übersetzt werden, die sich für einzelne Staaten ergeben?

An dieser Stelle müssen wir zwischen Situationen unterscheiden, in denen die Verantwortung unteilbar ist, so dass sie von einem Einzelakteur wahrgenommen werden kann, und solchen, in denen sie unter mehreren Akteuren aufgeteilt werden kann. Im ersteren Fall können wir einen Staat zu bestimmen versuchen, der irgendeine besondere Verbindung zu dem Land hat, in dem es zu jenen menschenrechtlichen Defiziten kommt.[22] Diese Verbindung kann verschiedene Gestalten annehmen. Sie kann sich aus einer geographischen Nähe, aus historischen Verbindungen (wie denen zwischen einer Kolonialmacht und ihren ehemaligen Kolonien), kulturellen Verflechtungen (der Sprache oder Religion beispielsweise) oder aus den speziellen Befähigungen des in Rede stehenden Staates ergeben. Diese Bindungen können für sich genommen moralisch weithin neutral sein. Aber die Schwierigkeit besteht darin, dass ein Staat die Verantwortung übernehmen muss, so dass wir einen besonderen Faktor ausfindig machen müssen, der die Übernahme dieser Verantwortung für einen bestimmten Staat dringlich erscheinen lässt. Auf der anderen Seite wird es schwierig sein, die Auferlegung einer zwangsbewehrten Verpflichtung zum Schutz von Menschenrechten unter solchen Umständen zu begründen, gerade weil die Verbindungen, um die es geht, schwach und bis zu einem bestimmten Grad auch umstritten sein können.

Der wahrscheinlichere Fall ist dagegen der, in dem die Verantwortung auf mehrere Schultern verteilt werden kann, und in einer solchen Situation müssen wir uns auf die Suche nach Prinzipien für ihre faire Aufteilung begeben. Ein solches Prinzip ist das der gleichmäßigen Kostenbeteiligung: Jeder Staat sollte einen Beitrag zu den Kosten für den Schutz der Menschenrechte relativ zu seiner Einwohnerzahl oder vielleicht eher proportional zu seinem Bruttoinlandsprodukt leisten, um der Tatsache Rechnung zu tragen, dass die realen Kosten in dem Maße sinken, in dem Staaten reicher werden (einen Anwendungsfall dieses Prinzips kann man in der gegenwärtigen Regelung erblicken, der zufolge die Staaten 0,7 Prozent ihres Bruttoinlandsprodukts als Beitrag zur Entwicklungshilfe bereitstellen sollen). Oder man bedient sich eines komplexeren Schemas, um etwa die ungleichen Fähigkeiten der Staaten zur Mitwirkung an bestimmten menschenrechtsbezogenen Operationen oder ihre mehr oder weniger große Mitverantwortung für die Entstehung einer Situation, in der Menschenrechtsverletzungen stattfinden, zu berücksichtigen. Später in diesem Buch müssen wir uns diese Möglichkeiten genauer ansehen, und zwar speziell mit Blick auf die staatliche Verantwortung zur Aufnahme von Flüchtlingen. An dieser Stelle möchte ich einfach nur zwei allgemeine Positionen einander gegenüberstellen, die man hinsichtlich der Verpflichtung eines Staates zum Schutz der Menschenrechte derer, die sich außerhalb seiner Grenzen befinden, einnehmen kann.

Die erste besagt, dass diese Verpflichtung unbedingt und unbefristet besteht. Obwohl es auch aus praktischen Gründen günstiger sein kann, die Verantwortung im Sinne des im vorigen Absatz Gesagten aufzuteilen, hat letztlich doch jeder einzelne Staat, der in der Lage ist, die Menschenrechte zu schützen, auch die Verpflichtung dazu und muss notfalls auch im Alleingang handeln. Und das ist eine Sache der Gerechtigkeit. Eine Ausformulierung dieser Position lautet, dass Gerechtigkeit für die Opfer von Menschenrechtsverletzungen die Fairness zwischen Staaten stets übertrumpfen muss. Ein Staat, der mehr Lasten zu schultern hat, als es bei einer fairen Verantwortungsaufteilung der Fall wäre, hat demnach gewiss allen Grund, sich bei den ihm nicht zur Seite springenden Staaten zu beschweren; zum Handeln verpflichtet ist er aber trotzdem.

Die zweite Position besagt hingegen, dass die Verpflichtung zum Schutz der Menschenrechte sich allein darauf erstreckt, das zu tun, was eine faire Verantwortungsaufteilung verlangt; zumindest ist dies alles, was man von einem Staat in puncto Gerechtigkeit verlangen kann. Er mag sich zwar auch dazu entschließen, mehr zu leisten, doch würde sich dies dann schon im Bereich des humanitären Engagements bewegen und wäre nichts, was die Gerechtigkeit zwingend erfordern würde.[23] Warum ist dieser Gegensatz von Bedeutung? Er wird es dann sein, wenn wir, statt uns dem starken Kosmopolitismus anzuschließen, die Möglichkeit einer legitimen landsmännischen Parteilichkeit zugestehen. Als Vertreter ihrer Bürger werden Staaten in diesem Fall eine besondere Verpflichtung zur Förderung ihrer Interessen haben. Begrenzt wird sie durch die konträre Verpflichtung zur Wahrung und zum Schutz der Menschenrechte Außenstehender. Selbstverständlich darf kein Staat die Interessen seiner Angehörigen ohne jede Rücksicht auf den Schaden verfolgen, den er Fremden damit bereitet. Weist die Verpflichtung zum Schutz von Menschenrechten aber jene restringierte Form auf, wie sie die zweite Position zum Ausdruck bringt, dann müsste ein Staat, der mehr als das leisten will, was die Fairness gebietet, dafür die ausdrückliche Zustimmung seiner Bürgerinnen erlangen. Denn seine Absicht ist es, Ressourcen, die eigentlich im eigenen Land zur Förderung sozialer Gerechtigkeit eingesetzt werden könnten, zum Schutz der Menschenrechte im Ausland zu verwenden, obwohl er seinen fairen Beitrag dazu bereits geleistet hat.

Es ist Zeit für eine Zusammenfassung. Ich habe in diesem Kapitel die Grenzen des Kosmopolitismus als moralischer Sichtweise ausgelotet. Setzt man den gleichen Wert aller menschlichen Wesen voraus, wie weit dürfen politische Gemeinschaften dann trotzdem noch dabei gehen, ihren eigenen Angehörigen besondere Aufmerksamkeit zukommen zu lassen? Ich habe angedeutet, wie die zwischen Landsleuten bestehenden Beziehungen zur Begründung assoziativer Pflichten herangezogen werden können, die Binnenpflichten solcher Gemeinschaften sind. Politische Gemeinschaften haben aber auch externe Verantwortungen, allen voran die zur Respektierung und Unterstützung der Menschenrechte von Außenstehenden. Ich habe untersucht, wie diese Verantwortung am besten verstanden werden sollte. Jetzt aber möchte ich endlich die Frage stellen, ob die Achtung ihrer Menschenrechte alles ist, was unter Voraussetzung der schwachen kosmopolitischen Prämisse, die ich als gegeben betrachte, diejenigen außerhalb des Staates von dessen Bürgern verlangen dürfen.

Kehren wir für einen Augenblick zu der hilflosen Wanderin in der Wüste zurück, die dringend Wasser braucht. Weil ihr Zustand ihre Menschenrechte in Gefahr bringt und ich der Einzige bin, der dem Abhilfe leisten kann, unterliege ich der Verpflichtung, ihr das Wasser zu geben, das sie braucht, vorausgesetzt, dass ich mehr davon habe, als ich selbst benötige. Doch jetzt, da ihr Durst gestillt ist, fragt sie mich, ob ich ihr eines der Bücher überlassen könnte, die ich in meinem Rucksack mit mir führe, da ihr der Lesestoff ausgegangen sei. In dieser Situation wird kein Menschenrecht berührt und es besteht keine Verpflichtung meinerseits dazu, tatsächlich ein Buch abzugeben. Doch ich glaube, dass ich ihre Bitte zumindest prüfen sollte, und wenn ich zu dem Schluss komme, dass ich kein Buch habe, das ich wirklich abgeben könnte, dann sollte ich erklären, warum dem so ist. Anders gesagt, ich schulde ihr ein bestimmtes Maß an Aufmerksamkeit, denn ihre Bitte ist absolut nachvollziehbar, und ich sollte auf sie mit meinen eigenen Gründen reagieren. Ich muss mich nicht gerade vor ihr *rechtfertigen*, wenn ich sie ihr abschlage, aber etwas antworten muss ich doch.

Wenn dies plausibel zu sein scheint, dann dürfen wir eine weiter reichende Schlussfolgerung ziehen. Was der schwache Kosmopolitismus in Situationen verlangt, in denen Menschenrechte *nicht* in Gefahr sind, ist, dass wir die Forderungen, die Menschen an uns richten – Forderungen nach etwas, das ihren Interessen dient –, stets ernst nehmen und dazu bereit sind, gegebenenfalls

Gründe für ihre Ablehnung zu geben. Sollte es praktisch ohne Kosten möglich sein, ihrem Ansinnen stattzugeben, dann sollten wir dies jederzeit tun. Cicero nannte das Beispiel von jemandem, der fragt, ob er Feuer von dem Feuer nehmen darf, das ich entzündet habe.[24] Im Allgemeinen ist eine mangelnde Berücksichtigung solcher Bitten gleichbedeutend mit einem Mangel an Achtung; die Bittstellerin wird dadurch so behandelt, als würde sie überhaupt nicht zählen.

Dieses Resultat wird in praktischer Hinsicht bedeutsam, wenn wir uns der speziellen Problematik der Aufnahme von Einwanderern zuwenden. Denn der Einwanderer ist einfach jemand, der einen beachtlichen Vorteil darin sieht, in ein Land einreisen zu dürfen. Wollen wir also dieses Ansinnen zurückweisen, dann müssen wir es einer genauen Prüfung unterziehen und Gründe für diese Zurückweisung vorbringen. Von welcher Art könnten diese aber sein? Ist die Aufnahme einer Person wie das Nehmen einer Flamme vom eigenen Feuer – also eine kostenfreie Vorteilsgewährung? Oder können wir einem Aufnahmewilligen manchmal auch angemessene Gründe für seine Zurückweisung nennen? Dies sind Fragen, denen in den folgenden Kapiteln nachgegangen werden soll.

Drei
Offene Grenzen

Zu Beginn des ersten Kapitels habe ich ein paar Belege für die öffentliche Ablehnung unkontrollierter Einwanderung genannt. Zwar mögen die Menschen Einwanderung in einem bestimmten Maße begrüßen und auch recht positive Einstellungen gegenüber einzelnen Einwanderern haben, sie neigen aber dennoch dazu, von der Aussicht darauf, dass ihr Staat die Kontrolle über seine Grenzen verliert, alarmiert zu sein. So haben der von mir erwähnten britischen Umfrage zufolge – und zwar vor dem Hintergrund der EU-Gesetzgebung, die die Bewegungsfreiheit zwischen den Mitgliedsstaaten erzwingt – 80 Prozent der Befragten der Aussage zugestimmt, dass die britische Regierung das letzte Wort darüber haben sollte, wer in Großbritannien Einlass findet, und 64 Prozent gaben an, dass die Regierung die ihr für den Fall der Nichtbefolgung von EU-Vorschriften angedrohten rechtlichen Schritte und Strafzahlungen ignorieren sollte. Die Idee, dass eine grenzüberschreitende Bewegungsfreiheit prinzipiell uneingeschränkt gültig sein sollte, findet in der Öffentlichkeit also nur wenige Befürworter. Trotzdem finden viele politische Philosophen diese Sichtweise attraktiv. Sie würden zwar nicht sagen, dass die Grenzen unter allen Umständen vollständig offen sein sollten, es also zugestehen, dass dann, wenn das Ausmaß der Immigration zum Zusammenbruch der gesellschaftlichen Ordnung führen könnte oder die jeweils um Zutritt ersuchenden Einwanderer gefährlich wären (also zum Beispiel potentielle Terroristen sind), einige Einwanderungsbeschränkungen erlassen werden können. Die Beweislast läge allerdings aufseiten des Aufnahmestaates, der den Nachweis führen müsste, warum solche Beschränkungen gerechtfertigt wären. Die Standardauffassung ist die des Rechts auf Bewegungsfreiheit, das, wie diese Philosophinnen und Philosophen sagen, mit dem Verweis auf grundlegende moralische Prinzipien begründet werden kann.

In diesem Kapitel untersuche ich die zentralen Argumente, die bisher zur Rechtfertigung offener Grenzen ins Feld geführt wurden. Ich werde dabei nicht auf Vollständigkeit setzen – so werde ich beispielsweise keine Argumente analysieren, die sich auf ökonomische Effizienz beziehen (wie etwa die Aussage, dass Bewegungsfreiheit einen größeren und deshalb auch wettbewerbsintensiveren Arbeits- und Kapitalmarkt schafft). Unter Anwendung des allgemeinen Rahmens, den ich im letzten Kapitel dargelegt habe, gehe ich von Argumenten, die auf starken kosmopolitischen Prämissen basieren, über zu solchen, die sich nur auf einen schwachen Kosmopolitismus beziehen. Besonders genau werde ich mich Argumenten für offene Grenzen zuwenden, die (1) auf der Vorstellung eines gemeinschaftlichen Eigentums der Erde beruhen, solchen, die (2) auf globale Chancengleichheit abstellen, und solchen, die (3) ein Menschenrecht auf Einwanderung postulieren.

Ich beginne also mit der Vorstellung, dass die Erde als ganze gemeinschaftliches Eigentum aller Menschen ist, die sie bewohnen, woraus manche den Schluss ziehen, dass es deshalb falsch sei, irgendwem den Zutritt zu einem Teil dieses Besitzes zu untersagen. Hindern also Grenzkontrollen beispielsweise einen Bewohner des Niger daran, nach Frankreich zu kommen, dann ist dies ungerecht, weil der Nigrer, obwohl er vielleicht irgendwo in seiner Herkunftsgesellschaft Land besitzen mag, genauso wie jeder andere auch einen Anspruch auf das Land besitzt, was aktuell als Territorium Frankreichs bezeichnet wird. Diese Idee des gemeinschaftlichen Eigentums hat eine lange Geschichte. Sie kann bereits bei den Klassikern gefunden werden, ist aber speziell in der frühmodernen politischen Philosophie zu Prominenz gekommen, besonders in den Werken von Hugo Grotius und derer, die von ihm beeinflusst worden sind, einschließlich Immanuel Kant.[1] Aber was genau bedeutet die Aussage, dass Menschen die gemeinschaftlichen Eigentümer des von ihnen bewohnten Planeten sind? Diverse mögliche Interpretationen bieten sich hier an. Wenn wir Grotius' Werk betrachten, so macht er den Anfang mit der Prämisse, dass Gott der Menschheit die Welt als kollektives Erbe übergeben hat, was bedeutet, dass jede Person ein Anrecht auf die natürlichen Ressourcen hat, die sie für ihr Überleben benötigt, vorausgesetzt, dass dies nicht zum Schaden anderer gereicht.[2] In einem losen Sinne kann dieser Zustand als gemeinschaftliches Eigentum bezeichnet werden, wobei Grotius darauf hinweist, dass es sich hierbei nicht um ein Gemeinschaftseigentum im üblichen Sinne handelt. Dies würde nämlich implizieren, dass die Menschen kollektiv das Recht dazu hätten, den Zugang zu den Früchten der Erde durch ihresgleichen einschränken zu lassen, was Grotius explizit ablehnt. Er erklärt dann, wie privates oder gemeinsam genutztes Eigentum mit dem Beginn des Ackerbaus und der Erzeugung lagerfähiger Waren aufkam, wobei das ursprüngliche gemeinsame Anrecht darauf diesem Eigentum stets bestimmte Grenzen auferlegt. Die erste und wichtigste von ihnen ist das Notrecht – das heißt das Recht einer Person darauf, sich zu nehmen, was immer sie für den Erhalt ihres Lebens benötigt, selbst wenn dies bedeutet, sich des Eigentums eines anderen zu bedienen.[3] Zuerst nennt Grotius die Beispiele Nahrung, Wasser und Überleben auf See, stellt diesen dann aber auch ein Recht zur Seite, Zugang zu einer Gesellschaft sowie zumindest einen vorübergehenden Aufenthalt in ihr zu erhalten, das für jene gelten soll, die sich durch ihre Teilnahme an einem gerechten Krieg in Gefahr gebracht haben. Auch andere Rechte bleiben gewahrt, so etwa das von Grotius als das »Recht auf unschädliche Benutzung« bezeichnete oder das Recht, Dinge zu nehmen und zu gebrauchen, wenn dies ihren Eigentümern in keinerlei Hinsicht zum Nachteil gereicht, wie etwa das Trinken vom Wasser eines Flusses oder Ciceros Beispiel des Feuernehmens vom Feuer einer anderen Person, das Recht auf Durchreise durch ein Gebiet mit friedlichen Absichten sowie das zur Aneignung von Land, das gegenwärtig brachliegt.[4] Nach Grotius gilt also: Wenn Land in Privatbesitz oder in den Hoheitsbereich eines Staates gelangt, dann sind die auf diese Weise an ihm erworbenen Rechte immer bestimmten Begrenzungen unterworfen, die aus dem ursprünglichen gemeinschaftlichen Eigentum entspringen – Nichteigentümer, die eine der eben spezifizierten Bedingungen erfüllen, verfügen über Zutrittsrechte.

Was bedeutet Grotius' Lehre für die Einwanderungsthematik? Klarerweise gibt sie kein unbestimmtes Recht auf Einwanderung her, also das Recht eines jeden, Staatsgrenzen ganz nach eigenem Belieben zu überqueren. Vielmehr gewährt sie Menschen, die eines oder mehrere der relevanten Kriterien erfüllen, ein eingeschränktes Zutrittsrecht. Wer notleidend ist, kann das Recht zum Betreten eines Territoriums erhalten, um dort seine Bedürfnisse zu stillen, wie etwa jemand, der vor einer fremden Küste Schiffbruch erleidet, oder ein anderer, der die Grenze von einem Land aus überschreitet, in dem ihm der Hungertod droht. Das Gleiche gilt für einen Menschen, dessen Leben durch Gewalt oder Unterdrückung durch andere Menschen in Gefahr ist – also für jemanden, den wir heute einen Flüchtling nennen würden, eine Bezeichnung, auf deren Bedeutung ich im Kapitel 5 noch näher eingehen werde. Doch die Not erlegt dem Umfang dieser Rechte auch Beschränkungen auf – in den allermeisten Fällen sind sie keine Berechtigungen zu einem dauerhaften Aufenthalt. Die schiffbrüchigen Seeleute können zur Rückfahrt in ihr Heimatland aufgefordert werden, wenn sie sich von ihren Strapazen erholt haben, und sobald die Hungersnot vorüber ist, kann auch von den vor ihr geflohenen Menschen verlangt werden, dass sie den Rückweg antreten. Zwar mag es andere Gründe dafür geben, ihnen einen permanenten Aufenthalt zu gestatten, wie wir im fünften Kapitel sehen werden, hier betrachten wir jedoch nur, was aus der grotianischen Idee eines gemeinschaftlichen Eigentums folgt.

Schon sein Name macht deutlich, dass das Recht auf Durchreise sich nicht zu einem vollen Recht auf Einwanderung auswächst, welches beinhaltet, sich dauerhaft in dem Gebiet niederzulassen, das man durchquert. Wie verhält es sich aber mit dem »Recht auf unschädliche Benutzung«? Es mag so scheinen, als sei die einem einzelnen Migranten erteilte Erlaubnis zur Einreise in den relevanten Hinsichten vergleichbar damit, jemandem zu gestatten, eine Flamme von der eigenen Kerze zu nehmen, vorausgesetzt, der Migrant hegt keine bösen Absichten; sein verbleibender schwacher Anspruch, der sich aus dem ursprünglich gemeinschaftlichen Eigentum ergibt, ist deshalb hinreichend. Allerdings liegt hier möglicherweise eine unzulässige Verallgemeinerung vor: Denn wenn wir über Einwanderung nachdenken, dann dürfen wir uns dabei nicht allein auf die Auswirkungen beschränken, die die Ankunft bloß einer einzelnen Person hätte. Da das Recht auf unschädliche Benutzung nämlich jedem zusteht, müssen wir vielmehr die Effekte bedenken, die seine Ausübung durch eine zumindest größere Zahl von Menschen hätte. Dies mag sich, abhängig von den Umständen (wie ich in Kapitel 1 behauptet habe), als nutzbringend oder schädigend für die Gesellschaft erweisen, der gegenüber es in Anspruch genommen wird; in keinem Fall kann man allerdings so tun, als hätte seine Ausübung überhaupt keine Konsequenzen. Erneut sieht es so aus, dass auf diese Weise kein allgemeines Recht auf Immigration hergeleitet werden kann, da die Aufnahmegesellschaft in der Behauptung gerechtfertigt sein kann, ihre Mitglieder würden durch die Anwesenheit von Fremden Nachteile erfahren.

Und schließlich gibt es noch die Situation des brachliegenden Landes. Grotius erkennt an, dass ein solches Land stets in der Verfügungsgewalt des Staates verbleiben wird, dessen Herrscher Ansprüche darauf geltend gemacht hat, sagt aber auch, dass, sofern Fremde verlangen, sich dort niederlassen zu dürfen, um es zu nutzen, diesem Ansinnen stattgegeben werden sollte. (Ähnliche Argumente haben auch spätere Philosophen vertreten, zu denen Sidgwick und Walzer zählen.[5]) Die Frage ist allerdings, wann ein Gebiet als »verlassen und wüst« zu betrachten ist. Was ist mit Gegenden, die zu Zwecken des Umweltschutzes oder als Erholungsgebiete von menschlicher Besiedlung freigehalten werden, wie zum Beispiel Nationalparks? Oder, wie Gebirgslandschaften, aus ästhetischen Gründen? Dies sind Fragen, die die Gebietshoheit betreffen, deren Begründung wir uns in Kürze zu-

wenden werden. Folgen wir Grotius aber darin, dass eine Gebietshoheit »durch die Allgemeinheit«, wie er sagt, konstituiert
werden kann, unter die dann »die Flüsse, die Seen, die Teiche,
die Wälder, die hohen Gebirge«[6] fallen, dann sieht es doch so
aus, als hätten diejenigen, die das Land unter ihrer Kontrolle haben, das Recht darauf, festzulegen, ob irgendein Teil davon als
Brachland angesehen werden sollte. Die Entscheidung über eine
Einwanderung zum Zwecke der Besiedlung vermeintlichen Öd-
lands bliebe somit dem Gutdünken des Aufnahmestaates überlassen.

Es gibt neben Grotius' Ansatz allerdings auch noch weitere
Möglichkeiten, das gemeinschaftliche Eigentum an der Erde zu
verstehen. Mathias Risse hat eine hilfreiche Unterscheidung zwischen »Gemeinschaftseigentum«, »Miteigentum« und »gleicher
Aufteilung« [»Common Ownership«, »Joint Ownership«, »Equal
Division«] getroffen, wobei Grotius' Position hier dem Erstge-
nannten entspricht.[7] Was heißt demnach dann »Miteigentum an
der Erde«? Hier werden Menschen als Kollektiv betrachtet, das
auf die gleiche Weise Eigentumsrechte ausübt, wie Bürger es über
eine Allmende tun: Sie sind dazu berechtigt, gemeinsam über den
Gebrauch der Allmende zu entscheiden und speziell darüber, inwieweit es jedem Mitglied gestattet sein soll, Ressourcen zu ent-
nehmen, die möglicherweise knapp werden könnten. Bevor wir
uns ansehen, wie plausibel diese Konzeption wäre, wenn sie auf
die Welt als ganze angewendet würde, sollten wir ermitteln, was
sie bezogen auf die Einwanderungsthematik bedeutet. Das von
der Miteigentümerschaft zu offenen Grenzen führende Argument würde lauten, dass, so wie eine Untergruppe der Bürger
nicht einfach einen Bereich der Allmende abzäunen und die anderen am Zugang zu ihr hindern kann, auch ein Flächenstaat nicht
einfach seine Gebietshoheit über einen bestimmten Teil der Welt
behaupten kann, wenn er dann dazu übergeht, all jene davon auszuschließen, die keine Staatsbürger sind – es sei denn, er ist von
der gesamten Menschheit dazu autorisiert worden. Da wir aber
davon ausgehen können, dass potentielle Einwanderer ihrem
Ausschluss widersprechen würden, müssen die Grenzen offen

bleiben, sofern überhaupt noch irgendein eingeschränkter staatlicher Hoheitsbereich legitim sein soll.

Spuren dieser Ansicht finden sich in den Schriften Kants, dessen Behauptung, es stünden »alle Völker *ursprünglich* in einer Gemeinschaft des Bodens«, impliziert, dass ein Staat seine hoheitlichen Rechtsansprüche auf ein bestimmtes Gebiet nur dann rechtfertigen kann, wenn diese mit den Grundsätzen des »weltbürgerlichen Rechts« vereinbar sind.[8] Das heißt zwar nicht, dass er für sie die faktische Zustimmung der Bürger anderer Staaten einholen müsste. Aber es bedeutet, dass er Letzteren bestimmte Rechte einräumen muss, vor allem die, Handelsbeziehungen aufzubauen und zu diesem Zweck Reisen unternehmen zu dürfen. Wie ich in Kapitel 1 angemerkt habe, impliziert dies jedoch keinesfalls ein dauerhaftes Bleiberecht, ja nicht einmal ein allgemeines Recht auf Zutritt zum Land, da Kant den Bürgern der Aufnahmegesellschaft das Recht gewährt, den Fremden abzuweisen, solange sie ihm dabei nicht feindlich entgegentreten. Dieser Ansicht zufolge ist die staatliche Oberhoheit also nur von der generellen Bereitschaft dazu abhängig, Außenstehenden aus kommerziellen Gründen eine Kontaktaufnahme zu gestatten. Zumindest bei Kant übersetzt sich das Miteigentum an der Welt damit in etwas wesentlich Geringeres als in die Forderung danach, dass Grenzen vollständig geöffnet bleiben sollten.

Wir können uns zudem fragen, wie überzeugend diese zweite Auffassung des Eigentums an der Erde bei näherem Hinsehen wirklich ist.[9] Die Analogie zum Eigentum an der Allmende suggeriert, dass es bestimmte kollektive Instrumente geben muss, um zu bestimmen, auf welche Nutzung der Ressourcen der Allmende jedes einzelne Mitglied Anspruch hat – anderenfalls sähen wir uns nämlich tatsächlich einer »Tragödie der Allmende« gegenüber, in der eine übermäßige Nutzung den gemeinsam besessenen Gegenstand vernichtet. Ohne einen Mechanismus zur Entscheidung über die legitime Nutzung und ihre Durchsetzung fällt das Miteigentum wieder auf die Stufe des Gemeinschaftseigentums zurück, auf der jede Person selbst beurteilen darf, worauf sie vernünftigerweise das Anrecht hat, es sich zu nehmen.

Und gegenwärtig existiert ein solcher Mechanismus – eine globale Körperschaft, die Gebietshoheiten und grenzüberschreitende Wanderungsbewegungen reguliert – einfach nicht.

Damit verbleibt noch eine denkbare Möglichkeit zur Umsetzung der Idee, dass sich die Welt im gemeinschaftlichen Besitz der Menschheit befindet, und zwar die Position, die Risse als »gleiche Aufteilung« bezeichnet. Bei ihr handelt es sich um die These, dass jeder der n Menschen, die zu einem gegebenen Moment existieren, für sich einen Anteil von $1/n$ der Ressourcen der Erde als privates Eigentum beanspruchen darf.[10] Bevor wir uns diese Auffassung genauer ansehen, ist es erneut nützlich, sich zu fragen, wohin sie uns mit Blick auf die Einwanderung führen wird. Die wichtige Konsequenz aus ihr lautet, dass ein Staat, der seine Grenzen ganz oder teilweise schließen möchte, nachweisen muss, dass er dadurch niemanden ausschließt, der gegenwärtig weniger als seinen Anteil von $1/n$ besitzt und deshalb zumindest auf den ersten Blick ein Anrecht auf einige der Ressourcen hat, die unter die Gebietshoheit jenes Staates fallen. Der die Angelegenheit verkomplizierende Faktor wird hier der sein, dass manche Bürger innerhalb des Staates sehr wahrscheinlich viel mehr als ihren Anteil von $1/n$ besitzen werden, während andere viel weniger haben und die m Bürger dann sogar *zusammengenommen* über mehr als m/n des globalen Ganzen verfügen dürften. Die Ansprüche des prospektiven Neuankömmlings richten sich deshalb spezifisch an jene, die mehr haben, wie es sich übrigens auch bei denjenigen bereits existierenden Staatsbürgern verhält, die über weniger als ihren Anteil von $1/n$ verfügen. Für Kosmopoliten stellt sich damit die interessante Frage, ob sich Letztere dem Zutritt der Ersteren widersetzen dürften, um ihre eigenen Chancen auf Erhalt eines fairen Anteils der globalen Ressourcen zu verbessern. Ich werde sie allerdings aus den im folgenden Absatz genannten Gründen hier nicht behandeln.

Selbst wenn man der Auffassung ist, die »Gleichheit der globalen Ressourcen« sei die beste Weise, die starke kosmopolitische These zu verstehen, dass Menschen gleichbehandelt werden müssen, gibt es immer noch das ernste Problem, wie ihr eine konkrete

Bedeutung verliehen werden soll. Eine physische Aufteilung der Oberfläche der Erde in gleich große Flächen hat angesichts der Verschiedenartigkeit des Terrains und des Umfangs, in dem es der menschlichen Nutzung zur Verfügung steht, keinen Sinn. Deshalb gehen Philosophen, die der Idee der gleichen Aufteilung anhängen, auch rasch zu der Behauptung über, jeder habe ein Anrecht auf Ressourcen des gleichen *Werts*: Ein Quadratmeter Boden in Manhattan könnte genauso wertvoll sein wie ein Morgen Land im australischen Outback.[11] Doch ergeben sich hier sofort zwei Schwierigkeiten. Eine besteht darin, eine »neutrale« oder »objektive« Art der Wertbestimmung zu finden.[12] In dem gerade genannten Beispiel wären unsere Intuitionen vermutlich von Überlegungen über den Kauf- oder Mietpreis der beiden angesprochenen Örtlichkeiten angeleitet. Können wir aber annehmen, dass die von den Märkten bestimmten Bodenwerte die relevanten sind? Warum könnten wir nicht stattdessen beispielsweise das Ausmaß der vorfindlichen biologischen Vielfalt heranziehen? Verschiedene Menschen und verschiedene Kulturen werden sich mehr zu der einen oder der anderen der diversen alternativen Möglichkeiten zur Bestimmung von Bodenwerten hingezogen fühlen. Die zweite Schwierigkeit ist die, dass es selbst dann, wenn wir uns auf die herkömmliche ökonomische Wertbestimmung beschränken, unmöglich ist, den »unkultivierten« Wert des Bodens von dem Wert zu entkoppeln, den es als Ergebnis vergangener und gegenwärtiger menschlicher Aktivität besitzt. Manhattan enthält nicht nur Wolkenkratzer, sondern auch Massen von Menschen, die eifrig an komplexen Finanztransaktionen mitwirken, und das spielt die Hauptrolle bei der Erklärung des hohen ökonomischen Werts von Grundstücken an diesem Ort. Das Eigentum an der Welt soll sich hingegen auf ein *ursprüngliches* Eigentum zurückbeziehen – auf ein Eigentum an der Erde selbst, welches der ihr im Laufe der Geschichte von den Menschen zugefügten Kultivierung oder ihrer gegenwärtigen Bereitschaft dazu, sie auf bestimmte Weise zu gebrauchen, vorausgeht.

An dieser Stelle kann eine Sympathisantin der Idee offener Grenzen darauf hinweisen, dass auch dann, wenn der Wert des

Bodens in der Metropole nahezu in Gänze das Produkt menschlicher Betätigung ist, es dennoch der Fall ist, dass die dort lebenden Bürger einen unmittelbaren Zugang zu viel wertvolleren Ressourcen haben als zum Beispiel die Einwohner Malis. Und dieser »Zufall der Geburt« kann dadurch korrigiert werden, dass man die Malier, die dies wollen, sich in New York oder an einem vergleichbaren Ort ansiedeln lässt. Dieses Argument bezieht sich allerdings nicht mehr direkt auf gemeinschaftliches Eigentum und sollte eher als eine Aussage über Chancengleichheit gewertet werden, also über das Prinzip, dem wir uns als Nächstes zuwenden werden. Um die Behandlung des hier zur Debatte Stehenden abzuschließen: Ich habe mich nicht gegen die Idee ausgesprochen, dass die Welt *in gewisser Hinsicht* das gemeinschaftliche Eigentum der Menschen ist. Vielmehr habe ich untersucht, ob es eine Möglichkeit gibt, diese Idee so zu verstehen, dass sie praktisch vernünftig sein und zugleich eine Rechtfertigung für offene Grenzen liefern kann. Und meine Schlussfolgerung lautet, dass ihre beste Lesart zwar eigentlich die ursprünglich von Grotius vorgeschlagene ist, aus der allerdings nur Residualrechte zum Gebrauch der Ressourcen der Erde hervorgehen (die in manchen Fällen ein Recht auf Bewegungsfreiheit für die Suche nach ihnen implizieren), aber nichts in der Stärke eines allgemeinen Rechts zur Überschreitung territorialer Grenzen.

Gehen wir deshalb nun zum Argument der Chancengleichheit über, das nicht zwischen solchen Chancen unterscheidet, die sich aus menschlichen Handlungen ergeben, und denen, die sich durch den Besitz natürlicher Ressourcen eröffnen. Es konzentriert sich allein auf die Tatsache, dass die in wohlhabende Gesellschaften hineingeborenen Menschen über Chancen verfügen – eine Ausbildung zu erhalten, Zugang zum Arbeitsmarkt zu bekommen und Geld zu verdienen –, die die in arme Gesellschaften hineingeborenen Menschen nicht haben. Diese Ungleichheit, so wird proklamiert, ist unfair, und offene Grenzen sind zumindest eine partielle Abhilfe, weil, obgleich es noch weitere Hürden dafür geben kann, dass Menschen aus armen Gesellschaften die Gelegenheiten ergreifen, die sich ihnen anderenorts bieten, dann zu-

mindest ein Hindernis dafür – das der Einwanderungskontrolle –
aus dem Weg geräumt ist.

Dieses Argument erscheint vielen als einleuchtend.[13] Es ge-
winnt seine emotionale Schlagkraft jedoch oft dadurch, dass es
mit Beispielen extremer Not anhebt – mit der Situation von Menschen, die eine nur sehr geringe Bildung und Gesundheitsversorgung zur Verfügung haben, deren Möglichkeiten begrenzt sind,
irgendeine Art von Beschäftigung zu finden, und deren Lebens-
erwartung entsprechend niedrig ist. Solche Situationen sind zwar
durchaus real, doch was wir an ihnen bewegend finden, ist der in
ihnen geschilderte absolute Mangel an Möglichkeiten und nicht
der Mangel an Möglichkeiten im Vergleich zu denjenigen Menschen, die in anderen Gesellschaften leben. Es sprechen gewich-
tige Gründe für den Gedanken, dass die Menschen überall ein
Anrecht auf die minimalen Voraussetzungen für ein menschenwürdiges Leben haben und ihnen der Fortzug gestattet sein sollte, wenn diese Voraussetzungen an dem Ort, an dem sie leben,
dauerhaft nicht erfüllt werden. Das Argument der Chancengleichheit geht allerdings noch viel weiter. Es dreht sich um die relativen
Zukunftsperspektiven der Menschen, ganz gleich, wie reich oder
arm ihre Gesellschaft absolut betrachtet ist. Es soll ebenso für diejenigen gelten, die gegenwärtig in Slowenien leben, wie für die Bewohner Bangladeschs. Das Argument greift ein Prinzip auf, das
durch seine Anwendung innerhalb liberaler Demokratien zu
weltweiter Verbreitung gekommen ist. Es besagt, dass die Chancen
eines Menschen auf die Erlangung von Bildung, Beschäftigungsmöglichkeiten und anderer als wertvoll erachteter Güter allein
von seinem Talent, seiner Motivation und seinen Entscheidungen
und nicht von Faktoren wie seinem familiären Hintergrund oder
seinem Geschlecht abhängig sein sollen, die keine intrinsische Bedeutung für das angestrebte Gut besitzen. Seine globale Ausweitung besagt, dass der Umstand, dass eine Person in der einen Gesellschaft und nicht in der anderen aufwächst, ebenfalls keinen
Unterschied im Hinblick auf ihre Chancen bedeuten sollte.

Wendet man dieses Prinzip im Inneren an, dann beruht es auf
zwei Voraussetzungen. Die erste lautet, dass wir über eine Mög-

lichkeit zur Messung der Chancen verfügen, die einer Person offenstehen. Da die konkreten Lebensentscheidungen der Menschen unterschiedlich sein werden, können wir nur dann herausfinden, welche Chancen gleich oder ungleich sind, wenn wir sie zueinander ins Verhältnis setzen können. Dies möchte ich an einem einfachen Beispiel illustrieren. Nehmen wir an, ein weißer Student, dessen Fähigkeiten und Motivation wir messen können, bewirbt sich an der Universität Sheffield und wird angenommen, während ein schwarzer Student mit ähnlichen Fähigkeiten und ähnlicher Motivation, der sich an der Universität Manchester bewirbt, abgelehnt wird. Heißt das, dass die Chancengleichheit versagt hat? Das heißt es in der Tat, und zwar dann, wenn wir zeigen können, dass diese beiden Universitäten unter den Studierenden in spe ungefähr das gleiche wissenschaftliche Renommee und die gleiche Beliebtheit besitzen, so dass die Studienplätze an beiden in etwa den gleichen Wert haben. Ohne eine solche Messlatte anzulegen, können wir das Prinzip nicht anwenden. Die zweite Voraussetzung ist die, dass die die Chancen bestimmenden Faktoren einem politischen Einfluss unterliegen – also mit anderen Worten, dass die Regierung Maßnahmen beschließen und in Kraft setzen kann, die zum Beispiel Diskriminierung auf dem Arbeitsmarkt verbieten und gewährleisten, dass die Standards der weiterführenden Schulen in verschiedenen Landesteilen vergleichbar sind. Kein Staat erreicht diese Ziele zur Gänze, aber Chancengleichheit ist als regulatives Ideal sinnvoll, weil es immerhin möglich ist, sich ihnen durch politisches Handeln anzunähern.

Mir scheint es zweifelhaft, ob auch nur eine dieser beiden Voraussetzungen auf globaler Ebene erfüllt ist. Kulturelle Unterschiede zwischen Gesellschaften machen einen genauen Vergleich schwierig; wenn die von zwei Staaten bereitgestellten Chancenbündel so verschieden voneinander sind, dass keines von beiden auch das andere umfasst, dann können wir zu keinem Urteil darüber kommen, ob ein zufällig ausgewählter Bürger des einen Staates größere oder geringere Chancen als sein Widerpart in einem anderen hat. Es gibt keinen allgemein anerkannten Maßstab zur Klassifizierung dieser Chancenbündel, denn es wird von der regionalen Kultur abhängen, wie die einzelnen Chancen relativ zueinander zu bewerten sind. Stellt der eine Staat seinen Bürgern eine Fülle von Gelegenheiten dafür bereit, ein religiöses Amt zu übernehmen, aber nur relativ wenige dafür, ein großes Unternehmen zu leiten, während es in dem anderen umgekehrt ist, wie könnten wir dann beurteilen, welcher von beiden insgesamt mehr Chancen anbietet?[14]

Hierauf ist entgegnet worden, dass wir zumindest auf einer grundsätzlicheren Ebene vergleichende Urteile fällen können, indem wir uns beispielsweise Amartya Sens Idee grundlegender Verwirklichungschancen bedienen – verstanden als Möglichkeiten zur Erlangung menschlicher Fähigkeiten, die in allen Gesellschaften als wertvoll erachtet werden, etwa sich seiner Gesundheit zu erfreuen oder einer produktiven Arbeit nachzugehen.[15] Indem wir diese Verwirklichungschancen in einem gemeinsamen Index zusammenfassen, könnten wir dann den allgemeinen Lebensstandard beliebiger Gesellschaften miteinander vergleichen und daraus folgern, dass es in derjenigen Gesellschaft größere Chancen gibt, in der der Lebensstandard höher ist. Sen war hingegen stets der Auffassung, dass das Konzept der Verwirklichungschancen für sich genommen das Indizierungsproblem nicht lösen kann.[16] Wenn die Chancen auf Gesundheit in der einen Gesellschaft größer sind und dagegen die auf eine produktive Beschäftigung in der zweiten, dann können wir ihren relativen Lebensstandard nur dann beurteilen, wenn wir ein Werturteil ins Spiel bringen.[17] Sen stellt sich diese Bewertung so vor, dass sie im Modus politischer Deliberation erfolgt. Warum aber sollte man davon ausgehen, dass das Resultat in politischen Gemeinschaften, deren öffentliche Kulturen sich sehr voneinander unterscheiden, das gleiche sein müsste?

Wir können zugegebenermaßen immer noch sagen, dass dem vorgeschlagenen Kriterium zufolge ein Staat, der all seine Angehörigen mit dem vollen Umfang an Verwirklichungschancen ausstattet, ein breiteres Spektrum an Möglichkeiten schafft als einer, der sie einigen seiner Angehörigen vorenthält. Dies führt uns aber zu dem vorhin schon genannten Punkt über den Unterschied zwischen der Forderung nach *angemessenen* und nach *gleichen* Möglichkeiten für alle zurück. Das Prinzip der gleichen Möglichkeiten muss sowohl für Staaten gelten, die die Schwelle der grundlegenden Verwirklichungschancen überschritten haben, als auch für jene, die darunter bleiben, denn anderenfalls handelt es sich in Wirklichkeit nicht um ein Prinzip der Gleichheit, sondern um das, was gegenwärtig häufig als ein Prinzip der *Suffizienz* bezeichnet wird. In dieser abgewandelten Form ergibt sich aus ihm nur, dass Menschen aus unter dieser Schwelle verbleibenden Staaten Ansprüche darauf erheben dürfen, an Orte zu gehen, an denen größere Lebenschancen bestehen.

Eines der Probleme mit der »globalen Chancengleichheit« ist also die offene Frage, wie man Bündel von Chancen auf vergleichende Weise messen kann. Das andere Problem ist, ob dieser Grundsatz praktische Bedeutung besitzt, wenn doch die an einem bestimmten Ort verfügbaren Lebenschancen in hohem Maße von örtlich getroffenen Entscheidungen beispielsweise über wirtschaftliche Wachstumsraten und die Bereitstellung öffentlicher Dienstleistungen abhängen. In Ermangelung einer übergreifenden Autorität, die sicherstellen könnte, dass jedem Menschen miteinander vergleichbare Chancenbündel zur Verfügung stehen, kann Chancengleichheit nur unter der Bedingung des glücklichen Zufalls aufrechterhalten werden, dass mit gleichen Ressourcen ausgestattete Staaten ähnliche Entscheidungen über ihre künftigen Prioritäten fällen.

Doch dies, so könnte man versucht sein zu sagen, belegt doch nur die Stärke der Argumentation für offene Grenzen. Nehmen wir an, dass Staaten in einer multikulturellen Welt tatsächlich unterschiedliche – und nicht miteinander vergleichbare – Chancenbündel für ihre Angehörigen vorhalten. Dann würde durch die Öffnung aller Grenzen und dadurch, dass man den Menschen gestattet, sich andernorts bietende Lebenschancen wahrzunehmen, Gleichheit erzielt – oder wenigstens die Ungleichheit beseitigt, die einfach aus der Tatsache resultiert, dass man der einen Gesellschaft angehört und nicht der anderen. Deshalb müssen wir jetzt die Frage stellen, warum eine globale Gleichheit dieser Art für uns von Bedeutung sein sollte, und dabei die Unterscheidung zwischen der Verfügung über angemessene und über gleiche Chancen fest im Blick behalten. Im innerstaatlichen Kontext ist Chancengleichheit von Bedeutung, weil Lebensmöglichkeiten von politischen Entscheidungen (zum Beispiel solchen über die Bereitstellung von Bildungsangeboten) abhängig sind, die der Staat für alle seine Bürger trifft. Lässt er es zu, dass Chancen spürbar ungleich ausfallen, obwohl er die Möglichkeit hat, hier korrigierend einzugreifen, dann behandelt er sie ungerecht. Auf internationaler Ebene gibt es hingegen keinen einzelnen Akteur, der für die Schaffung von Lebenschancen verantwortlich wäre, sondern vielmehr eine Vielzahl unabhängiger Staaten (anders wäre es, wenn es zu einer Weltregierung käme). Obwohl also eine Bürgerin Sloweniens in manchen Hinsichten weniger Möglichkeiten als eine Bürgerin Norwegens haben mag (wenn man das eben diskutierte Problem der Messbarkeit einmal außer Acht lässt), dann liegt das nicht daran, dass sie von irgendeiner Institution ungleich behandelt würden. Nehmen wir an, dass der slowenische Staat seine Bürger gleichbehandelt, ebenso wie der norwegische. Die resultierende Chancenungleichheit, die zwischen den beiden stellvertretenden Völkern besteht, ist einfach nur ein Nebenprodukt der Unabhängigkeit ihrer beider Länder voneinander. Norwegen unterliegt keiner Verpflichtung dazu, den Lebensstandard seiner Bürger so abzusenken, dass die Bürger Sloweniens über Chancen verfügen, die den ihrigen äquivalent sind, ist aber auch nicht dazu verpflichtet, die Lebenschancen der Slowenen dadurch zu verbessern, dass es seine Grenzen für sie öffnet.

Es ist mithin alles andere als eindeutig, dass die Gerechtigkeit im globalen Maßstab es erfordert, dass an verschiedenen Orten heranwachsende Menschen stets über die gleichen Bündel von Chancen verfügen sollten. Doch selbst wenn sie dies verlangen würde, wäre es immer noch alles andere als eindeutig, dass die Grenzen zu öffnen der beste Weg wäre, um dies zu erreichen. Es wird darauf ankommen, wer dazu fähig ist, die zusätzlichen Chancen wahrzunehmen, die sich dadurch ergeben. Wir können annehmen, dass viel mehr Menschen versuchen werden, aus armen Ländern in reiche Länder abzuwandern, als umgekehrt. Doch diejenigen, die die Mittel – die Ersparnisse und die Bildung – dafür haben, werden ohnehin jene sein, die bereits in ihren Herkunftsgesellschaften relativ begünstigt sind. Im Allgemeinen wird es sich bei ihnen um Angehörige der lokalen Elite oder deren Nachwuchs handeln. Obwohl also die Kluft zwischen den Lebenschancen schmaler werden wird, die diese Migranten von den in den entwickelten Gesellschaften aufgewachsenen Menschen trennt, wird die zwischen ihnen und ihren früheren Landsleuten sich verbreitern. Es mag sich sogar herausstellen, dass sich die Chancen der Zurückgebliebenen absolut betrachtet verringern, wenn diejenigen, die fortgehen, fähige Fachkräfte sind, die in ihren Heimatländern sonst für Bildung, Gesundheitsversorgung oder einen funktionierenden Verwaltungsapparat gesorgt hätten (im späteren Verlauf dieses Buches werde ich das umstrittene Thema des »Braindrain« diskutieren). Es ist, mit anderen Worten, ein Fehler, gleiche Chancen zu beurteilen, indem man die Aufmerksamkeit einfach auf diejenigen richtet, die zur Auswanderung in der Lage sind. Vielmehr muss man die Auswirkungen der Migration in einem umfassenderen Sinne begreifen, um bewerten zu können, ob offene Grenzen uns näher an das Ziel der Chancengleichheit bringen oder uns eher von ihm fortführen würden, ganz gleich, ob im Inneren oder auf globaler Ebene betrachtet.

Eine globale Spielart des Prinzips der Chancengleichheit vermag es also nicht, uns einen guten Grund für eine Beendigung von Zuwanderungskontrollen zu liefern. Einerseits kann es sein, dass es aufgrund kulturell bedingter Differenzen über den Wert von Chancenbündeln gar nicht möglich ist, dieses Prinzip anzuwenden, und andererseits verlieren die Gründe dafür, warum auf nationaler Ebene Gerechtigkeit Chancengleichheit erfordert, ihre Gültigkeit, sobald wir über diese Sphäre hinausgehen. Natürlich profitieren Menschen praktisch immer, wenn sie bessere Lebenschancen haben, und sofern Grenzkontrollen gerechtfertigt sein sollen, müssen deshalb auch Begründungen dafür angeführt werden, sie zu verhängen – die Menschen, denen die Einreise verwehrt wird, haben Anspruch darauf, zu erfahren, warum dem so ist. Solche Gründe zu benennen ist die Aufgabe des nächsten Kapitels. Die abschließende Frage in diesem Kapitel lautet, ob es ein Menschenrecht auf Einwanderung gibt – wenn ja, dann müssten in Ermangelung fundamentaler Gegengründe die Grenzen geöffnet bleiben.[18]

Ein menschenrechtliches Argument stützt sich nicht auf die *Ungleichheiten* in der Behandlung, die Menschen kraft ihres Lebens in verschiedenen Staaten widerfährt. Vielmehr besagt es, dass alle Menschen ein Anrecht auf eine Reihe von Freiheiten, Chancen und Ressourcen haben, die hinreichend dafür sind, dass sie ein menschenwürdiges Leben führen können. Viele der einzelnen Rechte, die hierzu zählen, sind in offiziellen Dokumenten wie der ursprünglichen Allgemeinen Erklärung der Menschenrechte von 1948 oder im Internationalen Pakt über bürgerliche und politische Rechte aus dem Jahre 1966 kodifiziert worden. Diese Dokumente erkennen das Recht darauf, jedes Land *verlassen* zu dürfen, und das auf *Rückkehr* in das eigene Land explizit an, erwähnen allerdings kein allgemeines Recht auf Immigration. Ein Argument für ein solches Recht muss daher seiner Form nach ein philosophisches sein: Es kann sich nicht auf geltendes internationales Recht berufen, sondern muss stattdessen zu zeigen versuchen, dass die Arten von Gründen, die anderen Menschenrechten zugrunde liegen, auch ein Recht zur Überquerung von Grenzen begründen.

Bevor wir mit der Untersuchung dieser Gründe beginnen, sollten wir festhalten, was ein Menschenrecht auf Einwanderung besagen muss, wenn es offene Grenzen rechtfertigen soll. Es muss als ein Recht gegenüber allen Staaten auf Zutritt und Ansiedlung auf ihrem Territorium verstanden werden, das allen Menschen, unabhängig von ihren Lebensumständen, zukommt. Die reiche Kanadierin, die nach Deutschland übersiedeln möchte, hat es ebenso inne wie der arme Somali, der über die Grenze nach Kenia zu gelangen versucht. Im weiteren Verlauf dieses Buches werden wir uns den besonderen Fall der Rechte von Flüchtlingen näher ansehen (das als Schutz vor Verfolgung bestehende Recht auf Asyl *ist* in der Allgemeinen Erklärung der Menschenrechte festgeschrieben). Allerdings sollte es eher als eines darauf interpretiert werden, an der Grenze nicht zurückgewiesen zu werden, als darauf, bei der Abwanderung von einem Land in ein anderes Unterstützung zu erhalten. Selbst wenn ein Menschenrecht auf Einwanderung anerkannt würde, ergäben sich für viele Menschen materielle und andere Kosten, die sie davon abhalten würden, tatsächlich in das von ihnen bevorzugte Land zu gehen. Es gibt drei generelle Strategien, die wir beim Versuch der Begründung eines solchen Rechts anwenden können. Erstens gibt es die *direkte* Strategie, bei der wir die Gründe prüfen, die die Menschenrechte generell rechtfertigen, und dann zu zeigen versuchen, dass diese auch ein Recht auf Einwanderung begründen. Zweitens gibt es die *instrumentelle* Strategie, bei der wir nachzuweisen versuchen, dass andere, bereits von uns anerkannte Menschenrechte wie das auf ein soziales Existenzminimum nicht sicher gewahrt bleiben können, solange dieses zusätzliche Recht nicht auch anerkannt wird. Und drittens gibt es die von mir so genannte *Hebelstrategie [cantilever strategy]*, bei der wir uns um den Nachweis bemühen, dass das neue Recht eine logische Erweiterung eines bestehenden Rechts ist, so dass es bloße Willkür wäre, Letzteres zu akzeptieren, ohne zugleich auch ein Recht auf Einwanderung anzuerkennen.[19] In dem uns interessierenden Fall setzt die Hebelstrategie am Menschenrecht auf Bewegungsfreiheit *innerhalb* einer Gesellschaft an und argumentiert, dass es ein Gebot der Widerspruchsfreiheit ist, unter dieser Voraussetzung auch das umfassendere Recht auf Bewegungsfreiheit *zwischen* Gesellschaften anzuerkennen.

Sehen wir uns diese Strategien nacheinander an. Zur Anwendung der direkten Strategie müssen wir zunächst wissen, was die Menschenrechte generell begründet. Im vorigen Kapitel habe ich eine Menschenrechtskonzeption umrissen, die sie mit menschlichen Grundbedürfnissen in Verbindung gebracht hat. Andere gängige Theorien identifizieren verschiedene menschliche Eigenschaften als Grundlage, auf der Menschenrechte zugeschrieben werden – wie zum Beispiel »elementare menschliche Interessen« oder ein »normativer Akteursstatus«.[20] Ihnen allen gemeinsam ist jedoch der Gedanke, dass Menschen kein in unseren Augen würdevolles oder gänzlich menschengemäßes Leben führen können, solange sie nicht vor verschiedenen Formen von Unterdrückung und Entbehrungen geschützt werden, und es ist dieser notwendige Schutz, den ein Konglomerat von Menschenrechten bietet. Wichtig ist, dass die einzelnen Rechte dieses Konglomerats im Großen und Ganzen miteinander vereinbar sind, damit keine Rechte darin eingehen, deren Umsetzung mit *anderen* Rechten kollidieren würde, an denen wir gern festhalten würden; aus diesem Grund müssen wir die Reichweite des einen Rechts manchmal begrenzen, um ein anderes zu schützen (wenn wir beispielsweise das Recht auf Meinungsfreiheit zugunsten des Rechts auf Schutz der Privatsphäre einschränken). Wenn unsere Aufgabe also darin besteht, ein Menschenrecht auf Einwanderung auf direkte Weise zu begründen, dann müssen wir sowohl zeigen, dass dieses Recht unerlässlich dafür ist, dass Menschen ein Leben in Würde führen können, als auch, dass es anzuerkennen nicht im Konflikt mit anderen Rechten steht, die wir als ebenso wichtig oder wichtiger einstufen würden.

Wie könnte Einwanderung eine solche Bedeutung für Menschen besitzen, dass sie es verdienen würde, als Menschenrecht bezeichnet zu werden? Natürlich gibt es Lebensumstände, in denen das Überqueren von Grenzen zu einer Notwendigkeit wird und die von traditionellen nomadischen Lebensformen bis hin zu dieser speziellen kosmopolitischen Rastlosigkeit reichen, die manche junge Leute in liberalen Gesellschaften dazu bringt, sich ihr Leben in konstanter Bewegung zwischen verschiedenen kulturellen Milieus auszumalen. Solche Lebensumstände sind allerdings sehr spezifisch; ein Menschenrecht zu begründen heißt aber unter anderem auch, den Nachweis zu führen, dass es einem Interesse oder Bedürfnis entspricht, das Menschen für gewöhnlich gemeinsam haben, und weder das Nomadentum noch seine moderne Entsprechung verfügen über eine solche Grundlage. Würde die Wertschätzung einer bestimmten Lebensweise bereits dafür ausreichen, dasjenige Menschenrecht zu generieren, das für ihre praktische Umsetzung erforderlich wäre, dann würde das Verzeichnis dieser Rechte unkontrollierbar ausufern. Wir müssen stattdessen vielmehr nach Interessen suchen, die wichtig sind, allgemein geteilt werden und ohne internationale Wanderungsbewegungen nur schwerlich zu befriedigen wären, wenn wir ein Menschenrecht auf Einwanderung verteidigen wollen.

Direkte Argumente für ein Menschenrecht auf Einwanderung heben in der Tat mit solchen Interessen an. Bewegungsfreiheit generell ist augenscheinlich wegen der zahlreichen Aktivitäten von Bedeutung, die undurchführbar wären, wenn man sich auf einen engen Raum beschränken müsste: Eine Arbeit finden, und einen Partner, eine Religion ausüben, die Natur genießen, Sport treiben und so weiter – all das erklärt, warum ein Menschenrecht auf Bewegungsfreiheit tatsächlich besteht. Als wie umfangreich müssen wir uns seinen Anwendungsbereich aber vorstellen? Als Begründung für seine Ausdehnung ins Internationale wird angeführt, dass die fraglichen Aktivitäten im Heimatland einer Person nicht verfügbar sind, zumindest nicht in der Form, die für sie von Wert ist. Aus diesem Grund verweist Kieran Oberman, Verfechter eines Menschenrechts auf Einwanderung, auf die »Lebensoptionen«, an denen eine Person ein großes Interesse haben könnte, wie etwa die, bei einer geliebten Person zu sein, die sich in einem anderen Land aufhält, eine Religion zu praktizieren, die im Heimatland keine Anhänger hat, oder politische Ziele zu verfolgen, die Auslandsreisen zu Forschungszwecken oder zum Ideenaustausch erforderlich machen. Ohne ein Menschenrecht auf Einwanderung wäre, so argumentiert er, die Befriedigung dieser Interessen bedroht.[21]

Bedenken wir jedoch, dass es hier nur um eine spezifische Ausformung eines generischen Interesses geht. Menschen haben zwar ein generelles Interesse daran, intime und liebevolle Beziehungen eingehen zu können, das allerdings jederzeit befriedigt werden kann, solange man nur über genügend Bewegungsfreiheit dafür verfügt, eine Reihe potentieller Partner kennenzulernen. Nur das Interesse an einer Bindung zu einer bestimmten Person könnte mithin durch kontrollierte Grenzen beeinträchtigt werden (natürlich kann es sich dabei leider Gottes auch um die Liebe des Lebens handeln). Halten wir außerdem fest, dass der Erfüllung solcher Interessen auch noch andere Hindernisse im Weg stehen: So kann es sein, dass ich mir zum Beispiel kein Flugticket leisten kann, das mich zu meiner Geliebten nach Neuseeland brächte, und sie selbst erwidert meine Gefühle vielleicht nicht. Meinem Wunsch, mich in Tibet in den Lehren des Sutrayana zu üben, mag der Widerwille der tibetischen Mönche entgegenstehen, ihre Zeit mit der Bespaßung eines ignoranten Westlers zu verschwenden. Die Lehre hieraus lautet, dass Menschen über eine ganze Palette von generischen Interessen verfügen, auf deren Befriedigung sie Anspruch haben, aber wenn es darum geht, die bestimmte Gestalt festzulegen, die diese Interessen annehmen sollen, dann müssen sie mitberücksichtigen, was machbar ist. So bedeutet eine Religion auszuüben zwar, einen Glauben zu finden, dem man anhängen kann, aber auch, eine Gemeinschaft von Gläubigen zu finden – eine Kirche, eine Moschee und so weiter –, der man unter den gegebenen zeitlichen, monetären und geographischen Umständen auch tatsächlich beitreten kann. Der Zweck der Menschenrechte besteht im Schutz der generischen Interessen und nicht in dem der besonderen Ausgestaltungen, die sie für ein gegebenes Individuum annehmen können.[22]

Das Fazit lautet, dass die Menschenrechte einer Person dann gewahrt sind, wenn sie in einer Gesellschaft lebt, die eine Reihe von Lebensoptionen bereithält, welche es ihr erlauben, diejenigen Bedürfnisse und Interessen zu befriedigen, die wir als Bestandteile eines menschenwürdigen Lebens ansehen. Es ist gut möglich, dass dieser Mensch besondere Präferenzen unterhält, die nur durch Abwanderung in ein anderes Land erfüllt werden können, was allerdings nicht hinreicht, um ein allgemeines Menschenrecht auf Einwanderung zu begründen. Was aber, wenn seine Gesellschaft ihn nicht mit ausreichenden Lebenschancen ausstatten kann oder will – wenn er also beispielsweise keine angemessene Bildung oder Gesundheitsversorgung erhalten kann, solange er dort bleibt, wo er ist? Diese Frage führt uns zum instrumentellen Argument für ein Menschenrecht auf Einwanderung: Dieses Recht ist demnach erforderlich, da es als Schutz anderer, noch grundlegenderer Rechte dient, und zwar auf die gleiche Weise, in der etwa das Recht auf einen Rechtsbeistand vor Gericht erforderlich ist, um verschiedene persönliche Freiheitsrechte zu schützen. Und für viele Menschen, so heißt es dann, bestehe die einzig realistische Chance darauf, dass ihre weiteren Rechte gewahrt bleiben, in einem allgemeinen Recht auf Abwanderung in eine andere Gesellschaft, in der ihre Freiheit garantiert oder ihre anderen Grundbedürfnisse befriedigt würden.

Wie ich vorhin schon angemerkt habe, erkennt das internationale Recht bereits ein Menschenrecht auf *Ausreise* aus dem gegenwärtigen Aufenthaltsland an, und die moralische Begründung dafür lautet eben gerade, dass dies ein Weg ist, um Verfolgung und Leid zu entgehen. Es mag nun den Anschein haben, als seien das Recht auf Ausreise und das auf Einreise zwei Seiten einer Medaille, aber das sind sie nicht.[23] Damit das Ausreiserecht wirksam sein kann, muss sein Inhaber zwar dazu in der Lage sein, in ein anderes Land einzureisen (da auf der Erde kein bewohnbares Gebiet mehr übrig ist, das nicht von einem Staat beansprucht wird), doch ist dafür viel weniger erforderlich als für ein Recht auf Einreise in ein Land eigener Wahl. Es bedarf einer internationalen Regelung, die jedem, der sich zur Wahrnehmung seiner Ausreisefreiheit entschließt, mindestens einen anderen Ort anbietet, an den er sich begeben kann. Diese Regelung kann verschiedene Gestalten annehmen, etwa die einer Reihe von bilateralen Verträgen zwischen Staaten, die sich darauf einigen, die Bürger des jeweils anderen Staates einreisen zu lassen, oder die einer internationalen Körperschaft, die mit der Migrationsüberwachung und -koordination betraut ist, wie es gegenwärtig für den UN-Hochkommissar für Flüchtlinge der Fall ist. Obwohl man vielleicht annehmen könnte, dass ein unbegrenztes Recht auf Einwanderung den bestmöglichen Schutz der anderen Menschenrechte darstellt, so ist hier doch vielmehr ein *ausreichendes* Maß an Schutz von Bedeutung. Diese Einschränkung kennzeichnet Menschenrechte überhaupt: das Recht auf einen Rechtsbeistand vor Gericht bedeutet nicht, die Dienste des bestbezahlten oder eloquentesten Rechtsanwalts des Landes in Anspruch nehmen zu können, sondern einfach nur, Zugang zu jemandem zu haben, der hinreichend kompetent dafür ist, die Verteidigung zu übernehmen.

Das instrumentelle Argument wirft noch eine weitere Frage auf: Wenn die Begründung für ein uneingeschränktes Recht auf Abwanderung darin besteht, dass es Menschen davor schützt, an Orten verbleiben zu müssen, an denen ihre anderen Menschenrechte in Gefahr sind, dann müssen wir auch über die Lage derer nachdenken, die aus anderen Gründen (etwa aufgrund eines Mangels an Ressourcen) nicht abwandern können. Sogar im Rahmen der bestehenden Migrationsregularien, mit denen wir von offenen Grenzen im Allgemeinen weit entfernt sind, haben manche arme Länder einen großen Anteil ihrer gut ausgebildeten Einwohner durch Abwanderung verloren, auch Ärzte und Pflegepersonal. (Vom Extrembeispiel Haiti wird gesagt, dass das Land ungefähr 85 Prozent seiner Fachkräfte auf diesem Wege verloren hat.[24]) Die Kosten dieser Abwanderung, die in Form eines reduzierten Zugangs zu medizinischen und anderen Dienstleistungen auflaufen, haben diejenigen zu tragen, denen nichts anderes übrigbleibt, als im Land auszuharren. Diese Beispiele für einen Braindrain werde ich im sechsten Kapitel genauer analysieren; der Punkt an dieser Stelle ist der, dass ein uneingeschränktes Recht auf Einwanderung alles nur noch schlimmer machen würde, weil es in diesem Fall den reichen Ländern nicht mehr gestattet wäre, ihre Grenzen für Fachkräfte aus armen Ländern zu schließen, deren Dienste dort dringend benötigt werden. Anders formuliert: Nimmt man die Menschenrechte aller gleichermaßen in den Blick, dann stellt die Anerkennung eines Rechts auf Einwanderung keinen optimalen Schutz für andere Menschenrechte dar, wenn dies unter anderem dazu führt, einen noch stärkeren Braindrain aus armen Staaten zu forcieren.

Ist also weder das direkte noch das instrumentelle Argument für ein Menschenrecht auf Einwanderung überzeugend, wie steht es dann um das Hebelargument? Wie ich vorhin schon erwähnt habe, geht dieses von der Prämisse aus, dass es ein Menschenrecht auf Bewegungsfreiheit *innerhalb* staatlicher Grenzen gibt, und besagt weiter, dass das internationale Recht auf Bewegungsfreiheit einfach eine logische Konsequenz aus Ersterem ist. Carens drückt dies so aus:»Wenn es für die Menschen so wichtig ist, über ein Recht auf Bewegungsfreiheit innerhalb eines Staates zu verfügen, ist es ihnen dann nicht ebenso wichtig, ein Recht auf grenzüberschreitende Bewegungsfreiheit zu haben?«[25] Nun sollten wir im Kopf behalten, dass die Bewegungsfreiheit auch innerhalb eines Staates überhaupt nicht uneingeschränkt gilt; am augenscheinlichsten zeigen sich ihre Grenzen an den umfassenden privaten Eigentumsrechten, aber auch an den generell die Bewegung im öffentlichen Raum betreffenden Vorschriften, zum Beispiel den Verkehrsregeln. Obwohl man nun darüber streiten kann, ob die bestehenden Gesetze zu restriktiv sind (so dass man beispielsweise fragen kann, ob es erlaubt sein sollte, unbebautes Land zu betreten, obwohl es in Privatbesitz ist), würden wohl nur die wenigsten behaupten, dass sie die Menschenrechte verletzen. Deshalb ergibt sich nunmehr die Frage, warum das im Inneren geltende Recht auf Bewegungsfreiheit in seiner Reichweite so umfassend ist, wie wir es normalerweise annehmen. Warum also würden etwa die Vereinigten Staaten dieses Recht verletzen, wenn sie ihren Bürgern verbieten würden, sich vom einen Bundesstaat in den anderen zu begeben, vorausgesetzt, die in jedem Staat verfügbaren Möglichkeiten sind ohne Weiteres ausreichend, um ein Leben in Würde zu führen? Das Hebelargument versucht also, seine Gegner auf die Hörner zu nehmen: Entweder müssen sie zugestehen, dass es keine Verletzung der Freizügigkeit bedeutet, wenn Menschen davon abgehalten werden, beispielsweise vom Staat Washington nach Oregon zu gehen, oder sie müssen erklären, warum dieses Recht mit den internationalen Grenzkontrollen kompatibel ist, die zwischen dem Staat Washington und British Columbia bestehen, nicht aber mit nationalen Grenzkontrollen zwischen dem Staat Washington und Oregon.

Das Hebelargument kann aus zwei Gründen zurückgewiesen werden – und zwar aus solchen, die erklären, warum die Analogie zwischen Freizügigkeit im Inneren und internationaler Bewegungsfreiheit nicht stabil ist. Erstens sind die Kosten, die die uneingeschränkte Bewegungsfreiheit verursacht, im Falle der Freizügigkeit im Inneren geringer und leichter unter Kontrolle zu halten.[26] Erinnern wir uns daran, dass Menschenrechte definiert werden müssen, um ein konsistentes Ganzes zu formen, was bedeutet, dass jeder Anwärter auf den Status eines solchen Rechts einer Prüfung unterzogen werden muss, damit gewährleistet werden kann, dass es anzuerkennen nicht von vornherein schon dazu führt, dass andere Rechte angetastet werden. Anders gesagt, die Kosten für die Implementierung eines Menschenrechts müssen wohlüberlegt sein, wann immer sie auf Rechnung anderer Menschenrechte gehen. Wenn Menschen umsiedeln und sich niederlassen, dann beanspruchen sie Platz, Wohnraum, Arbeitsplätze, Krankenhausbetten und so weiter und verdrängen damit potentiell andere Menschen oder treiben die Preise in die Höhe, die diese für den Zugang zu diesen Gütern bezahlen müssen. Im Falle der Bewegungsfreiheit im Inneren stehen den Staaten Mittel zur Verfügung, um die internen Wanderungsbewegungen entweder zu fördern oder zu begrenzen, ohne dabei dieses Recht selbst einzuschränken. Auf der einen Seite können sie ein landesweit einheitliches Steuer- und Sozialleistungssystem einführen, um keinen positiven Anreiz für eine Binnenwanderung zur Senkung der eigenen Steuerlast oder für einen Zugang zu besseren Schulen oder Krankenhäusern zu schaffen. Und andererseits können sie in dem Fall, dass die Binnenwanderung in eine bestimmte Richtung bereits zu stark ist, diesen Strom umkehren, indem sie Beschäftigungsmöglichkeiten in den Gegenden schaffen, aus denen die Menschen fortgehen – also etwa Regierungsbehörden in Bezirks- oder Kreisstädten eröffnen oder Steuererleichterungen für Unternehmen beschließen, die sich dort ansiedeln wollen. Mit anderen Worten: Da sie hier beide Enden der Migrationsroute kontrollieren, sind Staaten dazu fähig, sämtliche unerwünschten Auswirkungen der Binnenwanderung wieder wettzumachen, ohne dabei irgendwelchen rechtlichen Einschränkungen zu unterliegen.

Auf internationaler Ebene sehen die Dinge allerdings ganz anders aus. Hier kann der Anreiz dazu, von einem Staat in einen anderen zu gehen, sehr groß sein, und zumindest kurzfristig gibt es nur wenig, was ein Staat tun kann, um die Situation in den Herkunftsländern zu beeinflussen. Ein Staat, der sich einer Einwanderung im großen Stil gegenübersieht, kann zwar verschiedene Mittel ergreifen, um sich selbst zu einem weniger attraktiven Ziel für Migranten zu machen – zum Beispiel, indem er den Zugang zu manchen Sozialleistungen für einen gewissen Zeitraum nach Ankunft des Einwanderers begrenzt –, ist er jedoch ein liberaler Staat, dann kann er diesen Pfad nur in Ansätzen betreten, ohne gegen seine eigenen Prinzipien zu verstoßen (wie ich in Kapitel 1 festgestellt habe, sind liberale Staaten heute auf die Aufrechterhaltung ziemlich anspruchsvoller Standards der Gleichbehandlung aller, die sich innerhalb ihrer Grenzen aufhalten, verpflichtet). Eine Ausstrahlung abschreckender Botschaften in den Herkunftsländern dürfte wahrscheinlich nicht von besonderem Erfolg gekrönt sein.[27] Und so sind Grenzkontrollen möglicherweise die einzige Waffe eines Staates, um gegen eine ungewollte Einwanderung vorzugehen, die die Rechte seiner eigenen Bürger tangiert.

Der zweite Grund für eine Zurückweisung des Hebelarguments ist, dass das Menschenrecht auf Freizügigkeit im Inneren neben den Möglichkeiten, die es eröffnet, noch eine wichtige Schutzfunktion für die Bürger bei der Wahrnehmung ihrer sonstigen Menschenrechte innehat.[28] Kommen wir noch einmal zu jenem hypothetischen Fall zurück, in dem die US-Regierung den Menschen untersagt, sich vom einen Bundesstaat in den anderen zu begeben. Warum könnten wir dies für anstößig halten? Die Macht zur Beschränkung der inneren Bewegungsfreiheit erlaubt es dem Staat, Individuen und Gruppen zu kontrollieren und im Auge zu behalten, die er ablehnt oder benachteiligen möchte. Dies können wir uns mit einem Blick auf historische Situationen deutlich machen, in denen bestimmte Gruppen an bestimmte Orte gebunden waren – so hatte beispielsweise das Apartheidregime in Südafrika separate Siedlungsräume für Weiße und Nichtweiße ausgewiesen, was auch bedeutete, dass diejenigen, die in die Wohngebiete der Schwarzen oder der Farbigen verbannt worden waren, eine schlechtere Schulbildung, schlechtere medizinische Versorgung und Freizeiteinrichtungen und so weiter erhielten. Lange davor waren in den europäischen Städten bereits Ghettos für die Juden eingerichtet worden, die nicht nur die religiöse Segregation verstärkt, sondern die dorthin verbannte Gruppe auch der ökonomischen Ausbeutung und gesellschaftlichen Stigmatisierung ausgesetzt haben.[29] Oder denken wir an das Programm der Zwangsumsiedlungen, vorwiegend nach Sibirien, das die Sowjetunion in den 1930er- und 1940er-Jahren durchgeführt hat und in dessen Zuge mehrere Millionen Menschen, die aufgrund ihrer Nationalität oder Klasse als politisch unzuverlässig eingestuft worden sind, entweder in Arbeitslagern (des Gulag) oder in speziellen Siedlungen leben mussten, die sie nur mit Erlaubnis des Kommandanten verlassen durften.[30] Diese Beispiele zeigen, warum ein Recht auf Bewegungsfreiheit als ein wichtiges Instrument zur Kontrolle staatlicher Herrschaft über Minderheiten dient, indem es dabei hilft, ihre sonstigen Menschenrechte zu schützen.[31]

Gilt dasselbe auch von der internationalen Freizügigkeit? Die Macht des Staates zur Kontrolle seiner Grenzen ermöglicht es ihm nicht, irgendeine bestimmte Gruppe von Menschen zu beherrschen. Natürlich kann er Gruppen benachteiligen, die ihm nicht passen, indem er sie nämlich nicht einreisen lässt, und dies kann, wie wir noch sehen werden, durchaus eine Ungerechtigkeit darstellen. Doch wenn er dies tut, dann hindert er die in Rede stehende Gruppe nicht daran, anderswo um die Wahrnehmung ihrer Menschenrechte zu ersuchen; die Gruppe sitzt nicht in dem Sinne in der Falle, wie es eine Minderheit im Inneren täte. Die Analogie zwischen der Bewegungsfreiheit im Inneren und der auf internationaler Ebene scheitert also erneut. Für unser Beharren auf dem Recht auf innerstaatliche Freizügigkeit – verstanden als Recht darauf, nicht vom Betreten irgendeiner bestimmten Region des Landes abgehalten zu werden – haben wir besondere Gründe, die für sein internationales Pendant nicht gelten.

Damit ist meine Untersuchung der Argumentation für offene Grenzen abgeschlossen. Ich habe mir drei Argumente angesehen, die zur Unterstützung der These ins Feld geführt werden, dass Grenzkontrollen um der Gerechtigkeit willen abzuschaffen seien. Das gemeinschaftliche Eigentum an der Welt könnte uns, wie ich erwähnt habe, zwar in Notsituationen ein Recht zum Grenzübertritt verleihen, aber kein allgemeines Recht auf Einwanderung. Ich habe die Bedeutung der globalen Chancengleichheit infrage gestellt und dabei nicht nur argumentiert, dass die Schwierigkeiten ihrer genauen Bemessung es unmöglich machen, dieses Prinzip anzuwenden, sondern auch, dass die Gründe, die seine Anwendung innerhalb einer politischen Gemeinschaft erfordern, auf globaler Ebene keine Gültigkeit mehr haben. Und schließlich habe ich behauptet, dass keine der drei Strategien, mit denen ein Menschenrecht auf Einwanderung verteidigt werden könnte, von Erfolg gekrönt ist. Nach alldem bleibt festzuhalten, dass es stets *besondere* Argumente dafür geben wird, die Grenzen geöffnet zu halten. Mehr Freiheit ist immer besser als weniger, und dazu zählt auch die, von einem Land ins andere zu migrieren. Um also zu zeigen, dass den Staaten in der Festlegung ihrer Einwanderungspolitik dennoch ein weiter Ermessensspielraum zugestanden werden sollte, müssen wir die Argumentationsrichtung umkehren und die Frage stellen, wodurch Einwanderungsbeschränkungen gerechtfertigt sein können. Was gibt Staaten das Recht, darüber zu befinden, wer hineinzulassen und wer abzuweisen ist?

Vier
Geschlossene Grenzen

Wenn Staaten ihre Grenzen für Einwanderer schließen, dann ergeben sich hieraus oft ernste Konsequenzen. Die Ausgeschlossenen bemühen sich womöglich verzweifelt um Einlass, so dass es zu menschlichen Tragödien kommt, wie etwa bei den Mexikanern, die bei ihrem Versuch, die südliche Wüste Arizonas zu durchqueren, an Unterkühlung sterben, oder bei denen, die vor den Konflikten in Nordafrika und in Syrien flüchten und umkommen, wenn ihre überfüllten Boote auf dem Weg nach Südeuropa kentern. Der Tod illegaler Einwanderer ist der extremste Fall, doch da die Staaten sehr darauf bedacht sind, dass diese Personen ihr Territorium gar nicht erreichen, werden die Menschenrechte vieler weiterer Menschen zwangsläufig ebenfalls beeinträchtigt.[1] Wer menschliche Werte teilt, fragt möglicherweise danach, ob die Kosten, die das Fernhalten von Einwanderern aufwirft, gerechtfertigt sein können, selbst wenn sie, wie in Kapitel 3 argumentiert, kein Menschenrecht auf Einreise haben. Das Recht des Staates auf Schließung seiner Grenzen bedarf daher einer starken Verteidigung, und das Ziel dieses Kapitels besteht darin, auszuloten, inwieweit es möglich ist, eine solche zu formulieren.

Meine Absicht ist es hier nicht, irgendeine bestimmte Einwanderungspolitik als die für demokratische Staaten einzig richtige auszuweisen, und gewiss auch nicht die, für permanent geschlossene Grenzen zu argumentieren. Dies sind Dinge, über die in jedem Staat mittels demokratischer Verfahren befunden werden muss. Vielmehr besteht mein Ziel in der Erbringung des Nachweises, dass politische Maßnahmen legitim sind, die die Auswahl einiger und die Zurückweisung anderer Migranten umfassen. Das möchte ich sowohl dadurch belegen, dass ich einige der dies rechtfertigenden Gründe darlege, als auch durch eine Erwiderung auf manche Einwände, die die Verfechter offener Grenzen vorbringen könnten. Mir geht es hier nicht um Situationen, in denen Einwanderer so dringend auf Aufnahme angewiesen sind, dass dieser Umstand das Recht des Staates übertrumpft, sie zurückzuweisen, und ebenso wenig will ich an dieser Stelle zwischen gerechten und ungerechten Auswahlkriterien für Einwanderer unterscheiden – diese Fragen werden auf spätere Kapitel verschoben. Ich möchte einfach nur zeigen, dass es für Einwanderungsbeschränkungen Gründe geben kann, die gewichtig genug sind, um die zweifelsohne entstehenden Kosten für die Durchsetzung dieser Beschränkungen aufwiegen zu können.

Im öffentlichen politischen Diskurs wird oft behauptet, dass die Kontrolle über die Grenzen klarerweise eine Sache der staatlichen Souveränität ist. Staaten sind, wie es heißt, souverän; sie haben ein absolutes Recht darauf, zu entscheiden, was auf dem Territorium vor sich geht, das ihrer legitimen Kontrolle untersteht, und die Überwachung von Grenzübertritten ist nur ein Aspekt davon. Jene, die so argumentieren, suggerieren dabei, dass man vor der Wahl steht, entweder Staaten und damit auch das ihnen normalerweise zugeschriebene Repertoire an Machtmitteln zu haben oder sich stattdessen eine neue (und unerprobte) Form der politischen Organisation ausdenken zu müssen. Und in dem Fall, dass man sich für die erste Alternative entscheidet, gibt es ebenso wenig Grund dafür, das Recht auf Überwachung der Grenzen gesondert zu rechtfertigen, wie dafür, dies für das Recht des Staates beispielsweise auf eine Armee oder eine eigene Währung zu tun.

Diese Berufung auf die Souveränität ist jedoch voreilig. Sie setzt erstens den souveränen Staat, womit eine Institution gemeint ist, die eine finale und absolute Hoheit über ein Gebiet ausübt,[2] als beste Herrschaftsform voraus und schließt damit von vornherein jede Debatte über die Vorzüge möglicher Alternativen aus, bei denen die Macht auf Institutionen verschiedener Ebenen verteilt ist (wie etwa bei föderalen Systemen oder der EU).

Zudem unterstellt sie, dass es problemlos möglich sei, die Argumente zugunsten der Autorität des Staates gegenüber der in seinem Inneren bestehenden Gesellschaft auch auf jene Autorität auszudehnen, die sich auf Menschen richtet, welche noch keine Mitglieder dieser Gesellschaft sind. Doch selbst wenn man Hobbes darin beipflichtet, dass die soziale Ordnung zusammenbrechen würde, hätten die Herrscher nicht das uneingeschränkte Recht darauf, diejenigen zu beherrschen, von denen sie eingesetzt wurden, dann folgt daraus nicht, dass sie die gleichen Rechte auch Außenstehenden gegenüber zur Anwendung bringen dürften – oder zumindest folgt es nicht ohne Weiteres. Obwohl die politischen Konventionen unserer Gegenwart das Recht auf Grenzsicherung also tatsächlich nur als eine Instanziierung von Souveränität betrachten, müssen wir tiefer gehen, um herauszufinden, ob diese Praxis gerechtfertigt ist oder nicht.

Ein aussichtsreicherer Ansatz rekurriert nicht auf Souveränität, sondern auf die Idee der Gebietshoheit. Hier lautet die These, dass der Besitz von Hoheitsrechten über ein bestimmtes Territorium auch die Verfügung über das Recht auf Kontrolle der Ein- und Abwanderung in beziehungsweise aus diesem Territorium impliziert, so dass ein Staat dort, wo er zur Ausübung seiner hoheitlichen Rechte befugt ist, auch dazu berechtigt ist, Einwanderer abzuweisen, wenn er es möchte. Diese These bedarf einiger Erläuterung. Zunächst müssen wir klären, was Gebietshoheit bedeutet und wie sie zustande kommt, und uns anschließend die implizierte Verbindung zur Grenzsicherung näher ansehen.

Die Hoheit über ein Territorium innezuhaben heißt, das Recht dazu zu besitzen und zu gebrauchen, Gesetze zu erlassen und auf dem gesamten Gebiet durchzusetzen – Gesetze, die für jeden gelten, der dort physisch anwesend ist. Üblicherweise bedeutet das, dass der zentrale Gesetzeskorpus auf einheitliche Weise über das ganze Gebiet hinweg zur Anwendung gebracht wird, vielleicht ergänzt um einige regionale Vorschriften, die von nachgeordneten Instanzen erlassen werden, welche qua Autorität des die Gebietshoheit innehabenden Staates eingesetzt worden sind. Dies führt dazu, dass immer dann, wenn Menschen, ob von Angesicht zu

Angesicht oder vermittels des von ihnen besessenen Eigentums, auf diesem Territorium interagieren, sie dies in dem Wissen tun, dass ihre Transaktionen unter der Ägide eines Regelwerks stattfinden, das für alle gleichermaßen gilt, was eine notwendige, wenn auch keine hinreichende Bedingung für Gerechtigkeit darstellt. Die sich für die Bewohner dieses Gebietes daraus ergebenden Vorteile, dass sie dieser Rechtshoheit unterstehen, dürften so offensichtlich sein, dass sie keiner gesonderten Erwähnung bedürfen.[3] Unter welchen Bedingungen aber kann ein Staat zu Recht einen Anspruch auf Gebietshoheit erheben? Der Gesamtumfang des Landes auf der Erde ist schließlich begrenzt, und indem sie solche Ansprüche erheben, hindern die Staaten andere potentielle Anwärter daran, am selben Ort eine politische Gemeinschaft zu installieren. Vor allen Dingen könnten sich diejenigen, die die Idee eines gemeinschaftlichen Eigentums an der Welt attraktiv finden, die Frage stellen, wie eine einzelne Institution ein Monopolrecht auf Beherrschung eines bestimmten Anteils dieses Raumes für sich beanspruchen könnte – besonders dann, wenn sie daraufhin dazu übergeht, den Zutritt zu diesem Landstück zu überwachen, das sie sich angeeignet hat.

Ich bin der Auffassung, dass drei Bedingungen dafür erfüllt sein müssen, damit ein Staat rechtmäßige hoheitliche Ansprüche auf ein Gebiet erheben kann. Erstens muss er die gesellschaftliche Ordnung aufrechterhalten und die Menschenrechte seiner Bewohner in hinreichendem Maße schützen.[4] Wo genau wir die Messlatte bei der Anwendung dieser Bedingung anlegen sollten, ist schwer zu sagen, da es unter anderem kein Staat bisher vermocht hat, sämtliche kriminellen Handlungen auf seinem Gebiet zu eliminieren; allerdings können wir intuitiv zwischen solchen Fällen unterscheiden, in denen ein gut funktionierendes Rechtssystem ein Umfeld schafft, in dem die meisten Einwohner dazu in der Lage sind, ein Leben zu führen, in dem sie weder Gewalt noch Diebstahl, Verelendung oder Ähnliches zu befürchten haben, und solchen, in denen das Gegenteil gilt. Zweitens muss der Staat die Bewohner des Territoriums repräsentieren. Diese Bedingung erfordert eine etwas genauere Betrachtung. Ihr liegt der Gedanke zugrunde, dass die Bevölkerung den Staat als Inhaber legitimer Autorität ihr gegenüber anerkennen sollte, und dieser Gedanke soll Situationen ausschließen, in denen eine gesellschaftliche Ordnung einfach durch Unterwerfung geschaffen wird, ob durch einen Militärdiktator oder durch einfallende Truppen, deren Präsenz von den Einwohnern nicht geduldet wird. Eine Möglichkeit zur Erfüllung dieser Bedingung ist das Vorliegen einer demokratisch gewählten Regierung, die damit im starken Sinne repräsentativ für die Bevölkerung ist. Demokratie ist aber nicht immer erforderlich. Legitimität kann auch auf andere Weise zustande kommen, zum Beispiel durch die traditionelle Treue gegenüber einer Herrscherfamilie oder die Anerkennung der Oberherrschaft religiöser Führer. Die dritte und letzte Bedingung ist die, dass das vom Staat repräsentierte Volk selbst das Recht darauf haben muss, das betreffende Gebiet zu bewohnen. Das heißt besonders, dass ein Staat territoriale Rechte nicht dadurch in Kraft setzen kann, dass er einen Großteil der rechtmäßigen Einwohner eines Gebietes vertreibt und sie durch seine eigenen Staatsbürger ersetzt, obwohl er nach diesem Bevölkerungsaustausch dann von sich behaupten könnte, die Mehrheit der gegenwärtigen Einwohnerschaft zu repräsentieren.

Wie muss eine rechtmäßige Besiedlung zustande kommen? Im einfachsten Fall wird sich eine Gruppe auf unbewohntem Gebiet ansiedeln und dort dauerhaft verbleiben; ihr Besitzanspruch scheint unkontrovers zu sein.[5] Häufiger jedoch werden Wanderungsbewegungen und die Vermischung von Bevölkerungsgruppen Anlass zu Auseinandersetzungen über die Identität »des Volkes« geben, das dazu berechtigt sein soll, die Hoheit über ein bestimmtes Gebiet an sich zu ziehen (wir können dies vor allem im Zuge der Entstehung separatistischer Bewegungen beobachten). Hier streiten politische Philosophen über die Grundlage, auf der Gebietsansprüche formuliert werden können, wobei manche Theorien auf individuelle Eigentumsrechte rekurrieren und andere die Ansiedlung als ein kollektives Recht betrachten, aber verschiedene Auffassungen darüber haben, welche Eigenschaften eine Gruppe dafür qualifizieren, begründete Eigentumsansprüche erheben zu können.[6] An anderer Stelle habe ich einen nationalistischen Ansatz verteidigt, der das Recht auf Ansiedlung vornehmlich solchen Gruppen zuspricht, die eine nationale Identität besitzen und das in Rede stehende Land mit der Zeit umgestaltet, es also typischerweise mit materiellem und symbolischem Wert versehen haben.[7] Ich werde kurz noch einmal auf die Rolle eingehen, die diese Identität für das Nachdenken über Einwanderung spielen kann, wobei für den gegenwärtigen Zweck die Diskussion über den Ursprung von Ansiedlungsrechten jedoch weniger von Bedeutung ist als die Verbindung zwischen Besiedlung und Gebietshoheit. Wo eine Gruppe das Recht auf die Besiedlung eines Gebietes hat, da ist ein Staat, der diese Gruppe repräsentiert und die erste Bedingung der Gebietshoheit erfüllt – nämlich die soziale Ordnung aufrechtzuerhalten und die Menschenrechte zu schützen –, auch dazu befugt, sie auszuüben.

Ganz im Einklang mit dem üblichen Verständnis bringt das Recht auf Gebietshoheit mindestens zwei weitere Rechte mit sich: das auf die Kontrolle und den Gebrauch der Ressourcen, die sich auf dem Territorium befinden, und das auf Kontrolle der Waren- und Personenbewegungen über seine Grenzen hinweg. Diese drei Rechte stellen zusammengenommen »territoriale Rechte« dar und werden Staaten zugesprochen. Die Gründe für diese Bündelung sind aber möglicherweise nicht unmittelbar einsichtig; es besteht keine logische Notwendigkeit dafür, dass sie von einer einzelnen Institution zusammengehalten werden. So ist beispielsweise nichts offenkundig falsch an der Idee, das Ressourcenmanagement eines bestimmten Territoriums an eine internationale Körperschaft abzutreten und die rechtliche Oberhoheit weiterhin dem betreffenden Staat zu überlassen. Ein solcher Vorschlag mag vor großen praktischen Schwierigkeiten stehen, die an dieser Stelle jedoch nicht näher ausgeführt werden müssen. Gleiches gilt für Grenzbeschränkungen: Es ist nicht selbstevident, dass Hoheitsrechte auch die Kontrolle über den Zutritt zu dem Gebiet umfassen müssten. Ein öffentlicher Park kann eine Reihe von Verhaltensregeln aufstellen, die von den Parkwächtern durchgesetzt werden, ohne dass diese zusätzlich auch dazu befugt und befähigt sein müssten, auf irgendeine Weise zu kontrollieren, wer den Park betritt und wer nicht. Wie also unterscheidet sich die Gebietshoheit hiervon?

Man kann zumindest die These ins Feld führen, dass jedes Rechtssystem, das diesen Namen verdient, eine gewisse Beständigkeit der Bevölkerung voraussetzt, der es dient. Damit Schuldige angeklagt, Zeugen vorgeladen, Jurys einberufen werden können und so weiter, muss der Aufenthaltsort der meisten Menschen bekannt sein. Diese Bedingung stellt allerdings nur eine marginale Restriktion mit Blick auf die Zuwanderung dar, und zwar eine, die sich in der Praxis wahrscheinlich nicht zu stark auswirken dürfte. Um eine stärkere zu finden, müssen wir über die bloße Idee eines Rechtssystems hinausgehen und uns die ganze Bandbreite der gesellschaftlichen Aufgaben vor Augen halten, die der moderne demokratische Staat zu erfüllen hat. Wir müssen, anders gesagt, nachdenken über die Lage auf dem Arbeitsmarkt, das Wohnungs-, Bildungs- und Gesundheitswesen, das Sozialsystem und Ähnliches. Dies alles sind Angelegenheiten, die in den Zuständigkeitsbereich des Staates fallen, der die gesetzlichen Rechte dafür schafft, dass ihre Inhaber Zugriff auf die jeweiligen Dienstleistungen erhalten. Manche dieser Rechte gelten zudem als Menschenrechte.[8] Da, wie wir vorhin schon festgestellt haben, die ganze Legitimität des Staates daran hängt, ob er fähig ist, die Menschenrechte all jener zu schützen, die sich auf seinem Territorium befinden, muss sich diese Verantwortung auch auf die Rechte von Einwanderern erstrecken.[9] Es mag zwar erlaubt sein, gerade neu angekommenen Einwanderern *einige* der Rechte auf Beschäftigung, Gesundheitsfürsorge und andere Leistungen vorzuenthalten – womit eine Frage berührt wird, die später in diesem Buch noch im Detail thematisiert wird –, nicht jedoch die Rechte, die so grundlegend sind, dass sie zu den Menschenrechten zählen. Wenn also eine Einwanderin bei einem Verkehrsunfall schwer verletzt wird oder überfallen wird, dann muss der öffentliche Gesundheitsdienst (oder eine äquivalente Institution) sie behandeln. Ebenso besteht ein Aspekt der hoheitlichen Befugnisse des Staates darin, dass er hinreichende Beschäftigungs- und Bildungsmöglichkeiten und so weiter bereitzustellen hat, um die Rechte der von ihm ins Land gelassenen Einwanderer zu wahren. Wie ich in Kapitel 1 angemerkt habe, ist dies eines der zentralen Merkmale, die die modernen liberalen Gesellschaften von ihren Vorgängern im neunzehnten Jahrhundert unterscheiden, in denen Einwanderer, abgesehen von ihrem grundlegenden rechtlichen Schutz, auf sich allein gestellt waren.

Folgt hieraus, dass zu den Hoheitsrechten auch das Recht auf Zugangskontrollen gehören muss? Nicht im striktesten Sinne jedenfalls, denn ein Staat kann sich dazu entschließen, die für die Wahrung der Rechte aller Einreisewilligen erforderlichen Ressourcen vorab zu verteilen – was, wie wir festhalten sollten, eine potentiell sehr anspruchsvolle Entscheidung sein dürfte. Das Argument der Rechtshoheit muss deshalb von einem weiteren, die Selbstbestimmung betreffenden Argument begleitet werden, um das Recht auf Grenzschließung vollumfänglich begründen zu können.[10] Mit Selbstbestimmung meine ich an dieser Stelle das Recht einer demokratischen Öffentlichkeit darauf, eine ganze Palette an politischen Beschlussfassungen innerhalb der von den Menschenrechten definierten Grenzen zu tätigen. Unter den wichtigsten dieser Beschlüsse sind gerade jene, die den Umfang der öffentlichen Ausgaben für das Wohnungswesen, für Schulen, Krankenhäuser und so weiter betreffen (später komme ich auf kulturelle Beschlüsse zu sprechen). Da aus den eben genannten Gründen sowohl die Zuwanderungsrate als auch die persönlichen Eigenschaften der Einwanderer (wie etwa ihr voraussichtlicher Ausbildungsstand und ihre zu erwartenden medizinischen Bedürfnisse) all diese Maßnahmen beeinflussen werden, ist eine Einwanderungskontrolle ein entscheidender Hebel in der Hand des Demos. Wird dieser ihm entzogen, verliert der Demos die Kontrolle über diese Aufwendungen, sofern er sich nicht zur Aufgabe liberaler Grundsätze entscheidet und den Neuankömmlingen diese wichtigen Dienstleitungen vorenthält.[11] Um Missverständnisse zu vermeiden: Das Argument lautet an dieser Stelle nicht, dass ein sich selbst bestimmendes politisches Gemeinwesen seine Grenzen schließen *muss*, sondern dass es das Recht zur Kontrolle seiner Grenzen haben muss, um sich einen nennenswerten Spielraum für politische Entscheidungen ohne Beeinträchtigung der Menschenrechte derer, die es aufnimmt, offenhalten zu können. Ein Kritiker mag an dieser Stelle einwerfen, dass Selbstbestimmung nicht von hinreichend hohem Wert ist, um eine Schließung der Grenzen zu rechtfertigen. Diese Behauptung untersuche ich im zweiten Teil dieses Kapitels noch genauer, wo ich Einwände gegen geschlossene Grenzen prüfen werde. Für den Moment werde ich davon ausgehen, dass Selbstbestimmung, speziell in ihrer demokratischen Form, einen erheblichen Wert besitzt, und einige weitere Hinsichten betrachten, in denen sie für ihre Realisierung auf kontrollierte Grenzen angewiesen ist. Als Nächstes sollten wir bedenken, dass im Falle der Aufnahme von Einwanderern ihre Anwesenheit die Zusammensetzung der Staatsbevölkerung oder, anders gesagt, das »Selbst« in »Selbstbestimmung« mit der Zeit verändern wird. Ich gehe hier wie zuvor davon aus, dass alle Einwanderer mit dauerhaftem Bleiberecht sich nach einer angemessenen Frist um die Staatsbürgerschaft sollten bewerben dürfen, sofern sie sich nicht durch schwere Straftaten dafür disqualifiziert haben. Zudem ist vernünftigerweise anzunehmen, dass sich durch ihre Partizipation die Entscheidungen des Demos signifikant verändern werden, da Einwanderer die einheimische Bevölkerung mit Blick auf deren Überzeugungen, Werte, Interessen, kulturellen Prägungen und so weiter ja nicht einfach nachahmen werden. Selbstbestimmung wird nun für gewöhnlich so verstanden, dass zu ihr das Recht auf Kontrolle über die Zugehörigkeit zu der mit Entscheidungsmacht ausgestatteten Körperschaft gehört, und zwar nach Maßgabe der üblichen menschenrechtlichen Einschränkungen. Dies kann man sich so versinnbildlichen, dass man sich einen Staat vorstellt, der sich mit seinem Nachbarstaat vereinigen möchte. Dieser andere Staat, so nehmen wir normalerweise an, ist dazu berechtigt, sich dem zu verweigern – so verlangt es die Selbstbestimmung. Er kann nicht dazu gezwungen werden, seine Bürgerschaft mit der seines Nachbarn zu verschmelzen. Warum aber ist die Selbstbestimmung überhaupt von Relevanz? Nun, ein großer Anteil ihres Wertes besteht darin, dass sie uns, als Bürgern, eine gewisse Kontrolle darüber ermöglicht, was künftig mit unserem politischen Gemeinwesen geschehen wird. Wir können langfristige Pläne schmieden, wie etwa die, Schutzgebiete für bedrohte Pflanzen- oder Tierarten zu schaffen oder in Infrastrukturmaßnahmen zu investieren, von denen vor allem unsere Kinder profitieren werden. Solcherart Planungen werden allerdings hinfällig, wenn Veränderungen in der Zusammensetzung der Staatsbevölkerung dazu führen, dass diese Entscheidungen in der Zukunft revidiert werden.

Erneut könnte ein Kritiker einwenden, dass sich keine sich selbst bestimmende Gruppe von Bürgern vollständig von Veränderungsprozessen abschotten kann, die dazu führen könnten, dass ihre aktuell getroffenen Entscheidungen zurückgenommen werden. So manche Angehörige der gegenwärtigen Mehrheit könnten es sich einfach anders überlegen. Und noch wahrscheinlicher ist es, dass der Generationswechsel einen neuen Demos erzeugen wird, dessen Werte und Prioritäten sich von denen seines Vorgängers unterscheiden. Da wir unsere Kinder nicht entrechten können, können wir auch nicht garantieren, dass sie unsere Handlungen nicht rückgängig machen.[12] Bedenken wir aber, dass es eine beobachtbare Tatsache ist, dass die üblichen Bildungs- und Sozialisationsprozesse dazu führen werden, dass es eine recht robuste Kontinuität zwischen deren Denken und unserem geben wird, solange keine traumatischen Ereignisse (wie etwa der Holocaust und der Sieg über den Nationalsozialismus) einen generationalen Bruch in der öffentlichen Kultur herbeiführen.[13] Mit den Einwanderern verhält es sich dagegen anders. Natürlich werden sie einem kulturellen Erwartungsdruck dahingehend unterliegen, sich einige der Normen der Aufnahmegesellschaft anzueignen, wobei dieser Prozess durch formale staatsbürgerliche Bildung im Vorfeld des Erwerbs der Staatsbürgerschaft unterstützt werden kann. Wie ich aber im ersten Kapitel angemerkt habe, herrscht in modernen liberalen Gesellschaften die Auffassung, dass dies nicht alle Aspekte der Kultur betreffen wird. Im Gegenteil werden Einwanderer nicht nur dazu ermutigt, die kulturellen Eigenarten, die sie mit sich bringen, zu bewahren, sondern auch dazu, einige davon zu zelebrieren – ihren Kleidungsstil, ihre Musik, ihre religiösen Feste, ihre Sprache und so weiter. Zur Staatsbevölkerung zählen heute Minderheiten, die sehr zu Recht nach politischen Veränderungen verlangen dürfen, welche ihren kulturellen Ansprüchen entgegenkommen würden, wie beispielsweise öffentliche Fördermittel oder Veränderungen in der Struktur der Arbeitswoche. Aus Sicht der einheimischen Mehrheitsgesellschaft mögen diese Ansprüche willkommen oder unwillkommen sein – das kommt auf den Einzelfall an. Oft kann Einwanderung frischen Wind in eine bislang eher eintönige nationale Kultur hineinbringen. Klar ist, dass der Spielraum für freie Entscheidungen durch das Hinzukommen neuer Angehöriger der Staatsbevölkerung begrenzt worden ist, deren Ansprüchen Genüge getan werden muss, sofern an den grundlegenden liberalen Prinzipien der Gleichbehandlung und der gleichen Achtung für Minderheiten festgehalten werden soll. Und je größer das Ausmaß der Einwanderung und je verschiedenartiger die kulturellen Hintergründe der Einwanderer sind, umso strikter wird diese Begrenzung sein.

Es gibt noch eine zweite und ziemlich andersgeartete Weise, in der die Aufnahme von Einwanderern die demokratische Selbstbestimmung beeinflussen kann. Es gibt Anzeichen dafür, dass kulturelle Unterschiede zwischen den Mitgliedern eines politischen Gemeinwesens sowohl das zwischenmenschliche Vertrauen als auch das in die politischen Institutionen schmälern können. Dieser Vertrauensrückgang bedeutet zwar keinesfalls das Ende der Demokratie, kann aber durchaus die Art und Weise verändern, auf die demokratische Institutionen funktionieren.[14] Es wird weniger wahrscheinlich sein, dass diese Institutionen auf einem deliberativen Wege verfahren können, auf dem die Beteiligten einen Konsens anzustreben versuchen über das, was zu tun ist, und sich von einer generellen Fairness gegenüber allen betroffenen Parteien leiten lassen. Deliberation erfordert das Vertrauen darauf, dass die Zugeständnisse, die man bei der Suche nach einer Übereinkunft zu machen bereit ist, auch von den anderen Beteiligten gemacht werden, dass die Parteien aufrichtig sind in Bezug auf die Gründe, die sie zur Stützung ihrer Ansprüche vorbringen, und so weiter. Wo es an Vertrauen fehlt, kann aufseiten der einzelnen Gruppen schnell ein eigensüchtiges Feilschen an die Stelle der Deliberation treten, dessen Ergebnis die zwischen ihnen bestehenden Machtverhältnisse widerspiegelt. Dies bringt eine Reihe von Nebeneffekten mit sich. Einer davon ist, dass die Bereitstellung *öffentlicher Güter* unwahrscheinlicher wird, da misstrauische Gruppenvertreter lieber aushandeln würden, dass es Güter gibt, die nur die Mitglieder ihrer eigenen Gruppen nutzen dürfen.[15] Ein anderer ist, dass es weniger Unterstützung für eine ökonomische Umverteilungspolitik zugunsten der Armen geben wird, und zwar wiederum aus dem Grund, dass allgemeine Überlegungen zur sozialen Gerechtigkeit von gruppenspezifischen Ansprüchen abgelöst werden.

Vertrauen ist also für eine gut funktionierende Demokratie wichtig, aber wie hängt dies mit der Einwanderung zusammen? Diese hat normalerweise zur Folge, dass sich die ethnische und religiöse Vielfalt in der Gesellschaft des Aufnahmelandes vergrößert, und wie in Kapitel 1 gesehen, sind die meisten Sozialwissenschaftler der Meinung, dass eine weitere Konsequenz ein Rückgang des zwischenmenschlichen Vertrauens ist.[16] Dieser Zusammenhang ist allerdings kein unmittelbarer. Eine Variable dabei ist das Ausmaß, in dem sich die Gesellschaft angesichts zureisender Minderheitengruppen, die sich in urbanen Ghettos sammeln, segregiert – oder sich stattdessen integriert, und zwar vermittels der Teilnahme an ehrenamtlichen Zusammenschlüssen und politischen Bewegungen, die ethnische und religiöse Grenzen überwinden.[17] Eine andere Variable ist die Anwesenheit oder Abwesenheit einer inklusiven nationalen Identität, die eine Verbindung stiften kann, welche sektionale Identitäten übersteigt. Die öffentliche Politik kann somit dazu genutzt werden, durch eine Ermutigung zur Integration und die Förderung einer gemeinsamen Identität die potentiell schädlichen Auswirkungen der Einwanderung auf das Vertrauen wieder wettzumachen (in Kapitel 8 komme ich hierauf noch einmal sehr viel ausführlicher zu sprechen). Die Schlussfolgerung, die wir ziehen sollten, lautet nicht, dass Einwanderung unverzüglich unterbunden werden sollte, sondern, dass wir einen

Rückgang an Vertrauen und die sich daraus ergebenden politischen Konsequenzen in ihre möglichen Kosten mit einrechnen müssen – oder eben die Kosten für all jene Maßnahmen, die dafür gebraucht werden, eine gelingende Integration gewährleisten zu können. Wie ich in Kapitel 1 angedeutet habe, neigen ökonomische Betrachtungsweisen der Einwanderung dazu, diese Faktoren aus der Gleichung herauszulassen, wenn es um die Kosten-Nutzen-Rechnung geht. Ein demokratischer Entscheidungsprozess über den Umfang und die Zusammensetzung der Einwandererkohorte muss sie dagegen mitberücksichtigen.

Ich möchte diesen Abschnitt der Diskussion mit einem weiteren Grund beschließen, den Staaten für die Kontrolle des Zuflusses von Einwanderern haben können: die Gesamtgröße ihrer Bevölkerung.[18] Die Bevölkerungszahl spielt eine große Rolle als eine politische Frage, die auf demokratische Weise zu klären ist; sei es, dass die Aufnahmenation ein unterbevölkerter Staat ist, der seine landwirtschaftliche Basis dadurch stärken will, dass er neues Land in die Bewirtschaftung überführt, oder sei es ein überbevölkerter Staat, der Druck von seinem Wohnungsbestand oder seinem Verkehrssystem zu nehmen versucht. Dabei handelt es sich zunächst einmal bloß um eine Sache innenpolitischer Prioritäten, die Einwanderung je nach Situation entweder begrüßen oder bremsen werden. Anders sieht es allerdings aus, wenn wir die Größe der Weltbevölkerung in den Blick nehmen. Mittlerweile scheint klar zu sein, dass eine der Hauptaufgaben der Gegenwart – neben Maßnahmen zur Eindämmung der Erderwärmung und des Ressourcenverbrauchs – darin besteht, dafür zu sorgen, dass diese nicht bedeutend über die aktuell erreichte Sieben-Milliarden-Marke hinaus anwächst. In der Tat gibt es Gründe für die Annahme, dass die umweltverträgliche Bevölkerungsgröße auf der Erde um einiges unterhalb von sieben Milliarden liegt, so dass das Ziel in einer allmählichen Verringerung der aktuellen Zahl bis herunter auf diesen Wert bestehen muss. Migration beeinflusst die Größe der Weltbevölkerung natürlich nicht unmittelbar. Doch genauso, wie die globale Erwärmung nur dadurch effektiv bekämpft werden kann, dass sich jeder Staat zu einer Begrenzung seines Kohlendioxidausstoßes im Rahmen eines internationalen Vertrags verpflichtet, so kann auch das Bevölkerungswachstum nur dadurch gestoppt werden, dass jeder Staat einen Zielwert für seine eigene Bevölkerung festlegt (da es einige Staaten als schwierig erachten werden, ein weiteres Anwachsen ihrer Bevölkerung zu verhindern, sollten andere Staaten darauf abzielen, dafür ihre eigene zu reduzieren). Eine solche Politik kann aber mit offenen Grenzen nicht ernsthaft verfolgt werden, speziell dann nicht, wenn eine Gesellschaft zu harten Maßnahmen wie der (neuerdings wieder abgeschafften) chinesischen Ein-Kind-Politik greifen will, um die Zahl ihrer Angehörigen zu verringern; selbst eine wesentlich weniger drakonische Spielart dieser Politik würde von den Bürgern unweigerlich abgelehnt werden, wenn zugleich Einwanderer nach eigenem Belieben ins Land kommen könnten.

Manchmal wird als Entgegnung auf diese Punkte vorgebracht, dass Menschen, die aus armen in reiche Länder abwandern, eher weniger Kinder bekämen, da sie sich an die gesellschaftlichen Normen ihres neuen Umfelds anpassen würden (was nicht sofort geschehen dürfte, doch nehmen wir einmal an, dass es über die Zeit hinweg geschieht). Ist das Bevölkerungswachstum jedoch vor allem aufgrund seiner Rolle bei der globalen Erwärmung und der Ausplünderung von Ressourcen relevant, dann werden Einwanderer, die den westlichen Lebensstil übernehmen, mehr konsumieren und durch ihren Energiehunger einen größeren Kohlendioxidausstoß verursachen, so dass die Nettoauswirkungen der Migration auf die Umwelt letztlich doch negativ sein können, selbst wenn die Familiengröße im Ergebnis geringer ist. Natürlich kann man einwenden, dass die eigentliche Lösung in der Veränderung des Lebensstiles *aller* besteht, so dass er nicht mehr solche katastrophalen globalen Folgen zeitigt, wie es die heutigen Lebensgewohnheiten in den reichen Ländern tun, doch bis das geschieht, dürfte Migration eher etwas Schlechtes für den Planeten insgesamt darstellen, selbst wenn sie aufseiten der Migranten den Anreiz dafür verringert, große Familien zu haben. Wie ich bereits gesagt habe, stellen Maßnahmen zur Eindämmung des Bevölkerungswachstums, zur Reduktion von Treibhausgasemissionen und zur Sicherstellung einer nachhaltigen Nutzung natürlicher Ressourcen keine Alternativen, sondern wesentliche Ergänzungen zueinander dar. Staaten müssen alle drei Maßnahmen parallel verfolgen und Einwanderungskontrolle ist eines der Werkzeuge, die sie zur Verfügung haben müssen, wenn ihre Bemühungen erfolgreich sein sollen.

Bis hierhin habe ich in diesem Kapitel die wesentlichen positiven Gründe dafür dargelegt, Staaten das Recht auf Kontrolle ihrer Grenzen zuzubilligen; den verbleibenden Platz möchte ich dafür nutzen, die Diskussion breiter aufzustellen, indem ich drei Einwände gegen meine gerade dargelegte Argumentation prüfe. Der erste besagt, dass die These über die kulturelle Zusammensetzung des Demos fälschlicherweise voraussetzt, dass wir ohne Einwanderung eine kulturell homogene Staatsbevölkerung hätten – wohingegen liberale Gesellschaften in Wahrheit immer schon einen hohen Grad an kultureller Vielfalt aufweisen würden.[19] Der zweite Einwand behauptet, dass selbst dann, wenn Einwanderung den Spielraum für die Selbstbestimmung einengen würde (wie vorhin gesagt wurde), sie, die politische Selbstbestimmung, doch einfach kein Wert sei, der groß genug wäre, um das dringende Verlangen nach Einlass, das Einwanderer möglicherweise haben, zu übertrumpfen.[20] Und der dritte besagt, dass Einwanderer abzuweisen eine Form von Zwang sei, und kein Staat könne darin gerechtfertigt sein, Fremde ohne deren Einverständnis zu etwas zu zwingen.[21] In meiner Erwiderung auf diese drei Punkte hoffe ich, die Argumentation für eine potentiell restriktive Einwanderungspolitik aus Gründen der nationalen Selbstbestimmung stützen zu können.

Der erste Einwand deutet auf den Umstand hin, dass liberale Demokratien nahezu ausnahmslos pluralistische Gesellschaften sind, die sich nicht nur historisch in verschiedene Teilregionen (manchmal sogar in Teilnationen) untergliedern, sondern es auch vermocht haben, eine bedeutende Anzahl Einwanderer mit ganz verschiedenartigen kulturellen Wurzeln in sich aufzunehmen, ohne dabei entweder auseinanderzubrechen oder ihre demokratische Legitimität einzubüßen. Selbst wenn es also etwas gäbe, was für kulturelle Homogenität spräche, gäbe es dennoch keine Möglichkeit, sie herzustellen. Und außerdem, warum sollte Vielfalt überhaupt ein Problem darstellen, solange nahezu jeder dazu bereit ist, nach den herrschenden Regeln des demokratischen Spiels zu spielen und die Entscheidungen der Mehrheit zu akzeptieren, wenn es um Entweder/oder-Entscheidungen geht?

Um auf diesen Einwand zu reagieren, müssen wir uns genauer ansehen, was »Kultur« im Rahmen der Einwanderungsdiskussion bedeutet. Der Ausdruck selbst ist in vielerlei Hinsicht mehrdeutig. Ein relevanter Unterschied besteht zwischen privater und öffentlicher Kultur. Mit »privater Kultur« meine ich die Überzeugungen einer Person über das, was in ihrem eigenen Leben von Wert ist – darüber, wie sie sich kleiden sollte, welche Nahrungsmittel sie zu sich nehmen sollte, wie sie ihre persönlichen Beziehungen gestalten sollte, welche Religion sie unterstützen sollte, welche Arten von Kunst und Musik sich zu erleben lohnen und so weiter. Mit »öffentlicher Kultur« meine ich im Gegensatz dazu ein gemeinsames (eher überlappendes denn identisches) Konglomerat von Auffassungen über die Werte, die die Gesellschaft im Großen verkörpern und denen sie folgen sollte; darüber, wie die Menschen sich im öffentlichen Raum verhalten sollten, worauf die Gesellschaft stolz sein und wofür sie sich schämen sollte, welches politische System sie haben sollte, worin die zukünftigen Ziele der Gesellschaft bestehen sollten etc. Es ist klar, dass diese beiden Formen der Kultur nicht gegeneinander abgeschlossen sind. Die persönlichen Wertvorstellungen einer Person werden mit einiger Wahrscheinlichkeit ihre Einstellungen in Bezug auf die Öffentlichkeit beeinflussen. Doch die Unterscheidung ist wichtig, da verschiedene Formen privater Kultur normalerweise friedlich koexistieren können, während es im Falle der öffentlichen Kultur ein beachtliches Maß an Annäherung geben muss, wenn eine Gesellschaft ohne ernsthafte Konflikte funktionieren können soll. Um es einfach auszudrücken: Man kann einen Staat haben, der sich in etwa zur Hälfte aus Fleischessern und zur anderen Hälfte aus Vegetariern zusammensetzt,[22] aber keinen, der auf gleiche Weise aus Demokraten und Theokraten besteht. Das Problem ist daher nicht nur das Ausmaß, sondern auch die Art der in Rede stehenden kulturellen Vielfalt.

Noch eine weitere Unterscheidung ist hier hilfreich. Man kann eine Kultur im Sinne ihres Gehaltes betrachten, wie ich es im vorstehenden Absatz getan habe, aber sie auch als Quelle von Identität betrachten. Wo, wie es oft vorkommt, viele Menschen einer privaten Kultur angehören, da ist es von Bedeutung, ob die kulturelle Gruppe, die auf diese Weise gebildet wird, zu einer exklusiven, von anderen Gruppen separierten Gruppe wird. Die Sorge dreht sich an dieser Stelle um die Entstehung dessen, was häufig als »Parallelgesellschaften« bezeichnet wird, wobei sich Minderheiten in Enklaven zurückziehen und nur wenige Kontakte zu denen außerhalb ihrer eigenen Gemeinschaften unterhalten.[23] Dies kann sich zum Beispiel auf der Grundlage sprachlicher oder religiöser Unterschiede abspielen. Daraus können sich dann zwei Konsequenzen ergeben. Eine lautet, dass solche Gruppen aufhören könnten, an der gemeinschaftlichen öffentlichen Kultur ihrer Gesellschaft teilzuhaben, und zwar ganz einfach deshalb, weil sie kaum Kontakt zu ihr haben. Die Herkunft ihrer Informationen und ihrer Werte ist eine andere; sie verspüren kein Bedürfnis danach, sich in irgendeine politische Interaktion mit denjenigen außerhalb ihrer eigenen Kreise einzubringen. Und die andere Konsequenz lautet, dass das Niveau des Vertrauens unter den Gruppen sinkt, denn wenn die Menschen keine näheren Kontakte zu solchen Leuten haben, die als Angehörige geschlossener kultureller Gruppen wahrgenommen werden, dann bilden sich leicht negative Stereotype über ebenjene Gruppen heraus.

Was heißt das für die Einwanderung? Der zentrale Punkt ist hier die Art und das Ausmaß der kulturellen Diversität, zu der sie führen wird. Wie wahrscheinlich ist es, dass sich Einwanderer zu in sich geschlossenen Gruppen zusammenfinden, die außerhalb der restlichen Gesellschaft stehen, und wenn sie dies tun, was bedeutet das dann für die öffentliche Kultur? Der Umfang der Einwanderung ist hier relevant, denn je größer er ist, umso wahrscheinlicher ist auch die Ausbildung kultureller Enklaven und umso mehr Aufwand werden die Institutionen treiben müssen, die für die Integration von Einwanderern in die öffentliche Kultur zuständig sind. Die Schwierigkeit liegt also nicht in der Vielfalt selbst begründet. Wir können uns darüber einig sein, dass eine größere Vielfalt privater Kulturen in einer Gesellschaft eine wirklich gute Sache ist, die gewiss keinen Schaden anrichtet. Das wirkliche Problem betrifft diejenigen Bereiche, in denen sich private und öffentliche Kultur überschneiden – wo es dann schwieriger wird, zu Übereinkünften über öffentliche Angelegenheiten zu kommen, weil man sich ihnen auf der Basis konfligierender und im Privaten unterhaltener Überzeugungen und Wertvorstellungen nähert –, sowie die möglichen Entfremdungseffekte, die mit voneinander isolierten und exklusiven kulturellen Identitäten einhergehen.

Diesen Bedenken liegen gewisse Annahmen darüber zugrunde, wie eine demokratische Gesellschaft funktionieren sollte, die im Zuge einer genaueren Betrachtung des zweiten Einwands gegen geschlossene Grenzen – der den Wert der politischen Selbstbestimmung in Zweifel zieht – ans Licht gebracht werden können.

Was bedeutet »Selbstbestimmung« im vorliegenden Zusammenhang? Wir dürfen sie nicht mit Demokratie als einem institutionellen Mechanismus zur politischen Entscheidungsfindung verwechseln, obwohl Demokratie, so verstanden, normalerweise das beste Mittel sein wird, um Selbstbestimmung herzustellen. Sie impliziert, dass es eine Gruppe gibt – das »Selbst« –, die so einheitlich strukturiert ist, dass man ihr eine Reihe von Zielen und Werten zuschreiben kann, die ihre Angehörigen als Bestandteile ihrer kollektiven Identität ansehen, obwohl sich vermutlich keiner von ihnen all diesen Zielen und Werten individuell verschreiben dürfte. Diese Gruppe ist in dem Maße selbstbestimmt, in dem sie dazu in der Lage ist, im Lichte dieser gemeinsamen Ziele und Werte ihre Aktivitäten zu koordinieren und ihre Umwelt zu gestalten; ihre Angehörigen können spüren, dass sie ihr Schicksal selbst in der Hand haben. Es ist kein Geheimnis, warum Selbstbestimmung im Allgemeinen wertvoll ist. Denken wir an ein Theaterensemble, dessen Mitglieder eine bestimmte Form des experimentellen Dramas erarbeiten wollen. In dem Maße, in dem sie fähig sind, selbst darüber zu bestimmen, welche Stücke sie wo aufführen, wer welche Rolle spielt und so weiter, können sie spüren, dass sie denjenigen Wertvorstellungen folgen, an die sie glauben. Werden diese Fragen hingegen von einem Theaterdirektor entschieden, der zwar die Kontrolle über die Finanzen ausübt, die Ziele des Ensembles hingegen nicht auf die gleiche Weise nachvollziehen kann, dann werden ihre Ambitionen frustriert werden. Die eigentliche Frage lautet, ob etwas Vergleichbares auch dann gilt, wenn wir auf die nationale Ebene übergehen und uns überlegen, warum Selbstbehauptung für die Bürger eines modernen Staates relevant sein sollte, vor allem, wenn deren Möglichkeiten dazu, als Individuen in den künftigen Entwicklungsverlauf ihrer Gesellschaft einzugreifen, so viel geringer sind als die, die jeder der Schauspieler bei der Entscheidung darüber hat, wie sich das Theaterensemble entwickeln soll.

Als Erstes muss festgestellt werden, dass sie tatsächlich klarerweise von Relevanz ist. John Stuart Mill hat einmal gesagt, dass »der einzige Beweis, dass etwas wünschenswert ist, der [sei], dass die Menschen es tatsächlich wünschen«.[24] Das mag übertrieben sein, doch es ist sicherlich wichtig, sich beim Nachdenken über den Wert der nationalen Selbstbestimmung anzusehen, was Menschen alles zu tun bereit sind, um sie zu erreichen. Nehmen wir das Phänomen der Entkolonialisierung: Warum waren Menschen so begierig danach, die koloniale Herrschaft abzustreifen und von denjenigen regiert zu werden, die sie als Landsleute angesehen haben, selbst wenn kaum Grund zu der Vermutung bestand, dass sich die Regierungsführung im Ergebnis tatsächlich verbessern würde? Eine solche Bereitwilligkeit hat Sinn, wenn man glaubt, dass es besser ist, von jemandem regiert zu werden, der die eigenen Ziele und Wertvorstellungen teilt, auch wenn diese Person nicht besonders erfolgreich dabei ist, sie umzusetzen. Immerhin kann man sich mit den getroffenen Entscheidungen identifizieren, welches Ergebnis auch immer sie produzieren mögen.

111

Oder sehen wir uns Unabhängigkeitsbewegungen innerhalb von Staaten an, die schon demokratisch sind, zum Beispiel die Autonomieansprüche, die Katalanen, Schotten und Québécois erheben. Möglicherweise halten wir diese Ansprüche nicht für vollkommen gerechtfertigt, doch es fällt uns überhaupt nicht schwer, sie zu verstehen. Wenn Nationalisten in Quebec rufen, dass sie »maîtres chez nous« sein wollen, dann ist dieser Wunsch absolut nachvollziehbar: Wir sind unser eigenes Volk, und wir wollen das Recht haben, zu entscheiden, was bei uns geschieht. Und sollten wir letztendlich zu dem Schluss kommen, dass diese Nationen keinen gerechtfertigten Anspruch auf volle Unabhängigkeit haben, dann wird das nicht daran liegen, dass ihr Wunsch nach Selbstbestimmung irrational wäre, sondern vielmehr daran, dass ihr Blick auf das in diesem Ausdruck erwähnte »Selbst« zu eng gefasst ist und sie ihre tiefen historischen Verbindungen zu einer größeren Nation, die ebenfalls gültige Ansprüche auf Selbstbestimmung hat, nicht anerkennen.

Auch angesichts dieser beeindruckenden Menge an Hinweisen auf die subjektive Bedeutung der Selbstbestimmung könnten Kritiker immer noch einwenden, dass sie auf nationaler Ebene zum großen Teil illusorisch ist. Sie werden anführen, dass auch dann, wenn das politische System demokratisch verfasst ist, die getroffenen Entscheidungen bestenfalls die Positionen der Mehrheit und nicht die der Nation als ganzer widerspiegeln werden. Damit wird allerdings unterschätzt, was eine funktionierende Demokratie zu leisten vermag. Wie ich angedeutet habe, kann sie darauf aus sein, eine deliberative Demokratie zu sein, in der die Meinungen von Minderheiten gehört und berücksichtigt werden und Entscheidungen, wann immer es möglich ist, auf einer gemeinsamen Grundlage getroffen werden. Dazu muss Letztere natürlich relativ breit sein, weshalb deliberative Formen von Demokratie auch auf ein hohes Maß an Einigkeit in der im Hintergrund wirkenden öffentlichen Kultur angewiesen sind. Im modernen Zeitalter muss Demokratie vor allem durch repräsentative Institutionen praktiziert werden (obwohl die Möglichkeiten anwachsen, dies durch direkte Partizipation, Bürgerbeteiligung, deliberative Meinungsumfragen und andere Methoden zur Erzeugung einer informierten öffentlichen Meinung zu ergänzen). Wichtig für die Selbstbestimmung ist es unter diesen Umständen, dass die hinter den gefällten Entscheidungen stehenden Gründe öffentlich gemacht werden, so dass sie von denen, die nicht unmittelbar an ihrem Zustandekommen beteiligt waren, verstanden und im besten Fall auch akzeptiert werden können.

Mit meiner These, dass die Menschen ein gewichtiges Interesse an der Zugehörigkeit zu einer autonomen politischen Gemeinschaft hegen, habe ich nicht gesagt, dass es tatsächlich ein *Recht* auf Selbstbestimmung gibt. Diesen weiteren Schritt tue ich nicht, da der Umfang, in dem jede konkrete Person in der Lage ist, in den Genuss jener kollektiven Selbstbestimmung zu kommen, nach der sie strebt, von den Umständen abhängig ist – inklusive dessen, ob die Gruppe, mit der sie sich identifiziert, sie als ihr Mitglied anerkennt, und ob, wenn dem so sein sollte, diese Gruppe überhaupt dazu in der Lage ist, Selbstbestimmung zu einer praktikablen Option für sich zu machen (ihr könnten nämlich die dafür notwendigen Ressourcen fehlen oder sie könnte unweigerlich unter die Kontrolle irgendeiner größeren Gruppe geraten). Die Rede von Rechten bringt hier mehr Bestimmtheit ins Spiel als angebracht. Ist aber Selbstbestimmung eher ein Interesse als ein Recht, warum muss dieses dann im Konfliktfall die konkurrierenden Interessen Einwanderungswilliger überwiegen (also dann, wenn eine autonome Gemeinschaft manche Einwanderer aus Gründen, die ich oben skizziert habe, ausschließen möchte)? So viel Wert die angestammten Bürger auf die Kontrolle über die künftige Gestalt und Größe ihrer Gesellschaft auch legen mögen, warum sollte dies mehr zählen als das starke Interesse eines Einwanderers daran, an einen Ort zu gehen, an dem er die Chancen wahrnehmen kann, die ihm am wichtigsten sind?[25]

Wir müssen allerdings die Perspektive berücksichtigen, aus der diese Frage gestellt wird. Implizit setzt sie einen starken Kosmopolitismus voraus, in dessen Rahmen Interessen stets gleich gewichtet werden, wenn sie miteinander konfligieren, ganz gleich, wessen Interessen sie sind. Wenn wir stattdessen annehmen, dass wir besondere Pflichten gegenüber unseren Landsleuten haben, dann sind wir dem im zweiten Kapitel verteidigten schwach kosmopolitischen Prinzip zufolge ausschließlich zu einer angemessenen Kenntnisnahme der Ansprüche des Einwanderers in spe verpflichtet. Wir müssen seinen Ansprüchen nicht das gleiche Gewicht beilegen wie denen unserer Landsleute (er selbst wird natürlich seinerseits besondere Verpflichtungen gegenüber seinen eigenen Landsleuten haben).[26] Die Stärke seines Anspruchs wird zweifellos variieren. In dem einen Extremfall hat er vielleicht bloß ein Interesse daran, in eine angenehmere Umgebung zu gelangen, während er im anderen seine Menschenrechte bedroht sehen könnte, woraufhin ihm nur die Auswanderung übrigbleibt; oder, um noch einen weiteren Fall zu nennen, er mag ein Anrecht darauf haben, auf Grundlage politischer Beschlüsse ins Land zu kommen, die bereits getroffen worden sind. In diesen letztgenannten Fällen kann sein Anspruch durchaus gewichtig genug sein, um die eher alltäglichen Interessen der existierenden Staatsbürger zu übertrumpfen, so zum Beispiel deren Wunsch nach Vermeidung von Überbevölkerung. Dies ist eine Frage, die innerhalb der politischen Gemeinschaft debattiert und entschieden werden muss. Die Gerechtigkeit erfordert, dass das Interesse am Betreten des Landes, das ein bestimmter Einwanderer (oder eine bestimmte Gruppe von Einwanderern) haben mag, angemessen geprüft und gegen die Interessen der Staatsbürger an Selbstbestimmung abgewogen werden muss, wobei in diesem Abwägungsprozess eine gewisse landsmännische Parteilichkeit eine Rolle spielen darf.

Hinter dieser Schlussfolgerung steht meine Annahme, dass ein Staat, der einer Einwanderin den Zutritt verwehrt, einfach einen Vorteil nicht gewährt, den er in einem anderen Fall sehr wohl gewähren könnte. Diese Beschreibung der Situation ist allerdings von Arash Abizadeh infrage gestellt worden, der argumentiert, dass ein Staat mit der Einführung von Grenzkontrollen *Zwang* gegen all jene ausübt, denen der Zutritt gewährt werden könnte – also nicht nur auf diejenigen, die tatsächlich einzureisen versuchen, sondern auch auf die, die keinen konkreten Wunsch danach haben.[27] Da, wie er anführt, Grenzkontrollen Zwangsmittel sind, müssen sie Gegenstand eines demokratischen Beschlusses sein, der durch ein Gremium zu fällen ist, dem sowohl jene innerhalb als auch jene außerhalb des Staates angehören, und zwar aus dem Grund, dass Zwang nur dann legitim sein kann, wenn er auf diese Weise gerechtfertigt wird. Das Ergebnis lautet, dass kein Staat ein Anrecht darauf hat, seine Grenzen unilateral zu schließen. Wie Abizadeh es formuliert, »muss die Kontrollpolitik letztlich den Fremden ebenso wie den Staatsbürgern gegenüber gerechtfertigt werden. Eine Konsequenz hieraus lautet, dass das Grenzregime eines Staates Legitimität nur erlangen könnte, wenn es kosmopolitische demokratische Institutionen gäbe, in denen Grenzen eine wirkliche, sowohl an die Staatsbürger als auch an die Fremden gerichtete Rechtfertigung erführen.«[28]

Abizadehs Punkt beruht an dieser Stelle auf zwei wesentlichen Prämissen: Dass Zwang, um legitim sein zu können, in einem demokratischen Forum gerechtfertigt werden muss, dem all jene Menschen angehören, gegen die er eingesetzt wird, und dass der Staat Zwang gegen potentielle Einwanderer ausübt, indem er ihr Einreisegesuch ablehnt. Das meiste von dem, was ich zu sagen habe, betrifft diese zweite Prämisse, es lohnt sich aber auch, ein wenig bei der ersten zu verweilen. Wenn wir für den Moment von einem intuitiven Verständnis davon ausgehen, was es heißt, jemanden zu etwas zu zwingen, dann scheint es nicht so zu sein, dass Zwang stets eine demokratische Begründung erfordert. Tatsächlich ist es recht eindeutig, dass dem nicht so ist: Oft wird er einfach mit Verweis auf seine Folgen gerechtfertigt. Wenn ich auf jemanden treffe, der ein kleines Kind verprügelt, und ich Zwang gegen ihn einsetze, um ihn davon abzuhalten, dann besteht keine Notwendigkeit, meine Handlungen gegenüber irgendeiner bestimmten Person zu rechtfertigen und am wenigsten gegenüber dem Kinderschläger selbst. Das Gleiche gilt, wenn mein Freund am Ende des Abends völlig betrunken ist und vorschlägt, mit dem Auto nach Hause zu fahren. Wenn ich seine Autoschlüssel beschlagnahme und ihn auf die Rückbank meines Wagens bugsiere, dann muss ich mich noch nicht einmal *seiner* Zustimmung versichern, geschweige denn der irgendeines demokratischen Gremiums.[29]

Warum also sind wir der Meinung, dass der Zwang, den der Staat uns mit der Durchsetzung seines Rechts auferlegt, mit demokratischen Mitteln gerechtfertigt werden muss?[30] Die beiden Kernaspekte sind hier, erstens, dass die Drohung mit dem Zwang allgegenwärtig ist, weil der Staat unsere gesamte Existenz durch die Beschränkungen und Forderungen strukturiert, die er uns auferlegt. Demnach droht der Staat also, uns zu beherrschen, uns zu einem Leben zu zwingen, das seiner und nicht unserer Vorstellung davon entspricht, wie zu leben sei. Zweitens ist es sehr oft umstritten, ob irgendeine konkrete Vorschrift überhaupt benötigt wird und, wenn ja, welche Form sie annehmen sollte. Meine Beispiele im vorangegangenen Absatz waren eindeutig. Niemand kann bezweifeln, dass die Anwendung von Zwang in den von mir beschriebenen Fällen gerechtfertigt war. Aber wenn uns der Staat zum Steuerzahlen zwingt oder dazu, uns zu bilden oder in Kriegen zu kämpfen, dann haben wir es mit wesentlich weniger eindeutigen Fällen zu tun. Sogar diejenigen, die diese allgemeinen Ziele legitim finden, könnten sehr verschiedener Meinung darüber sein, auf welche Weise sie in einer bestimmten Situation erreicht werden sollten. Wenn sie effektiv ist, schränkt Demokratie den Gebrauch von Zwangsmaßnahmen auf solche Fälle ein, in denen sie zur Wahrung der Gerechtigkeit und zur Förderung des Wohlergehens der Bürger wirklich nötig sind, und zwar dadurch, dass die Bürger selbst ihre Zustimmung zu ihrem Einsatz signalisieren müssen.

Die These, dass Zwang einer demokratischen Legitimation bedarf, gilt also nur unter bestimmten Umständen, paradigmatischerweise in der Interaktion zwischen dem Staat und seinen Bürgern. Wie verhält es sich mit der Beziehung zwischen Staat und Fremden? Wenn er Zwang auf sie ausübt, muss er ihnen dann Zugang zu einem demokratischen Forum geben? Solch eine generelle Verpflichtung scheint nicht zu bestehen. Wenn der Staat eine eindringende Armee mit Gewalt abwehrt, wozu sicherlich diverse Zwangshandlungen gehören würden, so muss er mit den Invasoren doch nicht in einen demokratischen Deliberationsprozess eintreten, um zu rechtfertigen, was er tut. Wenn die gegenwärtigen Einwohner ein Anrecht darauf haben, sich auf dem Gebiet zu befinden, und der Staat ihr autorisierter Repräsentant ist, dann steht es den Eindringlingen nicht zu, die etablierte politische Ordnung zu stören, und damit ist die Sache erledigt. Das Gleiche gilt, wenn der Staat eine Einzelperson zurückweist, da er Grund zu der Annahme hat, dass sie eine Bedrohung für seine Bürger darstellt. Aber vielleicht verhält es sich mit Einwanderern anders, da sie normalerweise keine solche Bedrohung darstellen. Ich habe bereits gesagt, dass ihnen im Falle der Zurückweisung ihres Einreisebegehrens eine Erklärung für diese Weigerung zusteht. Muss hierzu die Schaffung eines demokratischen Forums gehören, in dem die Einwanderungspolitik des Staates diskutiert werden kann?

An dieser Stelle müssen wir die zweite Prämisse untersuchen, auf die Abizadeh sich stützt, nämlich die, dass Einwanderungskontrollen notwendigerweise Zwang darstellen.[31] Es liegt nahe, diesen Schluss zu ziehen, wenn man die Aufmerksamkeit auf die Methoden konzentriert, die Staaten zur Durchsetzung ihrer Einwanderungsbestimmungen denjenigen gegenüber anwenden, die sie zu umgehen versuchen, da diese tatsächlich oft auch Zwang beinhalten. Wenn man Personen Handschellen anlegt und sie in ein Flugzeug setzt, damit sie dorthin abgeschoben werden, wo sie herkommen, oder wenn die Boote, auf denen sie fahren, zur Umkehr und zur Rückfahrt zu ihrem Ausgangshafen gezwungen werden, dann ist es richtig, diese Dinge als Zwangsmaßnahmen zu bezeichnen. Die Frage ist aber die, ob der Akt des Ausschließens selbst – im Gegensatz zu den Mitteln, die angewendet werden, um ihn zu vollziehen – ein Zwangsmittel darstellt. Hier kann es hilfreich sein, sich ein großteils hypothetisches Szenario vorzustellen, in dem ein Staat an seinen Grenzen einfach eine unüberwindliche Sperranlage errichtet hat, so dass denen, die unerlaubt ins Land zu kommen versuchen, der Weg versperrt ist. Werden sie gezwungen, wenn sie zur Umkehr genötigt sind? Um diese Frage zu beantworten, müssen wir verstehen, was Zwang bedeutet und warum seine Anwendung einer besonderen Begründung bedarf.

Die Grundstruktur des Zwangs besteht darin, dass Akteur A Akteur B dazu zwingt, etwas zu tun, was er anderenfalls nicht getan hätte, und zwar unter Androhung unangenehmer Folgen für den Fall, dass er sich weigert; und dieses Etwas ist das, von dem A will, dass es getan wird.[32] So zwingt ein Straßenräuber sein Opfer dadurch dazu, ihm seine Geldbörse zu übergeben, dass er es mit einem Messer bedroht, so dass die betreffende Person etwas tut, wozu sie ansonsten nicht gewillt wäre. Wenn der Zwang funktioniert, dann zwingt A B seinen Willen auf; Bs Handlung ist daher nicht mehr seine eigene, sondern etwas, was auf Geheiß von A getan wird. Da wir im Allgemeinen der Auffassung sind, dass Menschen autonom sein sollten und Zwang ihre Autonomie so lange aufhebt, wie er fortbesteht, bestehen ihm gegenüber große Vorbehalte – die manchmal jedoch auch fallengelassen werden, wie es meine Beispiele des Kinderschlägers und des betrunkenen Freundes gezeigt haben.

Zwang muss von Hinderung unterschieden werden. Wenn ich eine Person zwinge, dann nehme ich eine Option aus der bestehenden Menge heraus, lasse aber viele ihrer anderen Optionen weiterhin bestehen. Wenn ich aber verhindere, dass ein Fremder mein Haus betritt, so stehen ihm immer noch viele andere Orte zur Verfügung, an denen er nach einem Obdach suchen kann. Hinderung erfordert im Allgemeinen also eine viel geringere Rechtfertigungsleistung als Zwang. Wie viel genau, kann davon abhängen, welchen Wert die verhinderte Handlung für den Akteur hat. Wir müssen auch bedenken, dass Fälle von reinem Zwang und reiner Hinderung sich an den gegenüberliegenden Enden eines Spektrums befinden und dazwischen solche Situationen liegen, in denen zwar viele Möglichkeiten für die betreffende Person durch eine Intervention ausgeschlossen werden, ihr aber zugleich eine ähnliche Menge an Optionen übrig bleibt. Wie wir diese Fälle klassifizieren, könnte davon abhängen, wie wertvoll die jeweiligen Möglichkeiten sind, die ausgeschlossen werden beziehungsweise weiterhin bestehen bleiben.

Mit diesem begrifflichen Apparat an der Hand können wir nun die Frage angehen, ob Einwanderungskontrollen notwendigerweise Zwang darstellen. Ich behaupte, dass sie es nicht tun. Der Einwanderer wird an etwas gehindert, was er sehr gern tun würde – etwa an der Einreise in die Vereinigten Staaten –, er wird aber nicht dazu gezwungen, stattdessen irgendetwas anderes zu tun. Ihm bleiben all jene Chancen erhalten, die sich für ihn in anderen Ländern ergeben, welche ihn aufzunehmen bereit sind.[33] Die US-Behörden versuchen nicht, sein Leben zu lenken, obwohl sie seinem Begehren dadurch im Wege stehen mögen, dass sie ihn abweisen. Kommt der Einwanderer illegal ins Land, dann könnte er zu seiner Entfernung eingesetzte Zwangsmaßnahmen erfahren, so wie dann, wenn ich die Polizei rufe, um einen unerwünschten Eindringling in mein Haus loszuwerden – was aber in keinem Fall bedeutet, dass die anfängliche Verhinderung der Einreise *selbst* schon einen Zwang darstellen würde.

Würden Grenzkontrollen wirklich im engeren Sinne des Wortes einen Zwang darstellen, dann wären sie kaum zu rechtfertigen. Die Gründe für eine Einwanderungsbegrenzung, die ich im vorherigen Teil dieses Kapitels angeführt habe – Bedenken in Hinsicht auf Selbstbestimmung, die Funktionsfähigkeit der Demokratie und die Bevölkerungsgröße –, wären, obwohl gewichtig genug, kaum dafür hinreichend, Einwanderer abzuweisen, die keine unmittelbare Bedrohung für die Einwohnerschaft darstellen, wenn sie abzuweisen eine Form des Zwangs wäre. Vielleicht wäre es erforderlich, sich Abizadeh anzuschließen und demokratische Foren zu erfinden, in denen potentielle Einwanderer vertreten wären, obwohl Abizadeh selbst einräumt, dass die praktische Umsetzung dieser Maßnahme kompliziert wäre.[34] Sobald wir verstanden haben, dass Grenzschließungen im Gegenteil als Hinderungsmaßnahmen interpretiert werden sollten, können wir unsere Aufmerksamkeit mit mehr Gewinn auf zwei andere Fragen richten: Wie stark, relativ betrachtet, sind die Ansprüche auf Einreise, die die verschiedenen Kategorien von Einwanderern erheben können? Und welche Formen von Zwang dürfen mit Recht gegen jene angewendet werden, die den staatlichen Gesetzen zum Trotz doch einreisen, und welche nicht? Man könnte auch fragen, welche Verantwortung Staaten gegenüber prospektiven Einwanderern haben, sobald wir einräumen, dass sie ein Recht auf Schließung ihrer Grenzen besitzen. Diese Frage soll in den folgenden Kapiteln angegangen werden.

Fünf
Flüchtlinge

Wenn mögliche Einwanderer ihre Antragsformulare einreichen oder unangekündigt an einer internationalen Grenze auftauchen, dann erheben sie Anspruch darauf, zu der politischen Gemeinschaft jenseits der Grenze hinzuzustoßen und an ihr teilzuhaben. Doch welche Art von Anspruch haben sie? Bis hierher habe ich behauptet, dass Staaten nicht dazu verpflichtet sind, ihre Grenzen für alle offen zu halten, die gerne kommen möchten (es gibt also kein *Recht auf Einreise*), aber auch, dass die Gründe derjenigen, die sich *faktisch* um Einreise bewerben, einer ernsthaften Prüfung unterzogen werden müssen. Es gibt dann zwei Fragen, die zu klären sind. Die erste betrifft den Umfang des Anspruchs, den der Einwanderer erhebt: Geht es um einen dauerhaften Aufenthalt und darum, nach einer gewissen Zeit die volle Staatsangehörigkeit der Aufnahmegesellschaft zu erhalten? Oder geht es um einen vorübergehenden Aufenthalt und darum, wieder in die Heimat zurückzukehren, nachdem die Ausbildung abgeschlossen ist oder sich die Bedingungen in der Herkunftsgesellschaft so weit verbessert haben, dass zurückzugehen zu einer praktikablen Möglichkeit wird? Die zweite Frage dreht sich um die Grundlage, auf der der Anspruch erhoben wird: Welche Gründe kann die Einreisewillige in einer Situation anführen, in der nicht jeder automatisch hereingelassen wird, um darzulegen, warum sie aufgenommen werden sollte?

Zwei Dinge hängen hier offenbar miteinander zusammen: Die Gründe, die jemand für sein Aufnahmebegehren nennt, werden bei der Entscheidung darüber eine Rolle spielen, wie sich die Rahmenbedingungen dieser Aufnahme gestalten würden. Sehen wir uns diese Gründe an, dann stellen wir allerdings bald fest, dass sie zwei verschiedene Dimensionen aufweisen: zum einen die Art des Bedürfnisses oder Interesses, das den Einwanderer dazu veranlasst hat, sein Ansinnen vorzubringen, und zum anderen die frühere Beziehung (sofern eine vorliegt) zwischen Einwanderer und Aufnahmestaat. In der einen Dimension haben wir es mit der bekannten Unterscheidung zwischen Flüchtlingen und Wirtschaftsmigranten zu tun, wobei Flüchtlinge all jene sind, deren Einreiseanspruch sich aus der Bedrohung ihrer Menschenrechte ergibt, die eintreten würde, wenn sie an ihrem bisherigen Aufenthaltsort zurückblieben,[1] und Wirtschaftsmigranten diejenigen, die, ob für ein Studium, eine Arbeitsaufnahme oder zur Verfolgung eines persönlichen Projekts, an einer Abwanderung in eine andere Gesellschaft interessiert sind, dabei aber keine Bedrohung ihrer Menschenrechte als Aufnahmegrund anführen können.[2] In der anderen Dimension befinden sich die, die als, wie ich es nennen möchte, »besonders Anspruchsberechtigte« gelten können, und diejenigen, bei denen das nicht der Fall ist. Besonders Anspruchsberechtigte sind Menschen, die vorbringen, dass ihnen ein bestimmter Staat ihre Aufnahme kraft dessen, was in der Vergangenheit geschehen ist, schuldig ist. Ein eindeutiger Fall wäre der, in dem eine Gruppe zu der Annahme veranlasst wird, sie habe ein Recht auf Einwanderung, wenn ihre Situation es erfordern sollte.[3] Ein anderes Beispiel wären Menschen, die dem Staat bestimmte Dienste geleistet haben und nun behaupten, dass die Erlaubnis zur Einwanderung die angemessene Kompensation dafür darstelle.[4] Besonders Anspruchsberechtigte können auch Flüchtlinge und Wirtschaftsmigranten sein; was Erstere allerdings unterscheidet (und die etwas merkwürdige Titulierung erklärt, mit der ich sie versehe), ist, dass ihr Anspruch an *einen bestimmten Staat* gerichtet ist, während Flüchtlinge und Wirtschaftsmigranten trotz ihrer Entscheidung dafür, sich um Einreise in einen bestimmten Staat zu bemühen, in vielen Fällen feststellen dürften, dass ihren Bedürfnissen oder Interessen auch dadurch Genüge getan werden kann, dass sie anderswo Aufnahme finden.

Dieses Kapitel untersucht die Grundlagen, auf die Flüchtlinge ihren Anspruch auf Aufnahme stützen können, sowie den Umfang der Verpflichtungen, die sich für den Staat ergeben, in dem um Asyl ersucht wird. Müssen alle Flüchtlinge aufgenommen werden, die sich darum bemühen, und muss ihnen eine dauerhafte Aufenthaltserlaubnis erteilt werden? Oder können sie zur Rückkehr aufgefordert werden, sobald die Gefahren, vor denen sie flüchten, vorüber sind? Wann ist es akzeptabel, Flüchtlinge in ein Drittland zu transferieren, das bereit ist, sie aufzunehmen? Der erste Schritt bei der Beantwortung dieser Fragen besteht darin, genauer zu bestimmen, was eigentlich ein Flüchtling ist. Das mag sich zwar nach einer spitzfindigen Fingerübung anhören, allerdings können wir den Charakter des vom Flüchtling erhobenen Anspruchs nur dann wirklich verstehen, wenn wir begreifen, was ihn dazu berechtigt, ihn zu erheben – oder anders gesagt, wie seine Lebensumstände beschaffen sein müssen, damit er zu Recht als Flüchtling bezeichnet werden kann. Auch in politischer Hinsicht speist sich die Skepsis, die wir Flüchtlingen gegenüber oft beobachten können, aus der Auffassung, dass viele von denen, die diesen Status für sich beanspruchen, »nicht echt« sind – sondern einfach Wirtschaftsflüchtlinge, die ihre Aufnahmechancen verbessern wollen. Um diese Skepsis zu zerstreuen, bedarf es einer eindeutigen Definition.[5] Wie wir allerdings sehen werden, waren die bisher in diese Richtung unternommenen Ansätze ziemlich umstritten.

Außer Frage steht, dass Flüchtlinge Personen sind, denen gegenüber Staaten strengere Verpflichtungen haben als gegenüber Einwanderern im Allgemeinen. Ohne gleich zu sagen, dass Flüchtlinge automatisch zur Aufnahme in dem Land berechtigt wären, an das sie sich als Erstes wenden – eine Frage, die wir zu gegebener Zeit angehen werden –, können wir doch wenigstens festhalten, dass der Staat eine Fürsorgepflicht für sie hat, und dazu gehört auch, sie dem Grundsatz der Nichtzurückweisung [*non-refoulement*][6] entsprechend nicht an den gefährlichen Ort zurückzuschicken, von dem sie geflohen sind. Unsere Definition sollte diesen besonderen Status berücksichtigen, schließlich ist dieser genau der Grund dafür, überhaupt die eigenständige Kategorie des Flüchtlings zu haben. Wir müssen deshalb im Weiteren sowohl über die objektiven Lebensumstände der Flüchtlinge selbst – also die Art und Weise, in der ihre Menschenrechte in Gefahr sind – als auch über das Ausmaß der Verpflichtung nachdenken, die Aufnahmestaaten vernünftigerweise auferlegt werden kann.[7] Hier gibt es Parallelen zu der Hilfspflicht, die Einzelpersonen in Notfällen obliegt. Damit diese eintritt, muss es auf der einen Seite ein oder mehrere potentielle Opfer geben, denen Tod oder schwere Verletzungen drohen, zum anderen müssen die Helfer aber auch zu einem Eingreifen fähig sein, ohne erhebliche Risiken für sich selbst einzugehen, und sind dazu befugt, sich auch für eine andere Vorgehensweise wie etwa die Kontaktierung relevanter öffentlicher Stellen zu entscheiden, sofern Zeit dafür bleibt. Es gibt, mit anderen Worten, keine uneingeschränkte und unbedingte Verpflichtung zur Durchführung von Rettungsmaßnahmen; die tatsächlich bestehende Pflicht zielt darauf ab, die dringenden Interessen des Opfers zu wahren, ohne den Retter dabei einer unzumutbaren Belastung auszusetzen.

Die meisten Debatten um den Status von Flüchtlingen nehmen ihren Anfang mit jenen Zeilen aus der Genfer Konvention von 1951, wo es heißt, ein Flüchtling sei eine Person, die

> aus der begründeten Furcht vor Verfolgung wegen ihrer Rasse, Religion, Nationalität, Zugehörigkeit zu einer bestimmten sozialen Gruppe oder wegen ihrer politischen Überzeugung sich außerhalb des Landes befindet, dessen Staatsangehörigkeit sie besitzt, und den Schutz dieses Landes nicht in Anspruch nehmen kann oder wegen dieser Befürchtungen nicht in Anspruch nehmen will.[8]

Diese ziemlich enge Definition steht in starkem Kontrast zu der von manchen Autoren vertretenen viel weiter gefassten Definition; dieser zufolge ist das Entscheidende, ob die Menschenrechte einer Person durch Verbleib in ihrem Herkunftsland in Gefahr sind, und zwar unabhängig davon, ob dies durch eine Verfolgung auf Basis der in der Konvention dargelegten Gründe der Fall ist oder ob die betreffende Person das Land bereits verlassen hat. So behauptet etwa Michael Dummett, dass »die in der Konvention dargelegten Bedingungen für einen Anspruch auf Asyl zu restriktiv sind: Alle Lebensumstände, die einer Person die Fähigkeit nehmen, dort zu leben, wo sie die Minimalbedingungen für ein menschenwürdiges Leben vorfindet, sollten Gründe für die Suche nach Zuflucht an einem anderen Ort sein.«[9] Was könnte vor diesem Hintergrund zugunsten der engeren Definition aus der Genfer Konvention ins Feld geführt werden?[10]

Als Erstes sollten wir uns vor Augen halten, dass vieles davon abhängt, was mit »Verfolgung« gemeint ist. Dieser Ausdruck ruft unmittelbar das Bild von Staaten hervor, die Einzelpersonen oder Gruppen mit Tod, Inhaftierung oder Verbannung in eine abgelegene Gegend des Landes bedrohen. Man kann ihn aber auch in einem weiteren Sinne interpretieren, so dass auch zum Beispiel diskriminierende Beschäftigungspraktiken darunterfallen, durch die den Angehörigen benachteiligter Gruppen jede Möglichkeit zur Arbeitsaufnahme verweigert wird, und in der Tat haben die mit Asylansprüchen befassten Gerichte in demokratischen Gesellschaften den Begriff der Verfolgung immer häufiger genau so ausgelegt. Eine ähnliche Interpretation spielte manchmal auch in Fällen des ungleichen Zugangs zu Bildung und medizinischer Versorgung eine Rolle. Es kann also sowohl die aktive Vorenthaltung solcher sozialen und ökonomischen Rechte, die als Menschenrechte gelten, als auch die Verweigerung bürgerlicher und politischer Rechte unter den Begriff der Verfolgung gefasst werden.[11]

Eine weitere Hinsicht, in der die Definition in der Genfer Konvention weiter gefasst ist, als es auf den ersten Blick aussehen mag, ist die, dass sie nicht verlangt, dass die befürchtete Verfolgung direkt vom Staat ausgehen muss.[12] Der Flüchtlingsstatus kann auch jemandem gewährt werden, der von korrupten Polizisten oder lokalen Milizen bedroht wird, solange der Staat zwar die Fähigkeit besitzt, ihn davor zu schützen, es aber nicht tut und die Verfolgung damit offen oder stillschweigend billigt. Der wesentliche Punkt ist der, dass die einen Flüchtlingsstatus beanspruchende Person nicht in der Lage ist, sich zur Wahrung ihrer Menschenrechte an ihren eigenen Staat zu wenden, entweder, weil er ihresgleichen gegenüber aktiv feindselig eingestellt ist oder es akzeptiert, dass ihre Menschenrechte unter seinen Augen durch andere Akteure verletzt werden.

Trotzdem mag es immer noch willkürlich erscheinen, Fälle zu unterscheiden, in denen die Menschenrechte einer Person durch Verfolgung – in einem weiteren Sinne – gefährdet werden, und solche, in denen diese Rechte aufgrund von Naturkatastrophen oder andauernder Armut, für die ihr Staat keine Abhilfe schaffen kann, nicht realisiert werden.[13] Dieser Gedanke hat Andrew Shacknoves einflussreiche Definition von Flüchtlingen als »Personen, deren elementare Bedürfnisse von ihren Herkunftsländern nicht geschützt werden, denen kein anderer Ausweg bleibt, als einer internationalen Restitution ihrer Bedürfnisse nachzugehen, und deren Situation internationalen Beistand möglich macht«, motiviert.[14] Wie Dummetts Kommentar zur Definition aus der Genfer Konvention scheint auch diese umfassendere Definition den Akzent in moralischer Hinsicht darauf zu legen, wo er hingehört, nämlich auf die Gefährdungssituation des Flüchtlings und nicht auf die jeweilige Ursache seiner Gefährdung. Wie Carens anmerkt, »ist das Wichtigste in moralischer Hinsicht die Ernsthaftigkeit der Gefährdung grundlegender Menschenrechte sowie der Grad, zu dem sie bedroht sind, und nicht die Quelle oder die Art der Bedrohung«.[15]

Die Definition Shacknoves oder eine ähnliche zu akzeptieren, würde die Anzahl der Inhaber des Flüchtlingsstatus weltweit sicherlich über die gegenwärtig fast 20 Millionen als solche anerkannten Personen hinaus vergrößern,[16] weil sie viele, wenn nicht alle derjenigen mit umfassen würde, die unterhalb der von den Vereinten Nationen festgelegten Armutsgrenze von 2 Dollar pro Tag leben, was geschätzt mehr als zwei Milliarden Menschen wären. Dies allein wäre allerdings noch kein guter Grund dafür, diese Definition zurückzuweisen. Wichtiger ist, dass sie nicht erklärt, warum *Flucht* – das Abwandern in eine andere Gesellschaft – und nicht eine auf Verbesserung der Lebenssituation der unter sie fallenden Menschen abzielende Intervention die richtige Antwort auf die Zwangslage darstellen sollte, die sie beschreibt. Nichts an Shacknoves Definition legt nahe, dass der betreffende Staat sein Versagen bei der Sicherstellung grundlegender Bedürfnisse beabsichtigt haben oder eine Mitschuld daran tragen müsste. Er könnte auch einfach nicht in der Lage dazu sein, je nach Situation genug Nahrung, Wasser oder medizinische Hilfe anzubieten, so dass er Hilfe von außen bei der Bereitstellung dieser Ressourcen durchaus begrüßen könnte. Die Definition in der Genfer Konvention besagt jedoch eindeutig, dass das Verlassen des Landes die einzige Möglichkeit ist, der Schutzlosigkeit zu entgehen, da der Staat selbst das Problem sei: Es ist der Zusammenbruch der Beziehung zwischen dem Flüchtling und der Regierung seines Landes, der einen Asylanspruch sowie die Pflicht anderer Staaten, dieses zu gewähren, schafft, wobei die Verfolgung entweder direkt vom Staat ausgeht oder er dritte Akteure bei deren Ausübung gewähren lässt.

Wir dürfen annehmen, dass Staaten, die ihre menschenrechtlichen Verpflichtungen ernst nehmen, sie lieber dadurch erfüllen, dass sie externe Hilfe anbieten, als dadurch, dass sie Personen aufnehmen, deren Rechte bedroht sind. Dies ist mithin ein Grund für die Einschränkung des Flüchtlingsstatus auf jene, denen nicht anders zu helfen ist als dadurch, dass man sie aufnimmt. Damit ist das Problem, wo hier die Grenze zu ziehen ist, allerdings noch nicht gänzlich gelöst. Was sollten wir etwa zu einer fest etablierten, aber korrupten Regierung sagen, die Unterstützung oder Entwicklungshilfe nicht zu denjenigen vordringen lässt, die sie brauchen, und das nicht aus Boshaftigkeit oder Feindseligkeit, sondern einfach aus Gier? Jene, die fortgehen wollen, flüchten dann nicht aufgrund von Verfolgung, sondern können behaupten, dass ihre Menschenrechte genauso durch ihren Verbleib im Land gefährdet werden und sich dieser Zustand auf absehbare Zeit nicht verändern wird. Und ein noch drastischerer Fall ist die Situation derer, deren Grund und Boden unbewohnbar wird, ob temporär infolge einer Naturkatastrophe[17] oder dauerhaft als Resultat des Klimawandels – diese Personen werden heute oft als »Umweltflüchtlinge« bezeichnet. Sollten wir uns diesen umfassenderen Gebrauch des Begriffs zu eigen machen, so dass er sich auf jeden bezieht, den die Not dazu zwingt, sein Herkunftsland zu verlassen?

Diejenigen, die der Meinung sind, wir sollten an seiner spezifischeren, an der Genfer Konvention orientierten Verwendungsweise festhalten, weisen darauf hin, dass sie eine Klasse von Menschen besonders hervorhebt, für die die normale Bindung zwischen einer Person und ihrer politischen Gemeinschaft zerbrochen ist. Matthew Price formuliert dies so:

> Wenn Menschen Verfolgung erleiden [...], dann werden sie nicht nur an ihrer körperlichen Unversehrtheit oder ihrer Freiheit bedroht; sie werden zudem auch de facto aus ihren politischen Gemeinwesen ausgeschlossen. Sie sind nicht nur Opfer, sondern auch Verbannte. Das Asyl kommt nicht nur dem Bedürfnis der Opfer nach Schutz, sondern vermittels einer erweiterten Mitgliedschaft in einer neuen politischen Gemeinschaft auch ihrem Verlangen nach politischem Gehör nach.[18]

Price' Argument ist, dass Menschen, denen Asyl gewährt wird – Flüchtlingen im engen Sinne des Wortes –, auch rasch die volle und dauerhafte Mitgliedschaft in der Aufnahmegesellschaft gewährt werden sollte, während diejenigen, die aus anderen Gründen zum Gehen gezwungen sind, ein vorübergehendes, je nach der Situation im Herkunftsland periodisch verlängerbares Aufenthaltsrecht verliehen werden kann. Dies setzt allerdings auf der Annahme auf, dass die Ursachen der Verfolgung solcherart sind, dass der Flüchtling niemals in einer Position sein wird, die seine sichere Rückkehr erlauben würde – sei es, weil diese Ursachen selbst fortbestehen, oder, weil er durch dieses Erlebnis seelisch beeinträchtigt ist und es eine psychische Belastung für ihn wäre, würde man ihn zur Rückkehr zwingen. Obwohl dies manchmal der Fall sein mag, wird es andere Fälle geben, in denen ein Regimewechsel bedeutet, dass die, die geflohen sind, mehr als bereitwillig zurückkehren würden, um den Faden ihres früheren Lebens wieder aufzunehmen.[19] Wie ich in Kapitel 7 zeigen will, gibt es starke Gründe dafür, allen Einwanderern, die lange genug in ihrer neuen Gesellschaft gelebt haben, ein dauerhaftes Aufenthaltsrecht und Zugang zur Staatsbürgerschaft zu gewähren. Es scheint allerdings falsch zu sein, all jene gesondert zu behandeln, die einer Verfolgungssituation entronnen sind, und ihnen, da sie sich mit ihrer Ankunft alle dafür entscheiden, sich politisch mit dem sie aufnehmenden Gemeinwesen zu identifizieren, sofort einen dauerhaften Aufenthalt zu erlauben.

Zusammenfassend müssen wir drei Kategorien von Personen unterscheiden, deren Menschenrechte an ihrem gegenwärtigen Aufenthaltsort ungeschützt sind:

(a) Jene, die faktischer oder zu erwartender Verfolgung aus einem der in der Genfer Konvention genannten Gründe ausgesetzt sind und der sie nicht entgehen können, ohne den Staat zu verlassen, gleichgültig, ob dieser sich aktiv an der Verfolgung beteiligt oder sie einfach duldet;

(b) jene, deren Menschenrechte entweder durch Naturkatastrophen oder durch individuelle Gewaltakte bedroht werden, die der Staat nicht verhindern kann, und die dieser Bedrohung nur durch Abwanderung entfliehen können; und

(c) jene, deren Menschenrechte gegenwärtig in Gefahr sind, denen aber *entweder* durch Migration *oder* durch Eingriffe von außen der einen oder anderen Art (Hilfe, Investitionen, Schaffung von Zufluchtsorten und so weiter) geholfen werden könnte.

Ich schlage vor, dass wir in unseren Überlegungen zur Einwanderung diejenigen Personen, die in Kategorie (c) fallen, nicht als Flüchtlinge betrachten sollten, obwohl andere Staaten oft dazu verpflichtet sein werden, deren Menschenrechte zu schützen, was auch in Form einer vorübergehenden oder längerfristigen Aufnahme geschehen kann. In der Praxis bezeichnen Staaten, die sich für die Aufnahme von Personen aus dieser Kategorie entschließen, diese nicht als Flüchtlinge, sondern nennen sie anders, zum Beispiel Personen mit einem »vorübergehenden Schutzstatus«

(*temporary protected status*; Vereinigte Staaten)[20] oder einer »Sonderbleibeerlaubnis« (*discretionary leave to remain*; Großbritannien). Strittiger ist, ob wir den Ausdruck ausschließlich den Personen in Kategorie (a) vorbehalten oder ihn auch auf jene in Kategorie (b) anwenden sollten, vielleicht unter Verwendung der Bezeichnung »Konventionsflüchtling« für die enger gefasste Gruppe. Juristen neigen zur ersteren Option (und argumentieren zugleich für eine weiter gefasste Lesart des Begriffs »Verfolgung«), da es für die Gerichte einfacher festzustellen ist, ob jemand eine »wohlbegründete Furcht vor Verfolgung« hat, als darüber zu urteilen, ob seine Gesamtsituation sich so darstellt, dass es zu einer schwerwiegenden Menschenrechtsverletzung kommen wird, wenn ihm die Auswanderung nicht erlaubt wird.[21] Auch bringen sie die praktische Sorge zum Ausdruck, dass jeder Versuch einer Ausweitung der Konvention selbst sich gegenteilig auswirken könnte, insofern Staaten dann möglicherweise noch zurückhaltender als ohnehin schon werden könnten, wenn es um die Erfüllung ihrer aus dem internationalen Recht hervorgehenden Verpflichtungen geht.[22] Die Philosophen neigen, wie wir gesehen haben, zu der Annahme, dass der moralisch relevante Unterschied zwischen (b) und (c) besteht, und ziehen daher eine weitere Definition vor, die auch jene einschließt, die in Kategorie (b) fallen; für sie lautet die Kernfrage, ob Migration zur Erfüllung grundlegender Rechte *notwendig* ist.[23] Obwohl ich in den Argumenten beider Parteien in dieser Debatte eine gewisse Zwangsläufigkeit sehen kann und anerkenne, dass sich die Definition von »Flüchtling« im internationalen Recht auf jene in Kategorie (a) beschränken sollte, muss im Rahmen eines Buches, das die Prinzipien herausstellen will, die dem Umgang von Staaten mit Einwanderern (auch mit Blick auf ihre innenpolitischen Maßnahmen) zugrunde liegen sollten, die weiter reichende Interpretation zur Anwendung kommen. Im Folgenden werde ich daher Flüchtlinge als Personen begreifen, deren Menschenrechte nur dadurch gewahrt bleiben können, dass sie sich über Staatsgrenzen hinweg bewegen, sei es aufgrund staatlicher Verfolgung oder Untätigkeit oder aufgrund anhaltender Naturkatastrophen.

Unsere nächste Frage lautet, wie die Verpflichtungen dritter Staaten gegenüber so definierten Flüchtlingen zu verstehen sind. Ihre Verpflichtung speist sich schlicht aus den ungeschützten Menschenrechten der betroffenen Menschen. Dies folgt aus der in Kapitel 2 dargelegten generellen Auffassung von den durch die Menschenrechte begründeten Pflichten in Fällen, wo der eigene Staat einer Person unfähig ist, ihr den notwendigen Schutz zu gewährleisten. Ebenfalls ist klar, dass unter Zugrundelegung der dort vorgenommenen Unterscheidung die Verantwortung in den meisten Fällen von all jenen Staaten gemeinsam zu tragen ist, die dem Flüchtling durch Aufnahme ins Land helfen können – mögliche Ausnahmen von dieser Regel diskutiere ich später noch. Die Frage, die sich daraus ergibt, ist folglich, wie diese kollektive Verantwortung unter den Staaten aufgeteilt werden kann, so dass es im Ergebnis die spezielle Verantwortung von Staat S ist, für den Flüchtling F Sorge zu tragen.

Praktisch wird diese Angelegenheit so gelöst, dass F bei S Asyl beantragt – entweder durch Bewerbung um ein Visum von fern, durch das Erscheinen an der Grenze oder durch illegale Einreise und einen anschließenden Asylantrag. Die Zuweisung der Verantwortlichkeiten ist damit gelöst, aber in bestimmter Hinsicht wirkt dies willkürlich, weil nicht anzunehmen ist, dass die vielen Menschen, die unter den Flüchtlingsstatus fallen, ihre Anträge so breit gestreut stellen werden, dass die Kosten der Bearbeitung und ihrer Aufnahme fair zwischen den Aufnahmestaaten aufgeteilt werden würden. Im Gegenteil wird es wahrscheinlich einige von den Flüchtlingen bevorzugte Zielorte geben, und dies aus Gründen, die nur wenig mit ihrem Asylbegehren an sich zu tun haben. Warum also sollte demjenigen Staat, dem sich der Flüchtling nähert, kraft der Tatsache, dass er sich für ihn entschieden hat, eine besondere Verantwortung zukommen?

Zunächst müssen wir feststellen, dass uns die Vorstellung von Verantwortlichkeiten, die wir auf zufällige Weise erwerben und die dabei gänzlich unverbunden mit den besonderen Eigenarten oder bewussten Entscheidungen ihres Trägers sind, recht vertraut ist. Es ist reiner Zufall, dass gerade ich des Weges komme, wenn jemand auf der Straße einen Zusammenbruch erleidet. Hier wird eine Verantwortung, die im Prinzip jedermann zufallen könnte, einer bestimmten Person zugewiesen, indem eine vordergründige Beziehung zwischen ihr und der Person in Not hergestellt wird. Die relevanten Verbindungen – in diesem Fall die schlichte physische Nähe – können von verschiedener Art sein; manche davon mögen per se moralisches Gewicht besitzen und andere nicht.[24] In jedem solcher Fälle stellt die Notsituation des Individuums – die Gefährdung seiner Menschenrechte – und das Bedürfnis, jemanden zu finden, der eine Abhilfe schaffende Verantwortung übernimmt, ein hinreichendes Gewicht dar. Dieselbe Logik gilt, wenn der Verantwortungsträger ein Kollektiv wie etwa ein Staat ist. Durch den Akt der Beantragung von Asyl stellt der Flüchtling eine solche Verbindung her, und es obliegt dem Staat, an den er sich wendet, darauf zu reagieren, und zwar zunächst dadurch, dass dieser eine hinreichende Prüfung vornimmt, um festzustellen, ob der Antragsteller tatsächlich unter den Flüchtlingsstatus fällt.

Das war allerdings noch nicht alles, denn in vielen Fällen macht sich ein Flüchtling durch sein gegenüber S geäußertes Asylbegehren diesem gegenüber *verletzbar*, so dass die Entscheidung, die S fällt, sein letztendliches Schicksal unweigerlich mitbestimmt. Betrachten wir eine Person, die an einer Land- oder Seegrenze ankommt. Ist ihr Antrag begründet und weist der Staat sie dennoch ab, dann setzt er sie dadurch, dass er sie de facto in das Land zurückschickt, aus dem sie gekommen ist, oder sie sogar wieder aufs offene Meer zwingt, einer Gefährdung ihrer körperlichen Unversehrtheit aus.[25] Der Staat hat dieser Person gegenüber also eine Fürsorgepflicht, die sich aus dieser Verletzbarkeit ergibt. Im Falle von jemandem, der sich aus der Ferne um ein Flüchtlingsvisum bemüht, scheint dies weniger offensichtlich zu sein. Hier mag es so aussehen, dass ein Staat, der den Antrag ablehnt, den Flüchtling nicht aktiv Gefahren aussetzt, sondern einfach dabei versagt, sie von ihm fernzuhalten (und ich gehe, wie viele andere auch, davon aus, dass es einen moralisch bedeutsamen Unterschied gibt zwischen dem Aufbürden von Risiken und dem Versagen bei der Absicherung gegen sie). Dabei könnte allerdings die Dringlichkeit der Lage, in der sich der Flüchtling befindet, übersehen werden. Unter der Voraussetzung begrenzter Ressourcen und eines immer näher rückenden Zeitpunkts des Eintretens der Menschenrechtsverletzung kann es sein, dass ihm nur noch ein einziger Zufluchtsort übrig bleibt. Hier tut sich also eine weitere Hinsicht auf, in der er sich durch seinen Antrag auf Einreise in jenes Land der staatlichen Entscheidung gegenüber verletzbar macht.

Der von mir umrissene Ansatz erklärt, warum das internationale Recht dem Staat, den der Flüchtling zuerst erreicht, eine Pflicht zuweist, auf seine Notlage zu reagieren – wobei allem voran die Pflicht zur *Nichtzurückweisung* zu erwähnen ist –, und auch, warum Staaten gegenüber *Flüchtlingen* als solchen eine besondere Verantwortung tragen, anders als für andere, deren Menschenrechte zwar auch in Gefahr sind, denen aber vor Ort geholfen werden kann. Manche Kommentatoren finden es schwer zu erklären, warum Staaten der Aufnahme von Flüchtlingen Vorrang gegenüber beispielsweise Hilfslieferungen an von Armut betroffene Menschen einräumen sollten, denen man unmittelbare Hilfe zukommen lassen kann. Letztere Politik könnte sogar mit einiger Wahrscheinlichkeit eine effektivere Maßnahme zum Schutz von Menschenrechten generell darstellen und wird daher sowohl bei Utilitaristen als auch bei denjenigen, die speziell die Verletzung dieser Rechte im Allgemeinen minimieren wollen, auf Gefallen stoßen.[26] Die Erklärung dafür lautet, wie wir jetzt sehen, dass der Flüchtling nicht nur einen allgemeinen menschenrechtlichen Anspruch hat, der durch seine Aufnahme befriedigt werden kann. Er besitzt vielmehr auch einen *spezifischen*, an denjenigen Staat gerichteten Anspruch, an den er sich gewandt hat, indem er zum einen eine physische Verbindung zu ihm hergestellt und sich zum anderen dessen Entscheidung über sein Schicksal unterworfen und damit verletzbar gemacht hat. Dagegen verfügt, wer im subsaharischen Afrika in Armut lebt und keine wirksamen Ansprüche seinem eigenen Staat gegenüber geltend machen kann, nur über einen ungerichteten Anspruch an all jene Staaten, die zur Aussendung von Hilfsleistungen oder andere Arten von Eingriffen in der Lage wären (was natürlich ein weiteres Unglück für ihn darstellt).[27]

Uns mag die Vorstellung nicht gefallen, dass den Ansprüchen einer Person an eine andere so sehr Nachdruck verliehen wird, dass Erstere der Letzteren gegenüber verletzbar wird. Dies könnte allerdings daran liegen, dass wir dabei an Fälle denken, in denen sich die erste Person absichtlich verletzbarer macht. Manche Flüchtlinge scheinen sich auf diese Weise zu verhalten – so zum Beispiel jene, die sich bewusst für eine Reise auf seeuntüchtigen Booten entscheiden oder ihre Papiere vernichten, so dass die Bestimmung ihrer Nationalität und somit auch ihre Rückführung in ihr Herkunftsland schwierig bis unmöglich wird. Dabei handelt es sich eindeutig um verzweifelte Männer und Frauen, so dass es uns vielleicht schwerfällt, ihnen die Anwendung solcher Strategien zum Vorwurf zu machen, und doch sollten wir nicht wollen, dass ihre Ansprüche auf diese Weise verstärkt werden. Das bloße Stellen eines Asylantrags allerdings bringt den Antragsteller normalerweise nicht in eine Position der Verletzbarkeit, in der seine Menschenrechte in Gefahr geraten; vielmehr sorgt dies dafür, dass er (in einem anderen Sinne) verletzbar wird, nämlich in Bezug auf die Entscheidung, die der Staat, bei dem er ihn gestellt hat, darüber fällen wird. Sein bislang unbestimmter Anspruch ist nun auf ein spezifisches Ziel gerichtet, und deshalb hat der Staat, der um Asyl ersucht wird, auch ab sofort besondere Verpflichtungen ihm gegenüber.

Bis hierher habe ich erklärt, wie Staaten spezielle Verpflichtungen gegenüber Flüchtlingen erwerben. Doch wozu konkret sind sie mit Blick auf deren Ansprüche verpflichtet? Müssen sie alle aufnehmen, die sich darum bemühen, und ihnen einen dauerhaften Aufenthalt gestatten oder dürfen sie ihnen auch einen nur temporären Status mit der Option auf Verlängerung erteilen? Zwar sind nicht alle Flüchtlinge unerwünscht oder verursachen unter dem Strich Mehrkosten für den Aufnahmestaat, doch in ihrer Gesamtheit dürften sie als Belastung empfunden werden – nicht zuletzt, weil dem Staat womöglich eine Gesamtsumme bei der Nettozuwanderung vorschwebt und durch die Aufnahme von Flüchtlingen weniger Platz für andere Einwanderer wäre, um die er aktiv wirbt.[28] Da die Antragsmodalitäten recht unterschiedlich sind, scheint an dieser Stelle einiges für eine Lastenverteilung zu sprechen – für die Verteilung von Flüchtlingen unter den Staaten auf eine Weise, die ihrer jeweiligen Aufnahmekapazität im Großen und Ganzen entspricht. Das würde also bedeuten, dass der Staat, in dem zuerst ein Asylantrag gestellt wird, sie weiterschicken darf, wenn ihr Anspruch eingehend geprüft worden ist, solange dies im Geist des Grundsatzes der Nichtzurückweisung geschieht und sie weder in ihr Herkunftsland zurückgeschickt noch an irgendeinen anderen Ort verbracht werden, an denen ihre Menschenrechte genauso in Gefahr wären.

Natürlich wird damit den Flüchtlingen die Auswahl ihres Aufenthaltsorts versagt. Wenn man aber, wie ich, davon ausgeht, dass es ohnehin kein Menschenrecht auf Einwanderung als solches gibt, dann besteht der Anspruch des Flüchtlings darin, irgendwo dort einen festen Wohnsitz zu haben, wo seine Menschenrechte gewahrt sind, und das muss nicht der Ort sein, den er am liebsten hätte. (Später werde ich untersuchen, ob es andere Einwände gegen den unfreiwilligen Transfer von Flüchtlingen zwischen Staaten geben könnte, wie etwa den, dass er erniedrigend für sie ist.) Wie ist dieser Menschenrechtsstandard anzuwenden? Dies wird zu einem gewissen Grad davon abhängen, wie lange die Flüchtlingseigenschaft voraussichtlich bestehen bleiben wird. Wird diese nur für einen kurzen Zeitraum vorliegen (wie manchmal im Falle der Flucht aus einem Bürgerkrieg), dann kann es genügen, den Flüchtling in einem speziell errichteten Lager unterzubringen, solange dort die körperliche Sicherheit, eine angemessene Versorgung mit Nahrungsmitteln und medizinischer Versorgung etc. gewährleistet sind. Bei längeren Zeiträumen wird es von entscheidender Wichtigkeit sein, dass der Flüchtling an einen Ort gebracht wird, wo er Arbeits- und Erholungsmöglichkeiten vorfindet, seine Kinder zur Schule schicken und seine Religion ausüben kann – wo er also, mit anderen Worten, an allen Aktivitäten teilhaben kann, die ein menschliches Leben in Würde ausmachen.

Das bedeutet nicht unbedingt, in einer fortschrittlichen westlichen Gesellschaft sein zu müssen, allerdings kann es sehr wohl bedeuten, an einem Ort zu sein, an dem die Lebensumstände wesentlich besser sind als in derjenigen Gesellschaft, aus der er geflüchtet ist. Ist es ein Paradoxon, dass der Flüchtling auf einem höheren Lebensstandard bestehen kann als sein Landsmann, der zwar in Armut lebt, aber nicht zur Flucht gezwungen ist? Nicht, wenn wir die Logik seines Anspruchs durchdenken. Er beantragt Asyl, weil seine Menschenrechte in seinem Herkunftsland bedroht sind, und die einzige Möglichkeit für ihn, dieser Bedrohung zu entgehen, ist seine Auswanderung. Der Staat, an den er seinen Antrag richtet, unterliegt der vorläufigen Pflicht, ihn aufzunehmen, darf ihn allerdings in ein Drittland überstellen, solange seine Menschenrechte dort gewahrt sind, und um diese Bedingung zu erfüllen, muss der gewählte Zielort eventuell einen höheren allgemeinen Lebensstandard aufweisen als der Ausgangsort.

Wie könnte die Verteilung von Flüchtlingen auf eine weniger arbiträre Weise erfolgen als dadurch, dass man die Verantwortung einfach dem Staat zuweist, bei dem sie zuerst ihren Antrag stellen? Drei generelle Alternativen kommen hier infrage. Die erste bestünde darin, ein internationales System zur Zuweisung von Flüchtlingen an Staaten zu schaffen, das nach Kriterien funktioniert, die allgemein als fair angesehen werden und die Zahl der betroffenen Personen berücksichtigen. Dies müsste von einer internationalen Agentur organisiert werden, die für die Lenkung von Flüchtlingsbewegungen verantwortlich wäre. Die zweite Möglichkeit wäre, mit dem bestehenden System fortzufahren, in dem Staaten zur Bearbeitung der an ihren Pforten vorgebrachten Asylansprüche verpflichtet sind, zusätzlich aber die Weiterverteilung von Flüchtlingen zu erlauben und durch Kompensationszahlungen des entsendenden an den aufnehmenden Staat sogar zu fördern, so dass die Staaten es auf diese Weise vermeiden können, mehr Flüchtlinge aufzunehmen, als sie möchten. Die dritte Option, die der aktuellen Situation am ähnlichsten ist, bestünde darin, es den Staaten zu gestatten, den Zustrom von Flüchtlingen dadurch zu kontrollieren, dass sie es Asylbewerbern mehr oder weniger schwermachen, ihr Staatsgebiet zu erreichen – mit anderen Worten also jedem Staat selbst die Festlegung seines fairen Anteils an der Flüchtlingslast zu erlauben und den Zugang dann unter Anwendung derjenigen Methoden zu begrenzen, die die Staaten auch jetzt schon gebrauchen, um Migranten von der Einreise abzuhalten.[29]

Der erste Vorschlag steht vor zwei wesentlichen Schwierigkeiten. Die erste davon ist praktischer Natur und betrifft die Frage, wie Staaten dazu bewegt werden können, sich auf die Schaffung einer internationalen Behörde mit genügend Macht zur Organisation dieses Systems festzulegen, gegeben ihren generellen Wunsch, die Kontrolle über ihre Grenzen zu behalten. Aus diesem Grund sind die in der Literatur zum Schutz von Flüchtlingen vorgeschlagenen Systeme solcher Art auch eher wenig ambitioniert und empfehlen den Zusammenschluss von Staaten mit gemeinsamen Interessen und kultureller Nähe zur Ausübung einer »gemeinsamen, aber diversifizierten Verantwortung«.[30] Praktisch würde das bedeuten, dass der Großteil der Flüchtlinge in Entwicklungsländern unterkommen müsste, die an jene Staaten grenzen, aus denen sie geflohen sind, und die wohlhabenderen Staaten in diesem Zusammenschluss dann finanzielle Beiträge zu ihrer Versorgung leisten. Der Erfolg dieses abgeschwächten Vorschlags hängt offensichtlich davon ab, ob genügend Staaten dazu bereit sind, Gruppen beizutreten, die sich so einer geteilten Verantwortung verschrieben haben, und auch von der Unterstellung, dass die meisten Flüchtlinge höchstens kurzfristigen Schutz und keine dauerhafte Umsiedlung benötigen. Es gibt auch ein noch grundsätzlicheres Problem für jedes System, in dem Staaten auf bestimmte Flüchtlingsquoten verpflichtet werden sollen. Dies ist die Schwierigkeit, Kriterien für eine faire Verteilung zu finden, die auf allgemeine Zustimmung stoßen würden. Das generelle Ziel muss in einem Lastenausgleich zwischen den Staaten bestehen. Sollen die Zahlen aber auf Grundlage der Bevölkerungsgröße, der Besiedlungsdichte, des Bruttosozialprodukts oder irgendeiner anderen Kennziffer für die Aufnahme- und Versorgungsfähigkeit eines Staates für Flüchtlinge berechnet werden?[31] Weiter verkompliziert wird dies noch durch die zum Zeitpunkt der Aufnahme herrschende Ungewissheit darüber, ob es nur eines vorübergehenden Zufluchtsorts oder einer dauerhaften Ansiedlung bedarf. In letzterem Fall kann es für die Staaten unterschiedlich leicht sein, Flüchtlinge zu beherbergen, deren kulturelle Prägung sich deutlich von der ihrer eigenen Bürger unterscheidet – so haben sich zum Beispiel einige ostasiatische Staaten als äußerst zögerlich bei der Aufnahme von Personen erwiesen, die unter diese Kategorie fallen. In solchen Fällen ist anzunehmen, dass die Aufwendungen für deren Integration höher sein werden. Nimmt man diese verschiedenen Faktoren zusammen, dann ist ihre Gewichtung auf eine Weise, der alle beteiligten Staaten zustimmen würden, nur schwer vorstellbar.[32]

Sehen wir uns als Nächstes den Vorschlag an, dass Staaten, die nicht gewillt sind, so viele Flüchtlinge aufzunehmen, wie bei ihnen um Einlass begehren, für deren Aufnahme durch Drittländer Zahlungen an diese leisten. Diese Idee ändert nichts an der Kontingenz der von den Flüchtlingen getroffenen Entscheidung, an welche Länder sie sich zuerst wenden, so dass »beliebtere« Länder entweder mehr von ihnen aufnehmen müssen oder eben höhere Ausgaben für ihre Überstellung an andere Länder zu entrichten haben – obgleich man vermuten kann, dass im Rahmen solcher Systeme geringere Anreize dafür aufkämen, sich um Aufnahme bei einem bestimmten Staat zu bemühen. Alternativ könnte das Verfahren der Weiterleitung mit einem Quotensystem kombiniert werden, so dass die Staaten Flüchtlinge ohne finanzielle Leistungen transferieren können, wenn deren Zahl ihre Quote übersteigt.[33] Dies hängt natürlich davon ab, dass es vor dem Hintergrund der im vorigen Absatz genannten Probleme überhaupt zu einer Einigung über solche Quoten kommt.[34] Ist es jedoch akzeptabel, Flüchtlinge auch dann auf diese Weise weiterzuschicken, wenn es zwar nicht unmöglich ist, sie aufzunehmen, der Staat aber lieber für ihre Weitergabe bezahlen würde? Kritiker sagen, dass die Betroffenen dadurch auf eine nicht hinnehmbare Weise »kommodifiziert« würden.[35] Allerdings wird dieser Vorwurf nur sehr selten konkretisiert. Nach Michael Sandel etwa gilt, dass ein Markt für Flüchtlinge unsere Einstellung zu den Flüchtlingen verändert. Er ermutigt die Teilnehmer – Käufer, Verkäufer und auch diejenigen, deren Recht auf Asyl da verschachert wird –, Flüchtlinge als Bürde anzusehen, die man loswerden sollte oder als Einkommensquelle erschließen kann – nicht aber als Menschen in Gefahr.[36]

Aber sehen wir uns einmal analog dazu den Fall einer Familie an, der es zusehends schwerfällt, sich um einen betagten Verwandten zu kümmern, der bei ihr lebt, und die sich deshalb nach einem geeigneten Seniorenheim für ihn umsieht, für das sie auch aufkommen würde. Aus Sicht der Familie heißt das, für die Vermeidung einer Bürde zu bezahlen, und aus der des Heimes ist der alte Mensch eine Einkommensquelle. Gewiss bedeutet das von keinem der beiden Standpunkte aus betrachtet, dass Opa kein hilfsbedürftiges menschliches Wesen mehr ist. Seinem Menschsein wird ganz und gar Rechnung getragen, solange (a) die Familie einen Ort für ihn aussucht, an dem er angemessen versorgt werden kann, und nicht einfach den billigsten wählt und (b) die Mitarbeiter des Altenheims den neuen Bewohner mit Würde behandeln. Und so muss sich auch im Rahmen eines Systems des bezahlten Flüchtlingsaustauschs der entsendende Staat vergewissern, dass die Menschenrechte der von ihm transferierten Personen in seinen Partnerstaaten hinreichend geschützt bleiben, während Letztere ein Programm zur Versorgung der Bedürfnisse der Flüchtlinge auflegen müssen und dabei besonders zwischen jenen mit einem nur vorübergehenden Schutzbedürfnis und solchen mit Bedarf nach einer dauerhaften Umsiedlung zu differenzieren haben. Sind diese Bedingungen erfüllt, dann bleibt ihre Menschenwürde gewahrt.

Ein spezifischeres Problem bringt Matthew Gibney vor, nämlich das, dass ein Markt für Flüchtlinge *bestimmte von ihnen* mit einem Preis versehen wird und »ein Markt, der in Form von Preisen zum Ausdruck bringt, wie sehr Staaten bestimmte Flüchtlingsgruppen *nicht* haben wollen, etwas beispiellos Fragwürdiges an sich hat. So werden Flüchtlinge nun nicht mehr nur von Staaten abgewiesen, sondern zu allem Übel auch noch mit einem mo-

netären Maßstab für den Grad ihrer Unerwünschtheit versehen.«[37] Dieser Einwand unterstellt jedoch, dass die Staaten in einem Transfersystem die Summen, die sie für die Weitergabe von
Flüchtlingen zahlen, an deren spezifische Charakteristika knüpfen würden, und es gibt keinen Grund, warum dies so werden sollte. Die Zahlungen sind dafür gedacht, die den Aufnahmestaaten
entstehenden materiellen Kosten für die Versorgung der ihnen
überstellten Flüchtlinge widerzuspiegeln, und dies werden einheitliche Kosten sein (sollte ein *Aufnahme*staat aus kulturellen
Gründen Vorbehalte gegenüber bestimmten Flüchtlingsgruppen
haben, so kann dem dadurch abgeholfen werden, dass das Vertei-
lungssystem zu einem multi- statt nur bilateralen gemacht wird;
es gibt keinen Grund dafür, dass der zu zahlende Preis sich verändern sollte).

Gibneys Einwand gegen den Handel mit Flüchtlingen wirft jedoch eine weitere Frage zu den Kriterien auf, die Staaten legitimerweise in Anspruch nehmen können, wenn sie darüber entscheiden, welche Flüchtlinge sie aufnehmen und welche von ihnen sie
weiterschicken wollen. In Kapitel 6 werde ich noch mehr zu den
Kriterien für die Auswahl von Einwanderern generell sagen. An
dieser Stelle lautet die Frage allerdings, ob eine (begründete) Wahl
unter ihnen zu treffen *überhaupt* erlaubt ist oder ob die Staaten
sich irgendeiner nach dem Zufallsprinzip funktionierenden Pro-
zedur bedienen müssen, falls sie nur einen feststehenden Anteil
derjenigen aufnehmen, die sich um Asyl bewerben. Sehen wir
uns vier mögliche Entscheidungsgründe für eine Auswahl an:
(1) das Bedürfnis des Flüchtlings nach dauerhafter Ansiedlung,
(2) die kausale Rolle des Aufnahmestaates bei der Entstehung derjenigen Situation, aus der der Flüchtling zu entkommen versucht,
(3) der voraussichtliche ökonomische Beitrag, den der Flüchtling
zur Aufnahmegesellschaft leistet, und (4) das Ausmaß an kultureller Nähe zwischen dem Flüchtling und der ihn beherbergenden politischen Gemeinschaft.

(1) Dies scheint eine wichtige Überlegung zu sein. Ich habe dafür argumentiert, dass die Menschenrechte an den Orten, an die
Flüchtlinge überstellt werden, geachtet werden müssen, und das

heißt, dass dort all jene für ein menschenwürdiges Leben nötigen Bedingungen – und nicht nur Nahrung, Obdach und andere Notwendigkeiten – zur Verfügung stehen müssen. Dennoch wird es in dem von uns ins Auge gefassten Arrangement (realistischerweise eines, in dem reiche, entwickelte Staaten einen Anteil »ihrer« Asylbewerber an weniger entwickelte Länder weitergeben, wo sich die große Mehrheit der Flüchtlinge ohnehin bereits befindet) zunehmend weniger gewiss sein, dass auf lange Sicht die gleichen Bedingungen erhalten bleiben werden. Ist der Aufenthalt der Flüchtlinge nur vorübergehend, dann spielt dies keine so große Rolle. Darüber hinaus hat sich der Flüchtling für einen Asylantrag in S entschieden, und obwohl ich darzulegen versucht habe, dass damit keine Berechtigung zur Einreise und zum Verbleib in S einhergeht, so verstärkt dies doch seinen Anspruch darauf, wenn seine Chancen auf eine sichere Rückkehr in seine Heimat gering sind. Umgekehrt ist die Äußerung einer Präferenz für ein bestimmtes Land weniger von Bedeutung, wenn es um jemanden mit einem nur vorübergehenden Schutzbedürfnis geht.

(2) Betrachten wir als Nächstes Situationen, in denen der Staat, bei dem der Asylsuchende seinen Antrag stellt, zumindest teilweise dafür mitverantwortlich ist, dass er zu einem Flüchtling geworden ist. Typischerweise werden dies Fälle sein, in denen sich dieser Staat im Herkunftsland des Flüchtlings militärisch engagiert und dabei Konflikte zwischen nationalen oder ethnischen Gruppen verursacht hat, die den Flüchtling der Gefahr der Verfolgung aussetzen – wie etwa im Falle der Kurden nach dem Irakkrieg. Die Gewährung von Asyl kann dann als eine Art Wiedergutmachung angesehen werden.[38] Dies macht den Flüchtling zu einem, wie ich es genannt habe, »besonders Anspruchsberechtigten« und stellt einen Grund dar, ihn im intervenierenden Staat statt woanders aufzunehmen; sein Wiedergutmachungsanspruch besteht genau diesem Staat gegenüber und bleibt möglicherweise durch das Versprechen auf einen anderen Zufluchtsort unabgegolten (je nach Ausmaß der Einbußen, die er dadurch erleidet). Wie James Souter schreibt, ist die Entscheidung von Flüchtlingen darüber, wo sie ihren Asylantrag stellen, unter solchen Umstän-

den von besonderer Bedeutung: »Nachdem sie schon ihre Vertreibung verursacht oder an ihr mitgewirkt haben, ist die Beherzigung der Wünsche, die Flüchtlinge äußern, das Mindeste, was verantwortungsvolle Staaten tun können.«[39] Aus Gründen der Wiedergutmachung können sie sogar zur Beanspruchung nicht nur eines temporären, sondern sogar dauerhaften Aufenthalts berechtigt sein.

(3) Viele Staaten wählen ihre Einwanderer danach aus, dass sie prüfen, welche für die Wirtschaft nützlichen Fachkompetenzen sie mitbringen. Kann dieses Kriterium aber auch auf legitime Weise bei der Entscheidung darüber, welche Asylbewerber aufgenommen werden sollten, zur Anwendung kommen? Wenn wir bedenken, dass der Anspruch des Flüchtlings auf eine Bedrohung seiner Menschenrechte zurückgeht und nicht auf seine potentiellen Leistungen, dann mag es willkürlich erscheinen, hier auf dieser Grundlage irgendeine Art von Hierarchisierung vorzunehmen. Gewiss wäre es inakzeptabel, den Asylantrag selbst großzügiger zu beurteilen, wenn die Antragsteller als Inhaber wertvoller Fähigkeiten angesehen würden. Nehmen wir aber an, der Asylanspruch werde allein auf Basis der früher in diesem Kapitel dargelegten Gründe geprüft (also auf die Notwendigkeit hin, einer Situation zu entgehen, in der Menschenrechte ernsthaft bedroht sind), könnten produktive Fähigkeiten dann nicht doch relevant werden, und zwar im zweiten Schritt, wenn es um die Frage geht, ob das Asyl im zuerst betretenen Staat oder irgendwo anders gewährt werden soll? Ich glaube, eine solche Praxis wäre nur in solchen Fällen legitim, in denen der Staat dem Flüchtling mehr als nur Asyl anbietet, er also jemandem zum Beispiel einen dauerhaften Aufenthaltsstatus verleihen würde, der ansonsten keinen Anspruch darauf hätte. Staaten dürfen so etwas sicherlich tun, so wie sie Flüchtlingen, denen anderswo Asyl gewährt worden ist, auch eine Umsiedlung anbieten dürfen, und unter solchen Umständen ist es vernünftig, die zu erwartenden Leistungen vonseiten des Flüchtlings mitzubedenken. Könnten jene, die unter den Vorgaben eines Systems zur Lastenteilung an einen anderen Ort gebracht worden sind, sich über die Ungleichbehandlung beklagen,

die ihnen widerfährt? Ich denke nicht. Wichtig ist, dass sie zu dem Zeitpunkt, ab dem ihr Asylanspruch geprüft wird, gleichbehandelt werden, und danach so, dass ihre Menschenrechte gewahrt bleiben. Dass der Staat für manche Flüchtlinge mehr tut als das, wozu er verpflichtet ist, stellt keine Ungerechtigkeit gegenüber den anderen dar.

(4) Können Staaten bei der Frage, wen sie als Flüchtling aufnehmen, zugunsten größerer kultureller Nähe entscheiden? Die Rationale für ein solches Vorgehen findet sich in aller Klarheit bei Carens, obgleich eher unklar bleibt, ob er selbst sie akzeptiert:

> Es ist empirisch nahezu gewiss, dass die Bereitschaft eines Staates zur Aufnahme von Flüchtlingen teilweise davon abhängen wird, in welchem Umfang sich die aktuelle Bevölkerung mit den Flüchtlingen und deren Notlage identifiziert. Außerdem wird es – ceteris paribus – für die Flüchtlinge selbst umso einfacher sein, sich der neuen Gesellschaft anzupassen, und für die Aufnahmegesellschaft umso leichter, sie zu integrieren, je näher die Flüchtlinge der angestammten Bevölkerung im Hinblick auf Sprache, Kultur, Religion, Geschichte und so weiter stehen.[40]

Um ein konkretes Beispiel zu nennen: Die seit 2014 in Syrien und dem Irak tobenden Kriege haben von verschiedenen Seiten zu der Forderung geführt, dass traditionell christliche Länder wie etwa das Vereinigte Königreich christliche Flüchtlinge aus diesen Ländern bevorzugen sollten. Dies wurde zum Teil damit begründet, dass christliche Familien besonders stark verfolgt würden, aber auch damit, dass christliche Staaten besondere Verpflichtungen gegenüber Menschen hätten, die ihre nationale Religion teilen.

Ein solches Argument aus der gemeinsamen Kultur lässt sich scheinbar nur schwer verteidigen, solange man nicht zeigt, dass es eine Möglichkeit dafür repräsentiert, Verantwortung zwischen Staaten aufzuteilen. Im Falle von Syrien beziehungsweise des Irak wurde gesagt, dass die benachbarten islamischen Länder wie etwa Jordanien muslimischen Flüchtlingen wahrscheinlich eher Unterschlupf anbieten würden. Geht man davon aus, dass das stimmt und Staaten im Allgemeinen dazu neigen, die zu bevorzugen, die die kulturellen oder religiösen Werte der eigenen Bürger teilen, dann darf jeder Staat diesen Umstand auch gerechtfertigterweise in die Planung seiner Politik einfließen lassen. Ohne einen solchen Hintergrund und angesichts der Art der Pflichten gegenüber Flüchtlingen scheint eine kulturell bedingte Auswahl jedoch nicht begründbar zu sein (ob sie es hingegen mit Blick auf Wirtschaftsmigranten sein kann, wird in Kapitel 6 ausführlich diskutiert).

Ich habe über die Auswahl von Flüchtlingen im Kontext von Vereinbarungen gesprochen, in deren Rahmen die Erstaufnahmeländer Asylbewerber an Orte weiterschicken können, wo man bereit ist, sie aufzunehmen; auf diese Weise kann ein Staat seinen Verpflichtungen gegenüber Flüchtlingen nachkommen, solange deren Menschenrechte gewahrt bleiben. Was aber, wenn es sich als unmöglich erweist, Systeme für eine ausgewogene Lastenverteilung zu schaffen, und die Staaten nicht gewillt sind, all jene aufzunehmen, die sich um Asyl bewerben? In praktischer Hinsicht haben Staaten, wie bereits erwähnt, Maßnahmen getroffen, um Flüchtlinge vom Erreichen ihres Staatsgebiets abzuhalten, und sich damit der Ausübung ihrer Pflicht zur Nichtzurückweisung entzogen. Ein solches Verhalten wird weithin als Menschenrechtsverletzung verurteilt. Verteidiger dieser Maßnahme werden dagegen ins Feld führen, dass es sich dabei um einen Akt der Notwehr in einer Situation handelt, in der sich andere Länder weigern, ihren fairen Anteil an der Flüchtlingslast zu tragen.

Um diesen Konflikt zu lösen, müssen wir uns zuerst über das Wesen der Verpflichtung klar werden, Flüchtlinge aufzunehmen. Dabei handelt es sich in dem Sinne um eine remediale Pflicht, dass es erst gar keine Flüchtlinge gäbe, würden andere Staaten die Menschenrechte derer, die sich innerhalb ihrer Grenzen aufhalten, nicht entweder aktiv verletzen oder sie auf passive Weise ungeschützt lassen.[41] Pflichten dieser Art werden von Kostenerwägungen begrenzt. Deshalb kommen an dieser Stelle die generellen, in Kapitel 4 angeführten Gründe zum Tragen, die eine Begrenzung der Einwanderung rechtfertigen können. Ein Staat, der sich selbst aus öffentlich dargelegten Gründen eine Obergrenze für die Einwanderung auferlegt hat, darf auch Maßnahmen ergreifen, die sicherstellen sollen, dass die Zahl der aufgenommenen Flüchtlinge diese Grenze nicht übersteigt. Was er hingegen nicht darf, ist, sich inakzeptabler Methoden zur Abschreckung von Flüchtlingen zu bedienen, während er zugleich eine bedeutende Zahl »erwünschter« Einwanderer aufnimmt – dies wäre schlicht Heuchelei. Wenn er Flüchtlinge von ihrem physischen Erscheinen abhalten will, dann muss er Möglichkeiten schaffen, aus der Ferne einen Asylantrag an ihn zu richten, zum Beispiel in seinen Konsulaten.[42]

Unterm Strich kann es trotzdem immer noch sein, dass manche Flüchtlinge übrig bleiben, für die kein Staat bereit ist, die Verantwortung zu übernehmen; jedes Aufnahmeland ist ja der festen und aufrichtigen Meinung, es habe mit Blick auf die Kosten genug getan, um seinen fairen Anteil an der Last zu schultern.[43] An dieser Stelle sind wir mit einem tragischen Wertekonflikt konfrontiert: Auf der einen Seite stehen Menschen, denen durch die erlittene Verfolgung erhebliche Schädigungen drohen, und auf der anderen politische Gemeinwesen, die zwar zur Aufrechterhaltung der Demokratie und zur Schaffung von ein wenig sozialer Gerechtigkeit in der Lage sind, dafür aber auf eine Abriegelung nach außen angewiesen sind. Ich werde auf diesen Wertekonflikt am Ende von Kapitel 9 noch einmal zu sprechen kommen. Selbstverständlich steht es uns frei, zu hoffen, dieser Konflikt würde gar nicht erst aufkommen, da die Zahl der Personen mit berechtigten Asylansprüchen so gering bleibt, dass sie alle innerhalb eines gerechten Systems der Lastenteilung berücksichtigt werden können. Aber nehmen wir an, diese Hoffnung wäre unbegründet; dann wäre es besser, ehrlich zuzugeben, dass nicht jeder gerettet werden kann, so wie auch in anderen Fällen, in denen Menschenrechte auf dem Spiel stehen – etwa bei Konflikten, die eine humanitäre Intervention erfordern –, wir eine Kluft zwischen den Rechten der Schutzlosen und den Pflichten derer, die sie beschützen könnten, zu akzeptieren gezwungen sein könnten.[44]

Ich habe mich in diesem Kapitel auf die Ansprüche von Flüchtlingen auf Aufnahme und die entsprechenden Verantwortlichkeiten der Aufnahmestaaten konzentriert. Bis jetzt bin ich noch nicht detailliert darauf eingegangen, wie ein Staat mit jenen umzugehen hat, die an seinen Pforten um Asyl bitten, und welche Rechte er ihnen einräumen muss. Diese Fragen gehe ich in Kapitel 7 an, nachdem ich im sechsten die Ansprüche von Einwanderern untersucht habe, die keinen Flüchtlingsstatus für sich beanspruchen.

Sechs
Wirtschaftsmigranten

Wenn wir uns die Profile derer genauer ansehen, die in die liberalen Demokratien migrieren (und manchmal von der einen in die andere), dann stellen wir rasch fest, dass eine deutliche Mehrheit von ihnen unter Zugrundelegung der im fünften Kapitel eingeführten Unterscheidung nicht als Flüchtlinge, sondern als Wirtschaftsmigranten gelten müssen.[1] Sie werden nicht von der Angst vor Verfolgung oder anderen unmittelbaren Bedrohungen ihrer Menschenrechte in die Ferne getrieben, sondern vielmehr von den Vorzügen angezogen, die ihre neue Gesellschaft zu bieten hat. Oft ist der Anreiz zur Abwanderung rein wirtschaftlicher Art. Die, die aus armen Ländern in entwickelte Länder kommen und dort ihrer bisherigen Tätigkeit weiterhin nachgehen, dürfen mit einem Anstieg ihrer Entlohnung um das Vier- bis Zwölffache rechnen.[2] Natürlich migriert nicht jeder aus wirtschaftlichen Gründen. Aufgrund der Einwanderungsregeln, die sich die Aufnahmegesellschaften gegeben haben (und die von Immigranten oft den Nachweis einer bereits im Land vorhandenen Arbeitsstelle verlangen), ist die Migration aus wirtschaftlichen Gründen im engeren Sinne für viele die einzige Möglichkeit zur Abwanderung.[3]

In diesem Kapitel wird mein Hauptaugenmerk auf der *Aufnahme* von Wirtschaftsmigranten liegen, womit ich sowohl die Art und Weise ihrer Auswahl als auch die Rahmenbedingungen meine, unter denen diese erfolgt (das heißt, ob sie dauerhaft oder nur vorübergehend erfolgt). Die meisten Fragen bezüglich der Rechte, die Einwanderern mit dauerhaftem Bleibestatus, aber (noch) ohne volle Staatsbürgerschaft gegeben werden sollten, vertage ich bis zum siebten Kapitel. Außerdem werde ich mich hier, ganz im Sinne der generellen Absichten, die ich mit diesem Buch verfolge, auf Einwanderer konzentrieren, die sich um Aufnahme in die entwickelten liberalen Demokratien bemühen. Das heißt, dass andere im großen Stil durchgeführte Migrationsprogramme wie etwa die, die von den ölreichen Golfstaaten zur temporären Arbeitsmigration initiiert wurden und die ernste moralische und politische Probleme aufwerfen, an dieser Stelle außen vor bleiben; manche meiner Schlussfolgerungen mögen auch für sie Gültigkeit besitzen, doch gehe ich dem hier nicht weiter nach.

Im dritten Kapitel habe ich bereits ausführlich dargelegt, dass Wirtschaftsmigranten ihr Aufnahmebegehren nicht zu einer Gerechtigkeitsfrage machen können: Weder ein gemeinschaftliches Eigentum an der Erde noch globale Chancengleichheit oder das Menschenrecht auf Freizügigkeit können zur Untermauerung eines Anspruchs dieser Art herangezogen werden. Was ihre Aufnahme begründen kann, ist, grob gesprochen, ein beiderseitiger Nutzen: Der Migrant hat ein Interesse an der Verbesserung seiner Lebensumstände und die Bürger des Aufnahmestaates dürfen sich von seiner Anwesenheit einen Vorteil erhoffen. Das heißt allerdings nicht, dass gar keine Gerechtigkeitsüberlegungen ins Spiel kämen, wenn die Entscheidung über die Aufnahme solcher Migranten getroffen wird. Die zu erwartenden Vorteile müssen gerecht unter beiden Seiten aufgeteilt werden, was bedeutet, dass die Aufnahmebedingungen nicht einfach das Minimum dessen sein dürfen, was der Migrant zu akzeptieren bereit ist, um ihn zur Migration zu bewegen. Die Kriterien für die Entscheidung darüber, wer Einlass findet und wer zurückzuweisen ist, müssen darüber hinaus fair sein. Ich werde dies zu einem späteren Zeitpunkt in diesem Kapitel noch näher ausführen; der grundlegende Punkt jedenfalls ist der, dass, auch wenn es eine Ermessensfrage ist, ob ein bestimmter Nutzen gewährt wird, dessen Verteilung unter den möglichen Empfängern immer noch durch Gerechtigkeitserwägungen reguliert werden kann – so dass, um den offensichtlichsten Fall zu nennen, eine unter rassistischen Vorzeichen stehende Auswahlpolitik ausgeschlossen sein muss. Und schließlich müssen auch die Gerechtigkeitspflichten zwischen

Aufnahme- und Entsendestaaten bedacht werden. Migration kann ein Segen sein, wenn sie dazu führt, dass Einwanderer Überweisungen in die Heimat tätigen oder nach einer Zeit mit einem höheren materiellen oder intellektuellen Kapital im Gepäck zurückkehren; dagegen ist sie ein Fluch, wenn sie arme Länder ihrer am besten ausgebildeten Fachkräfte beraubt. Geht man davon aus, dass reiche demokratische Staaten zumindest dazu gezwungen sind, die Entwicklung in Ländern, in denen die Menschen ihre Menschenrechte noch nicht in vollem Umfang genießen, wenn schon nicht aktiv zu befördern, so doch wenigstens nicht zu behindern, dann müssen die Auswirkungen der Migration auf die Herkunftsstaaten in einer gerechten Einwanderungspolitik mitberücksichtigt werden. Die Aufgabe dieses Kapitels ist es somit, genau herauszuarbeiten, was uns, den Bürgern liberaler Demokratien, beim Umgang mit den Ansprüchen prospektiver Einwanderer, die keine Flüchtlinge sind, von der Gerechtigkeit abverlangt wird.

Ich beginne mit den Aufnahmebedingungen. In der realen Welt gibt es verschiedenste Arten von Aufnahmepolitiken, doch um die Sache zu vereinfachen, ist ihre Unterteilung in drei allgemeine Kategorien sinnvoll:[4]

1. Bedingungslose und dauerhafte Aufnahme. Möglicherweise muss der Einwanderer einige Vorbedingungen erfüllen, bevor er aufgenommen wird, doch sobald dies geschehen ist, wird er für unbegrenzte Zeit aufgenommen und muss nichts weiter unternehmen, um legal im Aufnahmeland verbleiben zu können (*Staatsbürger* zu werden verlangt allerdings weitere Schritte wie etwa das Bestehen einer Prüfung).

2. Bedingte Aufnahme. Der Einwanderer wird mit einem Visum ausgestattet, das ihm den Aufenthalt für eine bestimmte Zeitspanne erlaubt und zusätzlich die Bedingung enthalten kann, dass er in dieser Zeit einer bezahlten Beschäftigung nachgehen muss. Am Ende dieses Zeitraums kann das Visum unter bestimmten Voraussetzungen verlängert werden, zum Beispiel unter der, dass der Einwanderer weiterhin über einen qualifi-

zierten Arbeitsplatz verfügt. Nach einigen Jahren in diesem Status kann ihm dann ein dauerhaftes Aufenthaltsrecht gewährt werden.

3. Vorübergehende Aufnahme. Der Einwanderer wird für einen genau festgelegten Zeitraum aufgenommen und ist zur anschließenden Rückkehr verpflichtet. Während seines Aufenthalts muss er entweder für einen bestimmten Arbeitgeber oder in einer bestimmten Branche (wie etwa in der Landwirtschaft oder im Pflegebereich) tätig sein. Der Aufenthalt kann unter den gleichen Bedingungen zu späterer Gelegenheit auch erneuert werden, allerdings gibt es hier keinen Übergang zum dauerhaften Bleiberecht.

Unsere erste Frage muss lauten: Sind alle drei als Aufnahmepolitiken akzeptabel, solange angemessene Maßnahmen zum Schutz des Einwanderers (dazu später mehr) bestehen? Oder müssen Einwanderer stets nach einer Politik des Typs 1 aufgenommen werden, also als dauerhaft Aufenthaltsberechtigte mit späterem Zugang zum vollen Staatsbürgerstatus? Diese restriktivere Ansicht ist von Michael Walzer verteidigt worden, zunächst im Zusammenhang mit der Stellung der Metöken im antiken Athen, die keine Bürger waren. Walzer behauptete, dass diese einer Form von Tyrannei unterworfen waren, indem sie mit den Athenern zusammenlebten, aber keine politischen Rechte besaßen.[5] Ähnliches galt ihm zufolge auch für die Gastarbeiter, die seit den 1950er-Jahren zur Auswanderung in westeuropäische Staaten wie etwa die Bundesrepublik Deutschland ermuntert wurden, dann aber vom Erwerb der Staatsbürgerschaft ausgeschlossen worden sind und im Ergebnis unter wirtschaftlicher Ausgrenzung und sozialer Exklusion zu leiden hatten.[6] Auf Grundlage dieser Erfahrungen fordert Walzer, dass es allen Einwanderern ermöglicht werden muss, zu vollwertigen Mitgliedern der politischen Gemeinschaft zu werden, und zwar mit der Aussicht darauf, nach einer angemessenen Zeitspanne auch die vollen staatsbürgerlichen Rechte zu erwerben. Er formuliert dies wie folgt:

Die in ihm lebenden Personen sind der Autorität dieses Staates entweder unterworfen, oder sie sind es nicht; wenn sie ihr unterworfen sind, dann müssen sie bei dem, was ihre Obrigkeit tut, ein Mitspracherecht und letztlich sogar ein gleiches Mitspracherecht habe. Demokratische Bürger stehen damit vor folgender Alternative: Wollen sie neue Arbeiter ins Land holen, dann müssen sie auch bereit sein, ihre eigene Gesellschaft auszuweiten; wollen sie keine neuen Mitglieder aufnehmen, müssen sie innerhalb der Grenzen ihres Binnenarbeitsmarktes Mittel und Wege finden, die Verrichtung gesellschaftlich notwendiger Arbeit auf andere Weise, d.h. ohne die Mitwirkung von Fremden, sicherzustellen. Diese beiden Verfahrensweisen sind die einzigen Möglichkeiten, die ihnen offenstehen.[7]

Walzer zufolge wären also Aufnahmepolitiken des Typs 3 kategorisch ausgeschlossen, während die vom Typ 2 unzulässig wären, sofern sie nicht so gestaltet sind, dass es einen schnellen und mehr oder weniger automatischen Weg zur vollen Staatsbürgerschaft gibt (wodurch sie sich kaum von denen vom Typ 1 unterscheiden würden). Eine solche Position würde zwar den Großteil dessen verbieten, was demokratische Staaten gegenwärtig zur Regulierung der Einwanderung unternehmen, aber könnte sie trotzdem die richtige Sichtweise sein?

Ich glaube, es gibt zwei Lesarten von Walzers Argument. Nach der ersten wäre die Aufmerksamkeit auf die Perspektive der Migranten selbst zu richten und zu sagen, dass nur bedingungslose Aufnahmepolitiken vom Typ 1 ihre grundlegenden Rechte ausreichend schützen würden – etwa dadurch, dass sie auf diese Weise hinreichend gegen wirtschaftliche Ausbeutung durch ihre Arbeitgeber oder davor, zu Arbeiten unter unsicheren Bedingungen gezwungen zu werden, geschützt werden. Der zweiten zufolge müsste man sich dem Wesen der politischen Gemeinschaft als ganzer zuwenden und behaupten, dass es sich bei ihr nicht um eine echte Demokratie handeln könne, solange sie Gesetze für eine Minderheit im Inneren erlässt und anwendet, die aufgrund der Vorläufigkeit ihres Aufenthaltsstatus sowie fehlender politischer Rechte nicht gleichgestellt ist. Beide Argumente widersprechen sich nicht und Walzer nimmt auch Elemente aus beiden in seine

Untersuchung auf, doch trotzdem lohnt es sich, sie gesondert zu behandeln. Denn während das zweite Argument Politiken der Typen 2 und 3 *kategorisch* zu verurteilen scheint, wie auch immer sie konkret aussehen mögen, bleibt es dem ersten zufolge eine offene Frage, ob nicht doch einige Programme zur bedingten oder vorübergehenden Migration so hinreichend reglementiert sein können, dass ein angemessener Schutz der Rechte seiner Teilnehmer gewährleistet ist.

Im geschichtlichen Rückblick galt das für die sogenannten Gastarbeiterprogramme gewiss nicht.[8] Da Aufnahme und fortgesetzter Aufenthalt im Land häufig an eine fortdauernde Anstellung bei einem bestimmten Arbeitgeber geknüpft waren und Gastarbeiter keine Gewerkschaftsmitglieder werden konnten, verfügten sie nur über geringe Verhandlungsmacht und waren großteils dem Wohlwollen ihrer Arbeitgeber ausgeliefert. Und selbst wenn sie nicht nach einer bestimmten Zeit nach Hause zurückgehen mussten, gab es im Allgemeinen keine Möglichkeit für sie, über den Gastarbeiterstatus hinauszugelangen. Die Regierungen der Aufnahmeländer sahen sie primär als billige Arbeitskräfte an, während die der Entsendestaaten mit der Forderung nach mehr Schutz für ihre Bürger eher zurückhaltend waren, da sie indirekt von den Überweisungen aus der Ferne profitierten und die Befürchtung hegten, ihre eigenen Leute könnten durch Arbeitskräfte von anderswo ersetzt werden. Solche politischen Anreize bestehen nach wie vor und stellen eine Bedrohung für jede auf eine zeitweilige oder bedingte Aufnahme abzielende Migrationspolitik dar, die sich darum bemüht, im Einklang mit den Menschenrechten und der sozialen Gerechtigkeit zu stehen. Dennoch ist es möglich, eine solche Politik zumindest in Ansätzen zu umreißen.

Das Erste ist, dass die Regierung der Gastgesellschaft die Menschenrechte der Migranten vollständig in dem Maße schützen sollten, in dem es ihr temporärer Status erfordert. Letztere Klausel ist nötig, weil denjenigen mit einem dauerhaften Aufenthaltstitel Rechte zustehen, die für Arbeitsmigranten entbehrlich sind, wenn man sich die Bedürfnisse ansieht, die sie während ihrer Beschäftigung im Ausland tatsächlich haben. Um ein Beispiel zu nennen:

Da Gastarbeiterprogramme oft keinen Familiennachzug vorsehen, muss das Menschenrecht auf Schutz der Familie in der Gastgesellschaft nicht auf die sonst übliche Weise gewährt werden.[9] Man kann davon ausgehen, dass Migranten in vielen Fällen Familien in ihren Herkunftsländern haben werden, die auf ihre Rückkehr warten. In Anbetracht ihres nur relativ kurzen Aufenthalts können Arbeitsmigranten keine politischen Rechte verlangen (obwohl sie diese in ihrer Heimat weiterhin genießen sollten). Auf der anderen Seite sollten solchen Migranten die vollen Bürgerrechte gewährt werden – das Recht auf körperliche Unversehrtheit, auf Privatsphäre, Meinungs- und Bewegungsfreiheit und so weiter –, die (durch die Option auf einen Rechtsbeistand etc.) das gleiche Schutzniveau erreichen sollten wie die der anderen Bewohner und Bürger auch. Bei der Arbeit haben sie ebenso wie jeder andere Anspruch auf Schutz vor gefährlichen und repressiven Arbeitsbedingungen. Zudem sollten ihnen einige soziale Rechte wie etwa das auf Wohnung und auf Zugang zu medizinischer Versorgung eingeräumt werden. Zwar spricht grundsätzlich nichts dagegen, von den Arbeitsmigranten zu verlangen, sich gegen die Kosten für die Bereitstellung dieser Rechte selbst abzusichern, doch ist der zugrunde liegende Punkt hier der, dass durch ihren Aufenthalt auf seinem Territorium der Staat letztendlich dafür verantwortlich ist, die Gewährung solcher grundlegenden Rechte sicherzustellen.

Temporäre Migranten können somit keinen Anspruch darauf erheben, den Staatsbürgern in allen Hinsichten gleichgestellt zu werden (die Lage derer, die längerfristig aufgenommen werden, wird in Kapitel 7 erörtert).[10] Sie sind keine vollwertigen Angehörigen der Aufnahmegesellschaft; im Hintergrund steht hier der Gedanke, dass sie Bürger einer anderen Gesellschaft sind und nach ihrer Rückkehr dort weiterhin in den Genuss ihrer vollen Rechte kommen. Der primäre Zweck ihrer Migration besteht darin, durch Arbeit Geld zu verdienen, das sie nach Hause mitbringen oder schicken können.[11] Ihnen werden zwar weniger Rechte eingeräumt, aber dafür werden sie auch vor einigen Belastungen bewahrt, die die Staatsbürger zu tragen haben; so können sie beispielsweise weder zum Wehrdienst eingezogen noch zu Geschworenendiensten bestellt und dort, wo Wahlpflicht herrscht, auch nicht zur Stimmabgabe genötigt werden (allerdings unterliegen sie üblicherweise der Steuerpflicht). Auf kompletter Gleichstellung zu bestehen würde dem Zweck der Gastarbeiterprogramme entgegenlaufen, der zum einen darin besteht, den Arbeitgebern und der Aufnahmegesellschaft die Gastarbeiter schmackhaft zu machen, und es andererseits diesen selbst zu ermöglichen, einen maximalen finanziellen Nutzen aus dem Programm zu ziehen. Die Arbeitgeber müssen ihnen wenigstens den für die Gesamtgesellschaft festgelegten Mindestlohn zahlen, allerdings müssen weder das Ausmaß, in dem ihr Lohn dieses Minimum übersteigt, noch ihre Anstellungsbedingungen generell genau dem entsprechen, was andere Beschäftigte erhalten, vorausgesetzt, diese Bedingungen sind vollständig transparent gemacht worden, bevor man sich auf sie geeinigt hat. Und ebenso sollten befristet Beschäftigte von der Pflicht zur Einzahlung in die Sozialversicherung und in die Altersversorgung befreit werden, von denen sie keinen Nutzen haben werden.[12]

Der zugrunde liegende Gedanke ist der, dass temporären Migranten angesichts des Grunds ihrer Migration ein faires Angebot unterbreitet werden sollte. Ihnen sollen keine unnötigen Aufwendungen oder Zwänge auferlegt werden, sie dürfen aber auch nicht erwarten, all der Annehmlichkeiten teilhaftig zu werden, die die Staatsbürger normalerweise erhalten. Das Ressentiment, das die Einheimischen manchmal gegen vorübergehend beschäftigte Migranten hegen, wird oft von der – meist nicht richtigen – Beobachtung verursacht, dass das diesen unterbreitete Angebot eben nicht fair ist, sondern sie dabei bevorzugt werden. Es ist daher wichtig, dass die Bedingungen, unter denen es erfolgt, öffentlich gemacht werden. Auch wichtig ist, dass diese Programme für jeden Teilnehmer ein feststehendes Ende haben und von recht kurzer Dauer – ein bis maximal zwei Jahre – sein sollten. Ein Gutteil der Kritik an den im zwanzigsten Jahrhundert aufgelegten Gastarbeiterprogrammen in Ländern wie Deutschland und der Schweiz bestand darin, dass der Gastarbeiterstatus bis ins Unendliche verlängert werden konnte, ohne dass damit die Aussicht auf seine Überwindung durch den Erwerb der Staatsbürgerschaft verbunden gewesen wäre. Natürlich kann sich eine Aufnahmegesellschaft auch dazu entscheiden, den temporären Migranten einen dauerhaften Aufenthaltsstatus (und im Anschluss daran die Staatsbürgerschaft) zu verleihen, wenn das Programm zu Ende geht, obwohl dies nicht notwendig ist und angesichts der von diesem Programm verfolgten Ziele auch eher als eine Anomalie angesehen würde.[13] Nicht akzeptabel ist es dagegen, Menschen, die anfänglich auf zeitlich befristeter Grundlage ins Land gelassen wurden, anschließend im Ungewissen zu lassen.

Wenden wir uns nun zwei Einwänden zu, die vom Standpunkt der Interessen der Migranten selbst vorgebracht werden können (ich erinnere daran, dass wir immer noch dabei sind, zwei Interpretationen von Walzers Argument gegen die temporäre Migration zu untersuchen, und nach wie vor bei der ersten sind). Einer besagt, dass die Rechtfertigung dafür, die Festlegung von Löhnen und Arbeitsbedingungen zu einer Aushandlungssache (mit den oben genannten Einschränkungen) zwischen Migranten und ihren Arbeitgebern zu machen, auf der Annahme basiert, eine entsprechende Vereinbarung würde tatsächlich auf Freiwilligkeit beruhen. In vielen Fällen, so wird es heißen, erfolgt Migration aber *nicht* freiwillig; der Migrant geht aus Verzweiflung zeitweise ins Ausland, in der Hoffnung, genug zu verdienen, um seine Familie vor der größten Armut zu bewahren. Und zugleich weiß er möglicherweise nur sehr wenig darüber, was ihn in der Gesellschaft erwartet, in die er dort hineinkommt.

Dieser Einwand ist recht stark, obwohl es wahrscheinlich trotzdem so ist, dass die meisten von denen, die temporär migrieren, nicht in so großer Verzweiflung stecken, wie es das Argument unterstellt.[14] Da wir aber nicht davon ausgehen können, dass Migranten immer zu einer freien Einverständniserklärung in der Lage sein werden, ist es umso wichtiger, dass die fraglichen Programme vonseiten des Aufnahmestaates vernünftig überwacht werden und der Entsendestaat jene, die daran teilnehmen, ausreichend informiert. Grundsätzlich gilt: Ist eine Vereinbarung in dem Sinne fair, dass Personen, die zu einer freien Einwilligung in der Lage sind, ihr zustimmen würden, dann ist es fair, diese Vereinbarung auch auf jene auszudehnen, deren Einwilligung nicht vorausgesetzt werden kann.[15] Ein akzeptables Programm muss diesen Test bestehen und der Staat muss sicherstellen, dass seine Regeln für alle Teilnehmer gelten, selbst wenn sie aus Verzweiflung dazu bereit wären, sich auch mit weniger zufriedenzugeben.[16]

Der zweite Einwand behauptet, dass Arbeitsmigranten nur dann ausreichend gegen Ausbeutung seitens ihrer Arbeitgeber geschützt sein werden, wenn ihnen die Möglichkeit eröffnet wird, am Ende des Programms einen dauerhaften Bleibestatus (und schließlich den eines Staatsbürgers) zu erhalten.[17] Patti Lenard und Christine Straehle nennen zwei Gründe, die diesen Einwand stützen sollen:

> Zum einen wird das Wissen darum, dass diese Arbeitskräfte (mit der Zeit) einen Anspruch auf Staatsbürgerschaft erhalten, die Bereitschaft der Aufnahmegesellschaft verringern, sie unter missbräuchlichen und ausbeuterischen Bedingungen arbeiten zu lassen (da dies ihr Versagen beim Schutz ihrer Bürger und künftigen Bürger aufzeigen würde), und zum anderen wird es den Arbeitsmigranten die Autorität verleihen, die sie benötigen, um die Achtung ihrer Rechte seitens ihrer Arbeitgeber einzufordern, da sie nun keine automatische Abschiebung mehr zu befürchten haben.[18]

Der letztere Einwand unterstellt, in der von Lenard / Straehle präsentierten Form, dass temporäre migrantische Arbeitskräfte an einen einzigen Arbeitgeber gebunden sind, der ihren rechtmäßigen Aufenthaltsstatus bestimmt. Das muss allerdings nicht unbedingt der Fall sein, und in der Tat gibt es gute Gründe dafür, diesen Migranten ein Recht auf Arbeitsplatzwechsel einzuräumen und ihnen – unter anderem – zur Wahrung dieses Rechts auch den Eintritt in die Gewerkschaften zu erlauben. Dies ist durchaus damit vereinbar, sie auf eine Tätigkeit in bestimmten Wirtschaftszweigen zu verpflichten, wie etwa als Krankenschwestern oder

Pfleger. Eine solche Flexibilität bietet Schutz vor ausbeuterischen Arbeitgebern auch dann, wenn die Aufenthaltsdauer der Migranten insgesamt begrenzt ist.

Wie verhält es sich nun mit der These, dass, wenn man temporären Migranten das Recht gibt, künftig den Weg zum Erwerb der Staatsbürgerschaft zu beschreiten, diese Maßnahme die bereits existierenden Staatsbürger dazu bringen wird, sich um deren Schutz vor Ausbeutung zu kümmern? Da die Migranten gegenwärtig keinen Anteil an der (formalen) politischen Macht besitzen, kann dies bestenfalls eine psychologische Spekulation darüber sein, wie die Wählerinnen und Wähler wohl denken mögen. Als solche scheint sie nicht intuitiv zu überzeugen. Es scheint kein psychologischer Widerspruch bei Wählern vorzuliegen, die Gastarbeiterprogramme aufgrund der Vorteile für alle Beteiligten begrüßen und sich für deren ausreichende Kontrolle aussprechen, damit eine faire Behandlung der Migranten gewährleistet ist, aber ihr Gemeinwesen dennoch nicht permanent dadurch vergrößert wissen wollen, dass diesen ein dauerhafter Aufenthalt gestattet wird.

Schließlich kommen wir zu Walzers Argument, dass Gastarbeiterprogramme mit der demokratischen Vorstellung unvereinbar seien, nach der jedem, der der staatlichen Autorität untersteht, auch ein Mitspracherecht darüber einzuräumen sei, was diese Autorität tut; der Einwand gegen solche Programme lautete denn auch, dass sie die politische Gemeinschaft als ganze schädigen, indem sie eine unterjochte Klasse erzeugen, der gegenüber die Bürger als »Tyrannen« auftreten.[19] Dieser Punkt muss ein wenig spezifiziert werden, da die Demokratien einige derer, die ihrer Autorität unterstehen, routinemäßig von politischen Rechten ausschließen – die Jungen, die Wahnsinnigen und manche Strafgefangene.[20] Von größerer Relevanz ist möglicherweise die Tatsache, dass kurzzeitigen Besuchern wie Touristen oder Studenten keine solchen Rechte gegeben werden, obwohl sie während ihres Aufenthalts den staatlichen Gesetzen unterliegen. In diesem Fall gehen wir davon aus, dass sich die Besucher mit der Auferlegung dieser Gesetze stillschweigend einverstanden erklären und ihnen ein faires Angebot unterbreitet wird, da sie für die Dauer ihrer Anwesenheit ja auch vom Schutz durch diese Gesetze profitieren. Inwiefern verhält es sich hier also anders als mit temporären Arbeitsmigranten? Der entscheidende Punkt ist ganz einfach die Länge ihres Aufenthalts, gepaart mit dem Umstand, dass sie kraft ihrer Rolle als Arbeitskräfte schlechter gegen ausbeuterische Handlungen geschützt sind. Das bedeutet, dass sowohl der freiwilligen Zustimmung als auch dem rechtlichen Schutz eine größere Bedeutung zukommt. Gesetzt nun den Fall, diese beiden Grundlagen sind gegeben – die Migranten sind ausreichend über die Umstände in Kenntnis gesetzt worden, die sie in der Gastgesellschaft erwarten, und es gibt Mechanismen, die den Schutz ihrer gesetzlichen Rechte gewährleisten –, dann ist unklar, warum der Umstand, dass ihnen politische Recht vorenthalten werden, einer »Tyrannei« gleichkommen sollte.[21] Es ist wichtig, sich hier vor Augen zu halten, dass viele der Entscheidungen, die ein politisches Gemeinwesen trifft, in ihren Konsequenzen weit über das Ende des Aufenthalts eines temporären Arbeitsmigranten hinausreichen. Ihm dieselben politischen Rechte wie den dauerhaft im Land Lebenden einzuräumen hätte somit auch aus demokratischer Perspektive etwas Falsches an sich.

Ich gebe dennoch zu, dass das Bild einer Zweikastengesellschaft, die von einer temporären Migration in großem Umfang ohne damit einhergehende politische Rechte erzeugt wird, durchaus beunruhigend ist. Besonders stark empfinden wir dies, wenn Einwanderer niedere Arbeiten verrichten, die die Einheimischen nicht übernehmen wollen. Damit könnten wir also vor einem Wertekonflikt stehen, in dem wir dazu gezwungen wären, den Nutzen, den die Migranten selbst, mehr aber noch ihre Herkunftsgesellschaften von der temporären Einwanderung haben, gegen die Kosten aufzurechnen, die der Gastgesellschaft im Hinblick auf ihre (egalitäre) Solidarität entstehen.[22] Dies macht es besonders wichtig, dass solche Programme auf die Maximierung des möglichen Nutzens ausgelegt sind. Ich werde später bei meiner Diskussion des Braindrain-Problems (welches besagt, dass Migration unter dem Strich manchmal auch einen Verlust für die Entsendegesellschaften darstellen kann) hierauf zurückkommen. Meine jetzige Schlussfolgerung lautet, dass (echte) Programme zur vorübergehenden Migration nicht als ungerecht betrachtet werden sollten, solange die von mir umrissenen Sicherungsmechanismen gegeben sind, und außerdem, dass das größere Problem bei bedingten Aufnahmeprogrammen des Typs 2 liegt, die für ihre Teilnehmer eine größere Ungewissheit über die Zukunft sowie die mögliche Aussicht auf eine dauerhafte Positionierung als Bürger zweiter Klasse bergen.[23] Zum Teil hängt dies von der Ausgestaltung der Programme ab, worauf ich im siebten Kapitel noch zurückkommen werde. Hier möchte ich nun zu den nicht weniger umstrittenen Auswahlkriterien übergehen, die sowohl für die kurzfristige als auch permanente Aufnahme anzulegen sind. Auf welcher Grundlage kann es erlaubt sein, zwischen Wirtschaftsmigranten auszuwählen, gegeben, dass nur ein Bruchteil derer, die sich um Aufnahme bemühen, tatsächlich auch angenommen werden wird?[24]

In den letzten hundert Jahren ungefähr war in den liberalen Demokratien eine große Veränderung mit Blick auf diese Fragestellung zu beobachten.[25] Zu Beginn dieses Zeitraums war es weithin akzeptiert, dass Einwanderungspolitik sehr zugunsten von Immigranten mit einem bestimmten nationalen oder ethnischen Hintergrund betrieben werden sollte; so bevorzugte die US-amerikanische anfangs Einwanderer aus Nordeuropa, während sich Australien stärker auf solche britischer Herkunft konzentrierte. Heute ist es, von wenigen Ausnahmen abgesehen, nicht zulässig, Migranten (abgesehen von Flüchtlingen) nach irgendwelchen anderen Kriterien auszuwählen als denen, die mit ihren relevanten Qualifikationen und Fähigkeiten, speziell berufsbezogener Art, zu tun haben. Damit stehen wir allerdings vor einem Rätsel: Wenn Staaten selbst darüber entscheiden dürfen, ob sie überhaupt Migranten aufnehmen, warum sind sie dann dazu verpflichtet, diejenigen, die sie tatsächlich aufnehmen, nach so engen Kriterien auszuwählen? Warum genau war es ungerecht, dass Australien in den 1920er- und 1930er-Jahren eine Politik des »weißen Australiens« betrieben hat? Und was genau war ungerecht daran, dass Großbritannien noch 1981 ein Einwanderungsgesetz verabschiedet hat, das speziell darauf zugeschnitten war, der Zuwanderung aus den nichtweißen Dominions entgegenzuwirken?

Wie ich bereits angemerkt habe, gibt es Situationen, in denen es die Gerechtigkeit zwar nicht verlangt, dass ein Vorteil bereitgestellt wird, sie allerdings sehr wohl ins Spiel kommt, wenn es darum geht, wie dieser Vorteil, gesetzt den Fall, er *wird* bereitgestellt, aufzuteilen ist. Besonders könnten von ihr bestimmte Formen von Diskriminierung ausgeschlossen werden. Ein Beispiel von Michael Blake macht diesen Punkt anschaulich: Ein Staat ist aus Gründen der Gerechtigkeit nicht dazu verpflichtet, jeden Bürger mit einem Auto zu versorgen, doch wenn er damit anfangen sollte, dann kann er sie nicht nur den weißen Bürgern bereitstellen und nicht auch den schwarzen.[26] Allerdings mögen wir der Auffassung sein, dass es sich hierbei um das Resultat eines allgemeinen Grundsatzes der Gleichbehandlung handelt, dem ein Staat im Umgang mit seinen Bürgern zu folgen hat, wohingegen nichts dafür spricht, dass er ihn auch in seinen Interaktionen mit Außenstehenden zugrunde legen müsste.[27] Warum genau also sollte ein Gleichheitsgrundsatz, der eine »Auswahl nach Herkunft« ausschließt, auch in Bezug auf die Zuwanderung gelten?

Ein denkbarer Grund dafür ist, dass zu den Allgemeinen Menschenrechten auch ein Diskriminierungsverbot gehört, welches sich auf alle Maßnahmen erstreckt, die auf Basis der in den betreffenden internationalen Dokumenten niedergelegten Gründe Unterschiede zwischen Menschen machen. Zu diesen zählt beispielsweise der Internationale Pakt über bürgerliche und politische Rechte, der (im Artikel 26) Diskriminierung auf Grundlage von »Rasse, Hautfarbe, Geschlecht, Sprache, Religion, politischer oder sonstiger Anschauung, nationaler oder sozialer Herkunft, Vermögen, Geburt oder sonstigem Stand«[28] untersagt. Dieses Recht ist jedoch klarerweise auslegungsbedürftig. Sein Geltungsbereich kann nicht aus dem formalen Bekenntnis in Artikel 26 abgeleitet werden. Es ist anzunehmen, dass es viele Kontexte gibt, in denen das eine oder andere dieser Kriterien sehr wohl zu Auswahlzwecken herangezogen werden könnte. So würde es zum Beispiel nicht als Menschenrechtsverletzung gelten, wenn eine politische Partei in einem Wahlbezirk für die Nominierung ihres Kandidaten eine nur aus Frauen bestehende Vorschlagsliste beschließt, ein öffentlicher Nachrichtensender nur nach Sprechern sucht, die die Nachrichten auf Walisisch vortragen können, oder die Mitgliedschaft in einer Kirche auf diejenigen beschränkt wird, die auch ihrer Religion angehören. Dies sind nun aber Beispiele für eine Diskriminierung auf der Basis von Geschlecht, Sprache beziehungsweise Religionszugehörigkeit. Das bedeutet, dass das menschenrechtlich verankerte Diskriminierungsverbot so gedeutet werden muss, dass es Diskriminierung aus Gründen verbietet, *die für den zu verteilenden Nutzen oder das zu allozierende Recht irrelevant sind* – und wie die eben genannten Beispiele zeigen, sind die in Artikel 26 aufgeführten Gründe eben nicht immer irrelevant. Die, die in der Vergangenheit die Auswahl von Migranten nach ihrer Rasse oder nationalen Zugehörigkeit verteidigt haben, dachten, dass sie den Gebrauch solcher Kriterien durch Verweis auf das »Wesen« oder die »moralische Gesundheit« ihrer Gesellschaften rechtfertigen könnten. Diese Argumente zurückzuweisen erfordert, substantielle Gründe für die Annahme zu nennen, dass solche Behauptungen entweder falsch oder für das bereitgestellte Gut, nämlich die Aufnahme, ohne Bedeutung sind. Sich allein auf das Diskriminierungsverbot in den Menschenrechten zu beziehen wird die Angelegenheit also nicht klären.[29]

Ein zunächst mehr Erfolg versprechender Weg ist die Argumentation, dass die Auswahl von Einwanderern nach Kriterien wie Rasse oder Religion gegenüber manchen angestammten Staatsbürgern ungerecht wäre, nämlich denen gegenüber, die der Gruppe oder den Gruppen angehören, die von der Einwanderungspolitik benachteiligt werden.[30] Indem er auf diese Weise diskriminiert, scheint der Staat diese Bürger als solche zweiter Klasse zu markieren. Wie Michael Blake es ausdrückt, »legt der Staat, der sich in Einwanderungsfragen zu rassisch begründeten Präferenzen bekennt, auch ein Bekenntnis zu einer rassisch begründeten Präferenz in seinem Inneren ab«.[31] Dies wird Staaten zwar oft starke Motive dafür an die Hand geben, sich nicht einer diskriminierenden Aufnahmepolitik zu verschreiben, doch stößt dieses Verfahren dahingehend an eine Grenze, dass es keine Anwendung in solchen Staaten fände, die bereits ethnisch oder religiös homogen sind und deren Angehörige diesen Zustand beizubehalten wünschen.[32] Zudem ist zu beachten, dass das Argument von der Ungerechtigkeit abhängt, die den angestammten Bürgern widerfährt, deren Status von dieser diskriminierenden Politik in Mitleidenschaft gezogen wird, und nicht von irgendeinem Unrecht wider die ausgeschlossenen Aufnahmekandidaten. Wir könnten deshalb der Meinung sein, dass der Fokus hier auf der falschen Stelle liegt: Die primäre Ungerechtigkeit einer auf unzulässige Weise diskriminierenden Einwanderungspolitik ist die, die jene erleiden, die ausgeschlossen werden, während das Signal, das von ihr an die existierenden Staatsbürger ausgeht, eine sekundäre (obgleich immer noch wichtige) Angelegenheit ist. Doch wenn wir davon ausgehen, dass kein Wirtschaftsmigrant ein vorgängiges Recht dazu hat, aufgenommen zu werden – was erklärt dann diese Ungerechtigkeit?

Wir müssen uns den Charakter des Anspruchs vergegenwärtigen, den ein Wirtschaftsmigrant an die politische Gemeinschaft richten kann, in die er Einlass sucht. An dieser Stelle kommt die schwache kosmopolitische Position ins Spiel, die ich in Kapitel 2 verteidigt habe. Die Wirtschaftsmigrantin kann kein Menschenrecht auf Einlass dergestalt in Anspruch nehmen, dass der Staat zu ihrer Aufnahme verpflichtet wäre. Allerdings wird sie typischerweise einen starken interessenbasierten Anspruch vorzubringen haben: Unter Voraussetzung des Ausmaßes an Veränderung der persönlichen Situation, die die Migration mit sich bringt, muss sie die Erwartung hegen, von der Abwanderung in die neue Gesellschaft erheblich profitieren zu können – beispielsweise durch ihre Arbeit in einem anderen Beruf oder für einen wesentlich höheren Lohn als den, den sie in ihrer eigenen Gesellschaft zu erwarten hätte. Der schwach kosmopolitischen Prämisse zufolge würde die Zurückweisung so eines Anspruchs ohne Nennung ausschlaggebender Gründe bedeuten, die Person, die ihn erhebt, zu missachten. Es würde heißen, sie so zu behandeln, als wäre sie moralisch bedeutungslos. Das betrifft ebenfalls die Auswahl von Migranten aus der Reihe der Bewerber. Es reicht nicht, hier einfach die allgemeinen Gründe für eine Einwanderungskontrolle vorzutragen. Wenn John völlig anstandslos aufgenommen wird, während Jaime abgewiesen wird, dann müssen Letzterem die entscheidenden Gründe für seine ungleiche Behandlung genannt werden.[33]

Diese Bezugnahme auf den schwachen Kosmopolitismus erklärt nun zwar, warum der Staat nicht dazu berechtigt ist, sich einfach irgendwelcher willkürlichen Mittel zur Festlegung der aufzunehmenden Einwanderer zu bedienen, doch sie legt noch nicht fest, welche Gründe denn nun bei dieser Auswahl eine Rolle spielen sollten, und daher bislang auch noch nicht, warum es nicht eben doch Rasse, Ethnie oder andere ähnliche Kriterien sein können. Eine Möglichkeit dazu, die Liste etwas einzudampfen, wäre es, zu sagen, dass es sich um solche Gründe handeln muss, die die Einwanderer selbst akzeptieren können. Wir können davon ausgehen, dass keiner von ihnen seine eigene Hautfarbe als legitimes Ausschlusskriterium betrachten dürfte. Ein Problem würde sich allerdings in solchen Fällen ergeben, in denen der Aufnahmestaat und der Einwanderer in spe verschiedener Ansicht darüber sind, was als relevant zu gelten hat. Nehmen wir zum Beispiel an, dass ein Staat sich dazu entscheidet, nur gut ausgebildete Einwanderer aufzunehmen, weil sein wirtschaftlicher Bedarf für sie größer ist als für Arbeitskräfte mit nur geringer beruflicher Qualifikation. Ein Einwanderer ohne die relevanten Qualifikationen könnte diese Argumentation aus dem Grund zurückweisen, dass er (und andere, die ihm ähnlich sind) eine Chance verdienen, ihre Lage zu verbessern, und dass sowohl er als auch der Staat von seiner Aufnahme profitieren werden. Es ist also zu viel verlangt, wenn man sagt, dass die Gründe, die der Staat nennt, auch solche sein müssen, die die Einwanderer akzeptieren können (wenn »akzeptieren können« bedeutet »tatsächlich akzeptieren, sobald sie erklärt worden sind«). Die relevante Bedingung ist vielmehr die, dass die Gründe, die der Staat für seine selektive Aufnahmepolitik anführt, gute Gründe sein müssen, solche, die

die Einwanderer akzeptieren *sollten*, jedenfalls dann, wenn die übergeordneten Ziele seiner Politik legitim sind.[34]

An dieser Stelle müssen wir zu einem Punkt zurückkommen, den ich zu Beginn des Kapitels gemacht habe, und zwar zu dem, dass die Aufnahme von Arbeitsmigranten im Sinne eines beiderseitigen Nutzens zu verstehen ist – beide Parteien müssen erwarten, aus der Entscheidung zur Aufnahme einen Vorteil zu ziehen. Der Aufnahmestaat hat bestimmte strategische Ziele – er ist zum Beispiel auf Wirtschaftswachstum aus oder will seinen Bürgern großzügige Sozialleistungen zur Verfügung stellen – und ist dazu berechtigt, sich der Einwanderungspolitik als eines Mittels zu bedienen, sie zu erreichen. Dies erklärt, warum die Auswahl von Migranten nach den jeweiligen Qualifikationen, die sie zum Einsatz bringen können, ein begründbares Kriterium darstellt. Es ist darüber hinaus auch eines, das prospektive Einwanderer anerkennen sollten, wenn man von der in ihrem beiderseitigen Nutzen begründeten Beziehung ausgeht, die sie zu dem Staat herstellen möchten, in den sie sich Einlass erhoffen. Im Gegensatz dazu ist eine Auswahl nach Rasse oder nationalem Hintergrund ungerechtfertigt, da diese Eigenschaften nicht (außer im Rahmen einer völlig verqueren Argumentation) mit irgendeinem der Ziele in Verbindung gebracht werden können, die ein demokratischer Staat legitimerweise anstreben könnte.[35]

Schwierigere Probleme ergeben sich mit Blick auf die Auswahl von Migranten auf Grundlage ihres politischen oder kulturellen Hintergrunds. Die Frage ist, ob es gerechtfertigt sein kann, dabei diejenigen vorzuziehen, die bereits über die politischen oder kulturellen Eigenarten verfügen, die es ihnen ermöglichen werden, sich leichter an die Gesellschaft anzupassen, in die sie hineinkommen. Sehen wir uns zuerst politische Eigenheiten an: Dürfen demokratische Gesellschaften solche Einwanderer auswählen, die, gesetzt den Fall, dies wäre zuverlässig überprüfbar, ihr demokratisches Bewusstsein bereits unter Beweis gestellt haben, statt solcher, die andere politische Werte befürworten? Die meisten Kommentatoren, auch so ausgesprochen liberale wie Joseph Carens, stimmen zu, dass ein Staat Menschen ausschließen darf, die aufgrund ihrer Überzeugungen eine Gefahr für die nationale Sicherheit darstellen, wie etwa jene, die zu Terroranschlägen bereit sind.[36] In solchen Fällen bilden allerdings die Handlungsdispositionen statt die Überzeugungen selbst den Ausschlussgrund. Was ist mit denen, deren politische Haltungen so beschaffen sind, dass sie die Autorität des Staates, dem sie angehören wollen, nicht anerkennen, aber zugleich auch nicht die Absicht dazu haben, ihn auf gewalttätige oder andere Weise zu sabotieren? Alle Staaten, nicht zuletzt auch die liberalen, sind davon abhängig, dass ihre Angehörigen sich freiwillig und zu den meisten Zeiten an die Gesetze halten, und man darf annehmen, dass der Glaube an die Legitimität des Staates eine der Hauptquellen für die Bereitschaft ist, seine Regeln zu befolgen. Wer diesen Glauben nicht teilt, mag die Gesetze zwar aus anderen Gründen einhalten (aus Klugheit oder Achtung für die Rechte anderer), dürfte allerdings bei der Erfüllung seiner Bürgerpflichten weniger zuverlässig sein. Es spricht also einiges dafür, bekennende Demokraten bei der Auswahl von Einwanderern zu bevorzugen. Auf der anderen Seite verlangen liberale Demokratien nicht von all ihren gegenwärtigen Staatsbürgern, dass sie sich persönlich auf ihre Gründungsprinzipien verpflichten; vielmehr sind sie dazu bereit, Anarchisten, Faschisten und andere zu tolerieren sowie ihnen die Freiheit zu geben, ihre Ansichten im Rahmen der Gesetze zu äußern und zu versuchen, andere von deren Richtigkeit zu überzeugen. Was also könnte es rechtfertigen, mit Blick auf Einwanderer hier eine restriktivere Position zu vertreten?[37] Das politische Überzeugungssystem von Migranten dürfte zudem nicht unveränderlich sein; es gibt Möglichkeiten, es nach ihrer Ankunft durch Einbürgerungskurse und Ähnliches in eine demokratische Richtung zu lenken – ich werde einige vertretbare Maßnahmen zur Integration in Kapitel 8 diskutieren. Alles in allem scheint eine Auswahl auf politischer Grundlage also nur dann gerechtfertigt zu sein, wenn sich Einwanderer mit illiberalen oder undemokratischen Ansichten in so großer Zahl um Aufnahme bemühen, dass ihre Anwesenheit gewalttätige soziale Konflikte verursachen oder das Funktionieren der demokratischen Institutionen stören würde.[38]

Die Argumentation zugunsten einer Auswahl nach kulturellen Kriterien wirft andere Fragen auf. Hier betrachten wir Einwanderergruppen, deren kulturelle Bindungen sich von denen der Mehrheit der angestammten Bürger unterscheiden – obwohl wir zugleich zwischen solchen Fällen differenzieren müssen, in denen ein Staat bereits multikulturell ist und eine entsprechende Politik umgesetzt hat (wie etwa Kanada), und solchen, in denen er (wie etwa Japan) kulturell homogener ist; in Letzteren ist das Problem von größerer Dringlichkeit. Einwanderer, die eine andere Sprache sprechen, eine andere Religion praktizieren oder einen sich von der Mehrheit unterscheidenden Lebensstil pflegen, können zwei Arten von Problemen aufwerfen. Die erste betrifft einfach die Kosten ihrer Eingliederung in die Gastgesellschaft im Hinblick auf Gleichheitsfragen. Was dies genau besagt – wie weit also das Bekenntnis zur kulturellen Gleichheit reichen sollte –, ist zwar ein Thema für Kapitel 8, doch wenn wir davon ausgehen, dass es ein Gebot der Gerechtigkeit ist, sie in irgendeiner Art und Weise zu beherbergen, dann werden der Aufnahmegesellschaft dadurch typischerweise Kosten entstehen. So werden sich zum Beispiel Aufwendungen für die Übersetzung von öffentlichen Dokumenten in eine andere Sprache oder für die Beschäftigung von Dolmetschern bei Gericht und in Sozialeinrichtungen ergeben; ist hingegen die Religion der trennende Faktor, dann entstehen Kosten für die Pflege religiöser Praktiken, wo deren Erfüllung den Gläubigen abseits des Mainstreams besondere Pflichten auferlegt. Einige davon können an die Einwanderer selbst weitergereicht werden, andere jedoch werden vom Staat und damit indirekt von den Bürgern insgesamt getragen werden müssen.

Natürlich ist mit einer wachsenden kulturellen Vielfalt auch ein diese Kosten aufwiegender Nutzen verbunden. Der Punkt ist einfach der: Betrachten wir (Wirtschafts-)Immigration als eine vom Prinzip des beiderseitigen Vorteils bestimmte Praxis, dann müssen in die Überlegungen zu Auswahlmechanismen sowohl Kosten als auch Nutzen mit eingehen. Manche der Kosten werden vielleicht erst im Nachhinein ersichtlich, wenn klar wird, was es für eine erfolgreiche Integrationspolitik, die den Neuankömmlingen dennoch genug Raum zur Pflege ihrer eigenen Kultur lässt, eigentlich wirklich braucht. Das gilt auch für das zweite potentielle Problem. Kultur ist nicht nur eine Sache von Überzeugungen oder Praktiken, sondern auch eine der Identität. Hier kommen wir auf die im vierten Kapitel besprochene Frage zurück, auf welche Weise es dazu kommen kann, dass die Kultur eine Bruchlinie in eine politische Gemeinschaft einzieht, die möglicherweise zur Herausbildung von »Parallelgesellschaften« führt, deren Mitglieder nur sehr wenig Kontakt zu Menschen außerhalb ihrer eigenen Gruppe haben, sowie auf die im ersten Kapitel diskutierte Frage nach den Auswirkungen kultureller Diversität auf das soziale Vertrauen – und damit schließlich auch auf die nach der Bereitschaft der Menschen, den Wohlfahrtsstaat und andere Instrumente der sozialen Gerechtigkeit zu unterstützen. Dies sind zwar keineswegs *zwangsläufige*, aber durchaus *mögliche* Konsequenzen der Aufnahme von Einwanderern mit von der Mehrheitsgesellschaft abweichenden kulturellen Hintergründen, und auch ihre Vermeidung mag sich wiederum in gewisser Weise als kostspielig herausstellen, dieses Mal in Form der finanziellen Unterstützung von Sprachkursen, staatsbürgerlicher Bildung und so weiter. Das ist der Moment, an dem der angestammte kulturelle Charakter des Staates eine Rolle zu spielen beginnt: Ein Staat nämlich, der bereits über eine hinreichende multikulturalistische Politik verfügt, kann diese Probleme viel leichter angehen als einer, der dies nicht tut. Allerdings besteht keine Notwendigkeit dafür, dass ein Staat sich dem Multikulturalismus verschreiben sollte, bevor er sich für eine bestimmte Aufnahmepolitik entscheidet. Demokratien haben ein Anrecht darauf, zu entscheiden, inwieweit sie ihr nationales kulturelles Erbe schützen und kulturelle Vielfalt innerhalb ihrer Grenzen zulassen wollen.

Zusammengefasst lässt sich also sagen, dass eine selektive Immigration es verlangt, dass die Staaten Gründe für ihre gewählte Aufnahmepolitik nennen, und diese müssen auf einer Linie mit den legitimen Zielen des Staates selbst liegen, wie sie sich in seinen sonstigen Entscheidungen widerspiegeln. Eine Auswahl unter ökonomischen Gesichtspunkten ist dabei das am wenigsten kontroverse Beispiel, doch auch andere Formen positiver Diskriminierung dürfen nicht ausgeschlossen werden; will eine Gesellschaft etwa ihren Ruf als Sportnation verbessern, dann kann ich keinen Grund dafür erkennen, warum sie nicht versuchen sollte, Einwanderer anzuziehen, die sich später für die Nationalmannschaften qualifizieren werden. Die Angabe solcher Gründe stellt eine hinreichende Achtungsbekundung denjenigen gegenüber dar, denen die Einreise verwehrt wird, wie enttäuscht sie darüber auch sein mögen (denken wir erneut daran, dass wir es in diesem Kapitel nur mit *Wirtschaftsmigranten* im weiten Sinne zu tun haben). Zum Abschluss dieser Diskussion muss jedoch noch etwas zu den Auswirkungen gesagt werden, die eine selektive Immigration auf die Gesellschaften haben könnte, aus denen die Einwanderer fortgehen.

Unglücklicherweise ist die Frage, ob Abwanderung für arme Gesellschaften schädlich ist, unter Ökonomen und anderen genauso umstritten wie die, ob Einwanderung für die Absenkung der Löhne (einiger) der einheimischen Beschäftigten verantwortlich ist.[39] Die Mechanismen, die hier am Werk sind, sind umfassend untersucht worden – der Verlust an Talenten, die eigentlich in den Entsendegesellschaften produktiv hätten eingesetzt werden können, versus die Anreize, die dies dort für Investitionen in Bildung schafft; die Gewinne, auf die die Herkunftsgesellschaften verzichten müssen, versus die Geldüberweisungen, die aus der Zielgesellschaft dorthin zurückfließen, und so weiter. Das Nettoergebnis scheint jedoch von Fall zu Fall erheblich zu variieren. Dass es in der Tat ein Braindrain-Problem gibt, das uns beunruhigen sollte, wird anhand der Beobachtung deutlich, dass die Gesellschaften, die am wahrscheinlichsten dabei verlieren werden, jene sind, die klein und arm und daher ohnehin schon für Menschenrechtsdefizite anfällig sind.[40] Die einschlägigsten Fälle sind jene, in denen es um Ärzte und Krankenschwestern geht, die emigrieren, um besser bezahlte Stellen in wohlhabenden Gesellschaften anzunehmen – Länder wie Ghana oder Simbabwe haben zum Beispiel bis zu drei Viertel ihres medizinischen Fachpersonals verloren, was zu akuten Notständen in ihrer Gesundheitsversorgung geführt hat.[41] Selbst wenn es also einen gewissen Ausgleich in der Form von Überweisungen an die Familien der Auswanderer gibt, so sind diese doch aller Wahrscheinlichkeit nach zu gering, um die Lücken im Gesundheitswesen zu schließen, die der Braindrain verursacht hat.

In Fällen wie diesen wirkt sich die Abwanderung also schädlich auf die Menschenrechte der Daheimgebliebenen aus, denen das medizinische Personal und, wenn man über den Gesundheitssektor hinausgeht, auch das in anderen Berufen fehlt, wie etwa Ingenieure, die, würden sie in ihrer Heimat bleiben, einen wichtigen Beitrag zur Erreichung von Entwicklungszielen leisten könnten. Stehen die Migranten deshalb selbst in der Pflicht, nicht fortzugehen, sondern zu Hause zu bleiben und dort ihren Beitrag zu leisten? Eine solche Pflicht ergibt sich aus einem zweifachen Grund.[42] Zum einen sind sie vermutlich auf Kosten der Allgemeinheit ausgebildet worden, um Fähigkeiten zu erwerben, die, so darf man annehmen, für eine Anwendung zum Nutzen der Bürger gedacht waren, die für ihre Ausbildung aufgekommen sind. Zweitens haben sie, selbst wenn man von ihren Ausbildungskosten absieht, ihren Landsleuten gegenüber besondere Verpflichtungen, die sie am besten dadurch erfüllen können, dass sie ihre Kompetenzen dazu einsetzen, sich um deren grundlegende Bedürfnisse zu kümmern.[43] Diese Pflicht zur Mitwirkung besteht nun allerdings nur innerhalb bestimmter Grenzen. Wenn es darum geht, eine faire Gegenleistung für die Kosten der eigenen Ausbildung zu erbringen, dann wird irgendwann der Zeitpunkt gekommen sein, an dem die Investition in den Arzt oder die Krankenschwester abgegolten ist. Und die weiter reichende Pflicht den eigenen Landsleuten gegenüber muss durch das individuelle Vorrecht zur Verfolgung eigener Ziele eingegrenzt werden. Auf der einen Seite kann also eine ausgebildete Ärztin, die ihre Berufung verliert und die Heilbehandlung zu verabscheuen beginnt, nicht dazu gezwungen werden, weiterhin in diesem Bereich zu arbeiten; andererseits ist sie auch dazu berechtigt, ihren Weg aus dem Land heraus zu suchen, wenn es einfach unmöglich ist, aus welchen Gründen auch immer, in ihrem Herkunftsland ein menschenwürdiges Leben zu führen. Diese Einschränkungen vorausgesetzt, scheinen potentielle Auswanderer mit den erforderlichen Qualifikationen allerdings einer moralischen Verpflichtung dazu zu unterliegen, an den Orten zu bleiben und zu arbeiten, wo diese gebraucht werden, vor allem dann, wenn ihre Anwendung andere dazu in die Lage versetzt, ihre Menschenrechte wahrzunehmen. Eine weitere Frage hingegen ist, ob diese Pflicht durch ein Verbot der Abwanderung durchgesetzt werden darf. Der Entsendestaat hat ein großes Interesse daran, seine qualifizierten Bürger zu halten, doch hat er auch das Recht dazu, sie vom Fortgehen abzuhalten, wenn sie sich dazu entschlossen haben? Dies zu tun würde gegen eines der Menschenrechte verstoßen, die in der Allgemeinen Erklärung der Menschenrechte der Vereinten Nationen niedergelegt sind, eines, dem zufolge »jeder das Recht [hat], jedes Land, einschließlich seines eigenen, zu verlassen«. Man könnte allerdings sagen, dass alle Rechte mit einschränkenden Klauseln versehen sind, und in diesem Fall liegen die Gründe für eine Beschränkung der Ausreisefreiheit in den anderen Rechten, die durch die Aufforderung an den Migranten zum Verbleib im Land geschützt werden können.[44] Dieses Argument überzeugt jedoch nicht. Der Grund dafür, das Recht auf Ausreise als unbeschränkt zu behandeln (außer vielleicht in einem Katastrophenfall[45]), ist der, dass es eine entscheidende Rolle beim generellen Schutz der Menschenrechte vor unterdrückerischen Regierungen spielt. Kurz gesagt, solange die Menschen fortziehen können, können Regierungen mit der Einschränkung ihrer Freiheiten und anderer Rechte nur bis zu einem bestimmten Punkt gehen, und es wäre zu riskant, den Regierungen die Macht zur Verhinderung von Ausreisen zu geben – unter der Annahme, sie würden von dieser eh nur auf eine vertretbare Weise Gebrauch machen, um Menschen mit wichtigen Qualifikationen im Land zu halten.[46]

Wie steht es aber um die Position der Länder, in die die Migranten übersiedeln wollen? Indem sie ihre Einwanderung erlauben, können sie sowohl der Komplizenschaft bei der Schaffung von Menschenrechtsdefiziten beschuldigt werden – da sie die Migranten ja dazu befähigen, den Pflichten zu entgehen, die sie ihren notleidenden Landsleuten schuldig sind – als auch der Ausbeutung, da sie sich teure Qualifikationen ins Land holen, für die sie nichts bezahlen mussten, und das auf Kosten der Länder, wo sie erzeugt worden sind (einen Allgemeinmediziner in Großbritannien auszubilden kostet nach Schätzungen unter dem Strich ungefähr 500 000 Pfund).[47] Es ist daher zunächst einmal klarerweise falsch, wenn solche Staaten angesichts eines Arbeitskräftemangels im eigenen Land aktiv medizinisches Personal aus armen Ländern anwerben. Obwohl sie aus Gründen der sozialen Gerechtigkeit dazu verpflichtet sind, den Bedürfnissen ihrer eigenen Bürger Rechnung zu tragen, dürfen sie dies nicht ungeachtet der Kosten tun, die sie Dritten damit auferlegen. Und durch den Import von Ärzten und anderen Besitzern wichtiger Qualifikationen Menschenrechte in Gefahr zu bringen stellt Kosten dar, die inakzeptabel sind. Was aber, wenn die Initiative von den Einwanderern selbst ausgeht? Müssen die Staaten sich dann weigern, sie ins Land zu lassen, wenn sie in ihren eigenen Gesellschaften dringend gebraucht werden?

Betrachten wir zuerst einige der bisher vorgeschlagenen Alternativen zur Verweigerung der Einreise. Eine besagt, dass die Entsendestaaten für die anfallenden Verluste entschädigt werden sollten, die entstehen, wenn ihre Fachkräfte abwandern; das könnte etwa über eine Besteuerung der Auswanderer und die anschließende Abführung der Einnahmen an das Heimatland oder auf andere Weisen geschehen.[48] Das Problem hierbei ist, dass eine pauschale Entschädigung den spezifischen Verlust nicht aufwiegen kann, den die Abwanderung erzeugt, denn wenn Ärzte in großer Zahl fortgehen, dann könnten Geldtransfers die Defizite im Gesundheitssektor nicht unmittelbar wettmachen (man könnte die Mittel dazu benutzen, mehr Mediziner auszubilden, aber was, wenn diese dann ebenfalls im großen Stil auswandern?). Eine zweite Alternative wäre es deshalb, wenn reiche Länder dafür aufkämen, die Bezahlung von ausgebildeten Fachkräften in armen Ländern zu verbessern oder Anreize für eine Rückmigration zu schaffen – zum Beispiel, indem sie ihr eigenes medizinisches Personal dafür bezahlen, für bestimmte Zeiträume in den Ländern tätig zu sein, in denen eine Unterversorgung mit medizinischer Hilfe vorliegt.[49] Das ist jedoch eine teure Alternative zur Exklusion; unter Gerechtigkeitsgesichtspunkten betrachtet, wäre sie nur dann angezeigt, wenn die Zurückweisung von Einwanderern selbst als irgendeine Art von Pflichtverletzung angesehen würde.[50] Denken wir aber daran, dass ich sowohl in diesem Kapitel als auch sonst der Auffassung bin, dass es kein allgemeines Recht auf Einwanderung gibt. Wir debattieren hier die Frage, auf welchen Grundlagen eine angemessene Auswahl von Einwanderern erfolgen kann, unter der Prämisse, dass es gestattet ist, manche von ihnen aufzunehmen und andere abzuweisen. Unter dieser Voraussetzung nun sollte es einen Ausschlussgrund darstellen, dass sich jemand mit beruflichen Qualifikationen um Aufnahme bemüht, die er sonst in seinem Heimatland zur Befriedigung der Grundbedürfnisse seiner Landsleute einsetzen würde, wie sehr seine Talente in der Aufnahmegesellschaft auch geschätzt würden. Fachkräfte aus Entwicklungsländern mit Menschenrechtsdefiziten sollten daher nur dann für eine Aufnahme infrage kommen, wenn nachgewiesen werden kann, dass in ihrer Heimat kein Mangel an ihren speziellen Qualifikationen besteht.

Die von mir hier dargelegte Analyse hat gezeigt, dass es in immigrationspolitischen Fragen zwischen Entsende- und Aufnahmestaaten sowie den Migranten selbst durchaus zu Interessenkonflikten kommen wird. Solange die Entsendestaaten nicht, wie es die Philippinen getan haben, eine große Anzahl ihrer Bürger zur Arbeit im Ausland in Bereichen wie etwa dem der Pflege vorbereiten und auf die folgenden Geldüberweisungen bauen, die durch deren Beschäftigung ins Land kommen, werden sie es normalerweise begrüßen, wenn ihre Auswanderer nur gering qualifizierte Arbeitskräfte sind. In der Heimat mehr als genug vorhanden, würden diese durch das Geld, das sie dorthin schicken, eine wertvolle Devisenquelle darstellen. Die Aufnahmeländer hingegen würden gut ausgebildete Kräfte bevorzugen, und zwar auf lange Frist, und ungelernte Arbeiter nur vorübergehend aufnehmen wollen, um damit einen kurzfristigen Arbeitskräftemangel zu überbrücken (etwa in der Landwirtschaft). Die Migranten selbst profitieren in beiden Fällen, wobei der Gewinn für diejenigen am größten sein dürfte, die körperliche Arbeit verrichten und zu Hause ansonsten arbeitslos wären.[51] Aus Sicht der Gerechtigkeit braucht es daher eine Auswahlpolitik, die Kosten und Nutzen der Migration auf faire Weise unter allen drei Parteien aufteilt, und in diesem Kapitel habe ich zu zeigen versucht, wie eine solche aussehen könnte.

Sieben
Die Rechte der Einwanderer

In diesem und dem folgenden, achten Kapitel wende ich meine Aufmerksamkeit der Frage zu, wie mit Einwanderern umzugehen ist, sobald sie einmal in ihre neue Gesellschaft aufgenommen worden sind. Ich frage, worauf sie gegenüber dem sie nun beherbergenden Staat legitime Ansprüche geltend machen können. Muss man ihnen alle Rechte und Möglichkeiten einräumen, die andere Bürger genießen, oder nur einen Teil davon? Ist umgekehrt das, worauf sie ein Anrecht haben, ihre strikte Gleichbehandlung oder können sie für sich aufgrund ihrer kulturellen oder sonstigen Bedürfnisse irgendwelche speziellen Vergünstigungen einfordern? Nach welchen Prinzipien sollte die Vergabe der Staatsbürgerschaft an Einwanderer erfolgen? Und inwiefern kann man von ihnen erwarten, dass sie sich politisch und kulturell in ihre Gastgesellschaft integrieren? Einwanderung sollte als etwas Reziprokes betrachtet werden: Die Immigranten werden von ihrer neuen Gesellschaft fair behandelt und erkennen im Gegenzug ihre Verpflichtung dazu an, ihren Beitrag zu dieser Gesellschaft zu leisten und daran mitzuwirken, dass sie als Demokratie gut funktioniert. Dieser allgemeine Gedanke lässt allerdings sehr viele Detailfragen offen. In diesem Kapitel werde ich die Ansprüche untersuchen, die Einwanderer erheben dürfen, und mir im Kapitel 8 ansehen, welche Erwartungen die Gastgesellschaft vernünftigerweise an die Anpassungsbereitschaft der Immigranten an ihre neue Umgebung haben kann. Dazu werden auch einige Fragen zu Multikulturalismus und nationaler Identität sowie zu den heiklen Punkten gehören, an denen diese beiden Konzepte anscheinend aneinandergeraten.

Wie wir in Kapitel 6 gesehen haben, ist es wichtig, zwischen verschiedenen Kategorien von Einwanderern zu differenzieren, wenn wir uns Gedanken um die Rechte machen, die man ihnen zubilligt. Da es mir dort um die Aufnahme von Migranten ging, habe ich zwischen denen mit einem dauerhaften, einem bedingten und einem temporären Aufenthaltsstatus unterschieden. In diesem Kapitel dagegen müssen wir noch eine vierte Kategorie ins Spiel bringen, nämlich die derjenigen, die unerlaubt eingereist sind und beabsichtigen, für einen bestimmten Zeitraum oder dauerhaft im Land zu bleiben. Dabei handelt es sich, je nach der bevorzugten Terminologie, um »illegale Einwanderer« oder »irreguläre Migranten«.[1] Wir werden uns die Frage stellen müssen, wie der Staat mit ihrem atypischen rechtlichen Status verfahren und welche Schritte er unternehmen sollte, um ihn zu normalisieren.

Bevor wir in diese Materie einsteigen, gibt es noch ein letztes Bündel von Fragen zur Aufnahme von Migranten, auf die wir Antworten finden müssen. Sie betreffen diejenigen, die ich in Kapitel 6 »besonders Anspruchsberechtigte« genannt habe – wobei es sich im Wesentlichen um Personen handelt, die von Staat S einen dauerhaften Aufenthaltsstatus auf der Grundlage beanspruchen, dass sie bereits eine Beziehung zu ihm aufgebaut haben, die sie zur Einreise berechtigt. Besonders Anspruchsberechtigte fallen in drei verschiedene Kategorien. Die erste umfasst jene, denen der Zutritt ins Land unter bestimmten Voraussetzungen explizit oder implizit zugesagt worden ist (zum Beispiel, wie in Kapitel 5, Anmerkung 3 erwähnt, den Uganda-Asiaten mit britischen Pässen). Diese werfen keinerlei schwierige oder interessante Grundsatzfragen auf – ihren Ansprüchen sollte klarerweise stattgegeben werden. Unter eine zweite Kategorie fallen Menschen, die sich aus Gründen der Familienzusammenführung um Aufnahme bemühen. Diese Gruppe werde ich ebenfalls außen vor lassen, obwohl ihre Mitglieder einen großen Anteil derjenigen stellen, die faktisch von den meisten Demokratien aufgenommen werden, und zwar deshalb, weil der relevante Anspruch nicht bei den Einwanderern selbst, sondern bei derjenigen Person liegt, der bereits ein Aufenthaltsrecht zugesprochen worden ist und die nun Angehörige ins Land holen möchte (ob sie Staatsbürgerin ist oder nicht).[2] Obwohl es in der Tat ein Menschenrecht auf Schutz der Familie gibt, über das jeder verfügt, muss dieses, um zu einem Recht auf ein Familienleben an einem bestimmten Ort (dem Staatsgebiet von S) werden zu können, an das Recht mindestens eines der Mitglieder der Familie gekoppelt sein, sich dort aufhalten zu dürfen.[3] Zwar stellen sich einige Fragen dazu, wieweit das Recht auf Familienzusammenführung über den Partner und die Kinder der betreffenden Person hinaus gelten soll, wobei es sich allerdings um politische Fragen handelt, die nicht unter Berufung auf ein allgemeines Prinzip geklärt werden können.[4]

Die (mit Blick auf die Ziele dieses Buchs) interessanteren besonderen Anspruchsberechtigten sind jene, die aufgrund von Ereignissen in der Vergangenheit bereits in einer bestimmten Beziehung zu dem Staat stehen, ohne allerdings über ein bestätigtes Recht auf Einreise zu verfügen. Solche Ansprüche können sich in zwei Gestalten manifestieren: als Entschädigungs- und als Verdienstansprüche. Im ersten Fall wird ein Recht auf Einwanderung als eine Form der Wiedergutmachung von Verfehlungen eingefordert, die sich der Aufnahmestaat dem prospektiven Einwanderer gegenüber hat zu Schulden kommen lassen; im zweiten besagt der vorgebrachte Anspruch, dass die Person es verdient, als Belohnung für irgendeinen Dienst, den sie im Namen dieser Gesellschaft geleistet hat, in sie aufgenommen zu werden. Die Logiken dieser Ansprüche sind vollkommen verschieden, so dass sie je für sich genommen näher betrachtet werden müssen.

Das Konzept von Einwanderung als einer Form von Wiedergutmachung ist von James Souter verfochten worden, der es speziell auf Asylsuchende bezieht.[5] Sein Gedanke lautet, dass, wenn ein Staat für das Leid verantwortlich ist, das damit einhergeht, jemanden zum Flüchtling zu machen, er dann zur Wiedergutmachung verpflichtet ist, und die Gewährung von Asyl ist oft der beste Weg, diese zu leisten. Flüchtlinge sind gewiss Menschen, die erhebliches Leid erfahren haben, und wenn gezeigt werden kann, dass ihre Situation ein Nebenprodukt von etwas ist, was der Staat getan hat – er zum Beispiel militärisch auf eine Weise interveniert hat, die vor Ort bürgerkriegsähnliche Zustände entfacht hat –, dann mögen Reparationsleistungen fällig sein. Unser Urteil darüber, welche Gestalt diese annehmen sollten, ist jedoch dafür anfällig, von der Tatsache vernebelt zu werden, dass wir hier mit zwei sich überschneidenden Ansprüchen konfrontiert sind: erstens mit dem Anspruch auf Schutz, den jeder Flüchtling stellen kann, und zweitens mit dem, den eine Person, der ungerechtfertigt Schaden zugefügt wurde, auf die bestmögliche Wiederherstellung des vorherigen Zustands erheben kann. Wir müssen uns also darüber klar werden, welcher davon zur Begründung des Aufnahmebegehrens erhoben wird. Im ersten Fall besagt die Forderung nach einer solchen Verantwortungsübernahme, dass Staat S als derjenige zu identifizieren ist, der Asyl gewähren soll. Das würde nicht unbedingt eine dauerhafte Aufnahme bedeuten müssen (im Gegensatz zu einer temporären Beherbergung bis zu dem Zeitpunkt, an dem es sicher ist, zurückzukehren), würde aber einen starken Grund dafür darstellen, dass Staat S selbst das Asyl gewährt. Im zweiten Fall müssten wir fragen, ob die Gewährung eines Rechts auf Einwanderung wirklich immer die beste Art des Ausgleichs für Maßnahmen darstellt, die dazu führen, dass Menschen aus ihren Heimatländern flüchten müssen.

Generell gilt: Wenn Staaten den Menschen jenseits ihrer Grenzen Leid zufügen, dann sollten sie darauf idealerweise so reagieren, dass sie den Schaden dort beheben, wo er entstanden ist, statt den Geschädigten einfach eine Ersatzleistung anzubieten. Nehmen wir an, ein Staat schädigt den natürlichen Lebensraum eines anderen: Ein vom Ersteren herkommender Tanker verursacht eine Ölpest und verschmutzt die Küste des Letzteren, oder ein durch beide verlaufender Fluss, dessen Wasser für die Landwirtschaft gebraucht wird, wird umgeleitet. Richtig zu handeln hieße hier, den Schaden direkt zu beheben – also das Öl zu beseitigen, den Fluss wieder in sein ursprüngliches Bett zurückzuleiten und den unmittelbar Betroffenen währenddessen kurzfristige Hilfe bereitzustellen. Das Prinzip lautet: Wir kehren zu einem Zustand zurück, der der Ausgangssituation so ähnlich wie nur irgend möglich ist, vorausgesetzt, diese war nicht selbst ungerecht. Eine ähnliche Logik gilt für Entwicklungen, die am Ende Flüchtlinge produzieren. Im Idealfall sollte der verantwortliche Staat sich darum bemühen, Bedingungen zu schaffen, unter denen die Betroffenen in ihr altes Leben zurückkehren können, statt sie in eine völlig neue Umgebung zu versetzen.[6] Manchmal ist eine Wiederherstellung der Ausgangslage unmöglich, in welchem Fall die Gewährung eines dauerhaften Aufenthaltsstatus für Flüchtlinge zwar eine akzeptable, aber dennoch nur zweitbeste Alternative darstellt. In solchen Fällen ist ihre Aufnahme als eine Form von Wiedergutmachung gerechtfertigt.

Wie steht es als Nächstes um Verdienste als Quelle besonderer Ansprüche auf Einwanderung? Hier wird das Problem in der Erbringung des Nachweises dafür bestehen, dass die Gewährung eines Rechts auf Einwandrung eine angemessene Weise darstellt, die Verdienste von Nichtstaatsbürgern zu honorieren, die dem Aufnahmestaat Vorteile verschafft haben. Die wichtigsten Beispiele hierfür stellen wohl Fälle dar, in denen militärische Dienste geleistet wurden.[7] In der französischen Fremdenlegion gilt beispielsweise die Regel, dass jeder, der in der Legion »in Ehre und Treue« für drei Jahre oder länger gedient hat, ein Anrecht auf Beantragung der französischen Staatsbürgerschaft hat.[8] Wer nicht so lange warten kann, darf sich einem Gesetz von 1999 zufolge auch sofort bewerben, wenn er in Kampfhandlungen für Frankreich verwundet und dadurch »français par le sang versé«, »durch vergossenes Blut französisch«, wird. Obwohl in der Erklärung dieser Regelung zweifelsohne auch Überlegungen zu Anreizen eine Rolle spielen, zeigt sie doch eine klarerweise verdienstorientierte Ausrichtung: Wie könnten jene, die bereit sind, ihr Blut für das Land zu vergießen, besser anerkannt und belohnt werden als dadurch, dass man ihnen das Recht gibt, dort zu leben (im Falle Frankreichs als vollwertige Staatsbürger)?[9]

Wie ich zu Beginn von Kapitel 5 bemerkt habe, wurde auf ähnliche (und erfolgreiche) Weise zugunsten der Gurkhas argumentiert, die in der britischen Armee gedient und nach ihrem Ausscheiden von Nepal ins Vereinigte Königreich gehen wollten. Die

Erfahrungen einer ganzen Reihe derjenigen, die seither dorthin übergesiedelt sind, waren jedoch eher unerfreulich, so dass die British Gurkha Welfare Society sich für höhere Pensionsansprüche starkgemacht hat, die es den Gurkhas erlauben würden, nach Quittierung ihres Dienstes komfortabel in Nepal zu leben, statt in Großbritannien von dürftigen staatlichen Pensionszahlungen und Wohnzuschüssen abhängig zu sein.[10] Dieser Fall zeigt, dass Fremde, die für den Staat einen nicht unerheblichen militärischen Dienst geleistet haben, tatsächlich so etwas wie »die Bedingungen für ein komfortables Leben« verdienen statt ein Recht auf Einwanderung als solches. Und obwohl die Einwanderung manchmal in der Tat die einzige Möglichkeit dazu sein mag, solche Bedingungen zu schaffen, so scheint es doch keine innere Verbindung zwischen Verdienst und Belohnung zu geben, die so beschaffen wäre, dass die einzige Weise dazu, solche Verdienste hinreichend zu würdigen, darin bestünde, dem Exsoldaten ein Anrecht auf Aufenthalt und / oder Erwerb der Staatsbürgerschaft zu geben.

Dieser kurze Blick auf Sonderansprüche verdeutlicht, dass diese zwar oft sehr gewichtig sind, sich aber nicht immer in irgendein Anrecht auf Einwanderung umwandeln lassen. Es mag zwar vollkommen eindeutig sein, welcher Staat der richtige Adressat des Anspruchs ist, sein Gehalt jedoch – im Sinne dessen, was genau zu seiner Befriedigung erforderlich wäre – ist weniger klar. Eine gerechte Lösung kann daher auch in einer Alternative zur Einwanderung bestehen. Unsere Schlussfolgerung sollte sein, dass Sonderansprüche dann am stärksten sind, wenn sie mit anderen Faktoren kombiniert werden, so dass die Aufnahmebewilligung die einzig angemessene Erwiderung darstellt – in welchem Fall die Anspruchsinhaber dann in der Schlange der Einwanderer ganz nach vorne rücken sollten.

Wir sind nun dafür gerüstet, zum Hauptthema dieses Kapitels zurückzukehren, nämlich den Ansprüchen, die die Einwanderer der verschiedenen Kategorien gegen den Staat geltend machen können, in den sie Einlass gefunden haben. Um dieser Diskussion einen Rahmen zu geben, muss ich hier erneut die in Kapitel 2 getroffene Unterscheidung zwischen Menschenrechten und generelleren Fragen sozialer Gerechtigkeit ins Spiel bringen. Wie ich dort argumentiert habe, sind Menschenrechte jene Rechte, über die Menschen verfügen müssen, um ein auf minimalem Niveau menschenwürdiges Leben zu führen, und kein Staat, der diese Rechte nicht schützt, kann als legitim angesehen werden. Die liberalen Demokratien beabsichtigen jedoch, noch mehr anzubieten als das: Sie verleihen staatsbürgerliche Rechte, die großzügiger ausfallen als die bloßen Menschenrechte, und sie streben danach, Ressourcen und Lebenschancen so zu verteilen, dass die wesentlichen Kriterien der Verteilungsgerechtigkeit wie Verdienst und Bedürfnis (je nach Einzelfall) erfüllt werden. Wir müssen daher erstens fragen, ob Einwanderer den Schutz ihrer Menschenrechte einfordern dürfen, und zweitens dann, ob sie auch verlangen dürfen, zusammen mit den existierenden Staatsbürgern in jene Praktiken und Maßnahmen eingebunden zu werden, die für soziale Gerechtigkeit sorgen.

Die Antwort auf die erste Frage mag klar erscheinen, da legitime Staaten die Pflicht haben, die Menschenrechte aller zu schützen, die sich, ob dauerhaft oder vorübergehend, auf ihrem Territorium aufhalten. Dazu müssen also auch die Einwanderer aller Kategorien gezählt werden, inklusive der irregulären Migranten. Und tatsächlich sollten die Rechte auf körperliche Unversehrtheit und auf das Existenzminimum, auf Rede- und Bewegungsfreiheit und viele andere diesen geschützten Status haben. Wie wir aber im Kapitel 6 bei unserer Untersuchung der temporären Migration gesehen haben, gibt es bestimmte Menschenrechte, für die dies nicht so eindeutig ist. Der sie beherbergende Staat muss beispielsweise das Recht auf Familie nicht unmittelbar schützen, indem er die Familien der Migranten einreisen lässt. Allerdings sollte der Staat auf die Existenz dieses Rechtes *reagieren*, indem er zum Beispiel den Migranten Möglichkeiten an die Hand gibt, zu Familienbesuchen in die Heimat zurückzukehren, ohne bei der Wiedereinreise auf bürokratische Hindernisse zu stoßen, oder Geldüberweisungen vereinfacht und so weiter. Ein weiteres Beispiel sind politische Rechte. Das Recht zu wählen, vor allem in landesweiten Wahlen, ist eines der charakteristischen Merkmale von Staatsbürgerschaft, weshalb es äußerst ungewöhnlich wäre, es auf Einwanderer auszudehnen, die diesen Status noch nicht erworben haben (der Zugang zur Staatsbürgerschaft wird später noch untersucht). Für temporäre Migranten liegt das stärkste Interesse auf ihrer Ausübung von politischen Rechten in ihren Heimatländern, und wiederum hat der Staat, in dem sie sich vorübergehend aufhalten, eine indirekte Verantwortung dafür, sie dabei zu unterstützen. In diesen Fällen sollten wir die Verantwortung zum Schutz von Menschenrechten als eine vom Herkunfts- und vom Aufnahmeland gemeinsam zu tragende verstehen – obwohl Letzteres durch die Erlaubnis der Einreise die volle Verantwortung für den Schutz grundlegender Rechte auf Subsistenz, Obdach, Gesundheitsversorgung, körperliche Unversehrtheit, Arbeitsschutz und so weiter trägt.

Wie steht es als Nächstes um die irregulären Migranten, also um die, die sich ohne Erlaubnis auf dem Gebiet des Staates aufhalten? Es mag bizarr anmuten, wenn man verlangt, der Staat müsse auch die Verantwortung für deren Menschenrechte tragen, wird doch die Ankunft der meisten von ihnen selbst schon eine Zuwiderhandlung gegen dessen eigene Einreisegesetzgebung darstellen. Die Logik der Gebietshoheit wirkt allerdings auch hier fort: Ein Staat, der die Autorität beansprucht, seine Gesetze auf jede auf seinem Gebiet anwesende Person anzuwenden, muss auch die Menschenrechte aller Anwesenden schützen, ob sie legal im Land sind oder nicht.[11] Selbstverständlich ist es ihm erlaubt, Personen ohne Aufenthaltsrechte von seinem Territorium zu entfernen, solange die dabei von ihm angewandten Methoden nicht selbst aufgrund ihrer Brutalität Menschenrechtsverletzungen darstellen. Ob er darin auch im Falle derer gerechtfertigt ist, die schon längere Zeit im Land sind, ist eine weitere Frage, die wir in Kürze angehen werden.

Kann man sagen, dass irreguläre Migranten einige oder alle ihrer Menschenrechte verwirkt haben, indem sie illegal über die Grenze gekommen sind? Die Vorstellung, dass Menschenrechte unter bestimmten Bedingungen verwirkt werden können, ist für sich genommen durchaus vertretbar, denn ansonsten könnten wir uns den partiellen Verlust von Menschenrechten kaum begreiflich machen, der vorliegt, wenn Straftäter in Haft genommen werden.[12] Die Argumentation, die dies rechtfertigt – nach der Menschen, die die Rechte anderer mutwillig missachten, selbst einige der ihren verwirken können –, gilt aber nicht für irreguläre Migranten. Deren Verhalten mag in manchen Hinsichten als unfair angesehen werden, da sie sich durch ihren unerlaubten Grenzübertritt zumindest einer Art Vordrängelns in Hinsicht auf all jene schuldig gemacht haben, die auf legalem Wege einreisen wollen, mit all den Verzögerungen, Kosten und bürokratischen Verfahren, die dies üblicherweise mit sich bringt. Es werden aber wahrscheinlich auch entschuldigende Faktoren mit im Spiel sein, wie etwa die katastrophalen ökonomischen Bedingungen, denen sie durch ihre Migration entfliehen wollen, und ihre Anwesenheit gefährdet darüber hinaus ja auch nicht die Menschenrechte der Bürger oder anderer, die sich legal auf dem Gebiet des Staates aufhalten. Das unfaire Verhalten muss zwar möglicherweise wiedergutgemacht werden, was allerdings nicht so geschehen darf, dass dabei die Menschenrechte der irregulären Migranten verletzt werden.

Wie sollte der Staat seine Verantwortung zum Schutz der Menschenrechte dieser Migranten gegen sein legitimes Interesse abwägen, sie so zu überprüfen, dass er entscheiden kann, ob er ihre Rückkehr verlangt oder ihnen die Erlaubnis zu bleiben erteilt? Joseph Carens hat argumentiert, dass ein »Schutzwall« geschaffen werden sollte, der dafür sorgt, dass ein Kontakt mit der Polizei oder anderen Organen der Rechtspflege nicht dazu führt, die Einwanderungsbehörden auf die Immigranten aufmerksam zu machen. Nach Carens

[können] und sollen demokratische Staaten einen Schutzwall zwischen der Durchsetzung des Einwanderungsrechts einerseits und dem Schutz der allgemeinen Menschenrechte andererseits errichten. Wir sollten es zu einem festen Rechtsprinzip erklären, dass keine Informationen, die von denen gesammelt werden, die für den Schutz der Menschenrechte zuständig sind, für Zwecke der Einwanderungskontrolle verwendet werden dürfen. Wir sollten sicherstellen, dass Menschen ihre Menschenrechte in Anspruch nehmen können, ohne sich damit der Gefahr einer Inhaftierung und Ausweisung auszusetzen.[13]

Carens' empirische These lautet, dass viele irreguläre Migranten ohne einen solchen Schutzwall davor zurückschrecken würden, sich als Opfer von Straftaten an die Polizei zu wenden oder Ärzte aufzusuchen, wenn sie krank werden. Seine normative These besagt, dass es keinen hinreichenden Schutz ihrer Rechte gibt, wenn die Menschen aus der Angst heraus, dass dies zu einer Überprüfung ihres Aufenthaltsstatus führt, nicht gewillt sind, sie geltend zu machen. Die empirische Behauptung ist mit großer Sicherheit korrekt.[14] Wie steht es aber mit der normativen?

Es soll an dieser Stelle nicht angezweifelt werden, dass die Polizei die gleichen Pflichten gegenüber Einwanderern (rechtmäßigen und unrechtmäßigen) hat wie gegenüber allen anderen Menschen, und dasselbe gilt auch für andere Staatsbedienstete. Die Opfer von tätlichen Übergriffen oder Belästigungen sollten alle mit dem gleichen Respekt behandelt werden, und das Krankenhauspersonal darf keine Unterschiede machen, wenn es mit schwerkranken Patienten zu tun hat. Andererseits wird aber auch nicht bestritten, dass die Einwanderungsbehörden (unter Zuhilfenahme legitimer Mittel) Informationen sammeln dürfen, um herauszufinden, wer auf ungesetzliche Weise ins Land gekommen ist, und Schritte unternehmen dürfen, diese Personen gegebenenfalls abzuschieben. Die Frage ist nun, ob ein Schutzwall zwischen diesen beiden Aktivitäten errichtet werden sollte.[15] Wenn jemand, der an kriminellen Aktivitäten beteiligt gewesen ist, sich in einer anderen Angelegenheit an die Polizei wendet, so würden wir es nicht für falsch halten, dass diese weitere Maßnahmen ergreift, wenn im Zuge der Bearbeitung seines Anliegens Belege für sein kriminelles Verhalten ans Licht kommen. Ein Schutzwall wäre hier nicht angebracht. Das Argument für einen gesonderten Umgang mit irregulären Migranten beruht auf zwei Grundlagen: ihrer zu unterstellenden Schutzlosigkeit gegenüber einer Verletzung ihrer Menschenrechte sowie der Tatsache, dass unerlaubt im Land zu sein nicht per se eine Straftat darstellt.[16]

Carens' These lautet, dass Einwanderern dann, wenn sie von der Inanspruchnahme ihrer Rechte aus Angst vor Abschiebung abgehalten werden, diese Rechte faktisch verweigert werden: »Es ergibt keinen Sinn, Menschen mit rein formalen Rechtsansprüchen auszustatten, wenn dies unter Bedingungen erfolgt, die es ihnen unmöglich machen, diese Rechte effektiv wahrzunehmen.«[17] Vielleicht übertreibt Carens hier aber auch. »Unmöglich« scheint mir zu stark. Richtig ist, dass die hier von uns thematisierten Einwanderer in Abwesenheit eines Schutzwalls ihre Rechte nicht ausüben können, ohne dabei ein gewisses Risiko einzugehen, dass Maßnahmen zu ihrer Abschiebung eingeleitet werden. Ob dies tatsächlich geschieht, wird von der Politik des in Rede stehenden Staates und von der jeweiligen Situation der Einwanderin abhängen – so ist sie vielleicht als Asylbewerberin eingereist, aber aus Angst vor einer Ablehnung ihres Antrags untergetaucht, obwohl ihr Asylanspruch gerechtfertigt ist und ihm stattgegeben werden würde. Dann ist da noch die Frage, welche Folgen ihre Abschiebung tatsächlich hätte, vorausgesetzt, dass der Staat sich strikt an den Grundsatz der Nichtzurückweisung hält. Die Einwanderin wird die umfassenderen Rechte einbüßen, die sie in der Gesellschaft genossen hat, in welche sie migriert ist, und in der, in die sie abgeschoben wird, nur mehr eher grundlegende Rechte besitzen. Dies mag ihr zugegebenermaßen einen Anreiz dazu geben, sich nicht in die Gefahr einer Abschiebung zu bringen. Aber wie sollen wir die Situation von einer menschenrechtlichen Perspektive aus bewerten? Diese Person wägt Rechte verschiedener Art gegeneinander ab, indem sie die Überlegung anstellt, dass die diversen materiellen Vorzüge, die sie gegenwärtig genießt, es ihr lohnend erscheinen lassen, einige sie schützende Menschenrechte wie das, als Opfer eines Verbrechens zur Polizei gehen zu können, aufzugeben.

Wir können trotzdem zu der Vermutung neigen, dass die Rechte letzterer Art so wichtig sind, dass sie um jeden Preis geschützt werden müssen, unabhängig davon, ob dies den Staat bei der

Durchsetzung seines Einwanderungsrechts behindert. Das heißt aber nicht, dass wir das Gleiche auch über weniger bedeutsame Rechte oder, allgemeiner formuliert, über Dienstleistungen, die öffentliche Stellen für die Ansässigen ausführen, sagen müssten (Carens selbst gesteht dies an der Stelle zu, an der es bei ihm um die von ihm so genannten »administrativen und sozialen Rechte« geht, zum Beispiel das auf Zugang zu Bibliotheken, öffentlichen Bädern oder Sozialwohnungen).[18] Daran wird eine Schwierigkeit des Schutzwall-Arguments ersichtlich: Es empfiehlt, jene Mauer zwischen Institutionen zu errichten – zwischen den Einwanderungsbehörden und anderen öffentlichen Stellen wie der Polizei, sozialen Diensten, dem Gesundheitswesen etc. –, während die entscheidende normative Trennlinie zwischen dem Zugang zu grundlegenden Rechten und dem zu anderen Vergünstigungen verläuft. Es stellt keine Ungerechtigkeit dar, wenn irreguläre Migranten sich dazu entschließen, aus Sorge vor einer Entschleierung ihrer Aufenthaltssituation, die eventuell zu ihrer Abschiebung führt, keinen Gebrauch von Rechten aus der nichtbasalen Kategorie zu machen, die sie unter anderen Umständen durchaus wahrnehmen würden. Der Schutzwall sollte nur da bestehen, wo sich die Interaktion zwischen Einwanderern und Behörden so gestaltet, dass ihre fundamentalen Rechte auf dem Spiel stehen. Dies würde allerdings die Skepsis derer, die die Idee dieses Schutzwalls für undurchführbar halten, nur noch vergrößern.

Im Hintergrund steht hier die Annahme, dass es der Willkür des Staates überlassen ist, über welche Unterstützung irreguläre Migranten über die Gewährung ihrer Menschenrechte hinaus verfügen können. Aber was rechtfertigt diese Annahme? Warum ist es erlaubt, irreguläre Migranten von Unterstützungsleistungen auszuschließen, die sowohl Einheimischen als auch anderen Einwanderern zur Verfügung stehen, oder sie, anders ausgedrückt, nicht vollständig in die staatlichen Praktiken sozialer Gerechtigkeit einzubeziehen?[19] Der Punkt ist nicht der, dass sie für ihre gesetzeswidrige Einreise bestraft werden sollten (die Strafe dafür ist, dass sie von Abschiebung bedroht bleiben, bis ihr Status geregelt ist, das heißt, sie als dauerhaft, bedingt oder vorübergehend aufgenommen eingestuft werden). Es geht vielmehr darum, dass der Staat sich nicht dazu entschieden hat, sie als Mitglieder aufzunehmen, weder aus Gründen eines beiderseitigen Nutzens wie im Falle der Wirtschaftsmigranten noch aus dem, wie bei den Flüchtlingen seiner Verantwortung zum Schutz der Menschenrechte nachzukommen. Sie sind also zwar physisch auf dem Gebiet des Staates anwesend, aber keine an der politischen Gemeinschaft beteiligten Mitglieder; des Weiteren ist es unmöglich, voraussagen zu können, ob sie dauerhaft bleiben oder nach einer kürzeren oder längeren Zeitspanne wieder in ihre Heimat zurückkehren wollen. Anders als die im sechsten Kapitel thematisierten temporären Einwanderer sind sie nicht auf eine formal geregelte Weise ins Land gekommen, deren Einzelheiten im Vorhinein bereits festgestanden hätten. Andererseits sind sie auch nicht, wie andere Migranten, mit der Zubilligung von Aufenthaltsrechten eingereist, die sich nach Ablauf eines angemessenen Zeitraums zu vollen staatsbürgerlichen Rechten ausweiten sollen. Die Institutionen der sozialen Gerechtigkeit sind auf Menschen ausgelegt, von denen angenommen wird, dass sie der infrage stehenden Gesellschaft dauerhaft angehören; wie Rawls es formuliert hat, sind Prinzipien der sozialen Gerechtigkeit konzipiert für »eine fortdauernde Gesellschaft [...], eine selbstgenügsame Vereinigung von Menschen, die, wie ein Nationalstaat, ein zusammenhängendes Territorium kontrolliert«; eine solche Gesellschaft ist »ein geschlossenes System; es gibt keine wichtigen Beziehungen zu anderen Gesellschaften, und niemand tritt von außen bei, denn alle werden in sie hineingeboren und verbringen ihr ganzes Leben in ihr«.[20] Wie ich in Kapitel 3 argumentiert habe, können Prinzipien wie das der Chancengleichheit nur Anwendung in einer Gesellschaft finden, die ungefähr der von Rawls' idealisierter Beschreibung entspricht.

Dennoch: Da niemand vorhersagen kann, wie lange irreguläre Migranten sich in dem Land aufhalten werden, in das sie gekommen sind, wissen wir, dass viele von ihnen letztendlich dauerhaft bleiben wollen. Wir müssen uns nun deshalb der Frage zuwenden, inwieweit die verstrichene Zeit mit Blick auf ihre Ansprüche von Bedeutung ist. Diese Frage stellt sich nicht nur im Zusammenhang mit irregulären Migranten. Auch für jene, die bedingt oder nur für einen kurzen Zeitraum aufgenommen werden, kommt das Problem auf, was ihr langfristiger Aufenthalt in der Gesellschaft für ihren Status bedeutet. Wir haben es hier eigentlich sogar mit zwei Fragen zu tun: Ab welchem Zeitpunkt (wenn überhaupt) zieht ein fortgesetzter Aufenthalt in einer Gesellschaft das Recht nach sich, für immer zu bleiben? Und: Ab welchem Zeitpunkt (wenn überhaupt) führt ein dauerhafter Aufenthalt zu einer vollständigen Einbeziehung in die gesellschaftlichen Praktiken sozialer Gerechtigkeit? Ich möchte diese Fragen zuerst im Allgemeinen beantworten, bevor ich dann auf den Unterschied zurückkomme, den ein am Anfang unerlaubter Zutritt ins Land für diejenigen machen könnte, die es geschafft haben, langfristig zu bleiben.

Unter den Autoren, die über Einwanderung schreiben, herrscht große Einigkeit darüber, dass die Präsenz in einer Gesellschaft über einen bedeutenden Zeitraum hinweg – der normalerweise irgendwo zwischen fünf und zehn Jahren liegt – einen sehr guten, wenn nicht sogar unanfechtbaren Grund für eine dauerhafte Einbeziehung darstellt.[21] Diese Ansicht geht oft mit der These einher, dass der Zugang zur vollen Staatsbürgerschaft automatisch erfolgen sollte; darauf werde ich noch gesondert eingehen. Hinter diesem Konsens stehen allerdings einige divergierende Auffassungen darüber, warum genau eigentlich die langfristige Anwesenheit im Land zu einer solchen dauerhaften Einbeziehung führen sollte. Daher lohnt es sich, die verschiedenen Stränge der Argumentation zu entflechten, die als Belege für diese Schlussfolgerung angeführt werden können – obwohl man die Möglichkeit im Kopf behalten muss, dass die Argumentation zugunsten dieser Eingliederung auch aus sich überlagernden Punkten bestehen könnte, die alle in die gleiche Richtung weisen. Ich beginne mit denen, deren Unzulänglichkeit mir am offensichtlichsten zu sein scheint.

Dem ersten Argument zufolge erzeugt der Umstand, für lange Zeit einer staatlichen Autorität unterstellt zu sein, schon von sich aus einen gerechtigkeitsbasierten Anspruch auf gesellschaftliche Einbeziehung.[22] Dies kann man aus einer von Thomas Nagel in einem anderen Zusammenhang vertretenen These über Zwang und Verteilungsgerechtigkeit ableiten: »Gerechtigkeit ist etwas, das wir aufgrund geteilter Institutionen schulden, und zwar nur denjenigen, mit denen wir in einer engen politischen Beziehung stehen.«[23] Nagels Gedanke lautet: Sind Menschen einem Zwangsstaat unterstellt, der in ihrem Namen zu herrschen beansprucht, dann haben sie nur dann einen Grund zur Anerkennung seiner Autorität, wenn er sie auf eine in sozialer Hinsicht gerechte Weise regiert. Einwanderer, so könnte man denken, sind der politischen Gemeinschaft in dieser entscheidenden Weise »verbunden«, so dass sie wie alle ein Anrecht auf eine sozial gerechte (zum Beispiel nichtdiskriminierende) Behandlung haben.

Es gibt einige prinzipielle Gründe, um Nagels Annahme über den Zusammenhang von Zwang und Verteilungsgerechtigkeit in Zweifel zu ziehen.[24] Abgesehen von diesen aber scheint es, als unterscheide sich die Beziehung zwischen Einwanderern und dem Staat, in den sie gekommen sind, von der, in der die einheimischen Bürger, die unfreiwillig in ihn aufgenommen worden sind, zu ihm stehen. Der Staat ist Einwanderern eine gerechte Behandlung schuldig – ich habe betont, dass er jederzeit zum Schutz ihrer Menschenrechte sowie mit Blick auf legale Arbeitsmigranten zur Durchführung von Programmen verpflichtet ist, die so gestaltet sind, dass diese einen fairen Anteil der dabei entstehenden Vorteile erhalten –, doch unterscheiden sie sich dadurch von den Einheimischen, dass sich ihre Anwesenheit in der Gesellschaft einer bewussten Entscheidung verdankt.[25] Die Tatsache, dass sie, einmal im Land angekommen, unter der Zwangsgewalt des Staates stehen, bedeutet nicht, dass sie auf die gleiche Weise in die Gesellschaft einbezogen werden müssen wie die angestammten Bürger, deren Unterordnung unter diese Gewalt unfreiwillig erfolgt. Darüber hinaus kann Nagels Argument nicht erklären, warum ein Recht auf *dauerhaften* Aufenthalt gewährt werden müsste. Selbst wenn wir zugestehen müssten, dass alle Einwanderer ein Anrecht auf gleiche Behandlung haben, während sie seiner Autorität unterstehen, so könnte der Staat sich seiner Pflicht doch einfach dadurch entledigen, dass er sie zum Gehen auffordert.

Ein Gedanke, der diese Lücke schließen könnte, stammt von Ayelet Shachar, die sich auf den juristischen Begriff der Ersitzung [*adverse possession*] beruft, um zu argumentieren, dass sogar illegale Einwanderer nach Ablauf einer hinreichend langen Zeit ein Bleiberecht erwerben,[26] in Analogie zu einem Grundstück, das man sich ohne Einwilligung seines Eigentümers angeeignet und danach ohne Unterbrechung über die Zeit in der eigenen Verfügungsgewalt behält. Aber funktioniert diese Analogie? Um durch Ersitzung einen Eigentumstitel zu erwerben, muss eine Person ein Stück Land auf sichtbare oder, wie es im juristischen Jargon heißt, »offenkundige« Weise in Besitz nehmen und gebrauchen, wodurch sie dem aktuellen Eigentümer die Möglichkeit gibt, das wiederzuerlangen, was ihm weggenommen worden ist.[27] Nimmt er diese Gelegenheit nicht wahr, dann ist das vermutlich ein Anzeichen dafür, dass er kein Interesse mehr an seinem Eigentum hat. Die Lehre von der Ersitzung verbindet damit die begründete Erwartung des Besitzers, dasjenige weiterhin behalten und benutzen zu können, was er schon lange in seinem Besitz hat und benutzt, mit der Gleichgültigkeit (oder, wie man auch sagen könnte, der stillschweigenden Zustimmung) des ehemaligen Eigentümers gegenüber dem Verlust seines Eigentums. Wenden wir dieses Bild nun auf die Frage der irregulären Migranten an. Sie bekunden ihre Anwesenheit innerhalb der Grenzen des Staates nicht öffentlich – in den meisten Fällen versuchen sie, unsichtbar zu bleiben. Natürlich weiß der Staat, dass sie in Massen da sind, aber normalerweise nicht, wer genau diesen Status innehat. Er verfügt über Verfahren zur Abschiebung derer, von denen er in Erfahrung bringt, dass sie illegal eingereist sind. Ob er die Möglichkeiten zur Abschiebung wirklich voll ausnutzt, mag fraglich sein.[28] Aber der Umstand, dass er eben über Mittel zur Abschreckung illegaler Einwanderung verfügt sowie zum Vorgehen gegen die, die trotzdem unerlaubt gekommen sind, zeigt, dass ihm die Anwesenheit irregulärer Migranten nicht gleichgültig ist. Die nötigen Bedingungen für eine Ersitzung – die offen zur Schau gestellte Besitzergreifung in Verbindung mit der Untätigkeit des rechtmäßigen Eigentümers – finden hier nicht wirklich Anwendung.

Wahr bleibt aber, dass Einwanderer, die für viele Jahre im Land gelebt haben, die Erwartung hegen mögen, bleiben zu dürfen. Dies bringt uns zu den meines Erachtens überzeugendsten Argumenten für eine dauerhafte Einbeziehung jener, die (mit welchem Status auch immer versehen) hinreichend lange Immigranten gewesen sind.

Diese fallen unter die Rubrik »Argumente aus der sozialen Zugehörigkeit«, die in ihrer Grundstruktur besagen, dass Menschen sich einfach dadurch in eine Gesellschaft integrieren und ihr Leben um jene Aktivitäten herum aufbauen, in die sie einbezogen sind, dass sie über die Zeit hinweg in ihr leben. Wie Carens erklärt, »deutet der Begriff der ›sozialen Zugehörigkeit‹ an, dass ein Mitglied einer Gesellschaft zu sein heißt, über ein engmaschiges Netzwerk von Beziehungen und Verbindungen zu verfügen. Es geht um die Fähigkeit einer Person, ein reichhaltiges und höchst spezifisches Bündel von menschlichen Bindungen zu entwickeln und zu pflegen.«[29] Allerdings gibt es zwei sehr verschiedene Möglichkeiten, die Implikationen dieser These auszubuchstabieren. Die erste fordert uns dazu auf, uns die Kosten zu vergegenwärtigen, die die Entfernung einer Person aus der Gesellschaft durch Abschiebung verursacht – die Zerstörung sozialer Bindungen, die erfolgt, wenn jemand von einem Ort wegzugehen gezwungen wird, an dem er lange Zeit ansässig war, und wahrscheinlich im Speziellen die den Kindern entstehenden Kosten, die an diesem Ort aufgewachsen und zur Schule gegangen sind. Diese Kosten sind sehr real und sollten niemals ignoriert werden. Allerdings liegt hier ein potentielles Paradoxon vor. Machen wir uns noch einmal klar, dass wir hier über *Einwanderer* nachdenken, die per definitionem dazu gewillt waren, die Bindungen an den Ort zu lösen oder zumindest abzuschwächen, an dem sie selbst aufgewachsen sind. Manchmal wird dies geschehen, weil die dortigen Lebensbedingungen unerträglich geworden sind. In anderen Fällen wird das Motiv dafür einfach der unschuldige und vollkommen nachvollziehbare Wunsch nach mehr Lebenschancen sein. Der Punkt ist dieser: Wer migriert, muss abwägen zwischen den (von seiner Familie wie auch von ihm selbst) zu tragenden Kosten für die Abwanderung in ein anderes Land und dem potentiellen Nutzen, den er aus den dort vorhandenen Möglichkeiten ziehen kann. Dass viele Menschen auswandern oder sich dies zumindest wünschen, zeigt, dass die dafür auflaufenden Kosten – inklusive der Auflösung vieler langfristiger sozialer Bindungen – nicht so hoch sind, als dass sie ein entscheidendes Hindernis dafür darstellen würden.

Es besteht selbstverständlich ein erheblicher Unterschied zwischen einer Entscheidung zur Auswanderung – trotz der Kosten – und einer unfreiwilligen Rückkehr an den Ausgangsort. Ich werfe diesen Punkt hier nur deshalb auf, um der manchmal im Hintergrund von Argumentationen zugunsten eines dauerhaften Bleiberechts aus Gründen sozialer Zugehörigkeit stehenden Annahme vorzubeugen, dass die mit der Entfernung einer Person einhergehenden Verluste so groß seien, dass diese stets ungerecht wäre. Besser wäre zu sagen, dass der Fall einer Person, die für viele Jahre an einem Ort gelebt und dort eine Anzahl enger Beziehungen zu Arbeitskollegen, Freunden und Nachbarn aufgebaut hat, einen starken Grund dafür darstellt, dass man ihr gestatten sollte, zu bleiben – allerdings einen, den man gerechtfertigterweise gegen die anderen Ziele abwägen können muss, die die Einwanderungspolitik erreichen soll.

Ein langfristiger Aufenthalt kann aber auch noch aus einem anderen Grund relevant sein. Der Einwanderer dürfte an einem System der sozialen Kooperation Anteil genommen haben, das sich um den Arbeitsplatz herum zentriert, aber auch darüber hinausgeht und Dinge wie Freizeitaktivitäten und Ähnliches umfasst. Solche Interaktionen werden von Reziprozitätsnormen reguliert: Jeder trägt etwas bei und zieht im Gegenzug einen Nutzen für sich daraus. Am deutlichsten manifestiert sich dies in den vom Einwanderer durch seine Beschäftigung, seinen Konsum, sein Eigentum etc. gezahlten Steuern. Sobald jemand in ein solches System eingebunden ist, ist es ungerecht, ihn zum Rückzug daraus zu zwingen, nachdem er Beiträge geleistet hat, für die er noch keine volle Gegenleistung erhalten hat. Wie ich in Kapitel 2 ausgeführt habe, erzeugen Kooperationsmodelle dieser Art Pflichten unter ihren Teilnehmern, und einen von ihnen auszuschließen würde einen Bruch dieser Verpflichtungen darstellen.

Dies erklärt, warum Einwanderer, die zwar über die offiziellen Wege, aber nicht ausdrücklich im Rahmen eines Gastarbeiterprogramms aufgenommen werden, ein Anrecht darauf haben, in die Praktiken sozialer Gerechtigkeit einer Gesellschaft einbezogen zu werden und es auch zu bleiben. Sie sind Mitglieder, die ihren Beitrag zum System leisten, und dürfen deshalb auch seine Nutznießer sein. Ob sie sofort in den Genuss all seiner Vorzüge kommen oder erst eine gewisse Bewährungszeit durchlaufen müssen, in der ihnen einige davon noch nicht zur Verfügung stehen, ist offen. Zugunsten einer vollständigen Einbeziehung kann man vorbringen, dass diejenigen, die in der Gesellschaft aufwachsen und ins Erwerbsleben eintreten, das sofortige Anrecht auf alle diese Vorzüge haben, ohne ihren Willen dazu unter Beweis stellen zu müssen, ihren Betrag zu leisten – warum also sollten Einwanderer in irgendeiner Weise anders behandelt werden als sie? Eine kurze Probezeit dient vielleicht dem symbolischen Zweck, den reziproken Charakter des Systems herauszustreichen, doch ist dies eher eine Nebensächlichkeit. Die diffizilere Frage betrifft Einwanderer, die auf illegalem Wege ins Land gekommen sind, da es ihre Situation zwangsläufig schwieriger macht, von ihnen zu behaupten, sie würden ihren Beitrag auf die angemessene Weise leisten. Sie sind per definitionem nicht auf Grundlage des ökonomischen oder sonstigen Nutzens ausgewählt worden, von dem die Aufnahmegesellschaft erwartet, dass sie ihn mit sich bringen.[30] Die Erwägungen, die für die vollständige Einbeziehung legaler Einwanderer sprechen, kommen hier also nicht zum Tragen. Daraus ergibt sich die Frage, ob sie dann einfach dadurch zu Mitgliedern des Systems werden, dass sie dauerhaft in der Gesellschaft leben, oder ob sie Belege für relevante Formen ihrer Teilnahme am sozialen Leben liefern müssen, etwa dergestalt, dass sie Steuern zahlen oder sich an der Arbeit zivilgesellschaftlicher Organisationen beteiligen.

Dies ist auch wiederum bis zu einem bestimmten Punkt eine politische Frage. Verfechter der automatischen Einbeziehung wie

Carens argumentieren, dass, wenn zur Entscheidung über die Gewährung eines legalen Aufenthaltsstatus auch die Überprüfung jedes Einzelnen im Hinblick darauf gehört, welchen Beitrag er bisher geleistet und wie gut er in die Gemeinschaft vor Ort integriert ist, dieser Prozess dann voraussichtlich zu einer Diskriminierung von Angehörigen ethnischer oder religiöser Minderheiten führen wird.[31] Allerdings sind die Einwanderungsbehörden im Falle von Neueinwanderern, die auf legalem Wege einreisen möchten, bereits zur Anwendung neutraler Kriterien angehalten, so dass eine automatische Eingliederung der irregulären diesen einen unanfechtbaren Schutz gegen Diskriminierung verleihen würde, auf den legale Neuankömmlinge aber keinen Anspruch hätten. Es ist kaum einzusehen, wie ein solches Tun gerechtfertigt sein könnte.[32] Dies bekräftigt noch einmal die Idee von der »verdienten Staatsbürgerschaft« [»earned citizenship«], die Autoren wie Shachar vertreten. Diesen zufolge spielt die Zeit des Aufenthalts für eine Entscheidungsfindung zwar durchaus eine Rolle, doch zugleich sollten auch konkrete Faktoren wie der Beschäftigungsstatus und die Mitgliedschaft in ehrenamtlichen Organisationen als Zeichen für die Anbindung an die Gesellschaft herangezogen werden.[33] Vieles wird davon abhängen, ob es möglich ist, zuverlässige Nachweise für das Vorliegen dieser Faktoren zu erbringen.

Eine eng damit zusammenhängende, in den Vereinigten Staaten heftig diskutierte Frage ist die, ob der Staat allen irregulären Migranten eine Amnestie gewähren und sie damit in die Lage versetzen sollte, ohne Angst vor Abschiebung zu einem legalen Status zu kommen. Das müsste nicht unbedingt bedeuten, ihnen sofort einen dauerhaften Aufenthaltsstatus zu verleihen, obwohl zu erwarten wäre, dass alle, die ihn für sich beanspruchen wollten, sich über die Zeit diesem Status und damit letztlich auch der Staatsbürgerschaft immer stärker annähern würden. Diese Diskussion wird, worauf Linda Bosniak hingewiesen hat, durch eine gewisse Mehrdeutigkeit des Begriffs der Amnestie verunklart.[34] Soll es mit ihr darum gehen, das ursprüngliche Vergehen des illegalen Grenzübertritts oder der zeitlichen Überziehung des Visums zu entschuldigen? Oder handelt es sich bei ihr um eine die Zukunft betreffende Proklamation, dass die Vergangenheit nicht mehr von Bedeutung ist und einfach vergessen werden sollte?[35] Dies macht einen Unterschied, weil es dem ersten Verständnis nach denkbar wäre, von dem Einwanderer, dessen Status legalisiert worden ist, eine bestimmte Art der Anerkennung des begangenen Fehlverhaltens zu verlangen. Die Frage betrifft dann den moralischen Status des irregulären Migranten. Wie bereits angemerkt, scheint es nicht richtig zu sein, sie einfach als Kriminelle zu behandeln. Indem sie die Einreisekontrollen umgangen haben, haben sie sich allerdings zugleich auch unfair gegenüber denjenigen verhalten, die ihre Einreise entweder als Wirtschaftsmigranten oder als Asylsuchende offiziell beantragt und sich damit dem Risiko ausgesetzt haben, abgelehnt zu werden. Würden Amnestien einfach bedingungslos gewährt werden, dann würde die Integrität des gesamten Systems infrage gestellt. Dies spricht gegen eine »Amnestie als Vergessen« und legt nahe, dass nicht autorisierte Zuwanderer irgendetwas zu ihrer Rehabilitation tun sollten, bevor ihnen der dauerhafte Aufenthalt erlaubt wird. Eine Möglichkeit wäre, von ihnen einen Nachweis darüber zu verlangen, dass sie bereits einen signifikanten Beitrag zu ihrer Gastgesellschaft geleistet haben – und damit, um die Terminologie des fünften Kapitels wieder aufzugreifen, einen Verdienstanspruch haben, der sie zu besonders Anspruchsberechtigten machen würde. Können sie diesen nicht erbringen, dann bliebe noch die Möglichkeit, die irregulären Migranten zu einem in Teilzeit abzuleistenden militärischen oder zivilen Dienst von geeigneter Dauer zu verpflichten. Dies wird manchmal für eine unzumutbare Auflage gehalten; sollten die Behauptungen der Vertreter des Arguments aus der sozialen Zugehörigkeit jedoch gültig sein, dann ist dasjenige, was dafür angeboten wird – ein gesicherter Aufenthalt und Zugang zu der ganzen Bandbreite an Lebenschancen, die die Gesellschaft bereithält –, etwas, was die Kosten dieser Wiedergutmachung bei weitem übersteigt.

Das zugrunde liegende Prinzip lautet hier, dass all jene, die für einen hinreichenden Zeitraum Mitglieder der Gesellschaft gewesen sind und die Absicht haben, weiterhin in ihr zu leben, den

Weg zur vollen Mitgliedschaft einschlagen sollten; die Gesellschaft sollte nicht auf Dauer in die Kasten der Bürger und der Fremden gespalten sein, um hier Walzers Bild zu bemühen.[36] Dieses Prinzip wird weithin anerkannt; die Diskussion kreist darum, wie dieser Weg gestaltet werden sollte, welche Bedingungen die Einwanderer aus den verschiedenen Kategorien also erfüllen müssen, um vollständig einbezogen zu werden. Die Regeln zur Aufnahme und Integration müssen zusammengenommen ein moralisch stimmiges Gesamtbild abgeben, und das auf erkennbare Weise, wenn das Einwanderungssystem auf breite öffentliche Zustimmung stoßen soll. Das ist nicht einfach zu bewerkstelligen. Manche Kritiker argumentieren, dass eine tiefe Spannung besteht zwischen dem Gedanken, dass Staaten darüber entscheiden dürfen, ob sie Einwanderer aufnehmen oder nicht, und dem, dass sie dazu verpflichtet sind, allen langfristig im Land verbleibenden Neuankömmlingen ein umfangreiches Bündel an Rechten (inklusive dem auf volle Staatsbürgerschaft) zu gewähren.[37] Der von mir umrissene Ansatz betont die reziproke Beziehung zwischen Einwanderer und Aufnahmestaat, in der alle Einwanderer ein Anrecht auf faire Behandlung haben (was im Falle derer, die langfristig bleiben, auch den Zugang zu der ganzen Palette bürgerlicher und sozialer Rechte umfasst), es im Gegenzug aber auch von ihnen erwartet wird, dass sie ihren Beitrag zur Gesellschaft leisten und deren rechtliche und soziale Normen befolgen. Angesichts der Tatsache irregulärer Migration und der daraus resultierenden Präsenz von Menschen, die weithin außerhalb der Reichweite rechtlicher und anderer Institutionen bleiben, lautet das Problem, wie man sie am besten in das Einwanderungssystem integriert, ohne es dabei auszuhöhlen. Eine bedingte Amnestie, wie wir sie vorhin beschrieben haben, scheint hierfür die beste Lösung zu sein.

Zum Ende dieses Kapitels wende ich mich der Staatsbürgerschaft selbst zu; allerdings nicht in dem breiten Sinne à la Marshall, der sowohl bürgerliche und soziale als auch politische Rechte umfasst,[38] sondern im engeren politischen, in dem es um das aktive und passive Wahlrecht, die Mitwirkung an Geschworenendiensten, den Besitz eines Passes und so weiter geht. Normalerweise wird dies als der Höhepunkt des Immigrationsprozesses angesehen – als der Punkt, an dem die Einwanderin endlich von den Mitgliedern der Gastgesellschaft vollständig als Gleiche unter Gleichen anerkannt wird. Warum aber, so kann man fragen, sollte die Verleihung der politischen Staatsbürgerschaft später erfolgen als die der anderen Rechte, wie sie es so häufig tut? Was rechtfertigt es, sie über Jahre hinweg und im Widerspruch zu dem demokratischen Grundprinzip vorzuenthalten, dass all jene, die einem Gesetz unterstehen, auch ein Mitspracherecht bei seinem Zustandekommen haben? Die Antwort lautet, dass die Staatsbürgerschaft sowohl Pflichten als auch Rechte umfasst. Seine Stimme abzugeben ist im kleinen Maßstab eine Ausübung politischer Macht, und deshalb ist es auch wichtig, wie diese Macht ausgeübt wird. Liberale Demokratien ziehen ihre eigenen künftigen Bürger heran, formell durch staatsbürgerliche Bildung und informell über die normalen Sozialisationsprozesse in der Familie und anderswo, und dies in der Hoffnung und Erwartung, dass sie, wenn sie dann eines Tages ihr Wahlrecht ausüben, dies unter Würdigung der Rechte und Rücksichtnahme auf die Interessen der anderen Gesellschaftsmitglieder tun werden. Die Neuankömmlinge unter den Migranten haben vielleicht nur geringe Kenntnisse von den Gesellschaften, in die sie eintreten. Sie werden die expliziten oder impliziten Normen, die das politische System prägen, die wesentlichen Probleme der Gesellschaft oder die Spannbreite der Interessen, denen das System Rechnung tragen muss, nicht schon gleich verstehen. Von diesen Dingen zu erfahren erfordert einerseits, die nationalen und lokalen Medien zur Kenntnis zu nehmen, und andererseits, mit den einheimischen Bürgern über politische Fragen zu diskutieren. Das dauert seine Zeit; wie lange genau, wird davon abhängen, wie schnell und effektiv sich die Integration vollzieht, die Thema von Kapitel 8 sein wird.

In der Gegenwart machen die Demokratien den Erwerb der Staatsangehörigkeit immer stärker davon abhängig, dass ein formaler Test absolviert und bestanden wird. Lässt sich dies rechtfertigen? Worum sollte es darin gehen? Es wird häufig argumentiert, dass solche Tests sinnlos sind, da in ihnen vorgefertigte

Antworten auf vorgefertigte Fragen gegeben werden müssen – und es also letztlich um eine Gedächtnisleistung geht, die kaum etwas darüber aussagt, inwieweit der Prüfling die Prinzipien und Werte wirklich versteht, die der Test abzubilden versucht, geschweige denn darüber, inwiefern er sich mit diesen identifiziert. In Kapitel 8 werde ich mir den Inhalt von Einbürgerungstests näher ansehen – also fragen, was sie legitimerweise beinhalten dürfen und was nicht –, möchte mich an dieser Stelle aber darauf beschränken, Gründe dafür anzugeben, warum sie von Wert sind. Erstens stellen sie sicher, dass die Person, die sie absolviert, die Landessprache (oder eine davon) so gut gelernt hat, dass sie in der Lage ist, einen solchen Test zu durchlaufen – was selbst schon eine wichtige Voraussetzung für politische Teilhabe ist. Zweitens tragen sie zum Bewusstsein bei, dass Staatsbürger zu werden eine ernste Angelegenheit und nicht nur (etwa durch den Erhalt eines neuen Passes) eine nützliche Sache ist – besonders dann, wenn der Test von einer Aufnahmezeremonie für erfolgreiche Anwärter auf die Staatsbürgerschaft begleitet wird. Drittens: Wenn es in dem Test um Fragen zum Beispiel nach Demokratie oder freier Meinungsäußerung geht, dann wird die Absolventin, obwohl es keine Garantie dafür gibt, dass sie auch an ihre Antworten glaubt, so doch zumindest wissen, was die Gesellschaft politisch von ihr erwartet. Ihr wird gesagt, dass sie, wenn sie sich politisch engagieren möchte, bestimmte Grundregeln zu beachten haben wird, wie etwa die, Ansichten von anderen zu tolerieren, die sie anstößig findet. Viele Einwanderer werden natürlich nur allzu gern bereit sein, sich diesen Prinzipien zu verschreiben, haben sie doch in ihren Heimatländern erlebt, welche Auswirkungen Verstöße dagegen haben.

Nehmen wir nun an, dass ein Einwanderer mit Aufenthaltsrecht einige Jahre im Land verbracht und einen Einbürgerungstest bestanden hat – gäbe es dann noch weitere Bedingungen, die er erfüllen müsste, bevor ihm die Staatsbürgerschaft verliehen wird? Sollte es eine Integrationsauflage geben, von der ich mit Blick auf die Amnestierung irregulärer Migranten gesagt habe, dass sie angemessen scheint? An dieser Stelle glaube ich, dass die Rechtfertigung dafür, solche Auflagen zu verhängen, nicht stark genug ist, um dadurch eine mögliche Gefahr aufzuwiegen – nämlich die, dass die Anwärter auf die Staatsbürgerschaft danach ausgewählt oder abgewiesen werden, wie sehr sie wie die angestammten Bürger aussehen und klingen. Diese Gefahr kann am Beispiel einer Studie über Naturalisierungs-, also Einbürgerungsentscheidungen illustriert werden, die in der Schweiz durchgeführt worden ist, wo die Kommunen selbst darüber entscheiden, wer hinreichend integriert und mit den Schweizer Sitten und Gebräuchen vertraut ist und wer nicht.[39] Die Studie brachte ans Licht, dass zwischen den einzelnen Kommunen signifikante Unterschiede bestehen (mit Ablehnungsraten von null bis 47 Prozent), die sich demzufolge vornehmlich dadurch erklären lassen, dass es unter den einflussreichsten politischen Akteuren an den jeweiligen Orten verschiedene Auffassungen darüber gibt, was es heißt, ein (guter) Schweizer Bürger zu sein. Obwohl man sich auch weniger politisierte Arten vorstellen kann, den Integrationsstatus zu überprüfen, so könnte doch keine die Tatsache umgehen, dass es letztlich irgendeinen Beamten oder irgendein Gremium geben muss, das eine subjektive Entscheidung über ein Individuum auf Grundlage einer begrenzten Menge von Indizien zu treffen haben wird. Geht man dagegen von der Annahme aus, dass der Zugang zur Staatsbürgerschaft jedem offenstehen und nur an ein Mindestmaß an politischer Kompetenz geknüpft sein soll, dann dürfte eine Wartezeit in Kombination mit einem bestandenen formalen Test (der der behördlichen Willkür keinen Raum lässt) eine hinreichende Qualifikation darstellen.

Die Rechte von Einwanderern sind in der Öffentlichkeit ebenso umstritten wie ihre Aufnahme selbst. Damit eine Einwanderungspolitik auf allgemeine Zustimmung stoßen kann, müssen die Bürgerinnen und Bürger davon überzeugt werden, dass sie für eine faire Zuweisung von Rechten und Pflichten sorgt. Sind diese Bedingungen nicht erfüllt, dann kann aus der toleranten Akzeptanz von Neuankömmlingen rasch ein feindseliges Ressentiment ihnen gegenüber werden. An anekdotischen Belegen dafür, dass Neuankömmlinge auf dem Arbeits- und Wohnungsmarkt sowie bei der Vergabe von Schulplätzen bevorzugt behandelt werden, mangelt es nie. Um dieser Wahrnehmung entgegenzuwirken, muss die in Bezug auf die Rechte von Einwanderern verfolgte Politik erkennbar fair gestaltet sein. Obwohl es schwer sein mag, eine klare Abgrenzung zwischen zeitweiligen und langfristigen Migranten vorzunehmen, so ist dies zu tun doch notwendig, da die Gebote der Fairness in beiden Fällen andere sind. Aus dieser Perspektive betrachtet, ist die Anwesenheit irregulärer Migranten ein die Frage verkomplizierender Faktor, da es nicht klar ist, in welche der beiden verschiedenen Kategorien sie gehören und was daher eine faire Behandlung in ihrem Fall eigentlich bedeuten würde. Bei meiner Untersuchung dieser schwierigen Fragen habe ich mich von drei Prinzipien leiten lassen: dem Erfordernis nach Schutz der Menschenrechte jeder Person, die sich auf dem Gebiet des Staates aufhält, der vollen Einbindung und dem Zugang zur Staatsbürgerschaft als Endziel all jener, die planen, dauerhaft in der Gesellschaft zu leben, und dem Prinzip der Reziprozität zwischen Einwanderern und Bürgern, was für die Einwanderer eine Pflicht zur Leistung eines Beitrags zur Gesellschaft und für den Staat die Pflicht zur Ermöglichung von Chancengleichheit und sozialen Rechten impliziert. Von diesen Prinzipien wird nun auch meine Diskussion der Integration von Einwanderern im folgenden Kapitel 8 bestimmt sein.

Acht
Einwanderer integrieren

Im Sommer 2001 sind mehrere Städte im Norden Großbritanniens von Ausschreitungen und Gewalt erschüttert worden. Beteiligt daran waren weiße und asiatische Jugendliche, Mitglieder der British National Party und die Polizei. Am Abend des 26. Mai sind Polizisten in Oldham bis in die frühen Morgenstunden von bis zu fünfhundert asiatischen Jugendlichen attackiert worden, die Pflastersteine, Flaschen und Molotowcocktails mit sich führten. Zuvor hatte die Polizei in eine Auseinandersetzung zwischen Gruppen von weißen und asiatischen Jugendlichen eingegriffen. Die Gewalt setzte sich, allerdings auf niedrigerem Niveau, noch wochenlang fort und breitete sich erst nach Burnley und dann nach Bradford aus, wo es Anfang Juli in mehreren Nächten zu großen Straßenschlachten zwischen Anhängern der British National Front und Asiaten kam. Gebäude wurden in Brand gesetzt, dreihundert Polizisten verletzt und im Nachgang zweihundert Personen wegen Aufruhr verurteilt und eingesperrt.

Ereignisse wie diese, bei denen es zu Zusammenstößen von Gruppen von Einwanderern aus ethnischen Minderheiten, Angehörigen der einheimischen weißen Bevölkerung und der Polizei kommt, beschränken sich keineswegs auf das Vereinigte Königreich. Im Herbst 2005 explodierte die Gewalt in einem noch größeren Umfang in den sozial benachteiligten Banlieues von Paris, woran hauptsächlich Einwanderer nordafrikanischen Ursprungs beteiligt waren, und griffen von dort aus auf viele andere französische Städte über. Tausende Fahrzeuge und Gebäude wurden angezündet und am 8. November dann der Notstand erklärt, in dessen Zuge es zu mehr als 2800 Verhaftungen kam. Zu kleineren

Vorfällen solcher Art kam es an anscheinend weniger dafür prä-
destinierten Orten wie im Dezember 2005 in Sydney oder im
Mai 2013 in Husby, einem Vorort von Stockholm. Obwohl die
auslösenden Ereignisse in allen Fällen unterschiedlich waren, so
weisen sie alle doch die folgenden Gemeinsamkeiten auf: die
Existenz von Einwanderercommunitys, die sich in benachteiligten Stadtvierteln ballen, islamisch geprägt sind und sich sichtlich
von den Einheimischen unterscheiden, eine angespannte Atmos-
phäre zwischen diesen Gemeinschaften und der Polizei sowie die
Anwesenheit ressentimentgeladener Angehöriger der weißen Ar-
beiterschicht, die für eine Aufstachelung durch rechtsextreme
Parteien anfällig sind. Dementsprechend können die Kommentatoren solcher Ereignisse auch auf verschiedene ihnen zugrunde
liegende Ursachen hindeuten, seien es polizeiliche Übergriffe,
Rassismus, wirtschaftliche Not oder ein aufseiten der Einwanderer bestehender Unwille zur Integration. Was mich hier allerdings
mehr interessiert, ist die weitverbreitete Annahme, nach der das
unmittelbare Problem in der sozialen Segregation zwischen Einwanderern und Einheimischen besteht, was auch immer deren tiefer liegende Ursachen sein mögen, und der Vorschlag zu seiner
Lösung dementsprechend der Ruf nach mehr Integration ist.[1]

Blicken wir für einen Beleg hierfür erneut nach Oldham. Im
vielzitierten Cantle-Bericht über die Ereignisse 2001 wurde fol-
gende Diagnose gestellt:

Separate Bildungsmaßnahmen, separate Gemeinschaftseinrichtun-
gen und ehrenamtliche Organisationen, separate Beschäftigungsver-
hältnisse, separate Gotteshäuser, separate Sprachen und separate soziale und kulturelle Netzwerke bedeuten, dass viele Kommunen auf
Grundlage parallel geführter Leben operieren. Diese Leben berühren
sich an keinem einzigen Punkt, geschweige denn, dass sie sich über-
lappten und irgendeinen bedeutungsvollen Austausch fördern würden.
[…] Es ist kein Wunder, dass die gegenseitige Ignoranz gegenüber
der Gemeinschaft des jeweils anderen so leicht in Angst umschlagen
kann, vor allem dort, wo diese von extremistischen Gruppen ausge-
nutzt wird, die dazu entschlossen sind, das Zusammenleben in der
Gemeinschaft zu unterwandern und Spaltungen voranzutreiben.[2]

In einem gesonderten offiziellen Bericht, der von David Ritchie, einem Staatsbeamten aus Birmingham, zusammengestellt worden ist, ist ebenso deutlich ein Vorschlag zur Lösung des Problems formuliert worden:

> Wir sprechen uns hier mit Blick auf Oldham nicht für eine Assimilierung oder ein Aufgehen der einen Gruppe in einer anderen aus. Das würde heißen, die Vielfalt zu negieren, statt sie zu zelebrieren. Allerdings sprechen wir uns sehr wohl für eine integrierte Gemeinschaft aus, und damit meinen wir eine, in der alle Bürger der Stadt beim Blick auf jene Dinge, die ihre Identität ausmachen, ihr Dasein als Bewohner Oldhams ganz oben auf die Liste setzen. Das wird heißen, dass sie sich selbst als für ihre Gemeinschaft und den künftigen Erfolg der Stadt wichtig wahrnehmen und über gemeinsame Wertvorstellungen im Bezug darauf verfügen, was die Einzelnen beitragen sollen und was sie im Gegenzug voneinander erwarten dürfen.[3]

Äußerungen wie diese werfen eine ganze Reihe von Fragen auf. Was genau heißt es für Einwanderergruppen, Bestandteil einer »integrierten Gemeinschaft« zu sein? Ist das Ziel der Integration einfach das, künftigen Ausschreitungen vorzubeugen, oder verfolgt sie einen allgemeineren Zweck?[4] Und welche legitimen Schritte können Regierungen und kommunale Behörden unternehmen, um die Integration zu fördern? Ist erzwungene Integration ein erreichbares und / oder wünschenswertes Ziel?

Um Fragen solcher Art zu beantworten, müssen wir zunächst den Begriff der Integration selbst näher erläutern. Trotz seines weitverbreiteten Gebrauchs in der Literatur zur Einwanderungsthematik wird er selten klar definiert. Ich schlage vor, zwischen *sozialer*, *ziviler* und *kultureller* Integration zu unterscheiden. Die soziale Integration beschreibt ein Verhaltensmuster. Die Menschen, die an einem bestimmten Ort leben, sind in dem Maße sozial integriert, in dem sie regelmäßig und über eine Anzahl verschiedener sozialer Kontexte hinweg miteinander interagieren. So arbeiten sie zum Beispiel Seite an Seite, gehören denselben Vereinen und Organisationen an, sind Nachbarn, die miteinander sprechen, wenn sie sich begegnen, etc. Innerhalb dieses allgemeinen Musters können wir weitere Unterscheidungen vornehmen, wie es Elizabeth Anderson mit dem Beispiel der Beziehungen zwischen Schwarzen und Weißen in den Vereinigten Staaten vor Augen tut und dabei vier Stufen der Integration unterscheidet: »(1) formelle Aufhebung der Rassentrennung, (2) räumliche Integration, (3) formelle soziale Integration und (4) informelle soziale Integration.«[5] Ein Kernpunkt Andersons ist der, dass es für eine vollständige Integration nicht ausreichend ist, dass Menschen denselben physischen Raum bewohnen, wenn sie sich darin in separate soziale Einheiten aufteilen (so kann zum Beispiel »eine Schule [zwar] räumlich, nicht aber sozial integriert sein, wenn Schüler verschiedener Rassen verschieden starke Klassen besuchen, Mitglieder in verschiedenen Schulclubs sind, kaum je miteinander Freundschaften eingehen und auf verschiedenen Fluren beziehungsweise in verschiedenen Wohnheimen leben«).[6] Ein zweiter Punkt ist, dass selbst dann, wenn die Angehörigen verschiedener Gruppen in denselben Institutionen oder Vereinigungen mitwirken, es immer noch wichtig ist, auf welche Weise sie miteinander umgehen: »[Zur] informellen sozialen Integration gehören Kooperation, Leichtigkeit, ein Gefühl des Willkommenseins, Vertrauen, Verbundenheit und eine Nähe, die über die Anforderungen organisatorisch definierter Rollenbilder hinausgehen.« Wenn wir uns Andersons hilfreicher Kategorien bedienen (von denen sie selbst einräumt, dass deren Kriterien nicht immer in linearer Abfolge erfüllt werden müssen), dann können wir feststellen, dass zum Übergang von einer Situation der vollständigen Segregation oder von »Parallelgesellschaften« zu einer der vollen sozialen Integration nicht nur die Schaffung eines umfangreichen Bündels sozialer Interaktionsmuster gehört, sondern auch von Interaktionen der richtigen Art – wozu auch freundliche und respektvolle Beziehungen unter Gleichen gehören.

Sehen wir uns als Nächstes die zivile Integration an. Ich beziehe mich dabei auf Menschen, die dazu kommen, eine Reihe von Prinzipien und Normen zu teilen, die ihr gesellschaftliches und politisches Leben leiten. So eint sie beispielsweise nicht nur ihr Bekenntnis zur Demokratie als eines abstrakten Prinzips, sondern auch ihr gemeinsames Verständnis davon, was »sich wie ein Demokrat zu verhalten« bedeutet – wie man von seinem Wahlrecht Gebrauch macht, auf welche Weise politische Debatten geführt werden sollten und so weiter. Dieses Verständnis erstreckt sich von einfachen Verhaltensregeln wie denen, die das Anstehen für Kinokarten betreffen, bis hin zu komplexeren Fragen wie der, wie mit einem Streit in einer Nachbarschaft um die Nutzung einer Gemeinschaftseinrichtung wie etwa eines Saals oder eines öffentlichen Parks umzugehen ist. Die zivile Integration dreht sich nicht darum, dass Menschen die gleichen substantiellen Ziele verfolgen (ob in politischen oder sonstigen Lebensbereichen), sondern darum, wie und unter welchen Rahmenbedingungen diese Ziele verfolgt werden sollen. Der gesunde Menschenverstand sagt uns, dass die soziale Integration vermutlich zur zivilen führen wird – denn wenn Menschen in regelmäßigem Kontakt miteinander stehen, werden sie sich normalerweise an das Verhalten des jeweils anderen anpassen und praktikable Regeln für die Gestaltung ihres Umgangs miteinander finden. Dennoch sind sie eindeutig nicht dasselbe und können auch, wie wir gleich sehen werden, aus verschiedenen Gründen wichtig sein.[7]

Schließlich kommen wir zur kulturellen Integration, die sowohl kontroverser als auch diffuser ist als die anderen beiden Formen. Menschen sind kulturell integriert, wenn sie eine gemeinsame Kultur haben, was sowohl heißen kann, dieselben Werte und Erfahrungen zu teilen, als auch, eine gemeinsame kulturelle Identität zu besitzen. Wir könnten also sagen, dass kulturelle Integration dort geschieht, wo Menschen das gleiche Fernsehprogramm oder die gleichen Filme anschauen, die gleichen Bücher oder Zeitungen lesen oder die gleiche Musik hören; oder alternativ dann, wenn sie sich mit derselben Religion, Stadt (»ein Dasein als Bewohner Oldhams«) oder Nation identifizieren. Der Wert dieser verschiedenen möglichen Formen kultureller Integration wird höchst umstritten sein: Der Multikulturalismus kann etwa für eine Art Verteidigung des kulturellen Pluralismus innerhalb einer Gesellschaft gegen die Forderung nach einer totalen kulturellen

Integration gehalten werden. Meine Absicht ist es zu diesem Zeit-punkt nicht, die kulturelle Integration zu verteidigen, sondern sie klar von der sozialen und zivilen zu unterscheiden, da hier augenscheinlich die Gefahr besteht, dass diejenigen, die die Inte-gration von Einwanderern als politisches Ziel entweder verteidi-gen oder bekämpfen, es einfach auf verschiedene Weisen verste-hen.

Denken wir nun an Einwanderercommunitys, die sich aus ver-schiedenen Gründen an bestimmten Orten konzentriert haben, und fragen wir, warum es für sie einen Wert darstellen könnte, sich in ihre Nachbarschaft und die Gesellschaft generell zu integ-rieren und die verschiedenen Bedeutungsebenen von »Integra-tion« der Reihe nach zu durchleben. Es gibt zwei recht unter-schiedliche Gründe dafür, warum wir der Meinung sein könnten, dass Integration wichtig ist. Der eine bringt sie mit der sozialen Gerechtigkeit in Verbindung und beruft sich auf die häufig ge-machte Beobachtung, dass Gemeinschaften in Wirklichkeit nie *separate but equal*«, also »getrennt, aber gleich« sind. Einwan-derercommunitys sind mit größerer Wahrscheinlichkeit weniger gut mit Ressourcen verschiedener Art – Real-, Bildungs- und so-zialem Kapital – ausgestattet, wodurch die Lebenschancen ihrer Angehörigen eingeschränkt sind, bis sie Zugang zu den größeren Netzwerken erhalten, die ihre Integration erzeugt. Es gibt zwar Gegenargumente, die auf die Unterstützung verweisen, die sich die Mitglieder der Gemeinschaft unter Segregationsbedingungen gegenseitig zukommen lassen können – so wird zum Beispiel oft gesagt, dass Einwanderergruppen sich rational verhalten, wenn sie sich in ethnisch homogenen Quartieren zusammenballen, da ihnen dies ermöglicht, sich das spezifische soziale Kapital zunut-ze zu machen, das solche Milieus hervorbringen.[8] Es dürfte aller-dings unwahrscheinlich sein, dass solche Quartiere irgendetwas anzubieten haben, was der Bandbreite von Lebenschancen ent-spräche, die dem gesellschaftlichen Mainstream zur Verfügung ste-hen. Eine Gesellschaft, der es um gleiche Bildungs- und Beschäfti-gungsmöglichkeiten, gleiche Gesundheitsversorgung und so weiter zu tun ist, wird daher die soziale Integration fördern wollen.

Ein zweiter Grund für ihre Förderung ist, dass die Menschen in schlecht integrierten Gesellschaften sich mit höherer Wahrscheinlichkeit nicht verstehen, nicht miteinander kommunizieren und sich gegenseitig nicht vertrauen, und diese Defizite werden speziell dann offensichtlich, wenn Konflikte zwischen den einzelnen Gruppen entstehen. Das ist die Lektion, die viele aus den interethnischen Konflikten gezogen haben, an die wir vorhin erinnert haben: Sobald sich ein Vorfall ereignet, machen rasch Gerüchte die Runde und heizen die Stimmung auf, und dies teilweise durch das Fehlen von gemeinschaftsübergreifenden Kontakten bedingt, die zwischen Menschen hätten entstehen können, die an eine Zusammenarbeit gewöhnt sind und solchen Entwicklungen daher entgegentreten könnten. Wären die gesellschaftlichen Gruppen völlig voneinander getrennt, wäre dies womöglich gar kein so großes Problem, in der Realität aber überlappen sie sich im öffentlichen Raum und lassen unweigerlich Missverständnisse und Meinungsverschiedenheiten entstehen, für deren Beilegung man auf vertrauenswürdige Vermittler angewiesen ist. Eine Gesellschaft, die so weit wie möglich konfliktfrei sein will, wird also erneut einen Grund haben, die soziale Integration zu stärken.

Ist dies aber ein Ziel, dem der Staat legitimerweise nachgehen darf? Carens unterscheidet in seiner Beschäftigung mit der Integration von Einwanderern zwischen Forderungen, Erwartungen und Wünschen.[9] Forderungen sind Bedingungen, die durchgesetzt werden können; um ein banales Beispiel zu nennen, kann man sagen: Von den Einwanderern kann gefordert werden, dass sie die Gesetze einhalten. Erwartungen sind Normen, und ihre Einhaltung wird durch informelle soziale Sanktionen forciert, weshalb zu vermuten stehen dürfte, dass Einwanderer, die die Landessprache nicht sprechen, wenigstens ihre Kinder dazu anhalten werden, sie zu erlernen, und sowohl staatliche Beamte als auch andere werden ihr Missfallen gegenüber Eltern zum Ausdruck bringen, die dies nicht tun. Wünsche sind Hoffnungen auf das Verhalten der Einwanderer, die nicht einmal informell durchsetzbar sind, und für Carens ist die soziale Integration das beste Beispiel hierfür:

Die Menschen mögen zu der Annahme neigen, dass der Prozess nur dann wirklich gut läuft, wenn es zwischen Einwanderern und ihren Nachkommen einerseits und der restlichen Bevölkerung auf der anderen Seite zu einem hohen Grad an Vermischung sowohl im Hinblick auf den Wohnort als auch auf den sozialen Austausch generell kommt – allerdings ohne dabei auch der Auffassung zu sein, dass es angebracht sei, besondere Erwartungen an sie dahingehend zu richten, wo sie wohnen und mit wem sie sich umgeben sollen.[10]

Carens sagt nicht ausdrücklich, warum die Integration nicht in den Rang einer Erwartung oder einer Forderung erhoben werden sollte, doch impliziert er, dies würde der persönlichen Freiheit auf nicht gerechtfertigte Weise in die Quere kommen. Ist der Staat also moralisch unfähig dazu, gesellschaftlich nach dem »Imperativ der Integration« zu handeln? Dem scheint nicht so zu sein, weil es indirekte Möglichkeiten dafür geben könnte, die Integration zu fördern, ohne dabei Menschen Befehle darüber zu erteilen, wo sie wohnen oder mit wem sie sich umgeben sollten. Eine einfache Methode dafür ist eine Antidiskriminierungsgesetzgebung, die sich nicht nur klaren Fällen wie nach Rasse oder Religion getrennten Arbeitsstätten widmet, sondern auch Praktiken wie denen, dass Immobilienmakler ihre Klienten unter der Hand in ethnisch »passenden« Nachbarschaften unterbringen oder die »weiße Flucht« durch Techniken wie die des »blockbusting« bestärken.[11] Die Wohnungspolitik generell kann darauf abzielen, Nachbarschaften dadurch zu integrieren, dass sie von den Bauherren verlangt, verschiedene Typen von Behausungen (und damit verschiedene Einkommensgruppen) miteinander zu vermischen. Die finanzielle Unterstützung für Gemeinschaftsorganisationen kann auf Vereine und sonstige Zusammenschlüsse zugeschnitten werden, deren Mitgliederschaft sich aus Angehörigen von Einwanderergruppen und Nichteinwanderergruppen zusammensetzen. Solche Politiken mögen sich als recht kontrovers erweisen, da einzelne Personen es möglicherweise vorziehen würden, sich nur mit Menschen aus ihrer eigenen religiösen oder ethnischen Gruppe zu verbinden; der Punkt ist aber der: Wird die soziale Integration für wichtig erachtet, dann kann sie auf eine Weise betrieben werden, durch die nicht dem Bürger als Einzelperson eine Pflicht zur Integration auferlegt wird (obwohl sie von Arbeitgebern und öffentlichen Beschäftigten die Einhaltung entsprechender Richtlinien fordert).

Eine Reihe europäischer Staaten, darunter Österreich, Dänemark, Frankreich und die Niederlande, haben im vergangenen Jahrzehnt die Idee eines »Integrationsvertrags« für neu ins Land kommende Einwanderer ins Spiel gebracht, in dem Forderungen an die Einwanderer selbst formuliert werden.[12] Diese beziehen sich allerdings großteils auf die zivile und nicht auf die soziale Integration. Typischerweise fordern sie von den Einwanderern, dass sie Sprachkurse belegen, sofern sie die Sprache ihrer Gastgesellschaft noch nicht hinreichend beherrschen, und im Weiteren auch Kurse zur Vermittlung von Wissen über die Gastgesellschaft und deren zivile Werte. Danach werden sie zu einem Test oder einem Interview aufgefordert, deren Ergebnisse dann darüber entscheiden können, ob sie für einen dauerhaften Aufenthalt infrage kommen. Dieser Vertrag kann somit als zweischneidiges Schwert betrachtet werden. Einerseits sorgt er nämlich dafür, dass der Einwanderer Fähigkeiten und Kenntnisse erlangt, die ihm bei der Suche nach einer Arbeit und seinem Zugang zu sozialen Diensten unmittelbar von Nutzen sein dürften und ihn zugleich auf den Erwerb der Staatsbürgerschaft vorbereiten, sobald diese Option für ihn verfügbar wird. Auf der anderen Seite kann seine Nichterfüllung ein Grund für einen Ausschluss des Migranten vom Recht auf einen dauerhaften Aufenthalt oder sogar für seine sofortige Ausweisung sein.

Länder wie Kanada, Großbritannien und die Vereinigten Staaten, die nicht offiziell beschlossen haben, das Modell des Integrationsvertrags zu übernehmen, haben dennoch versucht, dadurch ähnliche Resultate zu erhalten, dass sie den Erwerb der Staatsbürgerschaft an das Bestehen eines Tests geknüpft haben, in dem die Kandidaten ein umfangreiches Wissen über das Leben im Gastland unter Beweis stellen müssen.[13] Dieser Test mag zwar nicht besonders schwer sein (im Falle Großbritanniens bestehen ihn ungefähr 75 Prozent der Kandidaten und ein Scheitern ist meist auf mangelnde Sprachkenntnisse zurückzuführen),[14] doch die dahinterstehende Idee dürfte die sein, dass schon die Vorbereitung auf ihn bedeutet, dass man sich mit den verschiedenen Eigenarten der Gesellschaft vertraut macht, in die man eintritt, und sich in diesem Zuge auf die relevanten gesellschaftlichen und politischen Normen einstellt. Natürlich kann es keine Garantie dafür geben, dass die Einwanderin diese Normen wirklich selbst teilen wird. Ist sie aber dazu bereit, ihr Verhalten anzupassen, dann wird sie immerhin wissen, worin die Grundregeln bestehen, von denen erwartet wird, dass sie sie in ihrer neuen Gesellschaft befolgt.

Wie kann eine solche Politik zur Förderung der zivilen Integration gerechtfertigt werden? In den Augen mancher Kritiker sind Maßnahmen wie diese Beispiele für einen »repressiven Liberalismus«, nämlich dadurch, dass sie die Einwanderer dazu zu drängen versuchen, ihre bisherigen Überzeugungen und Wertvorstellungen aufzugeben und sich den liberalen Prinzipien von Freiheit und Gleichheit zu verschreiben.[15] Dass das Ziel der zivilen Integration in der Veränderung der Denkweise von Menschen besteht, sofern sie nötig ist, steht außer Frage. Doch zur Verteidigung dieser Maßnahme können trotzdem drei Dinge vorgebracht werden. Erstens besteht das Ziel zum Teil darin, die Einwanderer mit den sprachlichen, sozialen und politischen Fähigkeiten auszustatten, die sie dazu in die Lage versetzen werden, im vollen Umfang von der Gesellschaft zu profitieren, der sie beitreten – ist diese Gesellschaft also auf Normen der Chancengleichheit und der politischen Gleichheit festgelegt, dann ist es aus dieser Perspektive schwierig, Programme zur zivilen Integration zu kritisieren. Sicherlich enthalten sie ein paternalistisches Moment, insofern die Teilnahme daran zu einer Vorbedingung eines dauerhaften Aufenthaltsrechts und/oder einer Naturalisierung gemacht wird, statt einfach dem Belieben des Einwanderers überlassen zu bleiben; ein Paternalismus von solcher Art ist allerdings nicht schwer zu verteidigen, vor allem, wenn er dazu dient, im Falle der Frauen dem familiären Druck etwas entgegenzusetzen. Zweitens bringen einige Einwanderer Praktiken mit ins Land, deren Verbot die liberalen Gesellschaften zu Recht vorantreiben. Beispiele wären hier Zwangsehen und die Bestrafung des Abfalls vom Glauben. Wenn die Kommunikation liberaler Werte im Rahmen einer zivilen Integration gelingt, durch die die Einwanderer davon überzeugt werden, dass diese Praktiken inakzeptabel sind, dann ist das Rechtfertigung genug für sie. Und drittens bauen liberale Gesellschaften heutzutage die Vorbereitung auf den Erwerb der Staatsbürgerschaft routinemäßig in die Lehrpläne der Schulen mit ein;[16] sie sind nicht zögerlich, unter der heranwachsenden Generation liberale und demokratische Prinzipien zu propagieren, und sie sollten es auch nicht sein. Wenn sie dies aber schon für solche Bürger tun, die im Land geboren wurden, dann scheint es sinnvoll, dies ebenfalls für ihre künftigen Bürger zu tun, die im Ausland aufgewachsen sind. Was in beiden Fällen bereitgestellt wird, ist eine Kombination aus nützlichem Wissen, zum Beispiel Informationen darüber, wie das Wahlsystem funktioniert, und normativer Anleitung, die etwa den Wert und die Grenzen der Redefreiheit betrifft. Es ist vernünftig, anzunehmen, dass liberale Demokratien besser funktionieren, wenn all ihre Bürger dieses grundlegende Wissen und die mit ihm einhergehenden Prinzipien teilen.

Es heißt manchmal, dass eine Spannung, wenn nicht gar ein Widerspruch vorliegt zwischen dem Bestehen darauf, dass Einwanderer an Programmen zur zivilen Integration teilnehmen und/oder Einbürgerungstests ablegen, und dem in Kapitel 7 verteidigten Grundsatz, dass alle dauerhaft Aufenthaltsberechtigten nach einer gewissen Zeit ein Anrecht darauf haben, Staatsbürger zu werden. Ob wir es hier tatsächlich mit einem Widerspruch zu tun haben, hängt davon ab, wie einfach oder schwer es ist, das Programm zu durchlaufen beziehungsweise den Test zu bestehen, was wiederum vom Ausmaß der angebotenen Unterstützung abhängt, speziell in Bezug auf den Erwerb von Sprachkenntnissen. Der Inhalt der Tests selbst ist im Allgemeinen nicht sehr anspruchsvoll und erfordert hauptsächlich das Auswendiglernen der geforderten Antworten auf eine Reihe von Fragen. Der zurzeit gebrauchte US-amerikanische Einbürgerungstest zum Beispiel enthält 100 Fragen, von denen der Kandidat im Verlauf eines

Interviews sechs von zehn richtig beantworten muss. Die Themen drehen sich um Details zur Verfassung und zum Regierungssystem, um zentrale Ereignisse in der amerikanischen Geschichte und wichtige Symbole wie Flagge und Nationalhymne. Die meisten Fragen lassen auch alternative Antwortmöglichkeiten zu. Der kanadische Test ist im Großen und Ganzen genauso, nur dass er einige Fragen enthält, in denen es um Prinzipienfragen wie um die mit der Staatsbürgerschaft einhergehende Verantwortung und um die Gleichheit von Mann und Frau geht. Er weist das Format eines Multiple-Choice-Tests auf und erfordert 15 richtige Antworten auf insgesamt 20 Fragen. Der neue britische Test, der im Jahr 2013 eingeführt wurde, sticht durch die recht detaillierten Kenntnisse zur britischen Geschichte, Kultur und politischen Praxis hervor, die erforderlich sind, um ihn zu bestehen. Obwohl er am Ende ein Gedächtnistest ist, der auf einem 143-seitigen Heft basiert,[17] ist zu bezweifeln, ob viele im Land geborene britische Bürger zu den 75 Prozent erfolgreichen Absolventen gehören würden, ohne sich speziell vorzubereiten.

Joseph Carens hat sich gegen solche Tests ausgesprochen, und zwar, weil sie im Falle derer, die an ihnen scheitern, gegen den Grundsatz verstoßen, dass alle über lange Zeit im Land Ansässigen das Anrecht darauf haben, eingebürgert zu werden; daneben aber auch, weil diese Tests die Anforderungen an kompetente Staatsbürger nicht nachvollziehen: »Das für verständige politische Urteile erforderliche Wissen ist komplex, facettenreich und oft intuitiv. Es ist nichts, was mit einem Test solcher Art eingefangen werden könnte.«[18] Das ist zweifellos richtig. Doch missversteht dieser Einwand den Zweck von Einbürgerungstests. Sie sind nicht dazu gedacht, zwischen kompetenten und inkompetenten künftigen Bürgern zu unterscheiden. Vielmehr erfüllen sie zwei Aufgaben. Die eine besteht darin, einen Ansporn für diejenigen bereitzustellen, die sich auf den Test vorbereiten, um etwas über das politische System zu erfahren, dem sie unterstehen, und zumindest einige wenige Dinge über die Landesgeschichte und bedeutende nationale Zeichen und Symbole zu erfahren. Das gilt unabhängig davon, ob sie den Test bestehen oder nicht. Die zweite Aufgabe solcher Tests ist die, als eine implizite Aussage über die politischen Werte der Nation zum gegebenen Zeitpunkt zu dienen (wir sollten deshalb auch damit rechnen, dass sich ihr Inhalt mit der Zeit verändert, wie es in der Tat auch schon der Fall war).[19] Einbürgerungstests stellen nämlich eine der wenigen Gelegenheiten dar, in denen solche Aussagen tatsächlich formuliert werden. Wie ich bereits bemerkt habe, überzeugt die Vorbereitung auf und die Teilnahme an dem Test einen Einwanderer nicht davon, sich jene Werte anzueignen, aber sie zwingen ihn zu der Erkenntnis, dass dies die Prinzipien sind, von denen die Gesellschaft deutlich macht, dass sie sich an ihnen orientiert, was ihm immerhin einen prudentiellen Grund dafür an die Hand gibt, sich ihnen gemäß zu verhalten.

Wie steht es aber um jene, die trotz wiederholter Anstrengungen nicht bestehen? Deren Situation als dauerhaft anwesende Nichtstaatsbürger ist klarerweise atypisch und keine, um die sie zu beneiden wären, selbst wenn ihre sozialen Rechte so umfänglich geschützt sind, wie sie es sein sollten. Die Angelegenheit wird nun zu einer Sache des Ausgleichs von Gewinnen und Verlusten. Einbürgerungsprogramme und -tests (und die sie begleitenden Zeremonien) werden aus dem Wunsch heraus geschaffen, dass die Menschen den Erhalt der Staatsbürgerschaft als bedeutenden Erfolg wahrnehmen sollen. Die neuen Bürger sollen stolz sein auf das, was sie geschafft haben, selbst wenn ihr ursprüngliches Motiv dafür, sich um die Einbürgerung zu bemühen, instrumenteller Natur war. Dieser Fall kann aber nicht eintreten, wenn der Test zu einer bloßen Formalität mit einer hundertprozentigen Erfolgsquote wird. Wichtig ist, dass der Test für jeden zu bewältigen ist, der bei der Vorbereitung auf ihn einen gewissen Einsatz zeigt, und dass jene unterstützt werden, die beispielsweise Lese- oder Verständnisschwierigkeiten haben.

Die zurzeit in den vorhin erwähnten Ländern gebräuchlichen Tests scheinen mir zumindest die erste dieser Bedingungen zu erfüllen (obwohl der britische Test, wie angemerkt, eine erhebliche Vorbereitung erfordert). Trotzdem entscheidet sich eine große Zahl der dauerhaft Ansässigen nicht dazu, diesen Weg zur Einbürgerung zu gehen.[20] Das wirft eine weitere Frage auf, nämlich die, ob es für Menschen in dieser Situation für verpflichtend erklärt werden sollte, Staatsbürger zu werden – den Erwerb der Staatsbürgerschaft für sie also, um die vorhin eingeführte Terminologie zu benutzen, in den Rang einer Forderung zu erheben und nicht nur als bloße Erwartung zu betrachten. Dies ist kürzlich in einem Aufsatz von Helder de Schutter und Lea Ypi angeregt worden.[21] Obwohl beide die kontroverse Natur ihres Vorschlags anerkennen, führen sie eine Reihe von Argumenten zu seiner Plausibilisierung an. Eines davon lautet, dass er den gesellschaftlichen Zusammenhalt stärken würde, und ein anderes, dass er die Entstehung einer Zweikastengesellschaft verhindert und dabei auf einer Linie mit den demokratischen Argumenten von Michael Walzer und anderen liegt (siehe Kapitel 7). Das herausforderndste unter diesen Argumenten ist aber vielleicht das, dem zufolge dieser Vorschlag die darin bestehende Unfairness wettmachen würde, dass Menschen die mit der sozialen Zugehörigkeit verknüpften Rechte für sich beanspruchen, ohne irgendeine der potentiell beschwerlichen Pflichten der Staatsbürgerschaft zu übernehmen (Pflichten in Verbindung mit Wahlen, aber auch mit Geschworenendiensten sowie der Wehrpflicht).[22] Dies scheint das wohlbekannte Prinzip zu verletzen, dem zufolge »[…] man verpflichtet [ist], sich gemäß den Regeln einer Institution zu verhalten, wenn man freiwillig ihre Vorteile in Anspruch genommen hat oder sich von der von ihr gebotenen Möglichkeiten zu seinem Vorteil bedient hat, vorausgesetzt, die Institution ist gerecht oder fair […]«.[23] Von den meisten Langzeiteinwanderern lässt sich auf nachvollziehbare Weise sagen, dass sie der betreffenden »Institution« freiwillig beigetreten sind und klarerweise die Vorteile für sich in Anspruch genommen haben, die das Leben in einem Rechtssystem bedeutet, das den Schutz der Person sowie eine ganze Reihe von Gütern und Dienstleistungen wie Bildung und medizinische Versorgung anzubieten hat. Können sie deshalb auch der besonderen Verpflichtung unterliegen, zu Staatsbürgern zu werden und die Belastungen auf sich zu nehmen, die mit diesem Status einhergehen?

Als Antwort hierauf können wir zuerst fragen, ob eine moralische Pflicht dazu besteht, ein Staatsbürger zu werden, und zweitens, ob es auch eine rechtliche Pflicht dazu geben sollte, wie de
Schutter und Ypi vorschlagen. Das Fundament einer moralischen
Pflicht bildet, wie schon gezeigt, die Fairness. Nehmen wir jedoch
an, jemand beanspruche für sich, den weiteren Anforderungen
der Fairness Genüge getan zu haben – also beispielsweise gewis-
senhaft darauf geachtet zu haben, die Gesetze einzuhalten und
seine Steuern in vollem Umfang zu zahlen –, aber moralische Bedenken gegenüber einer Einbürgerung zu hegen. Worum könnte
es sich dabei handeln? Möglicherweise geht es um Einwände gegen den Treueschwur, der von ihm verlangt wird. In Kanada beispielsweise ist eine Gruppe von prospektiven Einwanderern 2014
vor Gericht gezogen, um gegen jenen Passus in diesem Eid vorzugehen, in dem sie ihre Treue gegenüber Elizabeth II. als Königin
von Kanada schwören sollten, und die Beteiligten beriefen sich
dabei auf ihre antimonarchistischen Überzeugungen und auf ihr
Recht auf Redefreiheit (das Gericht wies ihren Antrag zurück,
und zwar aus dem Grund, dass »die Bezugnahme auf die Königin
symbolisch für unsere Regierungsform und den ungeschriebenen
Verfassungsgrundsatz der Demokratie steht«).[24] Ein substantiel-
lerer Grund wäre die Opposition gegen eine bestimmte Politik,
die der Staat gegenwärtig verfolgt. Indem sie zur Staatsbürgerin
würde, so könnte die Kritikerin einwerfen, werde sie in die kollektive Verantwortung für zum Beispiel einen im Ausland geführ-
ten Krieg hineingezogen, den sie für grundlegend ungerecht hält.
Dem kann allerdings entgegengehalten werden, dass diese Person
durch ihre fortgesetzte Mitgliedschaft in der Gesellschaft *schon
längst* ihren Anteil an dieser kollektiven Verantwortung hat, weshalb die moralisch gebotene Handlung die ist, Staatsbürgerin zu
werden und gegen diese kritikwürdige Politik anzuarbeiten und
abzustimmen. Was die offizielle Formulierung des Eids angeht,
so kommt es darauf an, ob sie den Eidesleistenden dazu zwingt,
etwas zu bekennen, was gegen grundlegende Gerechtigkeitsprinzipien verstößt, und nicht darauf, ob die Formulierungen mit seinen persönlichen Überzeugungen übereinstimmen. Der US-ame-

rikanische Bürger, der seine Treue gegenüber der Verfassung schwören muss, kann ebenfalls persönliche Einwände gegen einige ihrer Klauseln hegen (zum Beispiel gegen die, die das Recht auf Waffenbesitz bekundet), aber als Ganzes betrachtet, stellt dieses Dokument einen Ausdruck der liberalen Prinzipien dar, auf die sich der Staat gründet. Weder formale noch inhaltliche Einwände scheinen daher stark genug dafür zu sein, das Fairnessargument zu kontern, das die Einbürgerung anzunehmen moralisch verpflichtend macht. Dennoch mag es immer noch Grund zur Zurückhaltung dabei geben, daraus auch eine rechtliche Pflicht zu machen. Erstens steht dies nämlich eindeutig in einem Gegensatz zur verpflichtenden Teilnahme an Einbürgerungstests, der Praxis also, die ich gerade eben erst verteidigt habe, und zwar deshalb, weil eine Person dann rechtlich dazu genötigt wäre, etwas zu tun, was sie eventuell nicht vermag, nämlich den relevanten Test zu bestehen, um die Staatsbürgerschaft zu erhalten.[25] Zweitens kann die moralische Verpflichtung zum Erwerb der Staatsbürgerschaft trotz des bisher zu ihren Gunsten Gesagten in bestimmten Fällen von den Forderungen des Gewissens übertrumpft werden. Es ist vorstellbar, dass eine Person einem religiösen Glauben anhängt, der es für sie unmöglich macht, einer säkularen Macht die Treue zu schwören. Gäbe es also eine an die Einwanderer gerichtete rechtliche Forderung danach, dass sie den Weg zur vollwertigen Staatsbürgerschaft beschreiten mögen, dann sollte es darin zumindest eine sich auf Gewissensgründe beziehende Klausel geben, der zufolge Menschen mit solchen Glaubensüberzeugungen davon ausgenommen werden können.[26]

Staatsbürgerin zu sein ist nicht nur ein formeller juristischer Status mit den dazugehörigen Rechten und Pflichten. Es ist auch eine soziale Rolle, die eine große Vielzahl von alltäglichen Aktivitäten beinhaltet, die vom Engagement in Nachbarschaftsinitiativen und Umweltorganisationen bis hin zum Protest gegen eine Regierungspolitik reichen, durch die einige Mitbürger (oder eben Fremde) ungerecht behandelt werden. Die meisten würden zustimmen, dass Betätigungen solcher Art jemanden zu einem »guten Bürger« machen, doch ist es nicht unumstritten, ob es auch moralisch verpflichtend ist, sie zu verrichten.[27] Deshalb ist es falsch, die Erlangung des formalen Staatsbürgerschaftsstatus von der Erbringung von Nachweisen darüber abhängig zu machen, dass jemand tatsächlich bereits politisch aktiv geworden ist oder sich auf andere Weisen gesellschaftlich eingebracht hat, die ein bürgerschaftliches Engagement seinerseits erkennen lassen. Und da es ein ganzes Spektrum an legitimen Aktivitäten gibt, an denen sich Personen in ihrer Eigenschaft als Bürger beteiligen, sollte es auch Einwanderern nicht zum Vorwurf gemacht werden, wenn sie etwas andere Vorstellungen von gesellschaftlichem Engagement haben. Abgesehen von der Anerkennung gemeinsamer Regeln ist es für die zivile Integration ebenfalls wichtig, dass die Menschen eine Verantwortung dafür verspüren, einen gesellschaftlichen Beitrag zu leisten; an einer zivilen Arbeitsteilung ist nichts Verkehrtes.

Der Wert der zivilen Integration wird kaum jemals infrage gestellt. Anders verhält es sich allerdings mit der kulturellen Integration. Es ist sehr umstritten, ob Staaten überhaupt darauf hinwirken sollten, Einwanderer darin zu bestärken (oder sie sogar dazu zu zwingen), sich kulturell in die angestammte Bevölkerung zu integrieren (wobei Letztere ohnehin kein in kultureller Hinsicht monolithischer Block ist, sondern sich vielmehr in gesellschaftliche Klassen, Regionen, religiöse Bekenntnisse und so weiter unterteilen dürfte). Das Argument gegen die kulturelle Integration weist eigentlich zwei Stoßrichtungen auf. Zum einen besagt es, dass diese repressiv ist, denn sie zwingt oder bringt Menschen dazu, ihren eigenen kulturellen Bezugsrahmen aufzugeben, um sich dem anderer anzupassen. Sie verstößt damit gegen den fundamentalen liberalen Grundsatz, dass die Menschen frei sein sollen, in Glaubens-, Geschmacks- und Wertfragen ihren eigenen Weg zu gehen (der auch der ihrer Vorfahren sein kann), solange sie dadurch nicht auf der gleichen Freiheit anderer herumtrampeln. Zweitens besagt es, dass kulturelle Integration überflüssig ist. Gesetzt den Fall, Einwanderer würden sich zivil und bis zu einem gewissen Grad auch sozial integrieren, dann wird dies genau die sozialen Bindungen schaffen, die für die Vermeidung von

Konflikten und für das reibungslose Funktionieren des demokratischen Staates erforderlich sind. In der Praxis, so lautet das Argument, wird sich die Kultur der Einwanderergruppen mit der Zeit verändern, wenn sie sich an das Leben in ihrer neuen Umgebung anpassen, doch es besteht keinerlei Notwendigkeit dafür, dass der Staat irgendetwas unternimmt, um diesen Prozess zu lenken oder zu beschleunigen. Seine Rolle mit Blick auf die Kultur besteht vielmehr darin, ein Umfeld zu schaffen, in dem viele verschiedene Kulturen koexistieren und gedeihen können; anders ausgedrückt, seine Politik sollte im Wesentlichen die eines (liberalen) Multikulturalismus sein.

Dies ist das Argument dagegen, die kulturelle Integration zu einem politischen Ziel zu erklären. Sogar Verteidiger des Multikulturalismus wie Will Kymlicka räumen jedoch ein, dass Einwanderung auch unweigerlich ein Prozess der kulturellen Transformation ist. Kymlickas Auffassung zufolge dürfen Einwanderer nicht erwarten, ihre eigene »gesellschaftliche Kultur« [*societal culture*] in ihrem neuen Land einfach reproduzieren zu können, wobei diese »eine Kultur ist, die ihre Angehörigen mit sinnvollen Lebensformen über das ganze Spektrum menschlicher Aktivitäten hinweg ausstattet, zu denen das soziale, schulische, religiöse, das der Erholung dienende und das ökonomische Leben zu zählen sind, die allesamt sowohl die Sphäre des Öffentlichen wie die des Privaten berühren«.[28] Erwartungen solcher Art dürfen sie deshalb nicht hegen, weil die gesellschaftliche Kultur von allgemeinen öffentlichen Institutionen – sozialen, schulischen, wirtschaftlichen und politischen – aufrechterhalten wird und Menschen, die auswandern, sich aus der einen Gruppe von Institutionen herauslösen und sich einer anderen unterstellen. Multikulturalismus für Einwanderer ist damit, zumindest nach Kymlickas Ansicht, eine These darüber, wie der Staat mit den privaten Kulturen verschiedener Gruppen umgehen sollte – und zwar eine, die besagt, dass die Angehörigen von Minderheiten bei der Wahrnehmung ihrer ökonomischen und anderen Lebenschancen nicht aufgrund ihrer kulturellen Zugehörigkeit benachteiligt werden sollten. Die Regeln in der Aufnahmegesellschaft müssen sich in bestimmter Weise dahingehend anpassen, dass sie Raum für die religiösen Überzeugungen oder besonderen ethnischen Praktiken der Migranten schaffen. Hier wird also eine Grenze zwischen privater und öffentlicher Kultur gezogen. Auf der einen Seite befindet sich die Kultur der breiten gesellschaftlichen Öffentlichkeit, die durch ihre Sprache, ihre Symbole und Institutionen zum Ausdruck kommt; diese müssen den Rang eines Gemeinschaftseigentums haben, da es nur eine Nationalflagge und nur eine nationale Verfassung geben kann. Auf der anderen Seite gibt es Platz für viele verschiedene Ausprägungen privater Kultur – für verschiedene Religionen, verschiedene Formen von Kunst und Literatur, verschiedene Esskulturen und so weiter. Der Multikulturalismus ist eine Sache des Respekts gegenüber solchen Differenzen oder sogar des Zelebrierens dieser Unterschiede. Er ist kein Argument gegen alle Formen kultureller Integration, zumindest nicht in Kymlickas Verständnis.[29] Vielmehr sollten seiner Auffassung nach multikulturalistische Politiken und solche der Nationsbildung als sich ergänzend angesehen werden:

Es ist ein Fehler, MKPs [multikulturelle Politiken] losgelöst vom größeren Kontext der öffentlichen Politiken zu betrachten, die die Identitäten, Überzeugungen und Bestrebungen der Menschen prägen. Ob MKPs zum Beispiel das Vertrauen oder die Solidarität stärken, wird sehr davon abhängen, ob sie Teil eines größeren politischen Pakets sind, mit dem gleichzeitig die Identifikation mit der größeren politischen Gemeinschaft gefördert wird. Fehlt es an adäquaten Politiken zur Nationsbildung, dann könnte eine bestimmte MKP die Solidarität und das Vertrauen schmälern, indem sie sich ausschließlich auf die Unterschiedlichkeit der betreffenden Minderheit fokussiert. Stehen solche Politiken hingegen zur Verfügung, dann kann dieselbe MKP Solidarität und Vertrauen sogar stärken, nämlich indem sie den Angehörigen der Minderheitskultur versichert, dass die von den Politiken der Nationsbildung beworbene umfassendere Identität eine inklusive ist, die sie auf faire Weise in sich aufnehmen wird.[30]

Das wahre Problem besteht demzufolge dann darin, wo die Grenze zwischen öffentlicher und privater Kultur gezogen werden soll:

Was sollte Platz im gemeinsamen kulturellen Rahmen finden, von dem man erwarten darf, dass sich die Einwanderer in ihn integrieren, und was nicht? Oder, in Kymlickas Worten gefragt, welche Arten von Nationsbildungspolitik sind gerechtfertigt?

Die, die sich der »kulturellen Integration« entgegenstellen, werden vorbringen, dass man sich die gemeinsame öffentliche Kultur als etwas recht Blutleeres vorstellen muss, insofern zu ihr nur die die Gesellschaft bestimmenden Prinzipien und politischen Institutionen und eventuell noch die Landessprache gehört, in der offizielle Entscheidungen debattiert und verkündet werden. Aber die Schwierigkeit dieses Vorschlags besteht darin, dass es unmöglich sein könnte, diese Dinge überhaupt zu verstehen, wenn man nicht wenigstens irgendeinen Begriff von dem größeren kulturellen Kontext hat, in den sie eingebettet sind.[31] Denken wir an die vielen Länder, in deren Grenzen nationale Minderheiten leben und die spezielle politische Vereinbarungen zur Berücksichtigung ihrer Identität und praktischen Bedürfnisse dieser Gemeinschaften getroffen haben, darunter Kanada, Spanien und das Vereinigte Königreich. Niemand könnte sich verständlich machen, warum sich in Quebec, Katalonien oder Schottland (zu Recht) eigene Parlamente mit sehr weitreichenden Entscheidungsbefugnissen herausgebildet haben, ohne über zumindest ein geringes Verständnis für die geschichtlichen Prozesse, in deren Zuge diese Vereinbarungen entstanden sind, und für die nationalkulturellen Differenzen zu verfügen, die ihren Fortbestand rechtfertigen. Ebenso wenig wären die spezifischen Ausprägungen, die demokratische Institutionen in einem bestimmten Land annehmen – ob es sich bei ihm um eine präsidiale oder parlamentarische Demokratie handelt, welche Form die Zweite Kammer annimmt, ob es eine konstitutionelle Monarchie oder eine Republik ist, ob es explizit kodifizierte Grundrechte im Stile einer Bill of Rights gibt und so weiter –, ohne Kenntnis der relevanten historischen Hintergründe zu begreifen. Das dürfte der Grund dafür sein, warum sogar die Einbürgerungstests, die sich vornehmlich auf politische Institutionen konzentrieren, von den Prüflingen einiges Wissen über diejenigen Ereignisse in der Vergangenheit erfordern, die diese

Institutionen geprägt haben. Deshalb müssen Einbürgerungskandidaten in den Vereinigten Staaten auch nicht nur die beiden Kammern des Kongresses betiteln oder erklären können, warum manche Staaten mehr Repräsentanten haben als andere, sondern auch dazu in der Lage sein, die Verfasser der *Federalist Papers* zu benennen und zu erklären, was den Bürgerkrieg ausgelöst hat.

Dies reicht allerdings immer noch nicht als Argument dafür hin, Einwanderer in die nationale Kultur im weiteren Sinne integrieren zu wollen, zu der auch die Würdigung kultureller Eigenarten wie Fest- und Feiertagen, bedeutender Künstler und Schriftsteller, landschaftlich reizvoller Orte, historischer Objekte, sportlicher Leistungen, populärer Unterhaltungskünstler und so weiter gehört.[32] Was könnte also eine Politik rechtfertigen, die dies zum Ziel hat? Wir können diese Frage erstens aus Perspektive der Einwanderer selbst und zweitens dann aus der der Einwanderungsgesellschaft insgesamt beantworten. Vom Standpunkt der Einwanderer aus betrachtet, werden diese, obwohl sie vermutlich viele Elemente ihrer mitgebrachten Kultur bewahren wollen und dabei in verschiedenen Hinsichten Ansprüche auf Hilfe und Unterstützung geltend machen können, doch ebenfalls ein Interesse daran haben, aus erster Hand etwas über die gesellschaftliche Kultur zu erfahren, die den physischen Raum so nachhaltig geprägt hat, in dem sie ab sofort leben werden. Vieles von dem, was sie um sich herum wahrnehmen, wird ihnen ohne jenes Hintergrundwissen rätselhaft erscheinen – und zudem riskieren sie, absichtlich oder unabsichtlich Anstoß zu erregen, wenn sie die nationale Bedeutung mancher Ereignisse oder Institutionen nicht begreifen.[33] Zudem könnten Einwanderergruppen diese gesellschaftliche Kultur in bestimmten Hinsichten verändern oder neue Elemente aus ihrer eigenen in sie hineintragen wollen (denken wir an die St. Patrick's Day Parade in New York oder den Notting Hill Carnival in London), doch dafür müssen sie erst einmal wissen, worum es sich bei dem handelt, was sie verändern wollen. Kulturell integriert zu sein wird es ihnen darüber hinaus leichter machen, sich sozial zu integrieren, was aus den bereits genannten Gründen wichtig sein wird, wenn die Einwanderer das Spektrum der Möglichkeiten, die ihnen ihre neue Gesellschaft bietet, voll ausschöpfen wollen. Erinnern wir uns, dass die letzte Integrationsstufe in Andersons Modell die der »informellen sozialen Integration« ist, die in ihrem Beispiel »sich dann vollzieht, wenn Angehörige verschiedener Ethnien sich beim Mittagessen miteinander unterhalten, in der Kaffeepause einen Plausch halten und in der Schulpause miteinander spielen«.[34] Doch worüber lässt sich plauschen, wenn nicht über das Baseball- oder Footballspiel vom Vorabend oder die neuesten Entwicklungen in der wechselhaften Karriere irgendeiner Medienberühmtheit? Und dafür ist eine Reihe von als selbstverständlich betrachteten Bezugspunkten erforderlich, die durch das Vertrautsein mit der gesellschaftlichen Kultur entstehen werden.

Aus Sicht der Einwanderungsgesellschaft ist kulturelle Integration wichtig, weil sie es den Einwanderern ermöglicht, sich stärker mit ihr zu identifizieren und deren nationale Identität als ihre eigene anzunehmen. Gewiss wird sie sich anpassen müssen, um der Anwesenheit der Einwanderer Rechnung zu tragen: Die historischen Narrative, die die Bürger aufnehmen, um sich klarzumachen, wer sie sind, müssen nun die Tatsache der Einwanderung und die daraus entstehende kulturelle Vielfalt mit umfassen. Dennoch bleibt es der Fall, dass eine gemeinsame nationale Identität eine Ressource ist, die einer Gesellschaft die Lösung von Problemen kollektiven Handelns, das Betreiben einer Politik der sozialen Gerechtigkeit und eine bessere demokratische Funktionsfähigkeit ermöglicht. Dabei ist es wichtig, dass diese Identität inklusiv sein sollte, da ein Teil ihres Sinns darin besteht, Vertrauen zwischen Gruppen zu stiften, die ansonsten dazu neigen würden, feindselig oder abschätzig miteinander umzugehen. Mein Argument basiert an dieser Stelle auf der einfachen psychologischen These, dass wir dazu neigen, mit denjenigen zu sympathisieren, ihnen zu helfen, zu vertrauen und Verantwortung für sie zu übernehmen, von denen wir spüren, dass wir etwas mit ihnen gemeinsam haben, und ein Identitätssinn erschafft ein solches Gefühl der Gleichartigkeit sogar gegenüber Menschen, mit denen wir nicht in unmittelbarem Kontakt stehen. Zur Stützung dieser

These stehen umfangreiche Belege zur Verfügung – zum Beispiel in Gestalt der Resultate von Experimenten, deren Teilnehmern mitgeteilt wurde, sie bekämen es darin mit Personen zu tun, mit denen sie eine bestimmte Eigenschaft teilen würden – und diese Information beeinflusst ihre Bereitschaft dazu, sich in verschiedenen Hinsichten hilfsbereit zu verhalten.[35] Um welche Eigenschaft es geht, ist dabei zweitrangig – es kann sich um einen bestimmten Kleidungsstil, eine politische Ideologie oder um die Hautfarbe handeln. Das bloße Wissen darum, dass jemand zur eigenen Identitätsgruppe gehört, ist dafür hinreichend, diese Neigung hervorzurufen, obwohl man der betreffenden Person nie persönlich begegnet ist. Die Uneinigkeit besteht also nicht im Hinblick darauf, ob eine Gesellschaft auf vielfältige Weise davon profitiert, dass ihre Angehörigen eine gemeinsame Identität besitzen, sondern verläuft zwischen denen, die glauben, eine dünne staatsbürgerliche Identität wäre für diesen Zweck ausreichend, und denen, die der Meinung sind, dafür bedürfe es einer dickeren nationalen Identität; sie kann allerdings auch als Debatte über die nationale Identität an sich und über das Ausmaß interpretiert werden, in dem kulturelle Elemente (als Gegenbegriff zu im engeren Sinne politischen Elementen) in sie einfließen müssen. Wie man erwarten würde, zeigen die Befunde, dass diejenigen, die einem gehaltvolleren und deshalb potentiell exklusiveren Verständnis davon anhängen, was es heißt, zu Nation X zu gehören, auch eher dazu neigen, sich stärker mit X zu identifizieren – und daher auch eher gewillt sind, sich mit anderen Angehörigen von X solidarisch zu zeigen, vorausgesetzt, sie haben sich in ihren Augen als deren würdige Vertreter erwiesen.[36]

Die kulturellen Bestandteile einer nationalen Identität werden naturgemäß die historische Kultur der Mehrheit der angestammten Bürger des Landes widerspiegeln, was sich als für die Integration hinderlich erweisen könnte. Dieses Problem stellt sich mit besonderer Schärfe bei der Religion, wenn die Glaubensüberzeugungen und -praktiken von Einwanderern mit etablierten religiösen Elementen der nationalen Kultur wie etwa einer Staatskirche oder der Präsenz religiöser Symbole in Schulen oder bei öffentlichen Zeremonien in Konflikt geraten. Manche Kritiker behaupten, dass ein Staat gegen die liberale Forderung nach einer gleichermaßen respektvollen Behandlung aller Religionen verstoße, wenn er einer bestimmten Religion wie zum Beispiel dem Christentum einen Vorrang einräumt. Martha Nussbaum etwa, eine ausgesprochene Kritikerin religiöser Bevorzugung, argumentiert, dass durch sie all jene »untergeordnet« oder »marginalisiert« würden, die nicht der favorisierten Religion angehören, was auf eine öffentliche Bekundung des Inhalts hinauslaufe, sie seien Bürger zweiter Klasse.[37] Dies betreffe auch rein symbolische Formen der Anerkennung, welche ihr zufolge den Minderheiten die Botschaft übermitteln, dass sie eigentlich nicht wirklich zu der in Rede stehenden Nation dazugehören würden. Am Beispiel von Kruzifixen in italienischen Klassenzimmern erklärt sie, dass »manche religiösen Symbole, die auf Betreiben der Regierung präsentiert werden, die Gleichstellung der Bürger im öffentlichen Raum bedrohen«.[38] Die Schwierigkeit besteht hier darin, herauszufinden, wie solche Darstellungen zu interpretieren sind: Sollen sie einfach nur das katholische Erbe des Landes anzeigen, wozu auch das traditionelle Erscheinungsbild seiner Schulen gehört, oder übermitteln sie die Botschaft, dass nur Katholiken »richtige« Italiener sein können, wie Nussbaum suggeriert? Zudem kann jeder Befürwortung oder Unterstützung kultureller Ausdrucksformen seitens des Staates gleichermaßen der Vorwurf gemacht werden, nicht allen Bürgern den gleichen Respekt entgegenzubringen. Was wäre, wenn die französische Regierung beschließen würde, zur Förderung der französischen Sprache die einheimische Filmindustrie zu subventionieren, oder die britische Regierung den Entschluss fassen würde, Gratisausgaben von Shakespeares Werken an Schulkinder zu verteilen, weil sie möchte, dass diese sich einiges von der Sprache und den Bilderwelten seiner Stücke aneignen? In beiden Fällen können Einwanderer den Eindruck haben, ihre eigenen Kulturen würden nicht als gleichwertig angesehen werden. Hätten sie aber irgendeinen Grund für die Auffassung, dass ihr Status als gleichberechtigte Bürger dadurch geleugnet würde?

Um die Gleichwertigkeit von Minderheitengruppen zu schützen, müssen drei Bedingungen erfüllt sein. Erstens muss der Staat gewährleisten, dass Lebenschancen, seien sie wirtschaftlicher, bildungsbezogener oder politischer Art, nicht aufgrund der Zugehörigkeit zu einer religiösen oder ethnischen Gruppe beeinträchtigt werden, außer natürlich, wenn die eigene Kultur der betreffenden Gruppe die Quelle dieser Beeinträchtigung ist (zum Beispiel dürfen wir nicht erwarten, in den US-amerikanischen Streitkräften auf Quäker zu stoßen oder Juden zu begegnen, die als Schweinemetzger arbeiten). Dies mag es erforderlich machen, die betreffende Gruppe von bestimmten rechtlichen Beschränkungen auszunehmen oder ihr auf andere Weise entgegenzukommen. Wie weit dieses Entgegenkommen aber genau gehen soll, um hier eine Chancengleichheit herzustellen, dürfte umstritten sein, da man ebenfalls mit gutem Grund verlangen könnte, dass sich die für die Gruppe spezifischen Praktiken wandeln, um es ihren Mitgliedern leichter zu machen, mit den bestehenden Einschränkungen zu leben – hier bedarf es eines Dialogs zwischen beiden Seiten und ihrer Bereitschaft zum Geben und Nehmen.[39] Dennoch ist das zugrunde liegende Prinzip klar. Zweitens muss der Staat dort, wo er bestimmten, auch kulturell definierten Gruppen bereits Förderung angedeihen lässt, dies auf unparteiische Weise tun. Um noch einmal ein schon genanntes Beispiel heranzuziehen: Subventioniert ein Staat Streichquartette, dann muss er auch dazu bereit sein, dies mit Steelbands und Mariachi-Ensembles zu tun. Gewährt er den Kirchen Steuererleichterungen, muss er dies auch bei Tempeln, Moscheen und Synagogen tun. Anders gesagt, wo es um eine private Kultur geht, sollte er einem Prinzip der Gleichbehandlung folgen, ganz gleich, ob das »keine Subventionen für irgendeine Gruppe« oder »gleiche Zuschüsse für sie alle« bedeutet. Drittens haben alle Gruppen im Bereich der öffentlichen Kultur ein gleiches Mitspracherecht, wenn es um die Überprüfung bestehender Praktiken geht oder über die Einführung neuer Praktiken nachgedacht wird. Dies kann alle möglichen Dinge betreffen, von der Gestaltung der Nationalflagge über die Inhalte des öffentlichen Rundfunks bis hin zur Stellung der Staatskirche (sofern eine vorhanden ist). In einer Demokratie müssen solche Fragen letztendlich durch Mehrheitsbeschluss entschieden werden, doch sollte es sich dabei um eine Mehrheit handeln, deren Ansichten sich in der Deliberation mit anderen Gruppen herausgebildet haben.

An dieser Stelle könnte man fragen, warum der Staat nicht einfach eine strikt neutrale Haltung in Bezug auf alle kulturellen Angelegenheiten einnimmt und sich dadurch von vornherein von jedem Vorwurf freihält, dass bestimmte Gruppen benachteiligt oder »marginalisiert« würden.[40] Eine Entgegnung auf diesen Vorschlag lautet, dass strikte Neutralität in jedem Fall unmöglich ist. Kymlicka vertritt diese Auffassung im Hinblick auf die Sprache, wenn er schreibt:

> Einer der wichtigsten Bestimmungsfaktoren dafür, ob eine Kultur überlebt, ist die Frage, ob ihre Sprache die der Regierung ist – also die des öffentlichen Schulwesens, der Gerichte und der Gesetzgebung, des Gesundheitswesens und so weiter. Legt eine Regierung die Sprache des öffentlichen Schulwesens fest, dann stellt sie damit etwas bereit, was wohl als die wichtigste Form der Unterstützung gelten kann, die eine gesellschaftliche Kultur braucht, da sie auf diese Weise die Weitervermittlung der Sprache und der mit ihr verknüpften Traditionen und Konventionen an die nächste Generation garantiert.[41]

Kymlicka geht hier ganz zu Recht davon aus, dass es eine Sprache der Regierung geben *muss*, oder zumindest eine geringe Anzahl an offiziellen Sprachen. Ebenso muss es eine Nationalflagge und eine Nationalhymne geben; existiert ein öffentlicher Rundfunk, dann muss ein von der Regierung einberufenes Gremium darüber entscheiden, was ausgestrahlt werden soll; gibt es einen landesweiten Lehrplan für die Schulen, dann muss ein anderes Gremium darüber befinden, was er beinhalten soll, und so weiter. Keine dieser Entscheidungen ist, von einem kulturellen Standpunkt aus betrachtet, strikt »neutral«. Wie Kymlicka es ausdrückt, ist eine Politik der »wohlwollenden Gleichgültigkeit« hier einfach nicht durchführbar.

Es gibt allerdings andere Politikbereiche, in denen wohlwollende Gleichgültigkeit zwar eine Möglichkeit wäre, es aber ein legitimes öffentliches Interesse daran gibt, dass der Staat hier eine aktive Rolle übernimmt. Denken wir zum Beispiel an all die Entscheidungen, die über die Flächennutzung getroffen werden müssen: Wo sind Straßen und Schienenwege anzulegen? Welche Gebiete sollen der industriellen Nutzung und welche zu Wohnzwecken dienen oder als Erholungs- oder Naturschutzgebiete ausgewiesen werden? Was also ist an welcher Stelle zu bauen und unter welchen Auflagen in Bezug auf Gestaltung und Erscheinungsbild etc.? Im Prinzip könnte sich der Staat aus diesen Entscheidungen heraushalten, das verfügbare Land versteigern und alles Weitere der Regelung durch den Markt überlassen; die Leute würden auf das Land bieten, das sie zu privaten, kommerziellen oder kulturellen Zwecken nutzen wollen, und dann den entsprechenden Gebrauch von ihm machen. Doch abgesehen vielleicht von extremen Libertariern würde kaum jemand dies für ein wünschenswertes Ergebnis halten. Die regulierte Flächennutzung kann nämlich eine Reihe von öffentlichen Gütern erzeugen, seien sie ästhetischer Art (wie den Schutz von Gebieten von außergewöhnlicher landschaftlicher Schönheit oder eine integrierte Stadtentwicklung), der Erholung dienender Art (zum Beispiel den Zugang zu öffentlichen Sportanlagen oder zu Wildnisgebieten) oder ökologischer Art (etwa die Bewahrung natürlicher Ressourcen oder den Schutz der Lebensräume gefährdeter Tierarten). Solche politischen Entscheidungen werfen unweigerlich kulturbezogene Fragen in einem weiteren Sinne auf. Sie werden den relativen Wert widerspiegeln, den die Menschen, die sie fällen, Zielen wie dem beimessen, in einer ansehnlichen Stadt zu leben oder die Umwelt zu schützen, und das sind Dinge, über die es verschiedene Meinungen geben dürfte. Ein besonders klares Beispiel für die kulturelle Bedeutung des öffentlichen Raums sind die Konflikte, zu denen es dort gekommen ist, wo Minderheitenreligionen die Absicht kundgetan haben, Gebäude in traditionell von christlichen Kirchen geprägten Gegenden zu errichten, welche die historische Kultur der Mehrheitsgesellschaft repräsentieren.[42] Hier stehen sich auf der einen Seite diejenigen gegenüber, die glauben, dass das Erscheinungsbild des öffentlichen Raums weiterhin ihre eigene kulturelle Identität als Angehörige der Mehrheit widerspiegeln sollte, und auf der anderen jene, die der Meinung sind, dass dieses Bild die Vielfalt einer multikulturellen Gesellschaft aufzeigen sollte, indem es alle Formen des religiösen Ausdrucks gleichermaßen würdigt. Obwohl es nun zwar möglich ist, dass man in einer solchen Angelegenheit zu einer pragmatischen Lösung kommt, die die Präsenz von Symbolen kultureller Minderheiten im öffentlichen Raum erlaubt, ohne dabei den kulturellen Vorrang der Mehrheit zu untergraben, so wäre dies doch keine »Neutralität« im Sinne einer Gleichbehandlung.[43] Sie würde vielmehr einen fairen Kompromiss zwischen den konfligierenden kulturellen Ansprüchen der Mehrheit und der Minderheitengruppen darstellen.

Was heißt kulturelle Integration im Lichte dessen? Halten wir als Erstes fest, dass es, anders als bei der zivilen Integration, überhaupt keinen Sinn ergäbe, von ihr als von einem *Erfordernis* zu sprechen: Es gibt kein kulturelles Äquivalent zur rechtlichen Erlangung der Staatsbürgerschaft. Kulturelle Integration könnte, um Carens' Unterscheidung zu gebrauchen, bestenfalls ein Wunsch und vielleicht sogar eine Erwartung sein. Was gehört dazu? Die Einwanderin muss die Bedeutung der öffentlichen Kultur der Gesellschaft, in die sie Eingang gefunden hat, sowohl verstehen als auch akzeptieren. Sie sollte anerkennen, dass diese Kultur zum Ausdruck zu bringen oder zu bestärken einen guten Grund bei der Unterstützung eines politischen Vorschlags darstellen kann, und auch, dass es Kontexte gibt, in denen es zulässig ist, ihr einen symbolischen Vorrang einzuräumen. Gleichzeitig hat sie ein Recht darauf, angehört und ernst genommen zu werden, wenn irgendein Aspekt dieser Kultur kontrovers wird. Zudem ist sie zu der Erwartung berechtigt, dass man ihrer privaten Kultur entgegenkommt und sie, je nach Situation, auf angemessene Weise unterstützt. Ein Einwanderer muslimischen Glaubens darf deshalb, um auf das Beispiel der italienischen Klassenzimmer zurückzukommen, zwar die Erwartung hegen, dass sich seine Töchter sittsam kleiden und ihr Kopftuch in der Schule tragen dürfen, sollte aber keinen Einspruch gegen das Vorhandensein eines Kreuzes als Symbol des italienischen katholischen Erbes erheben.[44] Die Angehörigen von Minderheitenreligionen sollten die Freiheit und die Gelegenheit zur Errichtung von Gebetsstätten besitzen, die ihren religiösen Bedürfnissen genügen, jedoch keinen Einspruch erheben, wenn von ihnen verlangt wird, in der Gestaltung dieser Gebäude den bestehenden Charakter des öffentlichen Raumes zu wahren, indem diese zum Beispiel nicht die Kirchen in der Umgebung dominieren. Eine vollständige kulturelle Integration macht es zum einen erforderlich, dass die Angehörigen der einheimischen Mehrheit begreifen, warum die privaten Kulturen der Einwanderer respektiert werden müssen, und dass sie ihre bereitwillige Unterstützung für die dafür erforderlichen Maßnahmen anbieten; und zum anderen, dass die Einwanderer selbst die öffentliche Kultur der Gesellschaft, an der sie teilhaben, verstehen und annehmen.[45]

Ich habe dieses Kapitel damit begonnen, Integration als die oft vorgeschlagene Antwort auf das Problem gewaltsamer Ausschreitungen zu präsentieren, von denen einige liberale Demokratien mit lokal konzentrierten migrantischen ethnischen Minderheiten sporadisch betroffen waren. Durch die Unterscheidung von sozialer, ziviler und kultureller Integration habe ich zu erklären versucht, was den spezifischen Wert dieser verschiedenen Integrationsformen ausmacht und welche Maßnahmen ein liberaler Staat legitimerweise ergreifen kann, um sie zu fördern. Ich möchte betonen, dass die in diesem Kapitel skizzierten Politiken der Integration und der sozialen Gerechtigkeit, wie ich sie im siebten Kapitel dargelegt habe, zusammengenommen betrachtet werden müssen. Wenn wir sagen, dass sich Einwanderer darum bemühen sollen, sich sozial, zivil und kulturell zu integrieren, dann müssen wir gleichzeitig auch sagen, dass sie ein Recht darauf haben, als Gleiche in das wirtschaftliche und politische Leben miteinbezogen zu werden und auf gleiche Weise von den Leistungen des Wohlfahrtsstaates zu profitieren. Das ist der Kern des reziproken Han-

dels zwischen Einwanderer und Gastgesellschaft. Es ist nicht hinnehmbar, wenn Einwanderer die volle Bandbreite von Maßnahmen
gegen Diskriminierung und für Chancengleichheit verlangen
und sich gleichzeitig das Recht vorbehalten, sich in kulturellen
Enklaven von der übrigen Gesellschaft zu isolieren; ebenso wenig hinnehmbar ist es aber auch, wenn Politiker ihnen Bekenntnisse zu einer uneingeschränkten nationalen Loyalität abverlangen, ohne ihnen gleichzeitig den Schutz und die Unterstützung
zuteilwerden zu lassen, durch die sie wie Bürger (oder werdende
Bürger) behandelt würden, deren Status dem der Einheimischen
völlig gleichgestellt wäre.

Neun
Schluss

Seit ich begonnen habe, dieses Buch zu schreiben, ist kaum ein Tag vergangen, an dem es die Einwanderung als aktuell drängendes Thema nicht in die Zeitungen und digitalen Medien geschafft hätte. Das größte Einzelereignis dieser Zeit bestand im Grenzübertritt von Millionen Menschen, die auf der Flucht vor den Bürgerkriegen in Syrien und im Nordirak waren, ein Ereignis, das von António Guterres, dem [mittlerweile ehemaligen; Anm. d. Übers.] Flüchtlingskommissar der Vereinten Nationen, als »die größte humanitäre Notlage unserer Zeit« bezeichnet wurde. Die Hauptlast dieser humanitären Katastrophe ist von Staaten wie Jordanien und der Türkei geschultert worden, die außerhalb des Fokus meiner Untersuchung liegen, aber die sich allmählich ausbreitenden Folgen waren in ganz Europa zu spüren, als vor den Kampfhandlungen flüchtende Menschen sich von Asien und Nordafrika aus auf unsichere Wege gemacht haben, darunter den wohl berüchtigtsten, die gefährliche Schiffspassage über das Mittelmeer, die Tausende das Leben gekostet hat. In Europa selbst ist das Prinzip der Arbeitnehmerfreizügigkeit zusehends in die Kritik geraten und könnte tatsächlich sogar zum Hauptgrund für einen Austritt Großbritanniens aus der Europäischen Union werden.[1] Gleichzeitig führt die Anwesenheit von geschätzt elf Millionen undokumentierten Einwanderern in den Vereinigten Staaten zu hitzigen Debatten zwischen Demokraten und Republikanern, nicht zuletzt in Reaktion auf Präsident Obamas Entscheidung vom November 2014, bis zu fünf Millionen dieser Migranten eine gewisse Rechtssicherheit im Rahmen von Programmen zur einstweiligen Aussetzung ihrer Verfolgung zu gewähren.

Diese Ereignisse rufen starke Reaktionen hervor: oft eine moralische Empörung aufseiten derer, die mit den Einwanderern sympathisieren, und bitteren Unmut bei denen, die Einwanderer für Glücksritter auf der Suche nach Sozialleistungen halten. Hören wir zum Beispiel, was die liberaldemokratische [ehemalige] Unterhausabgeordnete Sarah Teather, Vorsitzende der parteiübergreifenden Parlamentariergruppe zur Flüchtlingsfrage, an dem Tag zu sagen hatte, an dem die Regierung ihre Unterstützung für einen Beschluss der EU bekanntgab, dem zufolge Letztere ihre Such- und Rettungsoperation im Mittelmeer drastisch einschränken werde:

Diese Entscheidung ist zutiefst deprimierend. Wir lassen Menschen aus völlig unbegründeten politischen Motiven ertrinken. Das zeigt, dass die Regierung in Sachen Einwanderung einen neuen Tiefpunkt der Unmenschlichkeit erreicht hat.

Wir können nicht so tun, als habe dieses Problem nichts mit uns zu tun, und uns heraushalten, während Menschen sterben. Es ist die von uns verfolgte Politik, Europa in eine Festung zu verwandeln, in die es keine sicheren Wege hinein gibt, die die Migranten dazu zwingt, ihr Leben zu riskieren. Wir zwingen Menschen vor die Alternative, entweder in ihren vom Krieg gezeichneten Ländern zu sterben oder im Meer zu ertrinken.[2]

Viele andere innerhalb und außerhalb des Parlaments äußerten sich auf ähnliche Weise. Wenn wir uns dagegen die rechtsgerichtete Presse ansehen, besonders die *Daily Mail*, Großbritanniens am zweithäufigsten gelesene Zeitung, dann stoßen wir dort auf einen steten Strom von Artikeln, die immer wieder die von Einwanderern verursachten angeblichen finanziellen Belastungen hervorheben, und dies im Verein mit verstörenden Berichten über deren Betragen, wie zum Beispiel der folgenden Schilderung des Schicksals, das die Schwäne Ihrer Majestät auf einem Flüsschen in der Nähe von Peterborough erwartet:

Erstmals gibt es unumstößliche Beweise dafür, dass Schwäne und eine große Anzahl von Fischen durch Einwanderer getötet werden, die ein Lager am Fluss Nene aufgeschlagen haben und dort in der Landwirtschaft beschäftigt sind.

Von den über 16 000 neuen Migranten aus Osteuropa, die in den letzten fünf Jahren ins Land gekommen sind, haben sich jene, die nicht in der Lage – oder nicht gewillt – sind, für eine Unterkunft in Peterborough aufzukommen, wieder den Lebensstil urzeitlicher Jäger und Sammler angeeignet, obgleich solcher mit einer Vorliebe für große Mengen starken polnischen Wodkas und Biers.

Dutzende Einwanderer haben sich dauerhaft entlang des ganzen Flusses Nene niedergelassen und leben dort in primitiven Hütten, die sie aus Holz und Plastikplanen zusammengezimmert haben.

Mit einfachen Schlingen und Netzen ausgestattet, begeben sich deren Bewohner auf die Jagd nach Schwänen, Fischen, Hasen, Tauben und sogar Schnecken – sie werden allesamt aus diesem für viel Geld renaturierten Habitat gestohlen und über offenen Feuern gegart.[3]

In so einem politischen Klima ist es schwierig, eine Strategie für ein systematisches und ausgewogenes Nachdenken über das Thema Einwanderung zu entwickeln.[4] Bewegt man sich mehr in die eine Richtung, wird einem Gefühlskälte gegenüber schutzlosen und verzweifelten Menschen vorgeworfen; bewegt man sich eher in die andere, wird man als elitär beschimpft und so betrachtet, als verstehe man nichts von den Folgen, die die Einwanderung für die Arbeitergemeinden haben kann.[5] Der erste Schritt besteht in der Anerkennung, dass auf beiden Seiten bessere und schlechtere Argumente im Spiel sind. Auf der Seite der Befürworter von Einwanderung und offenen Grenzen begegnen wir liberalen Idealisten, die sich besonders für die Rechte von Flüchtlingen und anderen engagieren, die sich aus ihrer verzweifelten Lage befreien wollen. Wir finden hier allerdings auch Wirtschaftsführer, für die Einwanderer eine willkommene Ergänzung der von Marx so genannten industriellen Reservearmee darstellen, indem sie zur Absenkung der Löhne auf das Minimum beitragen. Aufseiten der Verfechter von Einwanderungskontrollen finden sich engstirnige Fanatiker, die sich gegen jede Veränderung in der Art und Weise, wie ihre Nachbarn aussehen oder sich verhalten, sträuben, aber auch nachdenkliche Sozialdemokraten, die die Macht des globalisierten Kapitalismus fürchten und bürgerliche Solidarität für die einzige Gegenmacht halten, die sich ihm entgegenstellen könnte. Sich für mehr Einwanderung auszusprechen ist deshalb nicht immer ein Anzeichen von edler Gesinnung, und dagegen zu sein heißt nicht immer, einfach Vorurteile zu haben. Um hier nicht ins Karikaturhafte abzugleiten, müssen wir sowohl die Interessen der verschiedenen von der Einwanderung betroffenen Parteien verstehen – also der Einwanderer selbst, der Menschen in den Aufnahmegesellschaften und jener, die die Migranten zurücklassen – als auch das gesamte Spektrum an Werten, die im Spiel sind, wenn über sie diskutiert wird. Im Verlauf dieses Buches habe ich auf eine ganze Reihe dieser Werte Bezug genommen, allerdings ohne sie ausdrücklich zu benennen. Ich möchte dies jetzt nachholen, bevor ich anschließend einige generelle Schlussfolgerungen darüber anstellen werde, wie (und wie nicht) über Einwanderung nachgedacht werden sollte.[6]

Meine Argumentation hat sich auf vier Leitwerte gestützt. Der erste davon ist der schwache moralische Kosmopolitismus. Einwanderer sind menschliche Wesen. Wie immer auch wir mit ihnen umgehen, nie dürfen wir dabei ihren moralischen Status außer Acht lassen. Es ist uns im Besonderen nicht gestattet, uns ihnen gegenüber so zu verhalten, dass ihre Menschenrechte verletzt werden, und oft besteht für uns auch die positive Pflicht, am Schutz dieser Rechte mitzuwirken. Der schwache Kosmopolitismus geht allerdings noch weiter. Er verlangt auch, dass wir Gründe angeben, wenn wir uns dazu entschließen sollten, den Forderungen oder Bitten von Menschen nicht zu entsprechen, selbst in solchen Fällen, in denen es nicht um Rechte geht. Erinnern wir uns an die in Not geratene Wanderin aus Kapitel 2, die ein gutes Buch braucht. Diese Ausweitung des Kosmopolitismus ist wichtig, weil sie zeigt, warum die Einwanderungspolitik eines Staates auch dann noch moralisch vertretbar sein muss, wenn es kein Menschenrecht auf Einwanderung gibt, und zwar vertretbar in dem Sinne, dass denjenigen, denen der Zutritt verwehrt bleibt, gute Gründe für ihren Ausschluss genannt werden. Obwohl sich Menschenrechtsdiskurse keiner großen Beliebtheit unter denjenigen erfreuen, die eher eine rigide Haltung zur Einwanderung einnehmen, so würde ich es doch bezweifeln, dass sie den schwachen Kosmopolitismus an sich ablehnen würden. So sagen zum Beispiel diejenigen, die die (später zurückgenommene) Entscheidung der EU von 2014 in Schutz nehmen, der zufolge weniger Mittel für die Rettung von Migranten von seeuntüchtigen Booten im Mittelmeer bereitgestellt werden sollten, nicht, dass ihnen das Schicksal der Ertrinkenden gleichgültig wäre. Vielmehr argumentieren sie, dass die zuvor von Italien geleitete Such- und Rettungsoperation einen Anreiz für Schlepper geschaffen habe, in dieses Geschäft zu investieren, und damit insgesamt zu mehr Toten geführt habe. Selbst wenn man dieses Argument für heuchlerisch hält, so ist die ihm zugrunde liegende Prämisse doch kosmopolitischer Natur: Es möge diejenige Politik beschlossen werden, die zu weniger Todesfällen durch Ertrinken führt, unabhängig davon, wer die Opfer sind.

Der zweite Wert ist die nationale Selbstbestimmung. Die Bürger in demokratischen Staaten haben das Recht darauf, über die künftige Entwicklung ihrer Gesellschaft zu entscheiden (dies allerdings innerhalb der Grenzen, die von den besprochenen Restriktionen des schwachen Kosmopolitismus markiert werden). Da Einwanderung diese Entwicklung unweigerlich beeinflusst – einerseits durch die mit ihr einhergehenden demographischen und kulturellen Veränderungen und andererseits dadurch, dass die meisten der Neuankömmlinge zu gegebener Zeit selbst zu politisch aktiven Bürgern werden –, sind Entscheidungen darüber, welche und wie viele Einwanderer unter welchen Bedingungen aufgenommen werden sollen, allesamt für eine Demokratie bedeutsame Fragen. Im Zuge solcher Entscheidungen sollten die Bürger über die Ziele nachdenken, von denen sie möchten, dass ihre Gesellschaft sie erreicht. Dabei muss es nicht allein um ökonomische Ziele gehen; auch solche sportlicher, kultureller oder die Umwelt betreffender Art können hier zum Tragen kommen. Besonders mit Blick auf Wirtschaftsmigranten erfordert die nationale Selbstbestimmung daher einen recht großen Spielraum bei der Festlegung einer Einwanderungspolitik, die zu den von der Allgemeinheit unterstützten Werten der in Rede stehenden Gesellschaft passt.

Dieser Rekurs auf die nationale Selbstbestimmung könnte auf zweierlei Weise kritisiert werden. Die erste bestünde darin, den Gebrauch des Prädikats »national« infrage zu stellen. Selbstbestimmung, so werden viele sagen, ist zwar wichtig, sollte aber als Selbstbestimmung *von Bürgern* verstanden werden, ohne Bezugnahme auf die nationale Identität der Menschen, aus denen die Bürgerschaft besteht. Dies würde eine Menge Konfliktpotential aus der ganzen Einwanderungsthematik herausnehmen, da in diesem Fall Fragen nach den Kulturen von Einwanderern sowie nach ihrer Fähigkeit dazu, eine gemeinsame nationale Identität mit denen herauszubilden, die bereits in ihrer neuen Heimat leben, ihre Bedeutung verlieren würden. Die sich dann ergebende Problematik wäre die, ob Selbstbestimmung als ein Akt der Entscheidungsfindung zu verstehen sein soll, den einfach eine Mehrheit der sich ständig im Wandel befindlichen Menschenansammlung trifft, aus der sich die Bürgerschaft zu einem gegebenen Zeitpunkt zusammensetzt, oder ob sie nicht doch die Existenz eines »Volkes« in einem substantielleren Sinne voraussetzt – als Nation, die sich selbst als ein die Zeit überdauerndes Kollektiv mit gemeinsamer Vergangenheit und gemeinsam gehegten Visionen für die Zukunft versteht. Ich habe in Kapitel 4 einige Argumente zugunsten dieser stärkeren Lesart des Begriffs der Selbstbestimmung dargelegt.[7]

Die zweite Kritik zieht nicht den Wert der nationalen Selbstbestimmung an sich in Zweifel, sondern behauptet, dass sie keinen Vorrang vor den Bedürfnissen und Interessen von Einwanderern haben kann. Hier wird gesagt, dass unsere Gerechtigkeitspflichten Einwanderern gegenüber – ganz gleich, wer sie sind –, an erster Stelle stehen und sich dann an zweiter Stelle unsere Selbstbestimmungsabsichten, seien sie kultureller oder sonstiger Art, innerhalb dieser Grenzen abzuspielen haben. Diese Kritik ist schwerer abzuwehren, weil die von ihr aufgeworfene Frage zwar simpel, aber schwierig zu beantworten ist: Wie viel Wert sollten wir der Zugehörigkeit zu einer politischen Gemeinschaft beimessen, in der sich die Menschen miteinander und auch mit dem Unternehmen einer Nation identifizieren, das in der Vergangenheit begonnen worden ist und, so die Hoffnung, noch bis weit in die Zukunft andauern wird? Die richtige Antwort wird zum Teil (aber auch nur zum Teil) davon abhängen, inwieweit es die Bürgerinnen und Bürger tatsächlich wertschätzen, Mitglieder einer solchen Gemeinschaft zu sein.

Der zweite Wert, auf den ich mich in meiner Argumentation berufen habe, ist also wesentlich anfälliger für Kritik als der erste. Als Nächstes wende ich mich dem der Fairness zu, der meine Untersuchung auf zwei miteinander zusammenhängende Weisen geprägt hat. Die eine davon hat mit sozialen Praktiken zu tun und damit, wie diese konstituiert werden. Wenn die Modalitäten einer sozialen Praxis festgelegt werden, verlangt es die Fairness, dass darauf geachtet wird, wie Rechte, Verantwortlichkeiten, Vorteile und Belastungen unter den an ihr Beteiligten verteilt werden. Dies gilt ebenso in Bezug auf die Zuwanderungsregeln einer Gesellschaft wie in Hinsicht auf jeden anderen Aspekt des sozialen Lebens auch, trotz der Tatsache, dass die Einwanderer Neuankömmlinge sind. Es muss daher eine Balance zwischen den Ansprüchen gefunden werden, die sie zu Recht erheben dürfen, und den Verantwortlichkeiten, von denen man erwarten darf, dass sie sie auf sich nehmen. Dies schließt auf der einen Seite Laisser-faire-Regelungen wie die aus, die im neunzehnten Jahrhundert in Großbritannien und anderswo gängig waren und denen entsprechend Einwanderer einfach ohne jede Art von staatlicher Hilfe sich selbst überlassen wurden,[8] und auf der anderen Seite ein System, das Einwanderern großzügige und an keinerlei Bedingungen geknüpfte Unterstützung gewähren würde, ohne ihnen beispielsweise eine Pflicht zur Integration aufzuerlegen (was manchmal die treibende Ideologie mancher Gruppen zu sein scheint, die sich der Förderung der Immigration verschrieben haben).

Der zweite Aspekt der Fairness besteht darin, dass, sobald eine faire Praxis einmal etabliert ist, die an ihr Beteiligten das tun müssen, was in dieser Handlungsform für sie vorgesehen ist, und

Sanktionen formeller oder informeller Art zu erwarten haben, wenn sie es nicht tun. Das bedeutet Fairness also in Hinsicht auf die einzelnen an dieser Handlungsform beteiligten Personen, nicht aber mit Blick auf ihre globale Struktur; in letzterer Hinsicht meint sie beispielsweise, dass, wenn Einwanderer unter Auflagen oder für eine begrenzte Zeitdauer aufgenommen werden, man vernünftigerweise erwarten darf, dass sie die Bedingungen respektieren, unter denen sie aufgenommen worden sind, und nicht versuchen, sich ihren Verantwortlichkeiten zu entziehen oder Verzögerungstaktiken anzuwenden, um sich viel länger als bis zum vereinbarten Datum in der Gastgesellschaft aufzuhalten. Ich sollte betonen, dass dies unabhängig davon gilt, auf welchem Wege sie in die Gesellschaft hineingekommen sind – ob auf vollständig freiwilliger Basis oder als Flüchtlinge, die notgedrungen ausgewandert sind.

Fairness in diesen beiden Bedeutungen ist ein weithin anerkannter, obgleich nicht unanfechtbarer Wert. Jeder, der Einwanderung für ein bloßes Geschäft zwischen zwei unabhängigen Parteien – den Einwanderern und dem Aufnahmestaat – hält, wird zu der Auffassung tendieren, dass es auf beiden Seiten allein auf Freiwilligkeit ankomme: Welche Bedingungen der Einwanderer auch immer zu akzeptieren bereit ist, sie sind ipso facto gerecht. Wie ich im ersten Kapitel unter Verweis auf das Beispiel Henry Sidgwicks behauptet habe, war dies die Art und Weise, in der Liberale im neunzehnten Jahrhundert über Einwanderung nachdachten (insofern sie überhaupt über sie nachgedacht haben). Von der anderen Seite her gesehen, dürfte jeder, der sich ihr allein aus menschenrechtlicher Perspektive nähert, zu der Überzeugung neigen, dass die Ansprüche der Einwanderer als bedingungslose Anrechte behandelt werden sollten, ausgenommen vielleicht bei denjenigen, die schwerer Verbrechen für schuldig befunden worden sind. Dieser Ansatz hat etwas Seltsames an sich, denn er scheint Einwanderer tatsächlich als völlig Fremde zu behandeln, insofern er sie außerhalb der Reichweite von Prinzipien der Fairness und der Reziprozität verortet, die sich normalerweise wie rote Fäden durch unser soziales Leben ziehen.

Der vierte und letzte Wert, der meine Untersuchung beeinflusst hat, ist die Idee einer integrierten Gesellschaft – einer, in
der Menschen aus allen Bevölkerungsschichten und mit verschiedenen ethnischen und religiösen Wurzeln in enger Nachbarschaft
miteinander leben, sich zur Erlangung gemeinsamer Ziele zusammentun sowie frei und ungezwungen auf der Grundlage ihrer
Gleichberechtigung miteinander umgehen. Keine Gesellschaft
verwirklicht diese Idealvorstellung zwar jemals in Gänze, aber
sie kann als anzustrebendes Ziel und Leitlinie fungieren. Der Wert
der sozialen Integration ist sowohl mit der nationalen Selbstbestimmung verknüpft (da es, wenn eine Gesellschaft integriert
ist, für all ihre Mitglieder einfacher wird, das Gefühl zu erlangen,
Teil eines gemeinsamen nationalen Unternehmens zu sein) als
auch mit der Fairness (weil, wie ich in Kapitel 8 behauptet habe,
die Chancen verschiedener Gruppen eher ungleich sein dürften,
wenn diese Gruppen weithin getrennt voneinander leben), geht
aber über beide insofern noch hinaus, als dass er das Gefüge
der sozialen Beziehungen unmittelbar berührt. Auch dieser Wert
ist nicht unanfechtbar; es kommt darauf an, welches Gewicht
man der Förderung des sozialen Friedens und der Vermeidung
gesellschaftlicher Konflikte beilegt. Die Leserin mag an dieser
Stelle an Harry Limes Verdikt in Graham Greenes Roman *Der
dritte Mann* denken, der erklärt, dass dreißig Jahre Terror und
Blutvergießen unter den Borgias Michelangelo, da Vinci und
die Renaissance hervorgebracht haben und fünf Jahrhunderte
Frieden, Demokratie und Brüderlichkeit in der Schweiz die Ku-
ckucksuhr. Eine gespaltene, konfliktbehaftete Gesellschaft kann,
wie Harry damit nahelegt, immer noch große Kunstwerke hervorbringen. Ist das Rechtfertigung genug? Darüber hinaus verlangt die Integration manchen Migranten einen Preis ab, wenn
sie sich zum Beispiel durch Flucht ihrer Verfolgung entzogen
haben, um weiter an ihrer religiösen Lebensweise festhalten zu
können, nur um dann festzustellen, dass sie jetzt zaghaft dazu
angehalten werden, im Namen von Freiheit und Gleichheit ihre Glaubensüberzeugungen abzuschwächen oder ihre religiösen
Praktiken zu modifizieren. Dennoch, so behaupte ich, ist sie ein

Wert, der unser Nachdenken über Einwanderung anleiten sollte.

Die Einwanderungspolitik einer liberalen Demokratie sollte, so habe ich gesagt, von diesen vier Werten bestimmt sein: einem schwachen Kosmopolitismus, nationaler Selbstbestimmung, Fairness und sozialer Integration. Unweigerlich wird es Situationen geben, in denen sie in einer spürbaren Spannung zueinander stehen werden, etwa dann, wenn wir, wie in Kapitel 8 erwähnt, über die Bedingungen nachdenken, unter denen Einwanderer ein Anrecht auf Erwerb der vollen Staatsbürgerschaft erhalten sollen, und unsere Interessen an Fairness und sozialer Integration möglicherweise auseinanderzudriften beginnen. Doch bevor ich mehr zu den praktischen Konsequenzen meines Ansatzes sage, möchte ich zwei Hinsichten herausstreichen, in denen er sich von konkurrierenden Ansätzen unterscheidet – genauer von zwei in der Literatur zu findenden argumentativen Strategien, deren ich mich bewusst *nicht* bedient habe.

Ich beginne mit einer Wiederholung dessen, was am Ende des ersten Kapitels über die Vorzüge des Realismus im Nachdenken über Einwanderung gesagt worden ist.[9] Es ist sehr verlockend, auf die akuten ethischen Dilemmata, die sich im praktischen Umgang mit Einwanderern ergeben – wie etwa das, mit dem sich diejenigen konfrontiert sehen, die Rettungsschiffe im Mittelmeer befehligen, wenn es tatsächlich der Fall sein sollte, dass eine Politik der Rettung Anreize für noch mehr Migranten schafft, sich auf eine gefährliche Seereise zu begeben –, dadurch zu reagieren, dass man sich einige der Hintergrundbedingungen für ihre Entstehung einfach kontrafaktisch wegdenkt. Eine wohlmeinende Person könnte dazu sagen: Wir sollten zumindest alle Flüchtlinge retten und gleichzeitig intervenieren, um die Konflikte anzugehen, die diese in so großer Zahl hervorbringen, und deshalb besteht hier kein echtes Dilemma. Was aber, wenn es faktisch nur sehr wenig gäbe, was wir tun könnten, um solche Konflikte (den Bürgerkrieg in Syrien, das brutale repressive Regime in Eritrea, den fast vollständigen Zusammenbruch der politischen Ordnung in Libyen und so weiter) abzumildern – wenn Interventionen an solchen Orten die Lage nur noch verschlimmern würden oder unerwünschte Nebeneffekte hätten? In dem Fall können wir es durch einen Wechsel auf die Idealebene vermeiden, uns den Kopf zu zerbrechen und zu schweren Entscheidungen darüber kommen zu müssen, was tatsächlich zu tun ist; wir sind dann nicht länger dazu gezwungen, uns zu fragen, welches Prinzip oder welcher Wert als vorrangig zu betrachten wäre. Wie sähe zum Beispiel eine moralisch vertretbare Rettungspolitik aus? Verlangt sie von uns, ob als Privatpersonen oder als Vertreter unseres Staates, in lebensbedrohlichen Situationen einfach zu helfen, sobald wir im Zuge unseres normalen Alltagsgeschäfts zufällig auf sie stoßen, oder würde sie bedeuten, dass wir prophylaktisch einschreiten müssen, wenn bereits abzusehen ist, dass es zu solchen Situationen kommen wird? Inwiefern ist es erlaubt, die langfristigen Konsequenzen des Handelns gemäß dem Rettungsprinzip hier mit in Rechnung zu stellen?

Wie ich in Kapitel 1 angemerkt habe, können wir ein ähnliches Ausweichmanöver dann beobachten, wenn wir über Einwanderung vom Standpunkt globaler Gerechtigkeit her nachdenken und eine gerechte Einwanderungspolitik demgemäß als jene definieren, die ein demokratischer Staat in einer gerechten Welt verfolgen würde – einer Welt, in der zum Beispiel die Menschenrechte universell geachtet werden und die Ungleichheiten zwischen den Staaten viel geringer wären, als sie es gegenwärtig sind. In einer solchen Welt würden Menschen nur auswandern, weil sie dafür persönliche Gründe haben oder sich von der Kultur oder dem Klima einer bestimmten Gesellschaft angezogen fühlen; sie würden es nicht aufgrund von drängenden ökonomischen Problemen tun oder aus Angst vor der Verfolgung, die ihnen droht, wenn sie dort bleiben, wo sie sind. Weil viele Menschen Wert darauf legen, in ihren Herkunftsgemeinschaften zu verbleiben, können wir prognostizieren, dass das Ausmaß der Migration selbst bei offenen Grenzen nicht allzu groß wäre und der Migrationsstrom meist in beide Richtungen verliefe. Unter solchen Umständen wäre die Befürwortung der Freizügigkeit sicherlich die Standardposition und Restriktionen nur in besonderen Fällen gerechtfertigt – etwa, um ökologisch oder kulturell fragile Gegenden zu schützen, die auch für Einwanderer interessant sind. Doch dieser kontrafaktische Ansatz hilft uns nicht dabei, über Fragen wie die nachzudenken, wie im Hier und Jetzt unter verschiedenen Kategorien von Einwanderern auszuwählen sein soll, und zwar unter Bedingungen, in denen die Grenzen kontrolliert und die Gesamtzahl der Ankömmlinge aus Gründen der Art begrenzt werden muss, wie sie in Kapitel 4 dargelegt worden sind. Wenn wir uns mit dem Problem auseinandersetzen, ob es erlaubt sein kann, medizinisches Fachpersonal aus Entwicklungsländern anzuwerben, um große Personallücken im heimischen Gesundheitswesen zu schließen, dann wird es nicht sehr erhellend sein, zu fragen, welche Politik in einer Welt betrieben werden sollte, in der jedes Land die nötigen Ressourcen besäße, um zur Befriedigung seines Eigenbedarfs im medizinischen Bereich eine hinreichende Anzahl von Menschen auszubilden und zu beschäftigen.

Ich möchte hier außerdem davon abraten, eine Einwanderungspolitik danach zu beurteilen, dass man sich vorstellt, wie sie sich auf einzelne Individuen auswirken könnte, die von ihr betroffen sind. In der Literatur zur Einwanderung stößt man häufig auf Fallstudien über Migranten, die auf die eine oder andere Weise mit dem bestehenden Einwanderungssystem in Konflikt geraten sind und deren Geschichten dann herangezogen werden, um dessen Absurdität oder Unmenschlichkeit offenzulegen. Dabei kann es sich um Personen handeln, die es vor langer Zeit versehentlich versäumt haben, sich ein erforderliches Visum oder ein anderes Dokument zu beschaffen, um solche, die trotz ihrer ursprünglich illegalen Einreise zu guten und aufrechten Mitgliedern der Gesellschaft geworden sind, oder wiederum um solche, deren Lebensumstände einfach verzweifelt sind, denen aber die Aufnahme verweigert wird. Bei jedem moralisch empfindsamen Menschen werden solche Geschichten Bestürzung auslösen. Aber man kann keine kohärente Einwanderungspolitik und kein kohärentes Einwanderungssystem auf so einer Grundlage aufbauen, ebenso wenig, wie extreme Einzelfälle zu guten Gesetzen führen. Eine solche Politik muss für eine große Anzahl von Menschen betrieben werden können und die Gesamtfolgen bedenken, die die Implementierung der einen oder der anderen Regelung zur Aufnahme oder Einbürgerung von Einwanderern mit sich bringen würde; gleichzeitig muss sie aber auch den Individuen gegenüber fair sein. Wie ich im Verlauf dieses Buches immer wieder betont habe, muss unser Nachdenken über Immigration holistisch sein. Einwanderer aufzunehmen hat Konsequenzen, die je nach Einzelfall gut oder schlecht für die Gesamtgestalt und den Charakter der Gesellschaft sein werden, die sie aufnimmt. Was wir aus diesen Episoden lernen sollten, ist, dass es Gelegenheiten geben muss, in denen es Einwanderungsbeamten, Richterinnen und anderen gestattet ist, im Namen des gesunden Menschenverstands oder der Humanität Ausnahmen von der Regel zu machen; dagegen folgt aus ihnen nicht, dass das Regelwerk zugunsten einer totalen Gesetzlosigkeit komplett aus dem Fenster geworfen werden sollte.

Wenn wir also ohne kontrafaktische Idealisierungen und ohne uns auf unsere Intuitionen in Bezug auf Einzelfälle zu stützen über Einwanderung nachdenken müssen, womit sollen wir anfangen? Ich glaube, wir sollten mit der realistischen Prämisse beginnen, dass die Einwanderungssysteme der meisten liberalen Demokratien unter extremem Druck stehen, der von drei Hauptfaktoren verursacht wird: erstens davon, dass die Zahl der aufnahmewilligen Migranten viel größer ist als die Zahl derer, die diese Staaten aufzunehmen bereit sind; zweitens durch den Wert, den es gegenwärtig hat, auch nur einen Fuß in den Staat zu setzen, weil eine Person, sobald sie einmal, auf welche Weise auch immer, die entsprechende Grenze überquert hat, in den Genuss einer ganzen Palette rechtlicher Absicherungen kommt, die es schwierig machen, sie im Falle ihrer Ablehnung auch abzuschieben; und drittens durch die Ängste, Ressentiments und Vorurteile, die die Einheimischen vielen (obwohl nicht allen) Einwanderern gegenüber hegen, was einen erheblichen Druck auf die Regierungen dahingehend erzeugt, Obergrenzen festzulegen, die Grenzkontrollen weiter zu verschärfen und es auch für die bleibeberechtigten Einwanderer schwerer zu machen, sich sozial zu integrieren.[10] Ein solcher Zustand ist sowohl ethisch als auch politisch gesehen schlicht und ergreifend nicht hinnehmbar, führt zu Menschenrechtsverletzungen und sozialer Ungerechtigkeit aufseiten der Einwanderer einerseits und erzeugt aufseiten der Angehörigen der Aufnahmegesellschaft andererseits den Eindruck einer kulturellen Bedrohung sowie das Gefühl, einer Invasion ihrer Heimat beizuwohnen. Und er führt dadurch, dass das Thema Einwanderung auf der politischen Agenda stetig weiter nach oben rückt, zu einer weiteren Verzerrung demokratischer Politik, vor allem mit Blick auf Politiker links der Mitte – nordamerikanische Liberale und europäische Sozialdemokraten –, die ihre liberalen Instinkte permanent im Zaum halten müssen, um ihre Unterstützer aus der Arbeiter- und Mittelklasse nicht zu verprellen.

Was ist also zu tun? Was wir im Wesentlichen brauchen, ist eine nachvollziehbare Einwanderungspolitik, die öffentlich dargelegt und verteidigt werden kann, und auch die relevanten Informationen darüber, wie gut sie funktioniert, müssen öffentlich zugänglich sein. Diese sollten Antworten auf die Fragen beinhalten, wie hoch die Gesamtzahl der aufzunehmenden Einwanderer ist, wie mit denen aus den verschiedenen Kategorien verfahren wird, welche Auswahlkriterien angelegt werden und was von den Einwanderern in Bezug auf ihre Integration erwartet wird. Damit einhergehen müssen strenge Grenzkontrollen und eine rasche Prüfung des Status derjenigen, die als Asylsuchende oder im Rahmen eines temporären Schutzes vorläufig aufgenommen werden. Niemand kann behaupten, Grenzmauern und Grenzzäune seien erfreuliche Einrichtungen, doch wenn die Bürger die Einwanderungspolitik ihrer Staaten mittragen sollen, dann muss ihnen versichert werden können, dass sie auch effektiv durchgesetzt wird und die Einreiseberechtigten auch jene sind, die die in ihr formulierten Aufnahmekriterien erfüllen. Geht es in ihr auch um temporäre Migration, dann muss klar gezeigt werden, dass die Personen, die an entsprechenden Programmen teilnehmen, das Land im Anschluss auch tatsächlich wieder verlassen.

Wie wäre eine solche Politik nun inhaltlich zu gestalten? Im Verlauf dieses Buches habe ich mich wiederholt dafür ausgesprochen, dass die Einwanderungspolitik im gleichen Zuge und im

Einklang mit den sonstigen Zielen entwickelt werden muss, die eine Gesellschaft sich setzt, so dass es auf diese Frage keine allgemeingültige Antwort geben kann. Geht es um Zahlen, so werden Gesellschaften mit genügend Platz und/oder sinkenden Bevölkerungszahlen und/oder einem Arbeitskräftemangel der Einwanderung gegenüber im Allgemeinen eher positiv eingestellt sein, während Gesellschaften, die sich bereits überlaufen fühlen oder deren Kultur zu erodieren droht, diesbezüglich restriktiver sein werden. Gesellschaften, die bereits multikulturell sind, und darunter besonders die, die den Multikulturalismus zu einem Aspekt ihrer öffentlichen Politik gemacht haben, werden sowohl die Auswahl von Einwanderern als auch ihre Integrationspolitik anders angehen als solche, die relativ homogen sind und dies auch bleiben wollen. Geht es um die Auswahl von Wirtschaftsmigranten, dann wird der Fachkräftemangel in bestimmten Industriebereichen ein ausschlaggebender Faktor sein. Und so weiter.

Es gibt also keine einheitliche Integrationspolitik, die ein politischer Philosoph als die für alle liberalen Demokratien (geschweige denn für alle Gesellschaften) gerechte oder richtige ausweisen könnte. Trotzdem möchte ich behaupten, dass ihre allgemeine Gestalt die vier vorhin aufgezählten Werte widerspiegeln muss. Die von mir vertretene Position könnte man im weiten Sinne als »kommunitaristisch« und »sozialdemokratisch« bezeichnen. Sie legt sehr viel Gewicht auf den gesellschaftlichen Zusammenhalt und auf soziale Gerechtigkeit und betrachtet auch Einwanderungspolitiken aus diesem Blickwinkel. Sowohl Aufnahme- als auch Integrationspolitiken sollten darauf abzielen, sicherzustellen, dass Einwanderer zu vollen Mitgliedern der Gesellschaft werden, denen sie beitreten, von der einheimischen Mehrheit als gleiche Bürger behandelt werden, sich mit der Gesellschaft identifizieren und an ihrem sozialen und politischen Leben auf vielfältige Weise teilnehmen. Das bedeutet nicht »Assimilation«. Einwanderer sind auch dazu berechtigt, ihre gruppenspezifischen Identitäten und kulturellen Unterschiede zu bewahren. Aber da ihre Rechte und Chancen exakt die gleichen sein sollen wie die der Einheimischen, wäre es ein besorgniserregendes Zeichen, wenn es sich herausstellen sollte, dass sie in Bereichen wie Bildung, Wirtschaft und Politik merklich andere Erfolge erzielen als jene.

Eine manchmal an diese Auffassung herangetragene Kritik besagt, dass das Bestehen auf einer vollen Gleichbehandlung von Einwanderern die Ausgangsentscheidung darüber, ob sie aufgenommen werden sollen oder nicht, riskanter macht. Linda Bosniak hat die Staatsbürgerschaftspolitik der Gegenwart als »außen hart und innen weich« bezeichnet.[11] Noch etwas anschaulicher hat Kieran Oberman das gegenwärtige Nachdenken über Einwanderung als von einem »Kokosnusskonsens« dominiert bezeichnet, unter dessen Ägide scharfe Grenzkontrollen (die harte Schale) die Wenigen, die Aufnahme finden, von den Vielen trennen, bei denen dies nicht der Fall ist; die wenigen Auserwählten aber werden dann in Bezug auf ihre Rechte und ihren Status großzügig behandelt (das weichere Fruchtfleisch).[12] Es wird gesagt, dass dieser Konsens die Tatsache ignoriere, dass es viele Migranten gebe, die sehr bereitwillig auf einige der gegenwärtig angebotenen Vorzüge verzichten würden, wenn sie damit ihre Aufnahmechancen erhöhen könnten – so wären sie zum Beispiel glücklich damit, auf unbegrenzte Zeit als dauerhaft aufenthaltsberechtigte »Ausländer« [*denizens*] ohne Aussicht auf Erhalt der Staatsbürgerschaft im Land zu bleiben. (Dies wird manchmal als Argument für »weiche Grenzen« vorgebracht, dem zufolge das Überqueren einer geographischen Grenze weniger Relevanz im Hinblick auf die Anrechte des Migranten besitzt.) Ich habe dieser Kritik nun ein Zugeständnis gemacht, indem ich die Legitimität von (hinreichend reglementierten) Programmen zur temporären Migration anerkannt und damit Abstand von der starken Position Walzers genommen habe, nach der nur der volle Zugang zur Staatsbürgerschaft für jeden, der in die Gesellschaft eintritt, die Gefahr einer Tyrannei im Inneren vermeiden kann. Allerdings beharre ich auf der Ansicht, dass mit einer Gesellschaft etwas grundsätzlich nicht stimmt, in der dauerhaft eine Klasse untergeordneter Personen existiert, seien es unerlaubt eingereiste Migranten oder Personen, die irgendeinen unbefristeten Duldungsstatus besitzen, aber potentiell mit einer kurzfristig anberaumten Abschiebung zu rechnen haben. Ein solcher Zustand stellt einen eklatanten Verstoß gegen drei der vier Werte dar, die meine Untersuchung anleiten.[13] Die Tatsache, dass die Mitglieder dieser Klasse ihren Status als einen betrachten, der etwaigen Alternativen vorzuziehen ist, spielt dabei keine Rolle, ebenso wenig, wie man die Arbeit in Sweatshops mit Verweis darauf rechtfertigen kann, dass sich die Arbeiter ja mangels Alternativen selbst dazu entschlossen hätten, dort tätig zu sein.

Natürlich hängt all dies von den in Kapitel 3 und 4 vorgestellten Argumenten ab, die zeigen sollten, dass es kein grundlegendes Recht auf Grenzübertritte gibt und Staaten legitime Gründe dafür haben, die Einreise zu beschränken. Verwirft man diese Argumente, dann wird es nicht länger möglich sein, sich auf soziale Gerechtigkeit und sozialen Zusammenhalt als Gründe für eine Begrenzung des Zustroms von Einwanderern zu berufen; sie werden dann einfach von ihrem Recht auf Bewegungsfreiheit übertrumpft. Unklar bleibt allerdings nach wie vor der moralisch quälende Fall der Flüchtlinge. Diese haben kein unbeschränktes Recht darauf, sich für einen bestimmten Wohnort zu entscheiden, aber sehr wohl Anrecht auf einen sicheren Zufluchtsort, solange ihre Menschenrechte in ihren Heimatländern bedroht sind und es keine Möglichkeit gibt, die Quelle dieser Bedrohung zu beseitigen. Ich bin mit dieser Frage so verfahren, dass ich gesagt habe, jede Gesellschaft sei dazu verpflichtet, ihren fairen Anteil an der gemeinsamen Verantwortung zu übernehmen, die alle Staaten zum Schutz der Rechte von Flüchtlingen haben. Wie dieser faire Anteil für jeden einzelnen Staat genau auszusehen hätte, wird von gültigen internationalen Vereinbarungen abhängig sein. Wo es eine offizielle Vereinbarung über die Verteilung von Flüchtlingen gibt – entweder eine zwischen allen Staaten (was der beste Fall wäre) oder eine partielle zwischen einer Gruppe von Staaten –, wird die Pflicht darin bestehen, alle Asylanträge sorgfältig zu prüfen und so viele Bewerber aufzunehmen, wie es die Vereinbarung vorsieht, und die gegebenenfalls verbleibenden Antragsteller weiterzuleiten.[14] Besteht keine solche Vereinbarung, dann muss jeder Staat konzertierte Anstrengungen unternehmen, um zu ermitteln, wie groß sein fairer Anteil an der Flüchtlingslast wäre, und auf dieser Basis Flüchtlinge aufnehmen. Es wird natürlich angesichts des auf den Regierungen lastenden politischen Drucks zur Verringerung der Einwanderungszahlen und der eher negativen öffentlichen Meinung zu Flüchtlingen unweigerlich einen Anreiz dazu geben, diese Zahl eher zu unterschätzen. Aus diesem Grund glaube ich, dass die Pflicht besteht, auf Basis einer vertrauensvollen Zusammenarbeit zu versuchen, einen internationalen Mechanismus ins Leben zu rufen, der eine Überwachung der Flüchtlingsströme ermöglicht und dabei auf dem teilweisen Erfolg des bereits existierenden UN-Flüchtlingskommissariats aufbauen könnte,[15] sowie bereits im Voraus die Verpflichtung einzugehen, sich an dessen Empfehlungen zu halten, zumindest bis zu einem bestimmten Schwellenwert.

Dieser Ansatz lässt allerdings zwei schwierige Fragen noch ungeklärt. Die erste lautet, was wir tun sollten, wenn andere Staaten sich nicht an die Bedingungen des Flüchtlingsabkommens halten oder sich weigern, ihren fairen Anteil an der Verantwortung auf sich zu nehmen. Müssen wir als Angehörige eines verbündeten Staates dann einspringen und ungeachtet der Zahlen, um die es geht, die entstehende Lücke füllen?[16] Und die zweite Frage ist die, was zu tun ist, wenn die Anzahl der Flüchtlinge, die wir aufnehmen sollen, *selbst unter der Maßgabe eines fairen Verteilungsmechanismus* größer ist als die, die wir ohne die Entstehung gravierender Kosten für die soziale Gerechtigkeit und den gesellschaftlichen Zusammenhalt beherbergen und/oder integrieren können. Da Kostenfragen in die Idee einer fairen Verteilung mit einfließen, mag dieses zweite Szenario ungeachtet des sehr großen Flüchtlingsstroms, der durch die jüngsten Ereignisse im Mittleren Osten erzeugt worden ist, eher unwahrscheinlich sein. Trotzdem können wir uns eine Zukunft ausmalen, in der die Auswirkungen des Klimawandels und des Ressourcenschwunds große Teile der Erde praktisch unbewohnbar machen, so dass eindringlich gefragt werden muss, ob die aus dieser Entwicklung relativ unbeschadet hervorgegangenen Gesellschaften eine Pflicht dazu hätten, Flüchtlinge in einer Größenordnung aufzunehmen, die ihre eigenen Kulturen und politischen Institutionen völlig verändern würde. In beiden Fällen lautet die richtige Antwort meines Erachtens, dass die Verpflichtung zur Aufnahme unter solchen Umständen einen humanitären Charakter besäße und nichts wäre, was uns die Gerechtigkeit zu tun abverlangen würde, was dann auch heißt, dass es Sache der Bürgerinnen der Aufnahmegesellschaft wäre, darüber zu befinden – zur Zustimmung gezwungen werden könnten sie nicht, weder durch die Flüchtlinge selbst noch durch Dritte.[17]

Diese möglichen Entwicklungen, selbst wenn sie gegenwärtig noch recht weit in der Zukunft zu liegen scheinen, sind es, die mich dazu bewegen, die Flüchtlingsproblematik als »moralisch quälend« zu bezeichnen. Man sollte dem Dilemma nicht dadurch zu entgehen versuchen, dass man einfach darauf hofft, die Zahl der »echten« Flüchtlinge werde jederzeit überschaubar bleiben, oder indem man so tut, als würden die Kosten dafür, sie auch in großer Zahl aufzunehmen, jederzeit im Rahmen bleiben. Diese Kosten hängen natürlich davon ab, wie sehr jene, die sie aufnehmen müssten, die kulturellen und sonstigen Aspekte ihrer gegenwärtigen Art zu leben wertschätzen, welche von großen Einwandererströmen nachhaltig erschüttert würden. Ich bin über den gesamten Verlauf meiner Argumentation hinweg von der Auffassung ausgegangen, dass der Widerspruch gegen die Aufnahme einer großen Zahl von Flüchtlingen, der sich in den Meinungsumfragen widerspiegelt, kein bloßer Ausdruck von Vorurteilen ist, sondern einer echten Angst vor kultureller Entwurzelung wie auch eher handfesten Sorgen um Arbeitsplätze oder soziale Dienstleistungen entspringt.[18]

An meine Feststellung, dass die Flüchtlingsproblematik sich im schlimmsten Fall als moralisch unlösbar erweisen könnte, möchte ich nun noch anschließen, dass die Staaten innerhalb der Fairnessgrenzen dazu verpflichtet sind, Flüchtlingen mit ihrer Einwanderungspolitik einen Vorrang vor anderen Kategorien von Einwanderern einzuräumen. Dies mag zwar keine besonders populäre politische Entscheidung sein, doch da sich die Ansprüche der Flüchtlinge aus der Bedrohung ihrer Menschenrechte ergeben, müssen sie denen gegenüber bevorzugt werden, deren Ansprüche einfach darauf zurückgehen, dass sie dem Staat in der einen oder anderen Weise nützlich sein könnten, ob als berühmte Sportler, Computerprogrammierer oder Obstpflücker. Dies würde in Bezug auf Länder wie Großbritannien einen signifikanten Wandel ihrer politischen Strategie bedeuten, so dass die hier von mir vertretene Position keineswegs einfach nur eine Verteidigung des Status quo darstellt. Wenn man über Einwanderungspolitik nachdenkt, dann ist es sinnvoll, Interessen und Rechte aufeinander abzustimmen, so dass die Staaten etwas von der Migration haben und zugleich ihrer moralischen Verantwortung gerecht werden; das heißt aber nicht, dass es ihnen gestattet werden sollte, einfach »die Besten« unter den Antragstellern herauszupicken, wie es für sie verlockend wäre. Eine diesbezügliche Einschränkung besteht für sie mit Blick auf ihre Pflichten Flüchtlingen gegenüber, die zuerst erfüllt werden müssen, wenn es eine Obergrenze für die Gesamtzahl aufgenommener Einwanderer geben können soll; eine weitere ist das Verbot, Fachpersonal anzuwerben, dessen Dienste dringend in den weniger entwickelten Gesellschaften benötigt werden, die sie ausgebildet haben, und eine dritte betrifft die legitimen Gründe zur Auswahl von Einwanderern, die in Kapitel 6 ausführlich besprochen worden sind. In jedem dieser Fälle erkennen wir, dass das von mir postulierte schwach kosmopolitische Prinzip keineswegs zahnlos ist, denn es schließt eine ganze Menge dessen aus, was die meisten der entwickelten Demokratien gern tun würden und in ihrer Behandlung von Einwanderern auch tatsächlich tun.

Auf klare und kohärente Weise über Einwanderung nachzudenken macht es erforderlich, alle Ressourcen aufzufahren, die die politische Philosophie zu bieten hat. Es ist wahrscheinlich nicht verwunderlich, dass (wie in Kapitel 1 angemerkt) die einflussreichste Figur auf diesem Gebiet im späten zwanzigsten und frühen einundzwanzigsten Jahrhundert, nämlich John Rawls, dieser ganzen Problematik zuerst dadurch ausgewichen ist, dass er erklärt hat, seine Gerechtigkeitstheorie beziehe sich nur auf Gesellschaften, deren Mitgliederbestand bereits feststehe, und dann später, als er begann, sich Fragen der internationalen Gerechtigkeit zuzuwenden, feststellte, dass die Ursachen für die Entstehung massenhafter Migration in der Gegenwart in seiner »realistischen Utopie« einfach verschwunden wären.[19] Hätte er diese Setzung fallengelassen, dann wäre er zur Beschäftigung mit einer Reihe von Fragen gezwungen gewesen, die er zu umgehen gewusst hat; Fragen nach den gesellschaftlichen und kulturellen Vorbedingungen einer gerechten und demokratischen politischen Gemeinschaft oder nach der Natur der Menschenrechte und der ihnen korrespondierenden Pflichten; Fragen danach, wie weit es uns die Moral erlaubt, die Interessen und gerechtigkeitsbasierten Ansprüche unserer eigenen Landsleute höher zu gewichten als die Fremder. Während wir mit den kontroversen und manchmal unlösbaren Problemen ringen, die die Einwanderung hervorruft, verstehen wir also auch besser, worin unsere grundlegenden Überzeugungen und Werte bestehen – und was uns am wichtigsten ist, wenn schwere Entscheidungen nicht länger vermieden werden können.

Nachtrag:
Die europäische Migrationskrise des Jahres 2015

Ich habe die Hauptarbeit an diesem Buch Anfang des Jahres 2015 abgeschlossen, zu einem Zeitpunkt, an dem Entwicklungen in Nordafrika und im Mittleren Osten bereits dabei waren, einen nie gekannten Druck auf das europäische Migrationssystem auszuüben, habe aber die außerordentliche Serie von Ereignissen nicht vorhersehen können, die sich danach abspielen sollten und dafür gesorgt haben, dass Migration nahezu täglich zum alles bestimmenden Thema wurde. Die Massenwanderung über das Mittelmeer, die sich bis dahin auf das Übersetzen mit Booten aus Libyen konzentriert hatte, wurde nun von einer noch größeren Migrationsbewegung über die kurze Seestrecke zwischen der Türkei und Griechenland und über dieselbe Grenze hinweg auch von Wanderungsbewegungen an Land begleitet, in beiden Fällen jeweils ohne Erlaubnis des Aufnahmestaates. Viele, obgleich nicht alle der neuen Migranten waren Syrer, die entweder direkt aus dem Bürgerkrieg oder, frustriert von den dortigen Lebensbedingungen, aus den Flüchtlingslagern im Libanon und in Jordanien geflohen waren.

Zwischen Januar und August 2015 wurden ungefähr 350 000 Menschen beim Überqueren der EU-Außengrenzen erfasst, wobei die wirkliche Zahl noch wesentlich größer gewesen sein könnte. Deutschland, das Hauptziel der Migranten, hat geschätzt, bis zum Ende des Jahres 800 000 von ihnen zu beherbergen. Den europäischen Staaten, die sich traditionell nicht als »Einwanderungsgesellschaften« verstehen, erschienen die Ankunftszahlen enorm hoch; sie reagierten darauf sehr unterschiedlich, was es Europa unmöglich macht, eine gemeinsame Linie im Umgang mit den Migranten zu finden – ob im Hinblick darauf, wie es am besten zu vermeiden wäre, dass Menschen im Mittelmeer ertrinken, wenn ihre seeuntüchtigen Boote kentern, oder hinsichtlich der Schaffung eines Systems zur Flüchtlingsumsiedlung [*resettlement*]. Staatsgrenzen, die bisher gemäß dem Schengener Abkommen und dem »fundamentalen« Grundsatz des Rechts auf Freizügigkeit innerhalb der EU offen waren, wurden plötzlich für Migranten geschlossen, was zu Konfrontationen zwischen diesen und der Polizei führte, die bei vielen Europäern unangenehme Erinnerungen an die Deportationen zur Zeit des Faschismus wachriefen.

Die Aufgabe dieses kurzen Nachtrags soll es nicht sein, weiter auf die Ereignisse einzugehen, über die ohnehin überall und weit über Europa hinaus berichtet wird; vielmehr geht es mir hier darum, ihre Implikationen für die in diesem Buch entworfene Philosophie der Einwanderung zu untersuchen. Kann diese Philosophie den Bürgern und politischen Verantwortlichen Europas dabei helfen, eine einheitliche und prinzipiengeleitete Antwort auf die Ankunft großer Zahlen von Flüchtlingen und anderen Migranten zu entwickeln, oder stellt die Migrationskrise vielmehr einfach deren Defizite heraus? Für manche lautet die wichtigste Lektion des Jahres 2015, dass Europa seine Grenzen für alle öffnen müsse, die hinreichend motiviert – oder verzweifelt – sind, um die Gefahren auf sich zu nehmen, die mit der Reise dorthin verbunden sind, oder sich andernfalls den Vorwurf gefallen lassen zu müssen, Menschenrechtsverletzungen im großen Stil zu begehen. Die Kosten für die Weigerung, die Menschen einreisen zu lassen – ob das heißt, sie im Mittelmeer ertrinken zu lassen oder Zwangsmaßnahmen zu ergreifen, um Grenzkontrollen durchsetzen zu können –, sind unannehmbar hoch. Meine Absicht in diesem Buch war es, ein qualifiziertes Recht von Staaten auf Schließung ihrer Grenzen zu verteidigen und Prinzipien zur Auswahl von Migranten vorzuschlagen, die aufgenommen werden sollen, doch angesichts der europäischen Realitäten des ausgehenden Jahres 2015 scheint meine Position in sich zusammenzufallen. Und obwohl die gegenwärtige Krise tatsächlich in manchen Hinsichten außergewöhnlich ist, so kann sie doch auch als ein Vorschein auf ähnliche Massenwanderungen von Menschen aus armen, konfliktgebeutelten Gesellschaften in die liberalen Demokratien unter Benutzung aller zur Verfügung stehenden Zugangswege angesehen werden.

Um zu verstehen, warum die Migrationskrise von 2015 eine Herausforderung für meine Analyse darstellt, müssen wir noch einmal auf das in Kapitel 5 eingeführte Schema zurückkommen, das wesentlich auf der Unterscheidung von Flüchtlingen und Wirtschaftsmigranten basiert. Diesem Schema zufolge sind *Flüchtlinge* am ehesten als Menschen aufzufassen, deren Menschenrechte unweigerlich in Gefahr gerieten, wenn sie an ihrem gegenwärtigen Aufenthaltsort bleiben würden, unabhängig davon, ob diese Gefährdung von staatlicher Verfolgung, dem Zusammenbruch der staatlichen Ordnung oder einer Naturkatastrophe herrührt. Die Quelle der Gefahr ist unwichtig; von Bedeutung ist nur, ob sie abgewendet werden kann, *ohne* dass die betroffene Person emigrieren muss, zum Beispiel durch die Schaffung von Zufluchtsorten innerhalb der bestehenden Staatsgrenzen für die durch einen Bürgerkrieg heimatlos Gewordenen oder durch die Errichtung von Notunterkünften für Erdbebenopfer. *Wirtschaftsmigranten* sind jene, die Grund zur Auswanderung haben, aber nicht unter den Flüchtlingsstatus fallen; in diese Kategorie fallen mithin jene, die versuchen, einer allgegenwärtigen Armut zu entkommen, und die, die einfach aus Gründen persönlicher Vorlieben fortziehen.

Diese Differenzierung ist für meine Analyse von grundlegender Bedeutung, da ich argumentiere, dass Staaten Pflichten gegenüber Flüchtlingen haben, die sie gegenüber Wirtschaftsmigranten nicht haben – speziell die, Sorge dafür zu tragen, dass die, die sich bei ihnen um Asyl bewerben, entweder eingelassen oder an Orte weitergeschickt werden, an denen ihre Menschenrechte hinreichend geschützt sind. Die Ereignisse, die zu der europäischen Migrationskrise geführt haben, lassen diese Unterscheidung jedoch fraglich erscheinen. Viele derer, die unangekündigt auf dem See- oder Landweg gekommen sind, sind vor einem Bürgerkrieg oder instabilen politischen Verhältnissen geflohen, in denen Terrorgruppen nach Belieben schalten und walten können, oder zogen aus überfüllten Flüchtlingslagern fort, in denen die Lebensumstände und Möglichkeiten zu dürftig sind, um ihre Menschenrechte sichern zu können. In den meisten Fällen sind sie eher Opfer eines Staatsversagens als von staatlicher Verfolgung. Wenn diese nun versuchen, eine Staatsgrenze zu überqueren, müssen sie dann als Flüchtlinge gemäß der von mir bevorzugten umfassenderen Definition gelten? Das Problem ist, dass diese ein kontrafaktisches Element enthält: Sie fragt danach, ob die fragliche Person hinreichend geschützt werden *könnte*, während sie in dem Staat verbleibt, in dem sie ihren aktuellen Wohnsitz hat. Im Falle von jemandem, der in einem unterfinanzierten Flüchtlingslager lebt, lautet die Antwort auf diese Frage sehr wahrscheinlich ja. Dafür, die Menschenrechte der dort Lebenden zu schützen, ist es in erster Linie erforderlich, dass die reicheren Mitglieder der internationalen Gemeinschaft ihre Unterstützung vergrößern. Für die tatsächlich in diesem Lager lebenden Menschen aber lautet die wichtige Frage, ob die Ressourcen, die sie dafür benötigen, ein menschenwürdiges Leben zu führen (wozu auch die Gelegenheit gehört, Bildung zu erwerben und einer produktiven Betätigung nachgehen zu können), ihnen auch *wirklich* zur Verfügung gestellt werden, solange sie dortbleiben, wo sie sind. Sie wollen nicht zehn oder zwanzig Jahre lang hoffend abwarten. Sie haben damit sehr starke Gründe zum Fortzug, aber da sie sich bereits an Orten befinden, an denen ihre grundlegenden Rechte entweder geschützt werden oder geschützt werden könnten, gelten sie aus Sicht derjenigen Staaten, in die sie gehen könnten, nicht als Flüchtlinge.

Alexander Betts hat in einem einflussreichen Buch den Vorschlag gemacht, dass wir das Konzept der »Überlebensmigration« einführen sollten, um Fälle wie diese abzudecken.[1] Überlebensmigranten, so heißt es bei ihm, sind »Personen, die sich aufgrund einer existentiellen Bedrohung, für die ihnen in der Heimat keine Abhilfe- oder Lösungsmöglichkeiten zugänglich sind, außerhalb ihres Herkunftslands aufhalten«.[2] Die Vorstellung von einer existentiellen Bedrohung ist nicht selbsterklärend, doch Betts verweist darauf, dass sie unter Rekurs auf Henry Shues Konzeption grundlegender Rechte [basic rights] ausbuchstabiert werden könnte, zu denen auch ein Recht auf Subsistenz gehört.[3] Ein Überlebensmigrant muss somit jemand sein, dem der Schutz eines oder mehrerer seiner grundlegenden Rechte fehlt. Ihm dürfen aber auch »in der Heimat keine Abhilfe- oder Lösungsmöglichkeiten zugänglich« sein. Was bedeutet das? Es kann plausiblerweise nicht bedeuten, dass ihm »genau in diesem Moment keine solchen Möglichkeiten zur Verfügung stehen«. Betrachten wir den Fall einer Überlebenden eines Erdbebens. Sie wird sowohl Nahrung als auch Unterkunft benötigen, und es dauert möglicherweise einige Tage, bis diese im Rahmen einer internationalen Hilfsaktion bereitgestellt werden können. Bis dahin hat sie in ihrer Heimat keinen Zugang zu Abhilfe- oder Lösungsmöglichkeiten, da die örtlichen Behörden überlastet sind. Es ist aber anzunehmen, dass, wenn sie sich dazu entschließt, eine Grenze zu überqueren, es nicht dem Geist von Betts' Definition entspräche, sie als Überlebensmigrantin zu klassifizieren. Das Beispiel zeigt, dass dieser Begriff auf der impliziten Überzeugung aufsetzt, dass die Verhältnisse im Herkunftsland der Migranten mit Blick auf die nähere Zukunft »irreparabel« sind. Und als solcher ist er zwangsläufig ziemlich unterbestimmt. Wenn wir zum Beispiel sagen, dass die Menschen, die aus dem Irak oder aus Syrien fortgehen, als Überlebensmigranten gelten sollen, dann müssen wir Vermutungen darüber anstellen, was in diesen Ländern künftig geschehen wird; wir schließen damit die Möglichkeit aus, dass sich Konflikte entspannen und sich die wirtschaftliche Lage innerhalb weniger Jahre bessern könnte.

Ich werte dieses Problem nicht als einen Einwand gegen das Konzept von Überlebensmigranten. Aber es zeigt, dass die Menschen, die auch dann noch darunter fallen, wenn es nicht überdehnt wird und damit letztlich jeden umfasst, der auf der Suche nach einem besseren Leben ein armes Land verlässt, auch nach meiner Definition Flüchtlinge sind. Dabei handelt es sich um Menschen, deren Rechte nicht geschützt werden können, solange sie in ihrem Herkunftsland bleiben. Dieser begriffliche Punkt ist wichtig, weil er bestimmt, wie wir all die Menschen betrachten, die über das Meer kommen und Landgrenzen zu überwinden versuchen, um in die reicheren europäischen Staaten zu gelangen. Ihre Umstände lassen sie zwangsläufig wie eine einzige unterschiedslose Masse aus verzweifelten, hilfsbedürftigen Menschen erscheinen. In Wahrheit bilden sie aber das, was Einwanderungsexperten einen »gemischten Strom« nennen. Darunter werden solche sein, die nach der engen Definition der Genfer Konvention als Flüchtlinge gelten – also Menschen, die vor möglicher Verfolgung fliehen; es werden Überlebensmigranten dabei sein, die aus Gegenden kommen, die auf mittlere Sicht irreparabel sind und deshalb nach der von mir favorisierten weiteren Definition als Flüchtlinge gelten sollten; und es werden sich auch Menschen darunter befinden, die auf der Suche nach einem guten Leben sind, aber unter keiner Lesart als Flüchtlinge zu klassifizieren wären – zum Beispiel jene, die sich für das Verlassen ihres Flüchtlingslagers entschieden haben, wo sie zwar vor Angriffen geschützt waren, aber nur unzureichende Arbeitsmöglichkeiten vorgefunden haben.

Für die Regierungen von Aufnahmestaaten, die darüber befinden müssen, wen sie aufnehmen, sind solche Unterschiede wichtig. Angesichts begrenzter Ressourcen müssen sie in der Lage sein, Prioritäten in Bezug auf die verschiedenen Antragsteller festzulegen, darüber zu entscheiden, ob sie Menschen temporär oder eher auf lange Sicht aufnehmen, und so weiter. Unter normalen Umständen würde hierzu auch ein recht langwieriger Prozess der Erforschung der Vorgeschichte eines jeden Neuankömmlings zählen. Die Migrationskrise von 2015 ist zum Teil auch deshalb eine Krise, weil die Zahlen die Systeme der europäischen Staaten zur Zugangskontrolle überfordert haben, speziell die der Mittelmeeranrainer.

Es gibt noch einen weiteren Grund dafür, dass die Aufnahmestaaten sich sehr genau ansehen sollten, wer zu ihnen kommt. Eine bemerkenswerte, wenn auch erwartbare Eigenschaft der Migrantenströme nach Europa in der letzten Zeit war, dass sie aus überproportional vielen jungen Männern bestanden, von denen viele bereits eine akademische Ausbildung besaßen oder sie zumindest angestrebt haben. Dies ist ein gutes Zeichen für ihre Integration in Deutschland, Schweden und den anderen europäischen Gesellschaften, die bereit sind, sie in großer Zahl aufzunehmen, bedeutet allerdings auch, dass den Gesellschaften, aus denen sie fortgegangen sind, nun genau diejenigen Leute fehlen, die am allerbesten zu ihrem Wiederaufbau beitragen könnten. Unter diesen Umständen können die Aufnahmegesellschaften nicht einfach nur an ihren eigenen Bedarf an ausgebildeten Fachkräften denken – siehe meine Braindrain-Diskussion in Kapitel 6.

Paul Collier hat kürzlich behauptet, dass das Hauptproblem der Lager, die Flüchtlinge aus Syrien aufgenommen haben, darin bestehe, dass sie ihren Bewohnern keine Arbeitsmöglichkeiten böten. Seine Empfehlung lautet, dass die europäischen Staaten einen Teil ihrer Fördermittel dazu einsetzen sollten, Industriezonen in der Nähe dieser Lager zu errichten, um so Unternehmen und Arbeitsplätze zu schaffen, die dann schließlich nach Syrien mitwandern würden, wenn der Bürgerkrieg vorüber ist.[4] Solche Initiativen würden demnach einen zweifachen Zweck erfüllen: Sie würden den Anreiz für Menschen verringern, sich auf eine gefährliche Reise zu begeben, um nach Europa zu gelangen, und sie würden zu einer wirtschaftlichen Erneuerung kriegszerstörter Gesellschaften beitragen. Die Realisierung eines großangelegten Programms solcher Art würde die Gesamtzahl derer reduzieren, die nach Europa zu kommen versuchen, und den Einwanderungsbehörden eine viel bessere Chance darauf verschaffen, diejenigen zu identifizieren und willkommen zu heißen, die tatsächlich Flüchtlinge sind.

Wenn der massenhafte Zustrom derjenigen bekämpft werden soll, die keine Flüchtlinge sind, welche Maßnahmen können die europäischen Staaten dann legitimerweise ergreifen, um Migranten davon abzuschrecken, die Grenzen der Europäischen Union zu überqueren? Die Krise hat zu schweren Meinungsverschiedenheiten geführt, und zwar sowohl im Hinblick auf die Such- und Rettungsmissionen, die darauf abzielen, Menschen von seeuntüchtigen Booten zu holen und sie zu Zielen in Europa zu transportieren, als auch darüber, ob es den unerlaubt aus dem Süden eingereisten Personen seitens der Ankunftsländer gestattet werden dürfte, weiter nach Norden in andere Staaten zu ziehen. Keine dieser Fragen ist einfach zu beantworten. Im Falle der Bootsflüchtlinge wird von allen Seiten anerkannt, dass jedes Schiff, das auf ein zu kentern drohendes Boot voller Migranten trifft, eine humanitäre Pflicht dazu hat, sie zumindest aufzunehmen und an Land zu bringen.[5] Es dürfte jedoch wahrscheinlich sein, dass die Aussicht auf diese Art von Rettung einen Anreiz für die Migranten darstellt, sich auf die gefährliche Überfahrt zu begeben, aber auch, dass dann, wenn Staaten die Verbindung zwischen der Rettung von Migranten und dem Zutritt zu ihrem Staatsgebiet kappen, der Strom der Boote und damit die Anzahl der Todesfälle rapide abnimmt – so wie es die australische Regierung getan hat, indem sie zu einer Politik übergegangen ist, nach der die Boote entweder an ihren Ausgangspunkt zurückgeschleppt oder ihre Insassen in Internierungslagern außerhalb des australischen Hoheitsgebiets einem Prüfverfahren unterzogen werden, wobei diejenigen unter ihnen, denen ein Flüchtlingsstatus eingeräumt wird, dann in Drittländer verbracht werden. Hier ergibt sich also eine Kluft zwischen dem, was Schiffe – Marine- *und* Handelsschiffe – tun sollten, wenn sie auf Boote mit Migranten stoßen, und der Politik, die Regierungen betreiben sollten, die den Verlust von Menschenleben minimieren wollen.

Mit Blick auf die, die es nach Europa schaffen, stellt sich dann die Frage, ob es ihnen erlaubt sein sollte, sich auf dem ganzen Kontinent frei zu bewegen. Die meisten Staaten erachten ein solches Recht auf Bewegungsfreiheit heute für eines der Grundprinzipien der Europäischen Union. Daher mag es regelwidrig erscheinen, es nur den gegenwärtigen Bürgern und nicht auch den Neuankömmlingen einzuräumen. (Man kann sich auch noch einmal die in Kapitel 3 skizzierte Idee Grotius' ins Gedächtnis rufen, dass das Recht auf *Durchreise* ein grundlegendes ist, das sogar noch den Gebieterwerb durch die Staaten überdauert.) Eine geeignete Reaktion auf die gegenwärtige Krise scheint es jedoch eher zu sein, von diesen Staaten zu verlangen, sich auf ein System der Lastenteilung bei der Verteilung von Flüchtlingen zu einigen, welches aber kaum funktionieren dürfte, wenn Flüchtlinge, sobald sie einmal aufgenommen worden sind, ungehindert in das Land ziehen können, in das sie möchten.

Ich habe in Kapitel 9 angemerkt, dass das Flüchtlingsproblem unter bestimmten Umständen moralisch quälend werden könnte, und die europäische Krise scheint diese Prophezeiung zu bestätigen. Kein Menschenfreund könnte ungerührt bleiben angesichts der Not ertrinkender Bootsflüchtlinge oder der Migranten, die über den Landweg kommen und sich dann ohne irgendeine Art von Versorgung vor Grenzzäunen wiederfinden. Das sind die Wanderer in der Wüste aus Kapitel 2. Eine koordinierte Antwort auf die Krise seitens der Staaten muss aber genauso auch die langfristigen Konsequenzen dessen bedenken, was jetzt unternommen wird – die gesendeten Signale und die Anreize, die man für die schafft, die in der Zukunft migrieren wollen. Und wo Staaten (gerechtfertigte) Verfahrensweisen zum Umgang mit verschiedenen Kategorien von Einwanderern entwickelt haben – mit Flüchtlingen, Wirtschaftsmigranten, temporären Arbeitsmigranten und so weiter –, da sollten diese Maßnahmen angesichts der gegenwärtigen Notlage auch nicht gleich völlig über Bord geworfen werden. Bürger und Regierungen gleichermaßen müssen eine Möglichkeit finden, humanitäre Anforderungen und politische Zielsetzungen miteinander in Einklang zu bringen. Wie können sie jene retten, die der Rettung bedürfen, ohne ihre Grenzen dadurch zu einem rechtsfreien Raum zu machen?

Was sollten die europäischen Staaten jetzt also tun? Jede angemessene Reaktion wird finanziellen Aufwand bedeuten, weshalb es zuvörderst eines Systems zur Aufteilung der finanziellen Lasten bedarf, in dem den Staaten (wie Italien und Griechenland) monetäre Mittel zugewiesen werden, die die Hauptlast bei der Versorgung der ankommenden Migranten schultern. Die beste Rechtfertigung der Existenz der Europäischen Union selbst besteht (neben der Sicherung des Friedens in Europa) möglicherweise darin, dass sie als ein Versicherungsmechanismus für einzelne Staaten fungiert, die sich selbst vor unerwartete Schwierigkeiten gestellt sehen, ob infolge des globalisierten Kapitalverkehrs oder, wie jetzt, der Wanderungsbewegungen von Menschen im großen Stil. Zweitens müssen Schritte unternommen werden, um die Migrationsströme selbst auf eine handhabbare Größe zu reduzieren. Dies ist zum Teil eine Sache der Kooperation mit den Behörden vor Ort in den Entsendestaaten zwecks Bekämpfung des Menschenschmuggels und für eine bessere Überwachung ihrer Hoheitsgewässer (vor allem im Falle von Staaten wie der Türkei, die selbst zu Zufluchtsorten von Flüchtlingen geworden sind) und zum Teil eine der Verbesserung der Lebensumstände und der Bereitstellung von Beschäftigungsmöglichkeiten in den bereits in der Nähe von Konfliktgebieten existierenden Flüchtlingslagern. Und schließlich müssen sich die Aufnahmestaaten mit Blick auf jene, die tatsächlich europäischen Boden betreten, auf Flüchtlingsquoten einigen und auch befristete Schutzprogramme für diejenigen auflegen, die später zur Rückkehr in ihre Heimatländer motiviert werden sollen, damit sie dort (im Irak, in Libyen, Syrien und den anderen Ländern) beim Wiederaufbau ihrer Gesellschaften helfen, die sich augenblicklich im Stadium des Zusammenbruchs befinden. Diese Programme sollten so angelegt sein, dass sie es ihren Nutznießern erlauben, zu arbeiten und sich zu bilden, während sie sich in ihren Gastgesellschaften aufhalten – also nicht darauf basieren, sie mit Sozialleistungen zu versorgen.

Warum sollten die Aufnahmestaaten all dies tun, angesichts dessen, was es kosten dürfte? Nicht weil es auf besondere Gegenliebe bei ihren eigenen Bürgern stoßen wird. Viele Europäerinnen und Europäer verdienen moralische Anerkennung für die Bereitschaft, die sie bisher dabei an den Tag gelegt haben, den Geflüchteten zu helfen, die übers Meer gekommen sind oder den ganzen Kontinent durchquert haben. Aber diese anfängliche Großzügigkeit überdauert die Erfahrung womöglich nicht, dass Einwanderer in großen Zahlen in die örtlichen Gemeinden kommen und sich an der Konkurrenz um Arbeitsplätze und Wohnungen beteiligen. (Ganz gewiss wird sie dann nicht überdauern, wenn sich herausstellt, dass sich in diesen Migrantenströmen auch ein paar radikale Islamisten befinden, die auf Terrorismus aus sind.) Sie sollten dies auch nicht aufgrund einer historischen Schuld tun. Wie ich zu einem früheren Zeitpunkt schon gesagt habe, mag es einige Flüchtlinge geben, denen man aufgrund destruktiver Interventionen seitens der westlichen Mächte in ihren Heimatgesellschaften eine Wiedergutmachung schuldig ist. Allerdings besteht hier die Gefahr einer moralischen Zwickmühle, in der den betroffenen Staaten einerseits die Auswirkungen ihrer fehlgegangenen Interventionen vorgehalten werden (wie etwa im Falle des Irak) und sie aber gleichzeitig auch für ihre diesbezügliche Zurückhaltung dort angeprangert werden, wo Interventionen geboten erscheinen (wie zum Beispiel in Syrien). Gegeben nun die Schwierigkeiten dabei, bereits im Voraus zu wissen, wie sich irgendeine angedachte Intervention auswirken könnte (was im Nachhinein natürlich immer leicht vorauszusehen war!), sollte die ganze Rede von Vorwürfen und Schuld vermieden werden, wo es nur geht. Die Antwort muss also lauten, dass es sich bei ihnen um verhältnismäßig reiche Länder handelt, die die Fähigkeit besitzen, mit der Migrationskrise umzugehen, was sie aus Gründen des geographischen Zufalls zum naheliegenden Anlaufpunkt für Menschen macht, die aus gescheiterten oder schlecht funktionierenden Staaten fortgehen wollen. Sobald hilfsbedürftige Menschen ankommen und sich zeigen, fordert es allein schon der schwache Kosmopolitismus, auf ihr Ersuchen positiv zu reagieren.

Anmerkungen

1. Einleitung

1 Vgl. ⟨http://www.dailymail.co.uk/news/article-2511491/Daily-
Mail-poll-reveals-voters-deep-concern-wave-new-migrants.html⟩,
letzter Zugriff 28.06.2017.

2 Vgl. ⟨http://www.theguardian.com/world/2014/feb/09/swiss-re
ferendum-immigration-quotas⟩, letzter Zugriff 24.08.2016. Zur
weitverbreiteten Neigung unter den Europäern zu einer Verschär-
fung der Einwanderung vgl. Elisabeth Iversflaten, »Threatened by
Diversity: Why Restrictive Asylum and Immigration Policies Appeal to Western Europeans«, in: *Journal of Elections, Public Opinion
and Parties* 15 (2005), S. 21-45.

3 Vgl. ⟨http://www.gallup.com/poll/163457/americans-pro-immi
gration-past.aspx⟩, letzter Zugriff 10.03.2017. Diese Zahlen spie-
geln möglicherweise den Unterschied zwischen »Einwanderungs-«
und »Nichteinwanderungsgesellschaften« wider; vgl. Anm. 38 zu
diesem Kapitel.

4 Vereinte Nationen, Hauptabteilung Wirtschaftliche und Soziale Angelegenheiten, Abteilung Bevölkerungsfragen, *International Migration Report 2013*, online verfügbar unter ⟨http://www.un.org./en/
development/desa/population/publications/pdf/migration/mi
grationreport2013/Full_Document_final.pdf#zoom=100⟩, letzter
Zugriff 10.03.2017. Vgl. auch Khalid Koser, *International Migration: A Very Short Introduction*, Oxford 2007, Kap. 1.

5 ⟨http://www.theguardian.com/news/datablog/2013/sep/26/qa
tar-migrants-how-changed-the-country⟩, letzter Zugriff 10.03.
2016.

6 Vgl. Paul Collier, *Exodus. Warum wir Einwanderung neu regeln müssen*, München 2014, Kap. 2.

7 Vgl. Neli Esipova, Julie Ray, Rajesh Srinivasan, *The World's Potential*

Migrants: Who They Are, Where They Want to Go, and Why It Matters, hg. von Gallup, 2010/11, online verfügbar unter ⟨https://www.imi.ox.ac.uk/news/presentation-available-from-gallup-seminar-on-worlds-potential-migrants/gallup_whitepaper_migration-1.pdf⟩, letzter Zugriff 20.02.2017. Insgesamt haben 40% der Einwohner des ärmsten Viertels aller Länder den Wunsch nach Auswanderung geäußert; vgl. Collier, *Exodus*, S. 177.

8 Vgl. David Reimers, *Unwelcome Strangers. American Identity and the Turn against Immigration*, New York 1998, S. 11f.

9 Vgl. Robert Winder, *Bloody Foreigners. The Story of Immigration to Britain*, London 2004, Kap. 16.

10 Zit. nach ebd., S. 118.

11 Vgl. den Spruch des Obersten Gerichtshofs der USA von 1892: »Es ist eine anerkannte Maxime des internationalen Rechts, dass jede souveräne Nation über die der Souveränität selbst innewohnende und für ihren Fortbestand entscheidende Macht verfügt, Fremden den Zutritt in sein Herrschaftsgebiet zu untersagen oder sie nur in Fällen und unter Bedingungen aufzunehmen, deren Festlegung ihrer Willkür anheimgestellt ist.« Zit. n. Peter Schuck, *Citizens, Strangers, and In-Betweens: Essays on Immigration and Citizenship*, Boulder 1998, S. 24.

12 Henry Sidgwick, *The Elements of Politics*, London [2]1897, S. 248. Sidgwick ergänzt allerdings, dass der Staat die ins Land gelassenen Fremden nicht verletzen oder ihre Verletzung durch Privatleute hinnehmen darf – er steht, mit anderen Worten, ihnen gegenüber in einer Fürsorgepflicht.

13 Ebd., S. 308.

14 Sidgwick war jedoch der Auffassung, dass die Sache ganz anders aussehen würde, wenn man eine kosmopolitische moralische Sichtweise einnähme, was bedeuten würde, allen Menschen Zugang zu den natürlichen Vorzügen jedes beliebigen Gebietes zu gewähren.

15 Um hierfür einige Belege aus Großbritannien anzuführen: Asylsuchende und kürzlich ins Land gekommene Einwanderer stellen die beiden Gruppen dar, die laut einer MORI-Umfrage am häufigsten so betrachtet werden, dass sie »eine unfaire Bevorzugung gegenüber einem selbst erfahren, wenn es um öffentliche Dienstleistungen und staatliche Hilfen geht«; so berichtet in Bobby Duffy, »Free Rider Phobia«, in: *Prospect* (Februar 2004), S. 16f. Das eigentliche Thema kommt in einer informellen Untersuchung verbreiteter Einstellungen

zur Sprache, die der Labour-Abgeordnete John Denham durchgeführt hat. Er fand heraus, dass seine Wählerschaft sehr stark einem »Fairnesskodex« anhing, der »sich darum dreht, welche Rechte du dir erarbeitet hast, und nicht nur darum, worin deine aktuellen Bedürfnisse bestehen. Die Beurteilung der Bedürfnisse einer Person sollten die Anstrengungen und Beiträge mitberücksichtigen, die sie in der Vergangenheit erbracht hat und künftig noch erbringen wird. Öffentliche Dienstleistungen sollten denjenigen vorbehalten bleiben, die ein Anrecht auf sie haben, auf sie angewiesen sind und verantwortungsbewusst mit ihnen umgehen«; vgl. John Denham, »The Fairness Code«, in: *Prospect* (Juni 2004), S. 29. Es ist allerdings auch möglich, dass die Wahrnehmung, der zufolge der Wohlfahrtsstaat unfair verfährt, zum Teil von rassistischen Vorurteilen motiviert ist. Zu diesem Thema vgl. Robert Ford, »Prejudice and White Majority Welfare Attitudes in the UK«, in: *Journal of Elections, Public Opinion and Parties* 16 (2006), S. 141-156. Zu Hinweisen darauf, dass Amerikaner ähnliche Überzeugungen hegen – dass jene, die keine Anstrengungen unternehmen, einen Beitrag zu leisten, auch keine Sozialhilfe erhalten sollten, wobei die Schwarzen als die solche Hilfe am wenigsten verdienende Gruppe angesehen werden –, vgl. Martin Gilens, *Why Americans Hate Welfare. Race, Media, and the Politics of Antipoverty Policy*, Chicago 1999, Kap. 3.

16 Belege für die negativen Auswirkungen ethnischer Vielfalt auf das soziale Vertrauen bieten zum Beispiel Alberto Alesina, Eliana La Ferrara, »Who Trusts Others?«, in: *Journal of Public Economics* 85 (2002), S. 207-234; Jan Delhey, Kenneth Newton, »Predicting Cross-National Levels of Social Trust: Global Pattern or Nordic Exceptionalism?«, in: *European Sociological Review* 21 (2005), S. 311-327; Robert Putnam, »E Pluribus Unum: Diversity and Community in the Twenty-first Century«, in: *Scandinavian Political Studies* 30 (2007), S. 137-174. Es gibt allerdings auch einige Gegenstimmen, so zum Beispiel Markus Crepaz, *Trust beyond Borders: Immigration, the Welfare State, and Identity in Modern Societies*, Ann Arbor 2008, Kap. 3; Natalia Letki, »Does Diversity Erode Social Cohesion? Social Capital and Race in British Neighbourhoods«, in: *Political Studies* 56 (2008), S. 99-126.

17 Eine Untersuchung der Beziehung zwischen ethnischer Vielfalt und Unterstützung für den Wohlfahrtsstaat findet sich in Stuart Soroka u. a., »Ethnicity, Trust and the Welfare State«, in: Philippe van Parijs

(Hg.), *Cultural Diversity versus Economic Solidarity*, Brüssel 2004, S. 33-57.

18 Stuart Soroka u.a., »Immigration and Redistribution in a Global Area«, in: Pranab Bardhan u.a. (Hg.), *Globalization and Egalitarian Redistribution*, Princeton, New York 2006, S. 278.

19 Für eine Untersuchung der Situation in den Vereinigten Staaten vgl. George Borjas, *Heaven's Door. Immmigration Policy and the American Economy*, Princeton 1999, bes. Kap. 5; für eine entgegengesetzte Position vgl. David Card, »Is the New Immigration Really So Bad?«, in: *Economic Journal* 115 (2005), S. 300-323. Für eine Analyse der Situation im Vereinigten Königreich vgl. Stephen Nickell, Jumana Saleheen, »The Impact of Immigration on Occupational Wages: Evidence from Britain« (Federal Reserve Bank of Boston Working Papers, Nr. 08-6), Boston 2008; Christian Dustmann u.a., »The Effect of Immigration along the Distribution of Wages«, in: *Review of Economic Studies* 80 (2013), S. 145-173.

20 Vgl. Frédéric Docquier u.a., »The Labour Market Effects of Immigration and Emigration in OECD Countries«, in: *Economic Journal* 124 (2014), S. 1106-1145.

21 Vgl. zum Beispiel Collier, *Exodus*, S. 66f.

22 Vgl. ⟨http://articles.latimes.com/2004/mar/14/news/adna-dwork 14⟩, letzter Zugriff 10.01.2017.

23 Vgl. ⟨http://www.theguardian.com/commentisfree/2014/feb/03/morecambe-bay-cockle-pickers-tragedy⟩, letzter Zugriff 10.01.2017.

24 Vgl. Iverflaten, »Threatened by Diversity«, zu Hinweisen auf die Rolle, die Bedenken in Bezug auf Sprache, Religion und Tradition bei der Ablehnung hoher Einwanderungszahlen spielen.

25 Immanuel Kant, *Zum ewigen Frieden. Ein philosophischer Entwurf*, Stuttgart 1984.

26 Vgl. Seyla Benhabib, *Die Rechte der Anderen. Ausländer, Migranten, Bürger*, Frankfurt/M. 2008, bes. Kap. 1; Inés Valdez, »Perpetual What? Injury, Sovereignty, and a Cosmopolitan View of Immigration«, in: *Political Studies* 60 (2012), S. 95-114.

27 Kant, *Zum ewigen Frieden*, S. 21.

28 In Kap. 3 werde ich untersuchen, ob diese Vorstellung so weiterentwickelt werden kann, dass sie ein allgemeines Recht zum Überqueren von Staatsgrenzen begründet.

29 Vgl. John Rawls, *Eine Theorie der Gerechtigkeit*, Frankfurt/M. 1975, bes. Teil 2.

30 John Rawls, »Kantischer Konstruktivismus in der Moraltheorie«, in: ders., *Die Idee des politischen Liberalismus. Aufsätze 1978-1989*, Frankfurt/M. 1992, S. 80-158, hier S. 108 f.

31 John Rawls, *Das Recht der Völker*, Berlin 2002, S. 8.

32 Rawls, *Theorie der Gerechtigkeit*, S. 20.

33 Joseph Carens, *The Ethics of Immigration*, New York 2013. Carens' Version des Kosmopolitismus ist nicht radikal, insofern sie es Staaten erlaubt, den Interessen ihrer eigenen Bürger einen gewissen Vorrang gegenüber denen von Fremden einzuräumen. Trotzdem glaubt Carens, dass die grundlegenden liberalen Prinzipien der Bewegungsfreiheit und Chancengleichheit im globalen Maßstab angewendet werden müssen, was unmittelbar zu einer ungehinderten Migration über Staatsgrenzen hinweg führen würde. Ich diskutiere diese Argumente in Kap. 3.

34 Ich habe dieses Inkonsistenzproblem mit Blick auf Carens in David Miller, »Das Carensproblem«, in: *Political Theory* 43 (2015), S. 387-393, untersucht.

35 Ich setze »distributiv gerecht« hier in Anführungszeichen, weil ich selbst globale Gerechtigkeit nicht so verstehe. Ich deute damit auf eine kosmopolitische Betrachtungsweise von Einwanderung hin, die fragt, wie wir über sie denken würden, wenn sich die globale Gerechtigkeit, hier verstanden im Sinne globaler Gleichheit, durchsetzen würde.

36 Ich gehe hier von einer Ansicht über die Aufgabe der politischen Philosophie aus, die ich an anderer Stelle dargelegt habe; vgl. David Miller, »Political Philosophy for Earthlings«, in: David Leopold, Marc Stears (Hg.), *Political Theory: Methods and Approaches*, Oxford 2008, wiederabgedruckt in David Miller, *Justice for Earthlings: Essays in Political Philosophy*, Cambridge 2013, S. 16-39.

37 Ich habe ihn von einem Artikel meines Doktorvaters John Plamenatz übernommen; vgl. John Plamenatz, »Strangers in Our Midst«, in: *Race* 7 (1965), S. 1-16. Dieser Artikel spiegelt die Überlegungen eines aufmerksamen liberalen Philosophen zu einem früheren Zeitpunkt wider, an dem die Ankunft von Einwanderern (in diesem Falle schwarzer und brauner Migranten aus dem Commonwealth) zu heftigen öffentlichen Reaktionen geführt hat. Obgleich heute kaum noch rezipiert, ist dieser Aufsatz nach wie vor lehrreich.

38 An dieser Stelle wird manchmal ein Gegensatz zwischen den Gesellschaften der »Neuen Welt« Nordamerikas und Australiens bezie-

hungsweise Neuseelands, die sich selbst historisch als Einwanderer-
gesellschaften verstehen, und denen der »Alten Welt« Europas und
anderer Orte behauptet. Vor diesem Hintergrund kann man fragen,
ob eine Weise des Nachdenkens über Einwanderung vorstellbar wäre, die an diesen beiden Schauplätzen Gültigkeit besäße. Meine eigene Auffassung lautet, dass sich die klassischen Einwanderungsgesellschaften mittlerweile auf eine Weise verändert haben, die sie in die
Nähe der Alten Welt rücken lässt, und zwar sowohl im Hinblick
auf die öffentliche Politik als auch in Bezug auf die Einstellungen
der Bürger. Fakt ist, dass sich das tatsächliche Einwanderungs-
geschehen von Land zu Land erheblich unterscheidet, was auch bedeutet, dass die als am dringlichsten wahrgenommenen Probleme
wahrscheinlich auch landesspezifischer Art sein dürften. Obwohl
ich versucht habe, einem Provinzialismus aus dem Wege zu gehen,
dürfen die Leserinnen und Leser darüber befinden, inwieweit die
Argumente, die ich in diesem Buch vortrage, von dem nationalen
Kontext beeinflusst worden sind, in dem es geschrieben worden ist.

2. Kosmopolitismus, landsmännische Parteilichkeit und Menschenrechte

1 Vgl. David Miller, *On Nationality*, Oxford 1995, bes. Kap. 3; ders.,
   National Responsibility and Global Justice, Oxford 2007, bes. Kap. 2.
2 Vgl. vor allem Michael Blake, »We Are All Cosmopolitans Now«, in:
   Gillian Brock (Hg.), *Cosmopolitanism versus Non-Cosmopolita-
   nism. Critiques, Defences, Reconceptualizations*, Oxford 2013. Zu
   denen, die auf die Mehrdeutigkeit von »Kosmopolitismus« hingewiesen haben, zählen Charles Beitz, »Cosmopolitanism and Global
   Justice«, in: *Journal of Ethics* 9 (2005), S. 11-27, und Samuel Scheffler,
   »Conceptions of Cosmopolitanism«, in: ders., *Boundaries and Alle-
   giances*, Oxford 2001, Kap. 7.
3 Eine vielzitierte Verteidigung des Kosmopolitismus als einer Form
   der persönlichen Identität findet sich in Jeremy Waldron, »Minority
   Cultures and the Cosmopolitan Alternative«, in: *University of
   Michigan Journal of Law Reform* 25 (1991-1992), S. 751-793, wiederabgedruckt in Will Kymlicka (Hg.), *The Rights of Minority Cultures*, Oxford 1995, S. 93-121.
4 Thomas Pogge hat eine häufig zitierte ausführlichere dreiteilige De-

finition vorgeschlagen: »Erstens, [...] *Individualismus*: Im Zentrum moralischer Erwägungen stehen nicht etwa Familien, Stämme, ethnische, kulturelle oder religiöse Gemeinschaften, Nationen oder Staaten [...]. Zweitens [...] *Universalismus*: Der Status unhintergehbarer moralischer Wichtigkeit kommt allen Menschen gleichermaßen zu – nicht nur bestimmten Gruppen wie z.B. Männern, Aristokraten, Ariern, Weißen oder Moslems. Drittens [...] *Allgemeinheit*: Dieser besondere Status gilt weltweit. Personen sind für jeden von unhintergehbarer moralischer Wichtigkeit – nicht nur für ihre Landsleute, Glaubensbrüder oder dergleichen« (Thomas Pogge, *Weltarmut und Menschenrechte. Kosmopolitische Verantwortung und Reformen*, Berlin, New York 2011, S. 212).

5 Ich gebrauche dieses Beispiel als eine konkrete Möglichkeit zur Darlegung dessen, was der schwache Kosmopolitismus von uns mindestens verlangt. Ich will nicht sagen, dass es alles einfängt, was wir Menschen möglicherweise schulden könnten, die nicht unsere eigenen Mitbürger sind. Tatsächlich gibt es viele Umstände, unter denen wir ihnen mehr schulden, als ich hier schildere, zum Beispiel in der Folge einer vorangegangenen Interaktion mit der in Rede stehenden Person. Später in diesem Kapitel werde ich die Frage stellen, wie sich unsere Verpflichtungen Fremden gegenüber verändern, wenn deren Menschenrechte in Gefahr geraten.

6 Beispiele dieses Ansatzes finden sich in Robert Goodin, »What Is So Special about Our Fellow Countrymen?«, in: *Ethics* 98 (1987-1988), S. 663-686; Peter Singer, »Outsiders: Our Obligations to Those beyond Our Borders«, in: Deen Chatterjee (Hg.), *The Ethics of Assistance*, Cambridge 2004, S. 11-32; Lea Ypi, »Statist Cosmopolitanism«, in: *Journal of Practical Philosophy* 16 (2008), S. 48-71.

7 Bernard Williams hat diesen Punkt bekanntlich so ausgedrückt, dass jemand, der sich dafür entscheidet, seine Ehefrau statt einen ihm unbekannten Menschen zu retten und seine Entscheidung dadurch rechtfertigt, dass die Welt im Allgemeinen besser funktionieren wird, wenn alle gleichermaßen ihre eigenen Partner bevorzugt behandeln, »einen Gedanken zu viel« angestellt habe; vgl. Bernard Williams, »Personen, Charakter und Moralität«, in: ders., *Moralischer Zufall. Aufsätze 1973-1980*, Königstein/Ts. 1984, S. 11-29, hier S. 27.

8 Erörterungen assoziativer Pflichten finden sich in Ronald Dworkin, *Law's Empire*, London 1986, S. 195-215; Samuel Scheffler, »Families, Nations, and Strangers«, in: ders., *Boundaries*, S. 48-65; Marga-

ret Moore, »Is Patriotism an Associative Duty?«, in: *Journal of Ethics* 13 (2009), S. 383-399; Seth Lazar, »The Justification of Associative Duties«, in: *Journal of Moral Philosophy* 13 (2016), S. 28-55. Am umfassendsten abgehandelt werden sie in Jonathan Seglow, *Defending Associative Duties*, Abindgon 2013.

9 Diese dritte Beziehungsebene mag nicht alle Bürger umfassen, doch selbst jene, die nicht an der nationalen Identität teilhaben, müssen anerkennen, dass diese kulturelle und geschichtliche Identifikation für ihre Landsleute eine wichtige (und moralisch bedeutsame) Form von Gemeinschaftlichkeit darstellt.

10 Manche Leserinnen mögen vielleicht der Auffassung sein, dass dieses allzu rosig gezeichnete Bild des modernen demokratischen Staats meiner Aufforderung aus Kap. 1 zuwiderläuft, unserer gedanklichen Beschäftigung mit dem Thema Einwanderung einen kräftigen Schuss Realismus beizumischen. Ich gestehe zu, dass ich hier von Gütern spreche, die real existierende Staaten bestenfalls zum Teil realisieren, glaube aber nicht, dass die Hindernisse, die sich in der Gegenwart auf dem Weg zu Gerechtigkeit und Selbstbestimmung auftun, von solcher Art sind, dass sie das Unternehmen, sie überwinden zu wollen, aussichtslos erscheinen lassen. Je näher wir diesen Idealen kommen, umso größer wird der Wert dieser Art von Zusammenschluss sein.

11 Zweifel daran, ob die Nationalität als eigenständiger Grund für assoziative Pflichten gelten kann, werden angemeldet in Andrew Mason, »Special Obligations to Compatriots«, in: *Ethics* 107 (1997), S. 427-447; Moore, »Is Patriotism An Associative Duty?«; Seth Lazar, »A Liberal Defence of (Some) Duties to Compatriots«, in: *Journal of Applied Philosophy* 27 (2010), S. 246-257.

12 Ich denke hier an den einfachen Fall, in dem alle oder zumindest die meisten Bürger eine gemeinsame nationale Identität besitzen. Komplizierter wird die Situation, wenn der Staat auch nationale Minderheiten beherbergt, denn dann wird es aus der Identität gespeiste Gründe geben, die in beide Richtungen wirken – zugunsten der Aufrechterhaltung der staatlichen Einheit und zugunsten seiner Aufspaltung.

13 Vgl. David Miller, Sundas Ali, »Testing the National Identity Argument«, in: *European Political Science Review* 6 (2014), S. 237-259, wo wir die Belege prüfen, die bisher zusammengetragen wurden.

14 Wichtige Beiträge hierzu sind Michael Blake, »Distributive Justice,

State Coercion, and Autonomy«, in: *Philosophy and Public Affairs* 30 (2001), S. 257-296; Thomas Nagel,»Das Problem globaler Gerechtigkeit«, in: Christoph Broszies u. a. (Hg.), *Globale Gerechtigkeit. Schlüsseltexte zur Debatte zwischen Partikularismus und Kosmopolitismus*, Berlin 2010, S. 104-145; Andrea Sangiovanni,»Global Justice, Reciprocity and the State«, in: *Philosophy and Public Affairs* 35 (2007), S. 3-39; Arash Abizadeh,»Cooperation, Pervasive Impact, and Coercion: On the Scope (Not the Site) of Distributive Justice«, in: ebd., S. 318-358. Ein kritischer Überblick aus einer kosmopolitischen Perspektive findet sich in Christian Barry, Laura Valentini, »Egalitarian Challenges to Global Egalitarianism: A Critique«, in: *Review of International Studies* 35 (2009), S. 485-512.

15 Diesen Ansatz habe ich verteidigt in David Miller,»Justice and Boundaries«, in: *Politics, Philosophy and Economics* 8 (2009), S. 291-309, wiederabgedruckt in ders., *Justice for Earthlings. Essays in Political Philosophy*, Cambridge 2013, S. 142-164. Vgl. auch Mathias Risse, *On Global Justice*, Princeton 2012, Kap. 1-3.

16 Fragen über Fairness zwischen Staaten kommen allerdings dann auf, wenn wir uns dem Problem widmen, wie die Verantwortung für die Aufnahme von Flüchtlingen verteilt werden soll. Diese Fragen diskutiere ich in Kap. 5.

17 Diese Dokumente sind praktischerweise als Anhänge enthalten in James Nickel, *Making Sense of Human Rights*, Malden 2007.

18 Ich präsentiere hier das von mir bevorzugte Verständnis von Menschenrechten, das sie in Grundbedürfnissen gegründet sieht, die alle Menschen gemeinsam haben; vgl. hierzu ausführlicher David Miller, »Grounding Human Rights«, in: *Critical Review of International Social and Political Philosophy* 15 (2012), S. 407-427. Andere verbreitete Auffassungen von Menschenrechten berufen sich dagegen auf menschliche Interessen oder den menschliche Akteursstatus. Beispiele für den interessenbasierten Ansatz sind etwa Nickel, *Making Sense*, Kap. 4, oder John Tasioulas,»On the Foundations of Human Rights«, in: Rowan Cruft u. a. (Hg.), *Philosophical Foundations of Human Rights*, Oxford 2015, S. 45-70; zum akteursbasierten Ansatz vgl. James Griffin, *On Human Rights*, Oxford 2008, bes. Kap. 2. Diese im Kontrast zueinander stehenden philosophischen Ansätze neigen dazu, sich überschneidende, aber nicht identische Auflistungen« von Rechten hervorzubringen. Die Unterschiede zwischen meiner Position und der Griffins habe ich dargelegt in David

Miller, »Personhood versus Human Needs as Grounds for Human Rights«, in: Roger Crisp (Hg.), *Griffin on Human Rights*, Oxford 2014, S. 152-169.

19 Ich werde nicht in die unter Menschenrechtstheoretikern geführte Debatte darüber einsteigen, ob menschlichen Wesen ihre fundamentalsten Rechte über den Verlauf der Geschichte hinweg zugeschrieben werden können oder ob ihr Geltungsbereich auf die Bewohner moderner Gesellschaften beschränkt werden sollte. Eine andere Auffassung findet sich in Griffin, *On Human Rights*, bes. Kap. 2 und 7; John Tasioulas, »The Moral Reality of Human Rights«, in: Thomas Pogge (Hg.), *Freedom from Poverty as a Human Right*, Oxford 2007; Charles Beitz, *The Idea of Human Rights*, Oxford 2009, Kap. 2-3.

20 Aber entstehen sie selbst dann? Man könnte dies in Zweifel ziehen und sagen, dass Pflichten stets im Kontext bestimmter sozialer Praktiken entstehen und nicht außerhalb davon. Es ist schwer, an dieser Stelle mehr zu tun, als uns auf unsere moralischen Intuitionen zu berufen. Kommen wir noch einmal auf das vorhin eingeführte Beispiel der dehydrierten Wanderin zurück. Es besteht die Gefahr, dass sie sterben wird, wenn ich mein Wasser nicht mit ihr teile. Sicherlich reicht es nicht zu sagen, dass ich einen Grund habe, ihr zu trinken zu geben; ich *muss* ihr etwas von meinem Wasser abgeben. Weigere ich mich, dann kann sie oder jemand anderes, der gerade vorbeikommt, mich dazu *zwingen*. Das ist zugegebenermaßen ein Extrembeispiel. Was es aber zeigt, ist, dass an der Idee, dass Pflichten sich einfach aus der Dringlichkeit der Forderung einer Person ergeben können, nichts Absurdes ist, selbst wenn mich mit der Person nichts verbindet, abgesehen von meiner Fähigkeit, auf diese Forderung einzugehen.

21 Vgl. zum Beispiel Onora O'Neill, *Towards Justice and Virtue*, Cambridge 1996, Kap. 5. O'Neills These lautet, dass positive Rechte wie das auf Sozialleistungen nur bestehen können, wenn sie – etwa von einem Staat – institutionalisiert sind.

22 Ich fasse hier eine Position zusammen, die ich anderswo ausführlicher dargelegt habe, vgl. David Miller, »Distributing Responsibilities«, in: *Journal of Political Philosophy* 9 (2001), S. 453-471, und in veränderter Form in Miller, *National Responsibility*, Kap. 4.

23 Eine Position des zweiten Typs habe ich verteidigt in David Miller, »Taking Up the Slack? Responsibility and Justice in Situations of

Partial Compliance«, in: Carl Knight, Zofia Stemplowska (Hg.), *Responsibility and Distributive Justice*, Oxford 2011, wiederabgedruckt in Miller, *Justice for Earthlings*, S. 206-227.

24 Cicero, *De officiis/Vom pflichtgemäßen Handeln*, Stuttgart 2014, Erstes Buch, Kap. 52.

3. Offene Grenzen

1 Grotius' und Kants Ideen vom gemeinschaftlichen Eigentum stehen in keiner direkten Beziehung zueinander. Eine Analyse dazu findet sich in Katrin Flikschuh, *Kant and Modern Political Philosophy*, Cambridge 2000, Kap. 5.

2 Vgl. Hugo Grotius, *Des Hugo Grotius drei Bücher über das Recht des Kriegs und des Friedens*, übers. v. J. H. von Kirchmann, Berlin 1869, 2 Bde., Bd. 1, Zweites Buch, Kap. 2, Abschnitt 2. Relevante Untersuchungen zu Grotius finden sich in Mathias Risse, *On Global Justice*, Princeton 2012, Kap. 5; John Salter, »Hugo Grotius: Property and Consent«, in: *Political Theory* 29 (2001), S. 537-555; Stephen Buckle, *Natural Law and the Theory of Property: Grotius to Hume*, Oxford 1991, Kap. 1.

3 Vgl. Grotius, *Recht des Krieges*, Zweites Buch, Kap. 2, Abschnitt 4.

4 Ebd., Abschnitt 11-13.

5 Vgl. Henry Sidgwick, *The Elements of Politics*, London ²1897.

6 Grotius, *Recht des Krieges*, Zweites Buch, Kap. 2, Abschnitt 4.

7 Vgl. Risse, *Global Justice*, Kap. 6.

8 Immanuel Kant, *Die Metaphysik der Sitten* (=Werkausgabe, Bd. VIII), Frankfurt/M. 1977, § 62, S. 475 f.

9 Es gibt noch weitere Einwände gegen gemeinschaftliches Eigentum, die ich hier nicht behandeln werde. Wie Risse einwendet, »liegt das wirklich Problematische darin, dass, wenn jede Person für jede Nutzung des Gemeinschaftseigentums *gefragt werden muss*, sie selbst auch nach einer jeden solchen Nutzung *fragen* muss. Andere können damit ihr Veto gegen dessen Nutzung auch dann einlegen, wenn sie der Befriedigung von Grundbedürfnissen dient« (Risse, *Global Justice*, S. 121). Dies spiegelt Lockes Einwand wider, dass, wenn meine Aneignung von »Eicheln oder Äpfeln« von der Natur der Zustimmung der gesamten Menschheit bedarf, »alle Menschen [schon] verhungert [wären], ungeachtet des Überflusses, den Gott ihnen gege-

ben hat« (John Locke, *Zwei Abhandlungen über die Regierung*, Frankfurt/M. 1989, § 28, S. 217).

10 Der Hauptvertreter dieser Position war in der jüngeren Vergangenheit Hillel Steiner; vgl. Hillel Steiner,»Liberty and Equality«, in: *Political Studies* 29 (1981), S. 555-569; ders.,»Slavery, Socialism, and Private Property«, in: J. Roland Pennock, John W. Chapman, *Nomos XXII: Property*, New York 1980; ders.,»Capitalism, Justice and Equal Starts«, in: *Social Philosophy and Policy* 5 (1987), S. 49-71; ders., *An Essay on Rights*, Oxford 1994, Kap. 7-8; ders.,»Territorial Justice and Global Redistribution«, in: Gillian Brock, Harry Brighouse (Hg.), *The Political Philosophy of Cosmopolitanism*, Cambridge 2005, S. 28-38.

11 Vgl. zum Beispiel Steiner,»Territorial Justice«, S. 35f.

12 Ich habe diese Frage ausführlicher diskutiert in David Miller, *National Responsibility and Global Justice*, Oxford 2007, Kap. 3, Abschnitt 2, und unter besonderer Bezugnahme auf Steiner in»Property and Territory: Locke, Kant, and Steiner«, in: *Journal of Political Philosophy* 19 (2011), S. 90-109.

13 Vgl. zum Beispiel Joseph Carens, *The Ethics of Immigration*, New York 2013, S. 227f., 233-236.

14 Vgl. Bernard Boxhill,»Global Equality of Opportunity and National Integrity«, in: *Social Philosophy and Policy* 5 (1987), S. 143-168.

15 Zu dieser Entgegnung vgl. Simon Caney,»Cosmopolitan Justice and Equalizing Opportunities«, in: *Metaphilosophy* 32 (2001), S. 113-134. Sen hat den Capability Approach an vielen Stellen seines Werks entwickelt, darunter in Amartya Sen, *Commodities and Capabilities*, Amsterdam 1985; ders., *Ökonomische Ungleichheit*, Frankfurt/M., New York 1975; ders.,»Capability and Well-Being«, in: Martha Nussbaum, Amartya Sen (Hg.), *The Quality of Life*, Oxford 1993; ders., *Ökonomie für den Menschen. Wege zu Gerechtigkeit und Solidarität in der Marktwirtschaft*, München 2000.

16 Vgl. etwa Sen, *Ökonomische Ungleichheit*, Kap. 3.

17 Dieses Problem ist in der Literatur zum Capability Approach weithin anerkannt worden, ohne dass aus ihr jedoch eine Lösung dafür hervorgegangen wäre. Eine kritische Würdigung dieses Ansatzes, in dem dieses Problem als eines unter vielen auftritt, vgl. Thomas Pogge,»A Critique of the Capability Approach«, in: Harry Brighouse, Ingrid Robeyns (Hg.), *Measuring Justice: Primary Goods and Capabilities*, Cambridge 2010. Eine seiner wichtigsten Verteidi-

gerinnen, Martha Nussbaum, hat Situationen, in denen Grundfähigkeiten nicht alle zugleich realisiert werden können, als »tragische Entscheidungen« bezeichnet; vgl. Martha Nussbaum, *Creating Capabilities. The Human Development Approach*, Cambridge (MA) 2011, Kap. 2. Einen guten Überblick über die gegenwärtige Lage gibt Ingrid Robeyns, »The Capability Approach (and Social Justice)«, in: Gerald Gaus, Fred D'Agostino (Hg.), *The Routledge Companion to Social and Political Philosophy*, New York 2013.

18 Zu den Verteidigern eines Menschenrechts auf Einwanderung gehören Carens, *Ethics of Immigration*, Kap. 11, und Kieran Oberman, »Immigration as a Human Right«, in: Sarah Fine, Lea Ypi (Hg.), *Migration in Political Theory. The Ethics of Movement and Membership*, Oxford 2016, S. 32-56. Michael Dummett schreckt zwar vor der Behauptung zurück, es gäbe deshalb ein starkes Recht auf Einwanderung, weil ein genuines, Pflichten nach sich ziehendes Recht uneingeschränkt gültig sein müsse (wohingegen er anerkennt, dass es Situationen geben kann, in denen Staaten die Einwanderung legitimerweise begrenzen dürfen), verteidigt ein solches Recht allerdings in einem »schwächeren, eingeschränkten Sinne«; vgl. Michael Dummett, *On Immigration and Refugees*, London 2001, Kap. 3.

19 Joseph Carens hat sich diese Beschreibung seines rechtebasierten Arguments für offene Grenzen zu eigen gemacht; vgl. Carens, *Ethics of Immigration*, Kap. 11, bes. S. 237-245. Die Hebelstrategie stützt sich natürlich auf die Annahme, dass das Recht, an dem der Hebel ansetzen soll, begründet ist; ihr Vorteil liegt aber darin, dass wir nicht darin übereinstimmen müssen, warum es das ist, bevor wir auf das Hebelargument eingehen.

20 Im Folgenden werde ich mich um Ökumene bemühen, da die Verfechter eines Menschenrechts auf Einwanderung die Gründe für dieses Recht auf verschiedene Arten auffassen könnten, wenn sie sich zur Anwendung der direkten Strategie entschließen.

21 Vgl. Oberman, »Immigration«.

22 Eine mögliche Entgegnung könnte hier lauten, dass das infrage stehende generische Interesse das an der Freiheit selbst ist. Freiheit als gänzlich unbestimmt – in Abwesenheit aller Einschränkungen der Handlungen, die eine Person begehen könnte – kann aber nicht als plausible Grundlage für Menschenrechte gelten, und das nicht zuletzt deshalb, weil die Freiheit einer Person in diesem schrankenlo-

sen Sinne notwendigerweise mit der gleichen Freiheit aller anderen in Konflikt geraten wird.

23 Argumente dafür, dass das erste Recht das zweite impliziert, sind zu finden in Phillip Cole, *Philosophers of Exclusion. Liberal Political Theory and Immigration*, Edinburgh 2000, Kap. 3; Ann Dummett, »The Transnational Migration of People Seen from within a Natural Law Perspective«, in: Brian Barry, Robert Goodin (Hg.), *Free Movement: Ethical Issues in the Transnational Migration of People and Money*, Hemel Hempstead 1992, S. 87-94.

24 Vgl. Paul Collier, *Exodus. Warum wir Einwanderung neu regeln müssen*, München 2014, S. 211f.

25 Carens, *Ethics of Immigration*, S. 239.

26 Das ist sicherlich der Fall, wenn wir an die entwickelten Demokratien denken. Als weit weniger zutreffend könnte sich dies aber in Bezug auf sich sehr rasch entwickelnde Gesellschaften wie die Brasiliens und Chinas erweisen, in denen die enormen Unterschiede zwischen Stadt und Land Anreize für die massenhafte Migration in die Städte stiften.

27 Anfang 2013 und alarmiert von der Zahl der Rumänen und Bulgaren, die möglicherweise nach Großbritannien auswandern könnten, sobald die Personenfreizügigkeit auf europäischer Ebene zu Beginn des darauffolgenden Jahres auch diese Länder umfassen würde, ist oft berichtet worden, dass die britische Regierung die Durchführung einer Werbekampagne in Erwägung gezogen habe, die die negativen Aspekte des Lebens im Vereinigten Königreich hervorheben sollte: regnerisches Wetter, Chaos auf den Straßen, fehlende Arbeitsplätze und so weiter. Letztendlich aber war man klüger, und die Regierung entschied sich dazu, einfach die Zugangsvoraussetzungen zu Sozialleistungen und anderen Vergünstigungen für alle EU-Einwanderer zu verschärfen.

28 Ich betone an dieser Stelle zwar die negative Funktion, die das Recht auf Bewegungsfreiheit im Inneren in Bezug auf vom Staat ausgehende Bedrohungen ausübt, doch könnte man auch seine positive Rolle hervorheben, die es bei der Schaffung einer gut funktionierenden Demokratie spielt. Dieses Argument findet sich in Adam Hosein, »Immigration and Freedom of Movement«, in: *Ethics and Global Politics* 6 (2013), S. 25-37.

29 Vgl. etwa die Schilderungen der venezianischen Ghettos in Richard Sennett, *Fleisch und Stein. Der Körper und die Stadt in der westlichen Zivilisation*, Frankfurt/M. 1997, Kap. 7.

30 Zu diesen speziellen Siedlungen vgl. Lynne Viola, *The Unknown Gulag. The Lost World of Stalin's Special Settlements*, New York 2007.

31 Es könnte die Frage aufgeworfen werden, wie die von mir genannten Beispiele, bei denen allesamt die Unterdrückung von bereits schutzlosen Gruppen eine Rolle spielt, es erklären sollen, warum sich das Recht auf Bewegungsfreiheit auf zum Beispiel wohlhabende Kalifornier erstreckt, die nach New York ziehen wollen. Menschenrechte stellen aber nun einmal universelle Ansprüche dar, die (zunächst) an den Staat gerichtet sind, im Namen aller seiner Bürger. Dass manche den Schutz einiger dieser Rechte nicht benötigen – da ein sehr reicher Mensch auch gut ohne sein Wahlrecht zurechtkommen könnte, weil er seine Interessen auf andere Weise schützen kann –, heißt nicht, dass wir an ihrer Allgemeingültigkeit rütteln sollten. Als entscheidende Schutzmaßnahmen müssen sie jedermann zur Verfügung stehen, gleichgültig, ob sie zum gegenwärtigen Zeitpunkt benötigt werden oder nicht.

4. Geschlossene Grenzen

1 Eine anschauliche Schilderung der Art und Weise, wie Grenzen in der Praxis geschützt werden, findet sich in Jeremy Harding, *Border Vigils. Keeping Migrants Out of the Rich World*, London 2012.

2 Ich folge an dieser Stelle der Analyse in Francis H. Hinsley, *Sovereignty*, Cambridge ²1986, Kap. 1, und in Alan James, »The Practice of Sovereign Statehood in Contemporary International Society«, in: *Political Studies* 47 (1999), S. 457-473.

3 Ich sage etwas mehr über diese Vorteile in David Miller, *National Responsibility and Global Justice*, Oxford 2007, Kap. 8.

4 Ich schließe mich hier Henry Sidgwick an: »Die hauptsächliche Begründung für die Aneignung von Ländereien durch die Regierung ist es, dass die Verhinderung gegenseitig zugefügten Unheils unter den Menschen, die es nutzen, auf angemessene Weise nicht anders zu bewerkstelligen sein wird« (Henry Sidgwick, *The Elements of Politics*, London ²2007, S. 252). Eine ausführlichere Untersuchung der menschenrechtlichen Bedingungen für politische Legitimität findet sich in Allen Buchanan, *Justice, Legitimacy, and Self-Determination*, Oxford 2004, Teil 2. Vgl. auch Andrew Altman, Christopher

Wellman, *A Liberal Theory of International Justice*, Oxford 2009, Kap. 1.

5 Die einzige Ursache für eine Kontroverse, die ich mir hier vorstellen könnte, wäre eine These über das gemeinschaftliche Eigentum an der Erde, aber im vorangegangenen Kapitel habe ich bereits einige Varianten dieser Idee geprüft und zurückgewiesen (das Miteigentum und den gleichen Besitz), die benutzt werden könnten, um eine solche hervorzurufen.

6 Wichtige Beiträge zu dieser Debatte sind die folgenden: Avery Kolers, *Land, Conflict and Justice*, Cambridge 2009; Tamar Meisels, *Territorial Rights*, Dordrecht ²2009; Margaret Moore, *A Political Theory of Territory*, Oxford 2015; Cara Nine, *Global Justice and Territory*, Oxford 2012; A. John Simmons, »On the Territorial Rights of States«, in: *Philosophical Issues* 11 (2001), S. 300-326; Hillel Steiner, »Territorial Justice and Global Redistribution«, in: Gillian Brock, Harry Brighouse (Hg.), *The Political Philosophy of Cosmopolitanism*, Cambridge 2005; Anna Stilz, »Why Do States Have Territorial Rights?«, in: *International Theory* 1 (2009), S. 185-213. Einen Überblick gibt David Miller, Margaret Moore, »Territorial Rights«, in: David Held, Pietro Maffetone (Hg.), *Global Political Theory*, Cambridge 2016.

7 Am ausführlichsten in David Miller, »Territorial Rights: Concept and Justification«, in: *Political Studies* 60 (2012), S. 252-268.

8 Wie ich in Kap. 2 erklärt habe, können wir Menschenrechte in diesem Kontext als eine Unterkategorie von Staatsbürgerrechten verstehen.

9 Michael Blake hat sich auf diese Idee berufen, um ein Argument für das Recht des Staates auf Ausschluss von Einwanderern zu entwickeln, das sich aus dem Recht auf Ablehnung ungewollter Pflichten speist, solcher nämlich, die bei der Befriedigung der Grundbedürfnisse dieser Migranten anfallen könnten. Vgl. Michael Blake, »Immigration, Jurisdiction, and Exclusion«, in: *Philosophy and Public Affairs* 41 (2013), S. 103-130.

10 Eine etwas andere Beweisführung für das Recht auf Grenzschließung, das sich ebenfalls auf Selbstbestimmung beruft, hat Kit Wellman dargelegt. Dessen Strategie lautet so: Selbstbestimmung zu praktizieren beinhaltet, das Recht auf Vereinigungsfreiheit zu besitzen, wozu auch die Freiheit gehört, sich *nicht* mit unerwünschten Personen zu vereinigen. Bei seiner Erklärung dafür, warum das nega-

tive Vereinigungsrecht genauso auf staatlicher Ebene wie in kleineren und von persönlicher Nähe geprägten Gemeinschaften gelten sollte, nimmt er allerdings Bezug auf Überlegungen, wie ich sie hier ebenfalls anstelle – so zum Beispiel auf den ungewollten kulturellen Wandel, den die Zuzügler eventuell mit sich bringen. Unsere Argumente haben also, obwohl unsere Ausgangspunkte unterschiedlich sind, einige Gemeinsamkeiten. Vgl. Christopher Wellman, »Immigration and Freedom of Association«, in: *Ethics* 119 (2008-2009), S. 109-141; ders., Phillip Cole, *Debating the Ethics of Immigration. Is There A Right to Exclude?*, New York 2011, Kap. 1. Einwände gegen Wellman finden sich in Sarah Fine, »Freedom of Association Is Not the Answer«, in: *Ethics* 120 (2009-2010), S. 338-356; Michael Blake, »Immigration, Association, and Anti-Discrimination«, in: *Ethics* 122 (2011-2012), S. 748-762; Sarah Fine, Andrea Sangiovanni, »Immigration«, in: Darrel Moellendorf, Heather Widdows (Hg.), *The Routledge Handbook of Global Ethics*, Abingdon 2014, S. 193-209. Meinen eigenen Grund für die Zurückweisung von Wellmans Ansatz habe ich in David Miller, *National Responsibility*, S. 210f., dargelegt.

11 Aber, so könnte gesagt werden, Einwanderer werden doch ein ausreichend besteuerbares Einkommen erwirtschaften, um für die öffentlichen Dienstleistungen bezahlen zu können, die sie verlangen. Das mag in der Tat geschehen – oder auch nicht. Bedenken wir, dass wir an dieser Stelle nicht über eine ausgeklügelte Einwanderungspolitik nachdenken, die eine bestimmte Anzahl von Immigranten auf der Basis ihrer zukünftigen Beschäftigungsperspektiven aussucht, sondern uns mit den möglichen Folgen befassen, die sich für einen modernen liberalen Staat aus einer Politik der offenen Grenzen ergeben würden.

12 Dieser Punkt wird besonders stark betont in Samuel Scheffler, »Immigration and the Significance of Culture«, in: *Philosophy and Public Affairs* 35 (2007), S. 93-125, wiederabgedruckt in ders., *Equality and Tradition*, New York 2010, S. 256-286. Scheffler bezeichnet unsere Nachkommen als »Einwanderer aus der Zukunft«.

13 Zu einer Theorie der kulturellen Überlieferung, die die Rolle »formativer Institutionen und Praktiken« betont, vgl. Alan Patten, *Equal Recognition. The Moral Foundations of Minority Rights*, Princeton 2014, Kap. 2.

14 Zu Diskussionen und Belegen dazu, wie die Existenz oder Nicht-

existenz generalisierten Vertrauens das Funktionieren der Demokratie beeinflusst, vgl. Robert Putnam, *Making Democracy Work. Civic Traditions in Modern Italy*, Princeton 1993; Tom Tyler, »Trust and Democratic Governance«, in: Margaret Levi, Valerie Braithwaite (Hg.), *Trust and Governance*, New York 1998; Mark Warren, »Democratic Theory and Trust«, in: ders. (Hg.), *Democracy and Trust*, Cambridge 1999, S. 310-345; Patti Lenard, *Trust, Democracy, and Multicultural Challenges*, University Park 2012, bes. Kap. 2.

15 Hinweise auf die Auswirkungen ethnischer Vielfalt auf die Bereitstellung öffentlicher Güter finden sich in Alberto Alesina u. a., »Public Goods and Ethnic Divisions«, in: *Quarterly Journal of Economics* 114 (1999), S. 1243-1284.

16 Siehe die in Kap. 1, Anm. 16 angeführten Quellen.

17 Vgl. M. Marschall, D. Stolle, »Race in the City: Neighbourhood Context and the Development of Generalised Trust«, in: *Political Behavior* 26 (2004), S. 125-153. Die mittlerweile klassische Untersuchung über die Konsequenzen eines zurückgehenden bürgerschaftlichen Engagements (in den Vereinigten Staaten) für das soziale Vertrauen stellt Robert Putnam, *Bowling Alone. The Collapse and Revival of American Community*, New York 2000, dar.

18 Ein viel ausgedehnteres Argument zum Zusammenhang von Einwanderungskontrolle und Bevölkerungszahl liegt vor in Philip Cafaro, *How Many Is Too Many? The Progressive Argument for Reducing Immigration into the United States*, Chicago, London 2015.

19 Dieser Einwand ist nicht nur von Fürsprechern offener Grenzen formuliert worden, sondern auch von einigen derer, die eine Einwanderungskontrolle für gerechtfertigt halten, darunter Michael Blake und Ryan Pevnick; vgl. Michael Blake, »Immigration«, in: Raymond Frey, Christopher Wellman (Hg.), *A Companion to Applied Ethics*, Oxford 2003, S. 232-234; Ryan Pevnick, *Immigration and the Constraints of Justice*, Cambridge 2011, Kap. 6. Beide Autoren behaupten auch, dass der Verweis auf die Kultur als Grund für Restriktionen Gefahr läuft, existierende Staatsbürger herabzuwürdigen, die nicht der Mehrheitskultur angehören. Vgl. auch die Diskussion in Joseph Carens, *The Ethics of Immigration*, New York 2013, Kap. 12.

20 Zu verschiedenen Versionen dieses Einwands vgl. Sarah Fine, »The Ethics of Immigration: Self-Determination and the Right to Exclude«, in: *Philosophy Compass* 8 (2013), S. 262-264; Fine/Sangiovanni, »Immigration«, S. 199; Javier Hidalgo, »Freedom, Immigra-

tion, and Adequate Options«, in: *Critical Review of International Social and Political Philosophy* 17 (2014), S. 212-234.

21 Dieser Einwand ist explizit von Arash Abizadeh vorgebracht worden in »Democratic Theory and Border Coercion: No Right to Unilaterally Control Your Own Borders«, in: *Political Theory* 36 (2008), S. 37-65.

22 Jedenfalls solange keine Seite der anderen ihre Überzeugungen aufdrängen möchte.

23 Der Ausdruck »Parallelgesellschaften« ist von Thomas Meyer populär gemacht worden, vgl. Thomas Meyer, »Parallelgesellschaft und Demokratie«, in: Thomas Meyer, Reinhard Weil (Hg.), *Die Bürgergesellschaft. Perspektiven für Bürgerbeteiligung und Bürgerkommunikation*, Bonn 2002. Ich möchte hier kein Urteil darüber fällen, wie stark die Tendenzen zur Ausbildung von Parallelgesellschaften unter Einwanderern wirklich sind. Einen hilfreichen Überblick über die wohnliche Segregation von Einwanderern in Nordamerika und Westeuropa (die erhebliche Schwankungen zwischen den einzelnen Gemeinden aufzeigen) bietet: Richard Alba, Nancy Foner, *Strangers No More. Immigration and the Challenges of Integration in North America and Western Europe*, Princeton 2015, Kap. 4.

24 John Stuart Mill, *Über Utilitarismus*, Stuttgart 2006, S. 105.

25 Auf das Problem konkurrierender Interessen wird besonders deutlich hingewiesen in Fine, »Ethics of Immigration«, und Fine/Sangiovanni, »Immigration«.

26 Dieser Punkt wird in der ansonsten umsichtigen Diskussion dieser Frage in Hidalgo, »Freedom, Immigration, and Adequate Options«, außer Acht gelassen. Hidalgo gesteht zwar zu, dass Staaten ein *Recht* auf den Ausschluss von Einwanderern haben, argumentiert aber, dass das Interesse, das jene typischerweise an ihrer Aufnahme haben, deutlich macht, dass es moralisch falsch wäre, sie auszuschließen. Damit wird unterstellt, dass dieses Interesse *den Bürgern der Aufnahmegesellschaft* als schwerwiegend erscheinen müsste. (Hidalgo geht zudem davon aus, dass der Ausschluss von Migranten eine Zwangsmaßnahme sei, worauf ich im Verlauf dieses Kapitels noch zu sprechen kommen werde.)

27 Ich konzentriere mich hier auf Abizadeh, wobei die Ansicht, dass Einwanderungskontrollen Zwangsmittel seien, von einer ganzen Reihe von Autoren geteilt wird, wozu auch solche gehören, die Einschränkungen beim Grenzübertritt verteidigen möchten. Vgl. zum

Beispiel Michael Blake, »Distributive Justice, State Coercion and Autonomy«, in: *Philosophy and Public Affairs* 30 (2001), S. 257-296; ders., »Immigration, Jurisdiction, and Exclusion«; Thomas Nagel, »Das Problem globaler Gerechtigkeit«, in: Christoph Broszies u. a. (Hg.), *Globale Gerechtigkeit. Schlüsseltexte zur Debatte zwischen Partikularismus und Kosmopolitismus*, Berlin 2010, S. 104-145.

28 Abizadeh, »Democratic Theory«, S. 48.

29 Manchmal wird behauptet, dass der Betrunkene in solchen Fällen sein stillschweigendes Einverständnis dazu gegeben habe, in Situationen wie den beschriebenen mit Zwang belegt zu werden, aber ich sehe nicht, warum eine solche Annahme nötig sein sollte. Sicherlich ist es ausreichend, dass ich eine potentielle Katastrophe dadurch verhindern kann, dass ich meinen betrunkenen Freund gegen seinen Willen nach Hause fahre.

30 Ich gestehe diesen Punkt um des Arguments willen zu, obwohl ich bezweifle, dass das stimmt. Ich habe vorhin in diesem Kapitel eine Auffassung von legitimer staatlicher Rechtshoheit dargelegt, die Demokratie nicht als einen ihrer Bestandteile erfordert, sondern nur die schwächere Voraussetzung macht, dass der Staat die Menschen repräsentieren sollte, über die er seine Rechtshoheit ausübt.

31 Im Folgenden beziehe ich mich auf meine viel detaillierteren Überlegungen in David Miller, »Why Immigration Controls Are Not Coercive: A Reply to Arash Abizadeh«, in: *Political Theory* 38 (2010), S. 111-120. Abizadehs Antwort findet sich in Arash Abizadeh, »Democratic Legitimacy and State Coercion: A Reply to David Miller«, in: *Political Theory* 38 (2010), S. 121-130.

32 Zwang ist ein Begriff, der nur schwer genau zu bestimmen ist, weshalb diese Angabe hier nur eine grobe Charakterisierung darstellen soll. Zu gründlicheren Versuchen, ihn zu analysieren, vgl. Robert Nozick, »Coercion«, in: Peter Laslett u. a. (Hg.), *Philosophy, Politics and Society*, Oxford 1972; Michael Bayles, »A Concept of Coercion«, in: J. Roland Pennock, John W. Chapman (Hg.), *Nomos XIV: Coercion*, Chicago 1972, S. 49-62; Alan Wertheimer, *Coercion*, Princeton 1987, Teil 2.

33 Was, wenn sich herausstellt, dass kein anderes Land sie aufnehmen will? Ihnen die Einreise zu verweigern fällt zwar nach wie vor nicht in die Kategorie des Zwangs, weil der sie ablehnende Staat es nicht beabsichtigt, dass die betroffenen Personen ausschließlich in ihrem Heimatland bleiben sollen. Dennoch aber könnte gesagt werden,

dass ihnen den Zugang unter diesen Umständen zu versperren *genauso schlimm* sei wie Zwang, weil das praktische Resultat in beiden Fällen dasselbe sein wird. Das zeigt, dass auch eine Hinderung der Rechtfertigung bedarf, vor allem in Fällen, in denen es gravierende Folgen haben wird, jemanden an etwas zu hindern. Wie wir in Kap. 5 sehen werden, kann es möglicherweise eine Pflicht zur Aufnahme von Einwanderern geben, deren Menschenrechte in dem Staat bedroht sind, in dem sie gegenwärtig leben. Doch das ist kein Grund dafür, Zwang und Hinderung in eins zu setzen oder anzunehmen, dass ein Ausschluss stets die demokratische Zustimmung der Ausgeschlossenen erfordern würde.

34 Vgl. Abizadeh, »Democratic Theory«, S. 54-56.

5. Flüchtlinge

1 Ich werde gleich wesentlich detaillierter untersuchen, unter welchen Bedingungen eine Person als Flüchtling zu gelten hat.

2 Der Aspekt des »Wirtschaftlichen« im Ausdruck »Wirtschaftsmigrant« muss hier daher in einem weiten Sinne verstanden werden, so dass damit auch Menschen gemeint sind, die aus persönlichen Gründen abwandern, die nicht im engeren Sinne ökonomischer Natur sind, etwa um eine lukrativere Arbeit zu finden. Von daher wäre es vielleicht günstiger, den Ausdruck »freiwillige Migranten« als Sammelbegriff für diese zweite Gruppe zu gebrauchen, doch hat sich »Wirtschaftsmigranten« im allgemeinen Sprachgebrauch durchgesetzt.

3 Zum Beispiel die Uganda-Asiaten, die zwar britische Pässe besaßen, deren Einwanderungserlaubnis durch das Einwanderungsgesetz von 1971 allerdings abrupt annulliert wurde. Als Idi Amin an die Macht kam und drohte, sie kurzfristig auszuweisen, erkannte die britische Regierung ihre Pflicht an und erlaubte ihnen die Einreise. Dieser Vorfall wird geschildert in Robert Winder, *Bloody Foreigners. The Story of Immigration to Britain*, London 2004, Kap. 22.

4 Betrachten wir den Fall der nepalesischen Gurkhas, die nach ihrem Dienst in der britischen Armee um ein Aufenthaltsrecht in Großbritannien ersucht haben. Dieses Recht ist ihnen vom High Court in einer Entscheidung des Jahres 2008 gewährt worden. Der Schauspielerin Joanna Lumley zufolge, die deren Kampagne anführte, »basier-

te die ganze Kampagne auf der Überzeugung, dass die, die für unser Land gekämpft und ihr Leben riskiert haben, auch das Recht erhalten sollten, darin zu leben«; vgl. ⟨http://www.gurkhajustice.org.uk⟩, letzter Zugriff 01.04.2015.

5 Ich korrigiere hiermit auch meine eher beiläufige Behandlung der Definitionsthematik in David Miller, *National Responsibility and Global Justice*, Oxford 2007, Kap. 8.

6 »Der Grundsatz des *non-refoulement* besagt generell, dass kein Flüchtling in irgendein Land zurückgeschickt werden soll, wo er oder sie wahrscheinlich Verfolgung, andere Formen von schlechter Behandlung oder Folter zu erleiden haben wird« (Guy Goodwin-Gill, Jane McAdam, *The Refugee in International Law*, Oxford ³2007, S. 201). Die Interpretation dieses Prinzips im internationalen Recht ist eine komplexe Angelegenheit. Vgl. dazu James Hathaway, *The Rights of Refugees under International Law*, Cambridge 2005, S. 307-370.

7 Ich zehre hier von der Diskussion in Matthew Lister, »Who Are Refugees?«, in: *Law and Philosophy* 32 (2013), S. 645-671.

8 ⟨http://www.asyl.net/fileadmin/user_upload/gesetzetexte/gfk.prn.pdf⟩, letzter Zugriff 10.02.2017. Eine weitere Klausel dehnt den Flüchtlingsstatus auch auf Staatenlose aus, die sich in einer vergleichbaren Situation befinden.

9 Michael Dummett, *On Immigration and Refugees*, London 2001, S. 37.

10 Ich werde die Bedingung, dass der Flüchtling sich bereits »außerhalb des Landes [befinden muss], dessen Staatsangehörigkeit er besitzt«, hier nicht diskutieren. Es scheint mir gleichgültig zu sein, ob eine Person gerade im Begriff ist, aus ihrem Land zu fliehen, die Grenze eines anderen Landes bereits erreicht oder sie schon überschritten hat. Wichtig ist die Art der Bedrohung, der sie gegenübersteht, wenn sie dortbleibt oder dahin zurückgeschickt wird. Souther formuliert dies so: »Wenn Asyl im Kern in der Gewährung eines ersatzweisen Schutzes besteht, dann ist es der fehlende Schutz innerhalb des Herkunftsstaates der Flüchtlinge und nicht die Tatsache ihrer grenzüberschreitenden Flucht an sich, die ihre moralische Berechtigung auf Asyl begründet« (James Souter, »Towards a Theory of Asylum as Reparation for Past Injustices«, in: *Political Studies* 62 [2014], S. 326-342, hier S. 328).

11 Vgl. Michelle Foster, *International Refugee Law and Socio-Econo-*

mic Rights, Cambridge 2007, für eine umfassende Behandlung dieses Themas.
12 Vgl. Goodwin-Gill/McAdam, *Refugees*, S. 98-100.
13 Ein starkes Argument für die Aufrechterhaltung einer Verbindung zur Verfolgung wird von Matthew Price in Stellung gebracht; vgl. Matthew Price, *Rethinking Asylum: History, Purpose and Limits*, Cambridge 2009. Price unterscheidet hier zwischen Asyl und einem allgemeineren Flüchtlingsstatus und argumentiert, dass die Gewährung von Asyl sowohl einem expressiven Ziel als auch dem einer Schutzgewährung dient: Sie signalisiert eine Verurteilung des Verhaltens des Staates, der die Verfolgung ausübt.
14 Andrew Shacknove, »Who Is a Refugee?«, in: *Ethics* 95 (1984-1985), S. 277.
15 Joseph Carens, *The Ethics of Immigration*, New York 2013, S. 201.
16 Diese Schätzung für das Jahr 2015 stammt vom Hochkommissariat der Vereinten Nationen für Flüchtlinge, obgleich man im Lichte meiner früheren Diskussion auch noch die 38,5 Millionen »Binnenflüchtlinge« mit einrechnen müsste, die vor Krieg oder Verfolgung geflohen, aber keine internationale Grenze überschritten haben, was die Gesamtzahl auf ungefähr 60 Millionen erhöht. Vgl. ⟨http://www.unhcr.org/558193896.html⟩, letzter Zugriff 05.01.2017. [Im Juni 2017 betrug die Zahl laut UNO etwa 65 Millionen; Anm. d. Übers.]
17 Zum Beispiel die Bewohner der Karibikinsel Montserrat, von denen zwei Drittel zum Wegzug gezwungen waren, nachdem ein Vulkanausbruch 1995 den südlichen Teil der Insel verwüstet hat.
18 Price, *Rethinking Asylum*, S. 248.
19 Eine kluge Diskussion der Bedingungen, unter denen eine – freiwillige oder erzwungene – Repatriierung von Flüchtlingen gerechtfertigt sein kann, findet sich in Megan Bradley, *Refugees Repatriation. Justice, Responsibility and Redress*, Cambridge 2013, Kap. 2-3. Bradley streicht das Erfordernis einer Entschädigung für die materiellen und psychologischen Kosten ihrer Umsiedlung dabei als eine der zentralen Bedingungen heraus.
20 Die Vereinigten Staaten bieten einen vorübergehenden Schutzstatus nur für Staatsbürger einiger weniger ausgesuchter Länder an.
21 Das Argument dafür, »Klimaflüchtlinge« nicht als Flüchtlinge zu zählen, außer in dem besonderen Fall, dass ihre Menschenrechte durch ein diskriminierendes Verhalten seitens ihres Heimatstaates bedroht

werden, wird vorzüglich dargelegt in Jane McAdam, *Climate Change, Forced Migration, and International Law,* Oxford 2012, Kap. 2. McAdam weist außerdem auf die entschiedene Zurückweisung ihrer Titulierung als Flüchtlinge durch die Bewohner solcher Gegenden hin, in denen die Auswirkungen des Klimawandels spürbar werden, zum Beispiel die Bewohner der Inselstaaten Kiribati und Tuvalu. Matthew Lister argumentiert dagegen, dass der Ausdruck angemessen ist für »jene Untergruppe, deren Mitglieder vom Klimawandel oder aufgrund anderer umweltbezogener Beeinträchtigungen von erwartbar unbegrenzter Dauer in die Flucht getrieben werden, wo internationales Engagement erforderlich wird und wo diese Bedrohung nicht nur eine bevorzugte oder traditionelle Lebensweise betrifft, sondern die Möglichkeit, überhaupt noch ein menschenwürdiges Leben zu führen« (Matthew Lister, »Climate Change Refugees«, in: *Critical Review of International Social and Political Philosophy* 17 [2014], S. 621).

22 Vgl. Luara Ferracioli, »The Appeal and Danger of a New Refugee Convention«, in: *Social Theory and Practice* 40 (2014), S. 123-144. Carens dagegen spricht sich, obwohl er die Bedenken nachvollziehen kann, letztlich doch für eine weite Definition aus, nach der jeder, der angesichts einer Gefährdung seiner Menschenrechte aus seinem Heimatland flieht, als Flüchtling zu gelten hat, selbst wenn es möglich wäre, ihm in der Situation vor Ort zu helfen; vgl. Carens, *Ethics of Immigration*, S. 200-202.

23 Für Matthew Gibney zum Beispiel sind Flüchtlinge »Menschen, die einen neuen Wohnstaat brauchen, entweder vorübergehend oder auf Dauer, weil sie, wenn man sie dazu zwingen würde, nach Hause zurückzukehren oder dort zu bleiben, wo sie sind, aufgrund der Brutalität oder der Erbärmlichkeit ihrer Lage entweder verfolgt würden *oder* ihre Bedürfnisse nach körperlicher Unversehrtheit oder einer minimalen Sicherung ihrer Existenz in Gefahr gerieten« (Matthew Gibney, *The Ethics and Politics of Asylum. Liberal Democracy and the Response to Refugees,* Cambridge 2004, S. 7).

24 Vgl. David Miller, »Distributing Responsibilities«, in: *Journal of Political Philosophy* 9 (2001), S. 453-471; ders., *National Responsibility,* Kap. 4.

25 Vgl. Gibney, *Ethics and Politics of Asylum,* S. 55.

26 Vgl. zum Beispiel einerseits Peter Singer, Renata Singer, »The Ethics of Refugee Policy«, in: Mark Gibney (Hg.), *Open Borders? Closed*

Societies? The Ethical and Political Issues, New York 1988, S. 122-128, und andererseits Thomas Pogge, »Migration and Poverty«, in: Veit Bader (Hg.), *Citizenship and Exclusion*, Basingstoke 1997, S. 12-27.

27 Die ethische Position, die ich hier einnehme, mag umstritten sein. Als Gedankenexperiment zur Ermittlung ihrer Tragfähigkeit nehmen wir an, dass ich mit einer Situation konfrontiert bin, in der ich mich entscheiden muss, entweder A zu retten, dem ich zugesagt habe, ihm jederzeit zu helfen, sofern der Bedarf dafür entsteht, oder fünf andere Personen auf einmal, denen zwar auch von anderen geholfen werden könnte, was aber voraussichtlich nicht geschehen wird. Ich glaube, dass meine Priorität in der Rettung von A bestehen sollte, trotz der größeren Zahl auf der anderen Seite (der Fall wird komplizierter, wenn ich der einzige mögliche Retter bin).

28 Eine sorgfältige Analyse der ökonomischen und sozialen Kosten der Aufnahme von Flüchtlingen findet sich in Susan F. Martin u. a., »The Impact of Asylum on Receiving Countries«, in: George Borjas, Jeff Crisp (Hg.), *Poverty, International Migration and Asylum*, Basingstoke 2005, S. 99-120. Die Autorinnen merken an, dass die gesamten Nettokosten von den politischen Maßnahmen der Regierung in Bezug auf Asylsuchende abhängig sind, die sich zwischen verschiedenen Ländern erheblich unterscheiden.

29 Diese Methoden werden beschrieben in Matthew Gibney, »›A Thousand Little Guantanamos‹: Western States and Measures to Prevent the Arrival of Refugees«, in: Kate Turnstall (Hg.), *Displacement, Asylum, Migration: The Oxford Amnesty Lectures 2004*, Oxford 2006, S. 139-169.

30 Zu einer solchen Empfehlung vgl. James Hathaway, R. Alexander Neve, »Making Internal Refugee Law Relevant Again: A Proposal for Collectivised and Solution-Oriented Protection«, in: *Harvard Human Rights Journal* 10 (1997), S. 115-211. Zu den Gründen, warum regionale Systeme zur Verantwortungsaufteilung plausibler erscheinen als globale, vgl. Hans Asha, Astri Suhrke, »Responsibility Sharing«, in: James Hathaway (Hg.), *Reconceiving International Refugee Law*, Den Haag 1997, S. 83-109.

31 Eine nähere Prüfung dieser und anderer vorgeschlagener Kriterien findet sich in Tally Kritzman-Amir, »Not in My Backyard: On the Morality of Responsibility Sharing in Refugee Law«, in: *Brooklyn Journal of International Law* 34 (2009), S. 355-393, Teil 3.

32 Zu einer erhellenden Diskussion der besonderen Umstände, in de-

nen sich erfolgreiche Systeme zur Lastenteilung entwickelt haben, und zu den Gründen dafür, warum sie in dieser Form vermutlich nirgendwo anders bestehen werden, vgl. Astri Suhrke, »Burden-Sharing During Refugee Emergencies: The Logic of Collective versus National Action«, in: *Journal of Refugee Studies* 11 (1998), S. 396-415.

33 Ein Vorschlag solcher Art findet sich in Peter Schuck, »Refugee Burden-Sharing: A Modest Proposal«, in: *Yale Journal of International Law* 22 (1997), S. 243-297.

34 Schuck (ebd.) argumentiert für die Heranziehung des »nationalen Wohlstands« als einzigem Kriterium zur Festlegung von Quoten.

35 Zu diesem Vorwurf im Allgemeinen vgl. etwa Deborah Anker u. a., »Crisis and Cure: A Reply to Hathaway/Neve and Schuck«, in: *Harvard Human Rights Journal* 11 (1998), S. 295-310.

36 Michael Sandel, *Moral und Politik. Gedanken zu einer gerechten Gesellschaft*, Berlin 2015, S. 82.

37 Matthew Gibney, »Forced Migration, Engineered Regionalism and Justice between States«, in: Susan Kneebone, Felicity Rawlings-Sanaei (Hg.), *New Regionalism and Asylum-Seekers. Challenges Ahead*, Oxford 2007, S. 57-78. Eine andere Entgegnung auf Gibneys Argument findet sich in Jaakko Kuosmanen, »What (If Anything) Is Wrong with Trading Refugee Quotas?«, in: *Res Publica* 19 (2013), S. 103-119.

38 Souter (in »Asylum as Reparation«) legt eine detaillierte Analyse der Bedingungen vor, unter denen Asylansprüche dieser Art gültig sind. Dem allgemeineren Fall, in dem Flüchtlinge Ansprüche auf Wiedergutmachung vorzubringen haben, wende ich mich in Kap. 7 zu.

39 Ebd., S. 335 f.

40 Carens, *Ethics of Immigration*, S. 214.

41 Diese Schilderung deckt den Fall nicht mit ab, in dem es gerade die Intervention von außen war, die die Flüchtlingskrise erzeugt hat, wie vorhin schon angemerkt worden ist. In solchen Situationen würde der verantwortliche Staat einer stärkeren Verpflichtung unterliegen, die von ihm mitproduzierten Flüchtlinge aufzunehmen.

42 Weitere Vorschläge für politische Maßnahmen in diesem Sinne finden sich in Gibney, »A Thousand Little Guantanamos««, S. 162-167.

43 Hier gehe ich von der Annahme aus, dass dort, wo eine Belastung solcher Art unter einer Reihe von Parteien aufgeteilt werden soll, es unter Gesichtspunkten der Gerechtigkeit betrachtet ausreicht,

wenn jede davon ihren eigenen Anteil übernimmt. Alles darüber Hinausgehende ist eine Sache des Wohlwollens oder der Humanität und kann nicht eingefordert werden. Eine Verteidigung dieser Position findet sich in David Miller, »Taking up the Slack? Responsibility and Justice in Situations of Partial Compliance«, in: Carl Knight, Zofia Stemplowska (Hg.), *Responsibility and Distributive Justice*, Oxford 2011, wiederabgedruckt in David Miller, *Justice for Earthlings. Essays in Political Philosophy*, Cambridge 2013, S. 206-227. Die gegenteilige Ansicht vertritt Anja Karnein, »Putting Fairness in Its Place: Why There Is a Duty to Take Up the Slack«, in: *Journal of Philosophy* 111 (2014), S. 593-607.

44 Ich habe mich mit dieser »Schutzlücke« näher beschäftigt in David Miller, »The Responsibility to Protect Human Rights«, in: Lukas Meyer (Hg.), *Legitimacy, Justice and Public International Law*, Cambridge 2009, S. 232-250.

6. Wirtschaftsmigranten

1 In dem mit dem Stichtag 31. März 2014 endenden Jahr beispielsweise sind ungefähr 560000 Menschen nach Großbritannien eingewandert, von denen weniger als 24000 als Asylsuchende aufgenommen wurden (die Gesamtzahl umfasst allerdings auch 170000 Studierende). Vgl. ⟨http://www.theguardian.com/uk-news/2014/aug/28/uk-net-migration-soars-to-243000-theresa-may⟩, letzter Zugriff 10.03.2017.

2 Vgl. Martin Ruhs, *The Price of Rights. Regulating International Labour Migration*, Princeton 2013, S. 124.

3 Die große Ausnahme ist natürlich die temporäre Migration internationaler Studierender. Ich lasse diese hier beiseite, weil die mit Blick darauf zu stellenden Fragen etwas anders gelagert und für das allgemeine Thema dieses Buches auch weniger relevant sein dürften.

4 Diese Kategorien sollten am besten als Idealtypen verstanden werden, die für den Zweck konzipiert worden sind, die normativen Fragen hervorzulocken, die sie aufwerfen. Die tatsächliche von den Staaten in dieser Hinsicht verfolgte Politik könnte diese drei Kategorien auch miteinander verbinden.

5 Vgl. Michael Walzer, *Sphären der Gerechtigkeit*, Stuttgart 2014, Kap. 2. Die Metöken waren ansässige Fremde, die von Bürgern

der Stadt protegiert wurden. Sie arbeiteten in Athen und genossen auch einen gewissen rechtlichen Schutz, durften aber beispielsweise keine Häuser und kein Land besitzen oder in der Ekklesia oder den anderen Institutionen der attischen Demokratie mitwirken.

6 Tatsächlich sind dies nicht einmal ansatzweise die schlimmsten Beispiele für Menschen mit Gastarbeiterstatus, wie Hahamovitchs vergleichender historischer Überblick zeigt; vgl. Cindy Hahamovitch, »Creating Perfect Immigrants: Guestworkers of the World in Historical Perspective«, in: *Labor History* 44 (2003), S. 69-94.

7 Walzer, *Sphären der Gerechtigkeit*, S. 105.

8 Ich stütze mich in diesem Absatz auf Hahamovitch, »Creating Perfect Immigrants«.

9 Ich nehme an, dass solche Beschränkungen erlaubt sind, wenn die Dauer des Programms relativ kurz ist, wie etwa im Falle von Saisonarbeitern in der Landwirtschaft.

10 Daniel Attas beruft sich auf das Rawls'sche Prinzip des »fair play«, um zu argumentieren, dass temporäre Migranten, obgleich keine Staatsbürger, doch auf die gleiche Weise an der Wirtschaft teilhaben wie andere Einwohner des Landes und deshalb auch mit gleichen ökonomischen Rechten versehen werden sollten; vgl. Daniel Attas, »The Case of Guest Workers: Exploitation, Citizenship and Economic Rights«, in: *Res Publica* 6 (2000), S. 73-92. Dieser Ansicht entgeht jedoch die Tatsache, dass sie nicht wie die Bürger des Landes an einem gemeinschaftlichen Unternehmen teilhaben, das das ganze menschliche Leben umfasst, einschließlich Kindheit und Ruhestand. So hegen diese Migranten beispielsweise keine Erwartungen darauf, Karriere zu machen oder in einen Rententopf der Gastgesellschaft einzuzahlen. Ihre Teilhabe an der Wirtschaft spielt sich also doch auf einer etwas anderen Grundlage ab. Trotzdem akzeptiere ich zum Teil eine der von Attas gezogenen Schlussfolgerungen – dass temporäre Migranten nämlich ein Anrecht auf freie Berufswahl haben –, allerdings aus anderen Gründen, die später noch dargelegt werden.

11 Eine etwas nachhaltigere Verteidigung der Position, dass Programme zur temporären Migration die eigenen Vorhaben der Migranten im Falle ihrer Teilnahme berücksichtigen sollten (und ihnen deshalb keine Bedingungen oktroyiert werden sollten, die nur für Bürger des Staates angemessen wären), findet sich in Valeria Ottonelli, Tiziana Torresi, »Inclusivist Egalitarian Liberalism and Temporary Migra-

tion: A Dilemma«, in: *Journal of Political Philosophy* 20 (2012),
S. 202-224.

12 Dieser Punkt wird in Joseph Carens, *The Ethics of Immigration*,
New York 2013, Kap. 6, sehr stark gemacht.

13 Die Teilnehmer am kanadischen »Live-in Caregiver Program« zum
Beispiel haben das Recht, nach zwei Jahren in den Status eines dauerhaft Aufenthaltsberechtigten zu wechseln, doch ist eine solche Regelung eher unüblich. Vgl. dazu Joseph Carens, »Live-in Domestics,
Seasonal Workers, and Others Hard to Locate on the Map of Democracy«, in: *Journal of Political Philosophy* 16 (2008), S. 419-445.

14 Belege, die dies untermauern, finden sich in Daniel Bell, Nicola Pi-
per, »Justice for Migrant Workers? The Case of Foreign Domestic
Workers in Hong Kong and Singapore«, in: Will Kymlicka, Baogang
He (Hg.), *Multiculturalism in Asia*, Oxford 2005, S. 196-222, und in
Ruhs, *Price of Rights*, Kap. 6.

15 Eine andere Weise, über dieses Problem nachzudenken, wäre zu sagen, dass die Menschen ihr freiwilliges Einverständnis zu Vereinbarungen, die ihnen nutzen, sogar dann *tatsächlich* geben, wenn ihnen
keine Alternative offensteht (vorausgesetzt, die Bedingungen dieser
Vereinbarungen sind fair). Diese Stoßrichtung nimmt die Argumentation in Alan Patten, *Equal Recognition. The Moral Foundations of
Minority Rights*, Princeton 2014, Kap. 8, in Bezug auf Einwanderer,
die für ihren Beitritt in die Gastgesellschaft bestimmte ihrer kulturellen Rechte aufgeben. Dieser Gedanke fußt allerdings darauf, dass er
die Freiwilligkeit einer Entscheidung davon abhängig macht, ob sie
die Ansprüche verändert, die die Person, die die Entscheidung trifft,
legitimerweise erheben kann, und damit scheint hier der Karren vor
das Pferd gespannt zu werden. Normalerweise sind wir ja der Meinung, dass es der freiwillige Charakter einer Entscheidung ist, der *erklärt*, warum der Wählende in der Konsequenz auf bestimmte Rechte verzichtet.

16 Stellt es seitens des Staates nicht einen unzumutbaren Paternalismus
dar, Einwanderer an der Wahl ihrer Beschäftigungsbedingungen zu
hindern? Nehmen wir an, ein Arbeitgeber bietet an, für eine gefährliche Arbeit, die unter den üblichen Arbeitsgesetzen verboten wäre,
mehr zu zahlen, und der Einwanderer nimmt dieses Angebot an, im
vollen Bewusstsein der Risiken, aber gewillt, mehr Geld zu verdienen. Warum sollte der Staat hier intervenieren? Er ist dafür verantwortlich, dass die Menschenrechte hinreichend geschützt werden,

wo immer seine Autorität Einfluss besitzt. Deshalb kann es vorkommen, dass er eine Politik betreibt, die man als paternalistisch betrachten könnte, und das sowohl seinen eigenen Bürgerinnen wie auch anderen Bewohnern des Landes gegenüber.

17 Dieses Argument findet sich in Patti Lenard, Christine Straehle, »Temporary Labour Migration, Global Redistribution, and Democratic Justice«, in: *Politics, Philosophy and Economics* 11 (2012), S. 206-230.

18 Ebd., S. 215.

19 Lenard und Straehle wiederholen diese These, indem sie argumentieren, dass »die Existenz partieller Gesellschaftsmitglieder, deren Zugang zu den politischen Verhältnissen eingeschränkt ist, *unser* Scheitern dabei demonstriert, den demokratischen Prinzipien gerecht zu werden, die wir hochzuhalten behaupten. Anders ausgedrückt, wir halten einen ungerechten Zustand aufrecht, und dies stellt einen Schaden dar, den wir *uns selbst* zufügen« (ebd., S. 216).

20 Diese Ausschlüsse werden zwar manchmal kritisiert, doch selbst ihre Gegner würden davor zurückschrecken, sie als »tyrannisch« zu bezeichnen.

21 Walzer räumt in einer Fußnote ein, dass sein Argument »auf privilegierte Gäste nicht so recht passe, also etwa auf technische Berater, Gastprofessoren usw.« (Walzer, *Sphären der Gerechtigkeit*, S. 104). Dies legt es nahe, dass das wirkliche Motiv im Hintergrund hier nicht das hehre Prinzip der Demokratie, sondern die Machtlosigkeit und der ungeschützte Status jener ist, die, zumindest mit Blick auf die Geschichte, an Gastarbeiterprogrammen teilgenommen haben.

22 Zu den weiteren Autoren, die argumentiert haben, dass Programme zur temporären Migration einen akzeptablen Ausgleich zwischen den Interessen der Migranten selbst und anderen Werten darstellen, gehören Bell und Piper (Bell/Piper, »Justice for Migrant Workers?«) sowie Robert Mayer (Robert Mayer, »Guestworkers and Exploitation«, in: *Review of Politics* 67 [2005], S. 311-334).

23 Kann dasselbe auch über die Aufnahme von Flüchtlingen gesagt werden, denen ein permanenter Aufenthalt mit der Begründung verwehrt wird, dass man von ihnen erwartet, in die Heimat zurückzukehren, sobald dies für sie sicher ist? Auch diesen steht möglicherweise eine lange Zeit der Ungewissheit bevor. Bedenkt man allerdings, wie schwierig es ohnehin schon ist, die Staaten dazu zu bewegen, ihren fairen Anteil an Flüchtlingen aufzunehmen (vgl. Kap. 5), dann mag

dies trotzdem das geringere Übel sein. Wären die Staaten dazu verpflichtet, allen Flüchtlingen das Recht auf dauerhaften Aufenthalt zu verleihen, dann würden sie noch weniger von ihnen aufnehmen wollen.

24 Carens führt seine Diskussion dieser Frage vor dem Hintergrund einer Unterscheidung zwischen »Kriterien des Ausschlusses« und »Kriterien der Auswahl«; vgl. Carens, *Ethics of Immigration*, Kap. 9. Ich kann einige Vorzüge an dieser Vorgehensweise erkennen, behandle aber an dieser Stelle qualifizierende und disqualifizierende Faktoren einfach als zwei Werte auf derselben Skala; wenn »ausgebildet zu sein« ein Grund zur Aufnahme ist, dann ist »ungelernt zu sein« einer zur Ablehnung. Meine Diskussion ist somit weniger umfassend als die seine.

25 Vgl. zu dieser Transformation Christian Joppke, *Selecting by Origin. Ethnic Migration and the Liberal State*, Cambridge (MA) 2005.

26 Vgl. Michael Blake, »Immigration and Political Equality«, in: *San Diego Law Review* 45 (2008), S. 963-980, hier S. 970.

27 Carens argumentiert, dass die Auswahl von Einwanderern nach ihrer Rasse oder Ethnie inkonsistent mit jedem »plausiblen Verständnis demokratischer Prinzipien« sei; vgl. Joseph Carens, »Who Should Get In? The Ethics of Immigration Admissions«, in: *Ethics and International Affairs* 17 (2003), S. 95-110, hier S. 105. Dabei wird aber erneut davon ausgegangen, dass solche Prinzipien in der gleichen Weise für den Umgang des Staates mit jenen gelten, die seiner Autorität noch nicht unterstehen, wie sie es bei seinem Umgang mit seinen eigenen Bürgern tun, was aber gerade zu zeigen wäre.

28 ⟨https://www.menschenrechtserklaerung.de/diskriminierungsverbot-3542/⟩, letzter Zugriff 10.03.2017.

29 Ich untersuche Gründe für die Annahme, dass das Menschenrecht gegen Diskriminierung sich auch auf die Einwanderungspolitik erstrecken könnte, ausführlicher in David Miller, »Border Regimes and Human Rights«, in: *Law and Ethics of Human Rights* 7 (2013), S. 6-27.

30 Dem wird nachgegangen in Carens, »Who Should Get In?«, und ausführlicher in Michael Blake, »Discretionary Immigration«, in: *Philosophical Topics* 30 (2002), S. 273-289; ders., »Immigration«, in: Raymond Frey, Christopher Wellman (Hg.), *A Companion to Applied Ethics*, Oxford 2003, S. 232-234. Ich habe dieses Argument zu-

dem in einer früheren Diskussion verwendet: David Miller, *National Responsibility and Global Justice*, Oxford 2007, Kap. 8.

31 Blake, »Discretionary Immigration«, S. 284.

32 Das wird von Blake zugestanden, vgl. ebd., S. 285, und außerdem Walzer, *Sphären der Gerechtigkeit*, S. 70-92, sowie die Diskussion in Blake, »Immigration«.

33 Nehmen wir an, die Auswahl würde durch Verlosung erfolgen – wäre dies akzeptabel? Nur dann, würde ich sagen, wenn der Aufnahmestaat plausibel machen könnte, dass er sich dieses Verfahrens bedient, um unter bereits vorselektierten Kandidaten auszuwählen, die nicht mehr auf eine zuverlässige Weise anhand von Kriterien wie Fähigkeiten, beruflichen Qualifikationen etc. voneinander unterschieden werden können.

34 Eine ziemlich ähnliche Position wird vertreten in Blake, »Immigration and Political Equality«, wo sie in der Diktion von »Gründen, die Einwanderer nicht vernünftigerweise zurückweisen könnten« (ebd., S. 971), ausgeführt wird.

35 Ich stütze mich hierbei auf ein intuitives Verständnis dessen, auf welche gesellschaftlichen Ziele ein Staat legitimierweise hinarbeiten kann und auf welche nicht – so ist zum Beispiel der kulturelle Zusammenhalt ein legitimes Ziel, während rassische Reinheit keines ist (dass der kulturelle Zusammenhalt ein legitimes Ziel ist, heißt nur, dass der Staat es verfolgen *kann*, aber nicht, dass er dies tun *müsste*). Es ist meiner Meinung nach entlarvend, dass diejenigen, die in der Vergangenheit eine rassistische Einwanderungspolitik befürwortet haben, sich stets dazu verpflichtet gefühlt haben, sich dabei auf irgendetwas jenseits der Rasse selbst Liegendes zu berufen – so etwa auf vermeintliche Unterschiede im moralischen Charakter von Menschen verschiedener Rassen.

36 Vgl. Carens, *Ethics of Immigration*, Kap. 9.

37 Ich stelle diese Frage, ohne mir selbst über die Antwort im Klaren zu sein. Da meine in Kap. 2 dargelegte Hintergrundannahme die ist, dass Staaten ihren eigenen Bürgern *tatsächlich* mehr schulden als Fremden, könnte man argumentieren, dass die Toleranz, die liberale demokratische Staaten ihren kritischen Bürgern gegenüber an den Tag legen, nicht auch jenen gewährt werden müsste, die sich darum bemühen, der politischen Gemeinschaft beizutreten.

38 Wie Carens es formuliert, »liegt das Problem nicht in den Ansichten irgendeines bestimmten Einwanderers, sondern in den kollektiven

Auswirkungen demokratiefeindlicher Vorstellungen« (Carens, *Ethics of Immigration*, S. 176).

39 Zu den relevanten Diskussionen hierzu gehören Devesh Kapur, John McHale, *Give us Your Best and Brightest: The Global Hunt for Talent and Its Impacts on the Developing World*, Washington, DC 2005; dies.,»Should a Cosmopolitan Worry about the ›Brain Drain‹?«, in: *Ethics and International Affairs* 20 (2006), S. 305-320; Corinne Packer u. a.,»Does the Migration of Health Workers Bring Benefits to the Countries They Leave Behind?«, in: Rebecca Shah (Hg.), *The International Migration of Health Workers*, Basingstoke 2010; Frédéric Docquier, Hillel Rapoport,»Globalization, Brain Drain, and Development«, in: *Journal of Economic Literature* 50 (2012), S. 681-730; Paul Collier, *Exodus. Warum wir Einwanderung neu regeln müssen*, München 2014, Teil 4.

40 Vgl. Docquier/Rapoport,»Globalization«, S. 701-703; Collier, *Exodus*, S. 207-211.

41 Vgl. Kapur/McHale, *Give Us Your Best and Brightest*, S. 25-29. Man sollte allerdings auch die Folgen nicht außer Acht lassen, die die Bewegungsfreiheit innerhalb der Europäischen Union auf Länder wie Polen und Bulgarien gehabt hat, die viele ihrer Fachkräfte und ausgebildeten Arbeiter an andere Länder Europas verloren haben. Vgl. zum Beispiel Kate Connolly,»As Poland Loses Its Doctors and Builders, ›Euro-Orphans‹ Are Left at Home to Suffer«, ‹http://theguardian.com/world/2015/mar/15/euro-orphans-fastest-shrinking-town-poland-radom›, letzter Zugriff 10.03.2017; Ivan Krastev,»Britain's Gain Is East Europe's Brain Drain«, ‹http://theguardian.com/commentisfree/2015/mar/24/britain-east-europe-brain-drain-bulgaria›, letzter Zugriff 10.03.2017.

42 Hier folge ich Kieran Oberman,»Can Brain Drain Justify Immigration Restrictions?«, in: *Ethics* 123 (2013), S. 434-437. Vgl. auch Brocks Argument in Gillian Brock, Michael Blake, *Debating Brain Drain. May Governments Restrict Emigration?*, Oxford 2015, Kap. 4.

43 Wie diese Pflicht zu verstehen sein soll, wird davon abhängen, wie man zu der allgemeineren Frage assoziativer Pflichten steht, die ich in Kap. 2 diskutiert habe. Doch selbst Anhänger eines starken Kosmopolitismus könnten zu der Auffassung gelangen, dass die Tatsache der Nähe im Verbund mit diversen praktischen Überlegungen bedeuten kann, dass qualifizierte Arbeitskräfte in der Tat einer spe-

ziellen Pflicht unterliegen, die Bedürfnisse ihrer Mitbürger zu erfüllen; vgl. dazu die Diskussion in Oberman, »Can Brain Drain Justify Immigration Restrictions?«, S. 437f.

44 Die Ausreisefreiheit wird kaum je in Zweifel gezogen; vgl. allerdings als ein Gegenbeispiel Lea Ypi, »Justice in Migration: A Closed Borders Utopia?«, in: *Journal of Political Philosophy* 16 (2008), S. 391-418. Eine starke Verteidigung dieses Rechts findet sich in Blakes Beitrag zu Brock/Blake, *Debating Brain Drain*, Kap. 9.

45 Ich kann mir Umstände ausmalen, unter denen eine Regierung angesichts einer großen Naturkatastrophe – eines Erdbebens oder eines Vulkanausbruchs etwa – die Ausreisefreiheit *vorübergehend* für diejenigen beschränken könnte, die in der Lage sind, sich an den Rettungsmaßnahmen zu beteiligen.

46 Eine Regierung könnte sich dazu entschließen, die von ihr ausgebildeten Fachkräfte vertraglich zu verpflichten, für eine bestimmte Anzahl von Jahren in ihrem Heimatland tätig zu sein, und eine finanzielle Entschädigung von denjenigen zu verlangen, die weggehen, ohne dieser Pflicht nachgekommen zu sein. Abhängig von den Details einer solchen Regelung und den Umständen im Hintergrund könnte dies vertretbar sein; vgl. Brocks Argument in Brock/Blake, *Debating Brain Drain*, Kap. 4. Diese Befugnis reicht jedoch nicht so weit, dass sie physisch an der Ausreise gehindert werden dürften.

47 Luara Ferracioli argumentiert, dass reiche Staaten, die ihre Grenzen für in ihrer Heimat dringend benötigte Fachkräfte öffnen, am besten als durch ihre Handlungen »Schaden ermöglichend« zu charakterisieren seien. Vgl. Luara Ferracioli, »Immigration, Self-Determination and the Brain Drain«, in: *Review of International Studies* 41 (2014), S. 99-115. Sie ergänzt noch mit Recht, dass dieser Gedanke auf der Voraussetzung beruht, dass die Bedingungen im Entsendestaat nicht so schlecht sind, als dass deren Fachkompetenzen dort gar nicht mehr zum Einsatz kommen könnten.

48 Eine Reihe denkbarer Methoden wird untersucht in Kapur/McHale, *Give Us Your Best and Brightest*, Kap. 10.

49 Oberman spricht sich dafür aus, dass diese Maßnahme einer Verhängung von Einwanderungsbeschränkungen vorgezogen werden sollte. Er räumt zwar ein, dass »es unfair ist, wenn reiche Länder zusätzliche Unterstützung bereitstellen müssen, um das Versäumnis auszugleichen, dass gut ausgebildete Arbeitskräfte ihren Pflichten gegenüber ihren armen Landsleuten nicht nachkommen«, sagt aber, dass

diese Unfairness hinzunehmen ist, da »die Freiheit, Grenzen zu überqueren, eine fundamentale Freiheit ist« (Oberman, »Can Brain Drain Justify Immigration Restrictions?«, S. 443). Das illustriert, wie politische Antworten auf mit dem Braindrain verbundene Probleme von den Prinzipien abhängen, die wir voraussetzen, in diesem Fall also davon, ob wir ein grundlegendes Menschenrecht auf Einwanderung anerkennen.

50 Um hier ein Missverständnis zu vermeiden: Ich behaupte nicht, dass eine Politik wie diese keine unabhängigen Verdienste haben könnte. Vielleicht leistet sie einen wertvollen Beitrag dazu, armen Ländern Hilfe zukommen zu lassen. Meine These lautet hier nur, dass reiche Länder nicht dazu *verpflichtet* sind, eine solche Politik als Alternative zu einer Beschränkung der Zuwanderung von medizinischem Personal und anderen zu betreiben.

51 Für viele aus dieser Gruppe dürfte der Fortzug allerdings unmöglich sein; vgl. die Diskussion in Collier, *Exodus*, Kap. 6.

7. Die Rechte der Einwanderer

1 Ich übernehme den Ausdruck »irreguläre Migranten« von Carens und werde ihn im Folgenden trotz eines etwas unguten Gefühls weiterhin gebrauchen. Vgl. Joseph Carens, »The Rights of Irregular Migrants«, in: *Ethics and International Affairs* 2 (2008), S. 163-186; ders., *The Ethics of Immigration*, New York 2013, Kap. 7. Carens behauptet, dass dieser Term den Status nicht autorisierter Einwanderer besser wiedergibt: Obwohl diese nämlich kein gesetzliches Recht auf Anwesenheit auf dem Staatsgebiet haben, sollten sie nicht allein deshalb schon als Straftäter betrachtet werden. Außerdem trifft es zu, dass die Spannbreite der in diese Kategorie fallenden Personen von jenen, die die Grenze heimlich und im vollen Bewusstsein davon überquert haben, dass sie dies tun, um den normalen Einwanderungsprozess zu umgehen, bis zu solchen reicht, deren unautorisierter Status bestimmten rechtlichen Formalitäten geschuldet ist, wie etwa im Falle von Eltern, die es versäumt haben, ihre Kinder für den Erwerb der Staatsbürgerschaft registrieren zu lassen. Meine Bedenken in Bezug auf den Ausdruck »irreguläre Migranten« sind die, dass er mir zu sehr nahezulegen scheint, die Personen, um die es hier geht, hätten *nur* gegen irgendeine offizielle Regel verstoßen.

2   Ich folge an dieser Stelle Matthew Lister, »Immigration, Association and the Family«, in: *Law and Philosophy* 29 (2010), S. 717-745.

3   Hieraus folgt, dass irreguläre Migranten keine Ansprüche auf Familienzusammenführung stellen können. Strittiger ist dagegen die Situation temporärer Migranten. Da ein Hauptziel der Programme zur temporären Migration darin besteht, den Teilnehmern die Anhäufung von Finanzmitteln zu ermöglichen, die sie dann an ihre Familien im Ausland schicken können, ist es sinnvoll, dass diese Programme es den Migranten normalerweise nicht gestatten, ihre Familien mitzubringen. Fraglich kann allerdings die Zeitdauer sein, über die hinweg diese Beschränkung aufrechterhalten werden kann. Eine gegenteilige Position dazu vertreten Joseph Carens, »Live-in Domestics, Seasonal Workers, and Others Hard to Locate on the Map of Democracy«, in: *Journal of Political Philosophy* 16 (2008), S. 419-445, hier S. 423 f., und Martin Ruhs, *The Price of Rights: Regulating International Labour Migration*, Princeton 2013, S. 175 f.

4   Eine erhellende Diskussion hierzu findet sich in Carens, *Ethics of Immigration*, S. 186-191. Einen radikaleren Ansatz vertritt Luara Ferracioli, die argumentiert, dass liberale, auf ein Prinzip der Neutralität verpflichtete Staaten es nicht rechtfertigen können, eine Ausdehnung des Rechts auf Familienzusammenführung allein auf diejenigen zu begrenzen, die in intimen oder familiären Beziehungen zueinander stehen; vgl. Luara Ferracioli, »Family Migration Schemes and Liberal Neutrality: A Dilemma«, in: *Journal of Moral Philosophy* 13 (2016), S. 553-575.

5   Vgl. James Souter, »Towards a Theory of Asylum as Reparation for Past Injustices«, in: *Political Studies* 62 (2014), S. 326-342.

6   Gegen diesen Vorschlag bringt Souter vor, dass eine Wiedergutmachung in der Form von Asyl einen *unmittelbaren* Rechtsschutz darstellt, während Hilfs- und Entwicklungsprogramme (und selbiges würde für die hier diskutierten Programme zur Wiederherstellung der Ausgangssituation gelten) längere Zeit für ihre Umsetzung benötigen; vgl. Souter, »Towards a Theory of Asylum«, S. 337 f. Dies zeigt allerdings, dass Reparationen vor Ort von bestimmten Ausgleichsleistungen für die kurzfristigen Verluste der Opfer begleitet werden müssen, wenn diese gegenüber der Gewährung von Asyl moralisch zu bevorzugen sind.

7   Gibt es überhaupt irgendein anderes Beispiel? Wir könnten uns Menschen vorstellen, die politisch Bedeutendes für den Staat geleis-

tet haben, indem sie eine Revolution unterstützt oder beim Entwurf einer Verfassung geholfen haben; sowohl Benjamin Franklin als auch Thomas Paine ist aus diesem Grund die französische Staatsbürgerschaft verliehen worden. Oder denken wir an jene, die zur Erschaffung oder Wiederherstellung eines kulturellen Artefakts von nationaler Bedeutung beigetragen haben.

8 Vgl. ‹http://en.legion-recrute.com/mdl/info_seul.php?id=39& block=26&titre=can-a-foreign-legionnaire-become-french›, letzter Zugriff 10.03.2017.

9 Oder wie es die Legion selbst ausdrückt: »La République peut-elle mieux témoigner sa reconnaissance qu'en offrant à ces combattants étrangers touchés dans leur chair de devenir Français à part entière?« (‹http://www.legion-etrangere.com/mdl/imprime.php?id=165›, letzter Zugriff 10. 03. 2017).

10 Vgl. »Was Lumley Campaign Good for Gurkhas?«, online unter ‹http://www.bbc.co.uk/news/world-south-asia-13372026›, letzter Zugriff 10.03.2017.

11 Dieses Prinzip ist in der amerikanischen Verfassungsdoktrin anerkannt worden, nach der gilt, dass eine Person, die das Territorium der USA auf ungesetzliche Weise betreten hat, dennoch Anspruch auf gleichen Schutz durch die Gesetze hat, solange sie dort verbleibt. Vgl. zu den hierzu relevanten Urteilen des Obersten Gerichtshofs Linda Bosniak, *The Citizen and the Alien. Dilemmas of Contemporary Membership*, Princeton 2006, S. 53-56.

12 Vgl. meine Diskussion in David Miller, »Are Human Rights Conditional?«, in: Tetsu Sakurai, Makoto Usami (Hg.), *Human Rights and Global Justice: The 10th Kobe Lectures, July 2011*, Stuttgart 2014, S. 17-34, sowie Christopher Wellman, »The Rights-Forfeiture Theory of Punishment«, in: *Ethics* 122 (2012), S. 371-393.

13 Carens, *Ethics of Immigration*, S. 133.

14 Vgl. Bosniak, *The Citizen and the Alien*, Kap. 3.

15 Es ist schwer zu sagen, ob die Idee eines solchen Schutzwalls in einem modernen Staat auf kohärente Weise implementiert werden kann, aber ich gehe für den vorliegenden Zusammenhang einmal davon aus, dass es möglich ist. Eine Diskussion hierzu findet sich in Christina Boswell, »The Elusive Rights of an Invisible Population«, in: *Ethics and International Affairs* 22 (2008), S. 187-192.

16 Der illegale Grenzübertritt wird sowohl in den Vereinigten Staaten als auch in Großbritannien als strafbare Handlung betrachtet (in

den USA wird sie als Ordnungswidrigkeit eingestuft). Unter denen, die sich ohne Erlaubnis im Land aufhalten, werden sich allerdings zu jedem Zeitpunkt auch Asylsuchende befinden, deren Anspruch noch ungeklärt ist, Personen, die versuchen, ihre befristeten Visa zu verlängern, und so weiter. Das heißt, dass manche, aber eben nicht alle irregulären Migranten sich strafbar machen.

17 Carens, »Rights of Irregular Migrants«, S. 167.

18 Vgl. Carens, *Ethics of Immigration*, S. 143-145. Carens glaubt allerdings, dass es dennoch politische Gründe dafür geben könnte, mit Blick auf diese Rechte einen Schutzwall zur Verfügung zu haben.

19 Ich lasse Anreizüberlegungen hier außen vor – den legitimen Wunsch des Staates, nicht noch weitere irreguläre Migranten anzuziehen.

20 John Rawls, »Kantischer Konstruktivismus in der Moraltheorie«, in: ders., *Die Idee des politischen Liberalismus*, Frankfurt/M. 1992, S. 80-158, hier S. 108 f.

21 Darunter prominent Carens, *Ethics of Immigration*, Kap. 5 und 7; Ruth Rubio-Marin, *Immigration as a Democratic Challenge: Citizenship and Inclusion in Germany and the United States*, Cambridge 2000, bes. Kap. 2 und 5; Ayelet Shachar, *The Birthright Lottery. Citizenship and Global Inequality*, Cambridge (MA) 2009, Kap. 6.

22 »Die hier vorgetragene These lautet, dass zumindest all jene, die dauerhaft Recht und Gesetz unterstehen und zutiefst vom politischen Prozess beeinflusst werden, automatisch und bedingungslos einbezogen werden sollten. Als Gesellschaftsmitglieder sind niedergelassene Einwanderer (mit welchem rechtlichen Status auch immer) zu einer vollen demokratischen Zugehörigkeit berechtigt« (Rubio-Marin, *Immigration as a Democratic Challenge*, S. 84).

23 Thomas Nagel, »Das Problem globaler Gerechtigkeit«, in: Christoph Broszies u. a. (Hg.), *Globale Gerechtigkeit. Schlüsseltexte zur Debatte zwischen Partikularismus und Kosmopolitismus*, Berlin 2010, S. 104-145, hier S. 113. Das Ziel von Nagels Aufsatz ist eine Erklärung dafür, warum distributive Gerechtigkeitspflichten zwischen den Bürgern eines politischen Gemeinwesens, nicht aber zwischen Bürgern und Fremden bestehen.

24 Vgl. dazu zum Beispiel Andrea Sangiovanni, »The Irrelevance of Coercion, Imposition, and Framing to Distributive Justice«, in: *Philosophy and Public Affairs* 40 (2012), S. 79-110; Joshua Cohen, Charles Sabel, »Extra Rempublicam Nulla Justitia?«, in: *Philosophy and Public Affairs* 34 (2006), S. 147-175; David Miller, »Justice and

Boundaries«, in: *Politics, Philosophy and Economics* 8 (2009), S. 291-309; wiederabgedruckt in ders., *Justice for Earthlings. Essays in Political Philosophy*, Cambridge 2013, S. 142-164.

25 Ich unterscheide zwischen gewählter und nicht gewählter Zugehörigkeit, und der Ausdruck »Einheimische« sollte deshalb so verstanden werden, dass er auch Kinder umfasst, die in einer Gesellschaft aufwachsen, unabhängig von ihrem genauen Geburtsort.

26 Vgl. Shachar, *Birthright Lottery*, S. 184-188. Die Berufung auf diesen Begriff ist, wie angemerkt werden sollte, nicht Shachars Hauptargument dafür, Einwanderern ein dauerhaftes Bleiberecht zu gewähren, das ich unten unter dem Stichwort der »sozialen Zugehörigkeit« diskutiere. Eigentlich scheint sie mit diesem Argument auch in einer gewissen Spannung zu stehen, denn während eine Ersitzung die Idee nahelegt, dass sich ein Bleiberecht nach Ablauf einer hinreichend langen Zeitspanne automatisch ergeben würde, weist uns das Argument aus der sozialen Zugehörigkeit in die Richtung einer »verdienten Staatsbürgerschaft«, die von dem Ausmaß abhängig ist, in dem der Einwanderer sich in seine neue Gesellschaft integriert und einen Teil zu ihr beigetragen hat. Zu Letzterem vgl. Ayelet Shachar, »Earned Citizenship: Property Lessons for Immigration Reform«, in: *Yale Journal of Law and the Humanities* 23 (2011), S. 110-158.

27 Eine Diskussion dieses Grundsatzes findet sich in Jeffrey Stake, »The Uneasy Case for Adverse Possession«, in: *Georgetown Law Journal* 89 (2000-2001), S. 2419-2474.

28 Shachar legt nahe, dass die Behörden »sich dazu entschlossen haben könnten, in Bezug auf die ›Ersitzungen‹ von Millionen unerlaubt Zugewanderter, die sich auf ihrem Territorium niedergelassen haben, ein Auge zuzudrücken« (Shachar, *Birthright Lottery*, S. 186). Wäre dem wirklich so, dann wäre das Argument für ihre Legalisierung sehr stark. Im Falle der Vereinigten Staaten jedoch haben die Einwanderungsbehörden zwischen 2001 und 2013 vier Millionen Menschen abgeschoben, wobei die Zahlen Jahr für Jahr größer geworden sind; vgl. ⟨http://www.pewresearch.org/fact-tank/2014/10/02/u-s-deportations-of-immigrants-reach-record-high-in-2013⟩, letzter Zugriff 10.03.2017. Schätzungen über die Kosten gehen auseinander, wobei eine Quelle die Summe von 23 482 Dollar pro Abgeschobenem nennt; vgl. ⟨http://www.americanprogress.org/wp-content/uploads/issues/2010/03/pdf/cost_of_deportation_execsumm.pdf⟩, letzter Zugriff 10.03.2017. Und obwohl schätzungsweise elf

Millionen unerlaubt Eingewanderte im Land verbleiben, ist es schwer, dies als ein Beispiel für absichtliches Wegsehen zu betrachten.

29 Carens, *Ethics of Immigration*, S. 164.

30 Dies wird ebenfalls für einige Flüchtlinge gelten, nämlich für die, die anfangs nur aufgrund ihres gefährdeten Status aufgenommen worden sind, die aber trotzdem nicht dazu in der Lage sind, sicher in ihre Heimat zurückzukehren, nachdem einige Zeit vergangen ist. Diesen Menschen muss ein dauerhaftes Aufenthaltsrecht und die volle Einbeziehung gewährt werden. Sie unterscheiden sich allerdings von irregulären Migranten darin, dass der Staat, indem er Flüchtlingen Asyl gewährt, ihnen gegenüber eine Pflicht anerkennt, die möglicherweise darin gipfelt, dass sie die Staatsbürgerschaft erwerben.

31 Vgl. Joseph Carens, »The Case for Amnesty«, in: ders., *Immigrants and the Right to Stay*, Cambridge (MA) 2010, S. 1-52, hier S. 25 f.; ders., *Ethics of Immigration*, S. 164-168. Carens schlägt eine Analogie zum Wahlrecht vor, für dessen Erwerb eine feste Altersgrenze besteht, trotz der Belege für die erheblichen Unterschiede in den politischen Fähigkeiten von Kindern: »Manche Kinder sind mit zwölf schon sehr verantwortungsbewusst und andere selbst mit 30 noch nicht« (ebd. S. 165). Dennoch übersieht die Analogie das fundamentale Prinzip der Gleichbehandlung der Bürger, gegen das man verstoßen würde, wenn manche durch einen früheren Erhalt des Wahlrechts zu kompetenteren Menschen als andere erklärt würden, während die Entscheidung zur Gewährung einer dauerhaften Aufenthaltserlaubnis eine materiale Entscheidung darüber ist, wer es zu bleiben verdient und wer nicht (so wie Aufnahmeentscheidungen generell solche darüber sind, wer es einzureisen verdient und wer nicht).

32 Man könnte sagen, dass die Verweigerung des legalen Aufenthalts – und damit die Aussicht auf Abschiebung – für die betreffende Person einen höheren Preis darstellt als die bloße Verweigerung ihrer Aufnahme, weshalb hier strengere Schutzmechanismen erforderlich sind. Dennoch wird dies davon abhängen, worin die Folgen einer verweigerten vollen Eingliederung bestünden; so könnte zum Beispiel jemandem, der abgewiesen wird, trotzdem eine befristete Aufenthaltsgenehmigung und die Möglichkeit zu einer erneuten Antragstellung eingeräumt werden.

33 Vgl. Shachar, *Birthright Lottery*, S. 177 f.

34 Vgl. Linda Bosniak, »Amnesty in Immigration: Forgetting, Forgi-

ving, Freedom«, in: *Critical Review of International Social and Political Philosophy* 16 (2013), S. 344-365.

35 Bosniak fügt noch eine dritte Möglichkeit hinzu: »Amnestie als Rehabilitation«. Dieser zufolge stellt die Gewährung von Amnestie eine Anerkennung der Tatsache dar, dass die ursprünglichen Handlungen der Regierung den Opfern Unrecht zugefügt haben. Im vorliegenden Zusammenhang müsste das heißen, dass die Grenzkontrollen, die die Migranten umgangen haben, illegitim waren.

36 Vgl. Michael Walzer, *Sphären der Gerechtigkeit*, Stuttgart 2014, S. 92-107.

37 Vgl. etwa Bosniak, *The Citizen and the Alien*, Kap. 6, wo sie Auffassungen von Staatsbürgerschaft aus empirischen Gründen scharf kritisiert, die sie als »außen hart und innen weich« bezeichnet, sowie Kieran Oberman, »Immigration, Citizenship and Consent: What Is Wrong with Permanent Alienage?« (29. Oktober 2012), ‹http://ssrn.com/abstract=2168271›, letzter Zugriff 10.03.2017, der argumentiert, dass die Zustimmung freiwilliger Migranten dafür hinreichend wäre, ihren dauerhaften Status als Fremde zu begründen, wenn es kein Menschenrecht auf Einwanderung gäbe.

38 Vgl. Thomas H. Marshall, *Citizenship and Social Class*, London 1992.

39 Vgl. Marc Helbing, »Contentious Citizenship Attribution in a Federal State«, in: *Journal of Ethnic and Migration Studies* 36 (2010), S. 793-809.

8. Einwanderer integrieren

1 Generelle Überlegungen zur besonders in Europa allgegenwärtigen Verwendung des Ausdrucks »Integration« als Oberbegriff für Debatten über die Beziehungen zwischen einheimischen Bürgern und Einwanderern finden sich in Adrian Favell, »Integration Nations: The Nation-State and Research on Immigrants in Western Europe«, in: Michael Bommes, Ewa Morawska (Hg.), *International Migration Research*, Aldershot 2005.

2 *Community Cohesion: A Report of the Independent Review Team*, London 2001, S. 9.

3 *Oldham Independent Review*, Abschnitt 2.8, ‹http://resources.cohe sioninstitute.org.uk/Publications/Documents/Document/Down

loadDocumentsFile.aspx?recordId=97&file=PDFversion›, letzter
Zugriff 02.02.2015.

4 Ein weiteres konkretes Ziel, das in den neueren Debatten um Integration eine prominente Rolle gespielt hat, war die Verhütung eines hausgemachten Terrorismus. Ohne in irgendeiner Weise die Bedeutung dieses Ziels in Zweifel zu ziehen, sehe ich mir an dieser Stelle Gründe für die Wertschätzung von Integration an, die über solche unmittelbar drängenden Probleme hinausreichen.

5 Elizabeth Anderson, *The Imperative of Integration*, Princeton 2010, S. 116.

6 Ebd.

7 Es ist außerdem möglich, dass sich die zivile Integration ohne große Beteiligung der sozialen abspielt, wie es zum Beispiel bei den jüdischen Gemeinschaften in Großbritannien im frühen zwanzigsten Jahrhundert oder bei den chinesischen in Malaysia und Indonesien der Fall gewesen ist. Dies sind allerdings Spezialfälle; ein Staat, der die zivile Integration fördern möchte, täte gut daran, mit seiner Strategie auch die soziale Segregation zu bekämpfen.

8 Ein allgemeines Argument für eine »freiwillige Abgrenzung« findet sich in Michael Merry, *Equality, Citizenship and Segregation: A Defense of Separation*, New York 2013. Merry betont allerdings, das die von ihm identifizierten Vorteile der Abgrenzung hochgradig kontingent sind und sich nur unter »nichtidealen« Bedingungen sozialer Ungleichheit einstellen.

9 Vgl. Joseph Carens, »The Integration of Immigrants«, in: *Journal of Moral Philosophy* 2 (2005), S. 29-46, hier S. 30.

10 Ebd. S. 30f.

11 Damit ist die Praxis gemeint, bei der ein skrupelloser Makler Hausbesitzer dadurch verschreckt, dass er ihnen erzählt, es würden Angehörige einer ethnischen Minderheit in die Nachbarschaft ziehen, sie dadurch dazu anstiftet, ihr Haus zu einem zu niedrig angesetzten Preis zu verkaufen, und am Ende seine Vorhersage dadurch wahr macht, dass er es für einen übersteuerten Preis an Käufer aus ebenjener Minderheit abgibt.

12 Eine Untersuchung von Integrationsverträgen in verschiedenen europäischen Ländern findet sich in Christian Joppke, »Beyond National Models: Civic Integration Policies for Immigrants in Western Europe«, in: *West European Politics* 30 (2007), S. 1-22; Sara Goodman, »Integration Requirements for Integration's Sake? Identifying,

Categorising and Comparing Civic Integration Policies«, in: *Journal of Ethnic and Migration Studies* 36 (2010), S. 753-772; dies., »Fortifying Citizenship: Policy Strategies for Civic Integration in Western Europe«, in: *World Politics* 64 (2012), S. 659-698.

13 Eine weitreichende Analyse der Entwicklung hin zur Verwendung von Einbürgerungstests in europäischen Staaten inklusive Großbritannien bieten die gesammelten Essays in Ricky van Oers (Hg.), *A Redefinition of Belonging? Language and Integration Tests in Europe*, Leiden 2010.

14 Neuere Daten hierzu unter ‹http://gov.uk/government/publications/life-in-the-uk-test-data-january-2010-to-october-2013›, letzter Zugriff 10.03.2017; vgl. auch Goodman, »Fortifying Citizenship«, S. 689f. Der kanadische Test hat eine Erfolgsquote von über 80% und der US-amerikanische eine von über 90%.

15 Dieser Vorwurf wird erhoben in Joppke, »Beyond National Models«, S. 14-19.

16 Erhebungen hierzu finden sich in David Kerr, »Citizenship Education: An International Comparison«, in: Denis Lawton (Hg.), *Education for Citizenship*, London 2000, S. 200-227; Orit Ichilov (Hg.), *Citizenship and Citizenship Education*, London 1998.

17 Jenny Wales, *Life in the United Kingdom. The Official Study Guide*, Norwich 2013. Der britische Test soll in seiner gegenwärtigen Form erkennbar ein Vehikel sowohl für die kulturelle als auch für die zivile Integration sein. Obwohl es darin gelegentlich auch um Einwandererkulturen geht (zum Beispiel um nichtchristliche religiöse Feste), befasst sich dieses Heft recht detailliert mit den Werken sowohl klassischer als auch zeitgenössischer britischer Künstler, Schriftsteller, Musiker usw. und lädt die Leserin dazu ein, ihre Aufmerksamkeit auf die wesentlichen kulturellen Gegebenheiten zu lenken.

18 Joseph Carens, *The Ethics of Immigration*, New York 2013, S. 59.

19 Großbritannien hat 2013, Kanada 2010 und die USA 2008 einen veränderten Test eingeführt.

20 Vgl. die genannten Zahlen in Helder de Schutter, Lea Ypi, »Mandatory Citizenship for Immigrants«, in: *British Journal of Political Science* 45 (2015), S. 235-251, hier S. 237. In den liberalen Demokratien beträgt die Anzahl der Einwohner ohne Staatsbürgerschaft zwischen 7 und 20%. Natürlich sind diese eine jeweilige Momentaufnahme widerspiegelnden Zahlen vermutlich übertrieben, da sie auch Menschen umfassen, die später noch die Staatsbürgerschaft erhalten werden.

21 de Schutter/Ypi, »Mandatory Citizenship for Immigrants«.

22 Die Autorinnen schlagen auch ein interessantes demokratisches Argument vor, dem zufolge die Tatsache, dass jeder, der in einer Gesellschaft lebt, mit seinem Verhalten auf andere Menschen einwirkt (indem er zum Beispiel bestimmten religiösen Praktiken folgt), dazu führen sollte, dass auch von jedem erwartet werden kann, sich in demokratische Deliberationsprozesse mit ebendiesen anderen Menschen einzubringen. Aus Platzgründen kann ich darauf hier nicht weiter eingehen.

23 John Rawls, *Eine Theorie der Gerechtigkeit*, Frankfurt/M. 1975, S. 378. Natürlich ist es möglich, dass einige derer, die die Einladung zur Annahme der Staatsbürgerschaft gegenwärtig ablehnen, dies tun, weil sie glauben, dass die Institution, der beizutreten sie eingeladen werden, eben *nicht* fair ist.

24 Vgl. ⟨http://www.theglobeandmail.com/news/national/appealcourt-upholds-oath-to-queen-in-citizenship-case/arti cle20032155⟩, letzter Zugriff 10.03.2017.

25 Eine Möglichkeit, diesem Problem auszuweichen, würde darin bestehen, den Einbürgerungstest durch obligatorische Einbürgerungskurse zu ersetzen, von denen angenommen werden kann, dass jeder Neuankömmling dazu in der Lage ist, sie zu besuchen. Viele Menschen würden dies aber vermutlich für eine noch strengere Auflage halten als den Test selbst.

26 Hier liegt die Analogie zum Wehrdienst nahe. Wenn der Staat einen gerechten Krieg führt, dann können seine Bürger moralisch dazu verpflichtet sein, Soldaten zu werden, und diese Pflicht könnte legitimerweise rechtsverbindlich gemacht werden, sollten die Umstände dies erlauben. Jenen aber, die glaubhaft machen, dass sie sich aus Gewissensgründen nicht an bewaffneten Konflikten beteiligen können, sollte die Möglichkeit zu einem Ersatzdienst gegeben werden.

27 Belege für die diesbezüglichen Meinungsverschiedenheiten finden sich in Pamela Connover u.a., »The Nature of Citizenship in the United States and Great Britain: Empirical Comments on Theoretical Themes«, in: *Journal of Politics* 53 (1991), S. 800-832.

28 Will Kymlicka, *Multicultural Citizenship*, Oxford 1995, S. 76.

29 Radikalere Varianten des Multikulturalismus könnten sich jedoch gegen das Erfordernis irgendeines gemeinsamen kulturellen Bezugsrahmens als Grundlage demokratischer Politik aussprechen; vgl. zum Beispiel meine kritische Diskussion von Iris Youngs Buch *Jus-*

tice and the Politics of Difference in David Miller, *On Nationality*, Oxford 1995, Kap. 5.

30 Keith Banting, Will Kymlicka, »Do Multiculturalism Policies Erode the Welfare State?«, in: Philippe van Parijs (Hg.), *Cultural Diversity versus Economic Solidarity*, Brüssel 2004, S. 227-284, hier S. 251 f. Ich möchte an dieser Stelle den in der populären politischen Diskussion des vergangenen Jahrzehnts behaupteten »Tod des Multikulturalismus« unkommentiert lassen, abgesehen von der Bemerkung, dass die Form des Multikulturalismus, um die es geht, wenn er für tot erklärt wird, sich sehr von der Kymlickas unterscheidet. Beispiele jüngeren Datums für Angriffe auf den Multikulturalismus finden sich in Tariq Modood, *Multiculturalism*, Cambridge ²2003, Kap. 1.

31 Dennoch gibt es einen Unterschied zwischen dem Verstehen einer Kultur und der Identifikation mit ihr – also dazwischen, die Eigenarten kultureller Gegebenheiten zu begreifen und die Gehalte der Kultur tatsächlich wertzuschätzen. Wenn eine vollständige kulturelle Integration Letzteres verlangt, dann geht die hier vorgelegte Argumentation nicht so weit. Wir sollten aber »eine kulturelle Identität gemeinsam haben« vielleicht ohnehin in einem schwächeren Sinne verstehen, der eine Vielfalt der Anschauungen der Einzelnen in Bezug auf wesentliche kulturelle Symbole und Praktiken zulässt.

32 All diese Dinge tauchen in der neuesten Auflage des Arbeitsbuchs zur Vorbereitung auf den britischen Einbürgerungstest und auch in diesem Test selbst auf.

33 2010, am britischen Armistice Day, an dem des Endes des Ersten Weltkriegs gedacht wird, verbrannte eine Gruppe von Muslimen eine riesige Mohnblume (das Symbol des Gedenkens) als Protest gegen die britische Beteiligung im Irak und in Afghanistan, mit vorhersehbaren Folgen. Es ist schwer zu glauben, dass sie sich zu einer solchen Handlung entschieden hätten, wenn sie verstanden hätten, welche Bedeutung dieser Tag für fast alle Briten hat (sie hätten sich auch dazu entscheiden können, weiße Mohnblumen zu tragen, ein altbekanntes pazifistisches Symbol, das an die Toten des Krieges gemahnt und zugleich die Hoffnung darauf ausdrückt, dass es keinen Krieg mehr geben möge).

34 Anderson, *Imperative of Integration*, S. 116.

35 Ich habe einige davon diskutiert in David Miller, »›Are They *My* Poor?‹: The Problem of Altruism in a World of Strangers«, in: *Critical Review of International Social and Political Philosophy* 5

(2002), S. 106-127, wiederabgedruckt in ders., *Justice for Earthlings. Essays in Political Philosophy*, Cambridge 2013, S. 183-205.

36 Vgl. David Miller, Sundas Ali, »Testing the National Identity Argument«, in: *European Political Science Review* 6 (2014), S. 237-259; Elizabeth Theiss-Morse, *Who Counts as an American? The Boundaries of National Identity*, New York 2009, bes. Kap. 4.

37 Vgl. Martha Nussbaums Einleitung in dies., *Liberty of Conscience. In Defense of America's Tradition of Religious Equality*, New York 2008. Nussbaum gibt allerdings zu, dass es in manchen europäischen Ländern mit »nur wenigen religiösen Differenzen, die es für eine Entfachung wahrer Leidenschaften bräuchte«, akzeptabel sein könnte, aus historischen Gründen eine Staatskirche zu haben (vgl. ebd., S. 13).

38 Ebd., S. 18.

39 Vgl. meine Diskussion in David Miller, »Liberalism, Equal Opportunities and Cultural Commitments«, in: Paul Kelly (Hg.), *Multiculturalism Reconsidered*, Cambridge 2002, S. 45-61; wiederabgedruckt in Miller, *Justice for Earthlings*, S. 93-114.

40 Da ich keine Neutralität verteidige, muss ich auch nicht erklären, was sie bedeutet, kann aber auf eine gute Diskussion dieses Begriffs verweisen; vgl. Allan Patten, »Liberal Neutrality: A Reinterpretation and Defense«, in: *Journal of Political Philosophy* 20 (2012), S. 249-272; ders., *Equal Recognition: The Moral Foundations of Minority Rights*, Princeton 2014, Kap. 4.

41 Kymlicka, *Multicultural Citizenship*, S. 111.

42 Ich habe die in ihrem Verbot resultierende Schweizer Debatte um den Bau islamischer Minarette recht genau untersucht, vgl. David Miller, »Majorities and Minarets: Religious Freedom and Public Space«, in: *British Journal of Political Science* 46 (2014), S. 437-456.

43 Eine Lösung des Konflikts über den Bau islamischer Minarette in Ländern mit christlichem Erbe bestand deshalb darin, ihre Errichtung zwar zu erlauben, aber ihre Höhe zu begrenzen, so dass die bestehenden Kirchen weiterhin für das Stadtbild prägend blieben.

44 Die Einwanderer dürfen in jedem Fall verlangen, dass die Schulen ihrer Kinder einen religiösen Charakter aufweisen; ihnen mag der Säkularismus als eine größere Bedrohung ihrer eigenen Identität erscheinen als die sanften und toleranten Versionen des Christentums, die die meisten liberalen Demokratien heute offiziell unterstützen.

45 Was heißt es, eine Kultur anzunehmen, die nicht die eigene ist – also

zum Beispiel als Jude oder Muslima das Christentum als etablierte Religion des Landes anzunehmen, in das man eingewandert ist? Selbstverständlich kann das nicht heißen, die in dessen Kultur eingebetteten Glaubenssätze zu übernehmen. Aber es bedeutet zum Beispiel, bereitwillig an nationalen Feierlichkeiten teilzunehmen, in deren Ablauf sich die Religion widerspiegelt (wie bei Amtseinführungen, Staatsbegräbnissen usw.). Nicht anders verhält es sich für einen Schotten, der persönlich den Klang des Dudelsacks nicht mag, der es aber trotzdem für passend hält, dieses Instrument zu bestimmten Gelegenheiten zu spielen, um damit deren spezifisch schottischen Charakter zum Ausdruck zu bringen.

9. Schluss

1   Dieses Buch ist im Original bereits vor dem britischen Votum für den Austritt Großbritanniens aus der EU publiziert worden; Anm. d. Übers.

2   ⟨http://www.catholicherald.co.uk/news/2014/10/28/catholic-charity-critical-of-governments-refusal-to-support-future-migrant-rescues⟩, letzter Zugriff 10.03.2017.

3   ⟨http://www.dailymail.co.uk/news/article-1261044/Slaughter-swans-as-carcasses-pile-crude-camps-built-river-banks-residents-frightened-visit-park-Peterborough.html⟩, letzter Zugriff 10.03. 2017.

4   Ein weiteres Beispiel: Am Tag der Veröffentlichung eines Berichts mit dem Titel *The Fiscal Impact of Immigration to the UK* durch einige Ökonomen vom University College in London lautete die Schlagzeile des linksgerichteten *Guardian*: »Großbritannien verdient an den EU-Einwanderern 20 Milliarden Pfund«, während die des rechtsgerichteten *Daily Telegraph* »Einwanderung von außerhalb Europas kostet 120 Milliarden Pfund« lautete. Beide Behauptungen konnten auf Basis der Daten, die die Forscher ermittelt haben, begründet werden, allerdings wäre eine erhebliche detektivische Betätigung nötig, um ihre wirkliche Bedeutung zu ermitteln. Bis dahin kann sich jeder darin wohlfühlen, eine Bestätigung für seine eigenen Vorurteile erhalten zu haben.

5   Es ist zwar für Professoren wesentlich wahrscheinlicher, mit dem ersten Vorwurf konfrontiert zu werden, sie sollten aber auch über

den zweiten nachdenken. Tatsächlich sollte es bei ihnen ein stärkeres Bewusstsein für ihre eigene Position auf der sozialen Stufenleiter geben, dafür nämlich, einer Klasse anzugehören, die am allerwahrscheinlichsten vom Recht auf internationale Bewegungsfreiheit profitiert und nicht darunter zu leiden hat.

6 Ein Wert, den ich hier nicht diskutiere, ist der der ökonomischen Effizienz, obwohl man sich oft bei der Verteidigung der Arbeitnehmerfreizügigkeit auf ihn beruft. Ich diskutiere ihn nicht, weil es, wie ich in Kap. 1 angemerkt habe, große Diskussionen unter den Wirtschaftswissenschaftlern nicht nur über den Nettogewinn, den die Migration mit sich bringen könnte, sondern auch darüber gibt, wie ihre Kosten und ihr Nutzen unter verschiedenen Gruppen verteilt werden sollen.

7 Die nationale Identität kann auch mit einer Sorge um die demokratische Repräsentation in Verbindung gebracht werden: »In einer Welt, in der sich die Zusammensetzung ihrer Angehörigen konstant verändert – durch Einwanderung, Auswanderung, Geburten und Todesfälle –, ist es entscheidend, dass sich alle als Beteiligte an einem gemeinschaftlichen Unternehmen begreifen, als im Besitz einer Identität befindlich, die das Ganze vereint und die politischen Repräsentanten auf diese Weise mit Legitimität versieht. In unserer (heutigen) Welt stellen nationale Identitäten die Grundlage für dieses Verständnis einer gemeinsamen Zugehörigkeit und Einheit dar« (Margaret Moore, *The Ethics of Nationalism*, Oxford 2001, S. 88). Moore beruft sich in dieser Erkenntnis auch auf Margaret Canovan, *Nationhood and Political Theory*, Cheltenham 1996.

8 Ein Vorgehen, das auf denkwürdige Weise in den Worten des zu Beginn von Kap. 1 zitierten Charisten Joshua Harney auf den Punkt gebracht wird.

9 Ich gebrauche den Ausdruck »Realismus« hier nicht in dem technischen Sinne, in dem er in der gegenwärtigen politischen Philosophie manchmal verwendet wird, sondern bediene mich ihm nur, um damit einen Ansatz zu kennzeichnen, der damit anhebt, dass er die Welt betrachtet, wie sie ist, mit all ihren diversen Ungleichheiten und Ungerechtigkeiten, und dann fragt, welches Spektrum einwanderungspolitischer Maßnahmen demokratische Staaten unter diesen Bedingungen legitimerweise ergreifen dürfen.

10 Die Regierungen werden sogar von zwei Seiten bedrängt, denn während die Wähler sich im Allgemeinen niedrigere Zuwanderungszah-

len wünschen, werben die Großkonzerne mit Erfolg dafür, sowohl (vermeintlich) fehlende Fachkräfte einerseits als auch billige, unqualifizierte Arbeitskräfte andererseits anzuwerben.

11 Linda Bosniak, *The Citizen and the Alien. Dilemmas of Contemporary Membership*, Princeton 2006, S. 4.

12 So Kieran Oberman während eines Vortrags am Refugee Studies Centre der Universität Oxford, Oktober 2012. Er schreibt Costica Dumbrava die erstmalige Verwendung dieses Ausdrucks zu; mittlerweile zieht er den Begriff »Melonenkonsens« vor, und zwar deshalb, weil das Innere von Kokosnüssen nicht weich genug ist.

13 Ganz offensichtlich verstößt er gegen den der Fairness und der sozialen Integration. Darüber hinaus verstößt er aber auch gegen den Wert der nationalen Selbstbestimmung, weil dieses Prinzip davon ausgeht, dass sich jeder in der Gesellschaft mit der Nation identifizieren kann und an ihren Entscheidungen teilhat, was die subalterne Gruppe klarerweise nicht tun kann.

14 Die Schwierigkeiten dabei, zu einer solchen Vereinbarung zu kommen, dürfen natürlich nicht unterschätzt werden, wie meine Untersuchung in Kap. 5 gezeigt haben dürfte.

15 Zu einer Untersuchung seiner Leistungen und Grenzen vgl. Gil Loescher, James Milner, »UNHCR and the Global Governance of Refugees«, in: Alexander Betts (Hg.), *Global Migration Governance*, Oxford 2011, S. 189-209.

16 Zur generellen Frage, wozu wir aus Sicht der Gerechtigkeit verpflichtet sind, wenn es darum geht, ob wir die Lücke füllen sollten, die andere hinterlassen haben, vgl. meinen Artikel »Taking Up the Slack? Responsibility and Justice in Situations of Partial Compliance«, in: Carl Knight, Zofia Stemplowska (Hg.), *Responsibility and Distributive Justice*, Oxford 2011, S. 230-245, wiederabgedruckt in David Miller, *Justice for Earthlings. Essays in Political Philosophy*, Cambridge 2013, S. 206-227.

17 Die Gründe sind allerdings in beiden Fällen andere. Im ersten haben die ausgeschlossenen Flüchtlinge einen gerechtigkeitsbasierten Anspruch gegenüber dem Staat, der sich weigert, seinen fairen Anteil bei der Bewältigung der gemeinsamen Aufgabe zu übernehmen, weshalb die verbleibende Pflicht der mit ihm verbündeten Staaten auch nur noch humanitärer Art ist. Im zweiten Fall liegt der Grund in den enormen Kosten, die damit verbunden wären, das zu tun, was die Gerechtigkeit verlangt – so dass die Position des Staates hier ver-

gleichbar wäre mit der einer Einzelperson, die sich entscheiden muss, ob sie in einer Situation Hilfe leistet, in der dies ein erhebliches Risiko für sie bedeuten würde. Diese Lage verändert sich jedoch, wenn der Aufnahmestaat teilweise mitverantwortlich für die Erderwärmung oder die Ausplünderung der Ressourcen ist, die die Flüchtlinge hervorbringen; er wird dann dazu verpflichtet sein, für den von ihm verursachten Schaden aufzukommen, unabhängig von den Kosten, die ihm dabei entstehen, und das kann bedeuten, unerwünschte Flüchtlinge in großer Zahl aufzunehmen.

18 Dass der öffentliche Widerstand gegen die Einwanderung stärker von der Sorge um den Verlust der kulturellen Identität als vom ökonomischen Eigeninteresse befeuert wird, ist die Hauptthese der Untersuchung der niederländischen Gesellschaft in Paul Sniderman, Louk Hagendoorn, *When Ways of Life Collide. Multiculturalism and Its Discontents in the Netherlands*, Princeton 2007.

19 »Das Problem der Immigration wird demnach nicht einfach offen gelassen, sondern als ernstes Problem durch eine realistische Utopie aufgelöst« (John Rawls, *Das Recht der Völker*, Berlin, New York 2002, S. 8).

Nachtrag: Die europäische Migrationskrise des Jahres 2015

1 Alexander Betts, *Survival Migration. Failed Governance and the Crisis of Displacement*, Ithaca, London 2013.

2 Ebd., S. 23.

3 Henry Shue, *Basic Rights. Subsistence, Affluence and U.S. Foreign Policy*, Princeton 1980.

4 Vgl. Paul Collier, »If You Really Want to Help Refugees, Look Beyond the Mediterranean«, in: *The Spectator*, 8. August 2015, online unter ‹http://www.spectator.co.uk/2015/08/if-you-really-want-to-help-refugees-look-beyond-the-mediterranean/›, letzter Zugriff 10.03.2017.

5 Hierbei handelt es sich nach internationalem Seerecht zudem auch um eine Rechtspflicht. Allerdings ist dieses Recht nicht auf Fälle wie die der Bootsflüchtlinge ausgelegt, deren Zeugen wir gerade werden. Mit dieser Problematik habe ich mich sehr viel eingehender in einem noch unveröffentlichten Aufsatz beschäftigt, vgl. David Miller, »The Duty to Rescue Boat People«, im Erscheinen.

Danksagung

Ich habe vor über zehn Jahren damit begonnen, intensiv über Einwanderung nachzudenken, und ich möchte deshalb zuerst Andrew Cohen und Kit Wellman dafür danken, durch ihre Einladung an mich, einen Aufsatz zu dem bei Blackwell erschienenen Band *Contemporary Debates in Applied Ethics* beizusteuern, mein ursprüngliches Interesse an der Thematik angeregt zu haben. Diese Einladung war mit einem klaren Auftrag verbunden: Verteidige das Recht von Staaten darauf, ihre Grenzen für Einwanderer zu schließen! An diesen anfänglichen Vorstoß schloss sich dann eine ganze Reihe von Veröffentlichungen an, die das ursprüngliche Argument verfeinert und untermauert haben, und das vorliegende Buch versucht, das, was ich im Verlauf dieser vergangenen zehn Jahre gelernt habe, in die Form einer konzisen Darlegung meiner Ansichten zu bringen.

Weiterer Dank gebührt SIAS, einem Verbund von Forschungseinrichtungen, der mir 2007 und 2008 großzügige Unterstützung für die Durchführung zweier Summer Institutes zu den Themen Staatsbürgerschaft und Migration gewährt hat, eines davon in Berlin und das andere in Palo Alto. Meinem Mitorganisator Eamonn Callan und mir wurde freie Hand gelassen, in diesem Rahmen zwanzig der talentiertesten Nachwuchswissenschaftlerinnen und -wissenschaftler aus Europa und Nordamerika auszusuchen, die zwar in verschiedenen Disziplinen, aber in demselben breiten Arbeitsfeld tätig sind. Zudem konnten wir profilierte Gastreferenten einladen, um im Verlauf eines jeweils zweiwöchigen Workshops ihre Arbeiten zu diskutieren. Dies war eine für mich persönlich bereichernde Erfahrung und ich bin auch anschließend noch im engen Kontakt mit vielen Teilnehmern geblieben, wie die Liste der nun folgenden Namen zeigen wird.

Es gab viele Gelegenheiten für mich, vorläufige Versionen der hier dargelegten Ideen im Rahmen von Vorträgen, Seminaren und Workshops zu präsentieren, weshalb ich allen danken möchte, die an Veranstaltungen an den folgenden Einrichtungen teilgenommen haben: den Universitäten Amsterdam und Cambridge, dem Trinity College in Dublin, dem European University Institute, der Hebräischen Universität in Jerusalem, dem University College in London, der Universität Melbourne, der Ohio State University, der Universität Ottawa, der Universität Palermo, der Princeton University, der Universität Rijeka, der Universität St. Gallen, der Science Po in Paris, der Universität Stockholm, dem Academic Centre for Law and Business in Tel Aviv und der Yale University. In meiner näheren Umgebung hat die innere Pluralität der Universität Oxford dafür gesorgt, dass ich einige Ideen am Centre for the Study of Social Justice, dem Centre for Migration, Policy and Society, dem Refugee Studies Centre und nicht zuletzt am Nuffield College zur Diskussion stellen konnte, dessen Workshop zur politischen Theorie, der seit dreißig Jahren wöchentlich stattfindet, eine unvergleichliche Gelegenheit dazu bietet, eine im Entstehen befindliche Arbeit genauer unter die Lupe zu nehmen.

Mit einer an diejenigen gerichteten Entschuldigung, die ich versehentlich vergessen habe, in dieser Liste aufzuführen, möchte ich meinen besonderen Dank für erhellende Diskussionen über einwanderungsbezogene Themen gern an die folgenden Einzelpersonen richten: Arash Abizadeh, Rainer Bauböck, Gillian Brock, Daniel Butt, Eamonn Callan, Simon Caney, Paul Collier, Cathryn Costello, Avner de Shalit, Helder de Schutter, Gabriella Elgenius, David Enoch, Paulina Ochoa Espejo, Cécile Fabre, Sarah Fine, Gina Gustavsson, Ronit Kedar, Avery Kolers, Tally Kritzman-Amir, Chandran Kukathas, Cécile Laborde, Patti Lenard, Meira Levinson, Terry Macdonald, David Owen, Alan Patten, Hans Roth, Martin Ruhs, Zofia Stemplowska, Anna Stilz, Christine Straehle, John Tasioulas, Tiziana Terresi, Philippe van Parijs, Ashwini Vasanthakumar, Kit Wellman und Lea Ypi.

Einige Menschen verdienen eine besondere Erwähnung. Ich beginne mit Joseph Carens, dessen Schriften zur Einwanderung, die sich über ein Vierteljahrhundert erstrecken und 2013 in seinem Buch *The Ethics of Immigration* gipfelten, eine stete Inspirationsquelle gewesen sind. Die Leserinnen und Leser werden bemerken, wie viel ich aus Joes Werk gelernt habe, selbst wenn ich stark von einigen Positionen abweiche, die er vertritt. Joe ist der aufmerksamste Gesprächspartner und hat das Manuskript dieses Buches umfassend kommentiert. Matthew Gibney stand mir mit wertvollen Ratschlägen zur Seite, wann immer ich Hilfe bei der Frage benötigt habe, was ich über Einwanderungspolitik lesen sollte, und hat mir mit Blick auf das Ergebnis meiner Bemühungen den Rücken gestärkt. Elizabeth Finncron Burns und Caleb Yong waren mir in dieser Zeit mit Recherchetätigkeiten behilflich, wobei Caleb Yong das Manuskript ebenfalls ausführlich kommentiert hat. Dabei wurde er von Michael Blake, Luara Ferracioli, Margaret Moore, Kieran Oberman und den beiden Gutachtern von Harvard University Press unterstützt. Ich danke ihnen allen für ihre Vorschläge und entschuldige mich dafür, ihren Empfehlungen nicht immer gefolgt zu sein.

Margaret gebührt auch noch ein Dank anderer Art. Sie trat in mein Leben, als das Buch sich seiner Vollendung näherte, und hat mich ermutigt und abgelenkt, was beides gleichermaßen willkommen war. Dieses Buch ist ihr gewidmet.

319

Register